삼국지
장편서사시

삼국지 장편서사시

펴 낸 날 2018년 5월 8일

지 은 이 _이상황
펴 낸 이 _최지숙
편집주간 _이기성
편집팀장 _이윤숙
기획편집 _이민선, 최유윤
표지디자인 _이민선
책임마케팅 _임용섭
펴 낸 곳 _도서출판 생각나눔
출판등록 _제 2008-000008호
주　　소 _서울 마포구 동교로 18길 41, 한경빌딩 2층
전　　화 _02-325-5100
팩　　스 _02-325-5101
홈페이지 _www.생각나눔.kr
이 메 일 _bookmain@think-book.com

▶책값은 표지 뒷면에 표기되어 있습니다.
　ISBN 978-89-6489-851-2 03810

▶이 도서의 국립중앙도서관 출판 시 도서목록(CIP)은 서지정보유통지원시스템 홈페이지
　(http://seoji.nl.go.kr)와 국가자료공동목록시스템(http://www.nl.go.kr/kolisnet)에서
　이용하실 수 있습니다(CIP제어번호: CIP2018012762).

　Copyright ⓒ 2018 by 이상황, All rights reserved.
　· 이 책은 저작권법에 따라 보호받는 저작물이므로 무단전재와 복제를 금지합니다.
　· 잘못된 책은 구입하신 곳에서 바꾸어 드립니다.

삼국지
장편서사시

이상황 지음

생각나눔

시인의 말

인생 살아 숨 쉬는 소중한 감사하는 마음
눈높이 신중함 어디에 두는지 생각해 보며
책을 이 세상에 펼쳐내는 심정
감히 떨리는 마음이니
조심스럽게 세상 문을 두드려 보는
소통하는 마음 자세로
글이란 소통에 길이라
소중함을 중요시하며 다시 한 번
되새겨보며 제 목숨 다음으로
생각하는 심정으로
혼 열의 힘을 다 쏟아부어 지는
어느 때는 글을 쓰다 졸도하는 가운데에도
열정적인 정열로 쓰러지는 한이 있어도
오뚝이같이 다시 일어나는 애틋한 마음으로
써내려가 독자님들에게
바치는 심정입니다
이 글을 보아 주시는
독자 여러분께 감사드립니다

시인 이상황

목 차

시인의 말

표리부동 젊은 사나이 _19
백성들의 원성 메아리 들려지네 _20
황건적에게 감금당했다네 _21
노승 목숨들 건져놓고 유유히 사라지더라 _22
장비 졸병 주제에 위상은 장군 같더라 _23
만남으로 정이 간간이 베어있다 헤어짐은 섭섭함이라 _24
어머니와 상봉하더라 _25
아들 위해 합장 배례 올렸다네 _26
홍부영 아씨 비참하리 가족 몰살당함 _27
한 고을에 우연인가 장비와 관우 따로 숨소리 들리는가 _28
서로 의기투합하더라 _29
나라 혼란 홍건적 잠재워주리 _30
유비 속마음 시원히 털어놓더라 _32
의형제 결행 다가오고 있다네 _34
삼 형제 각인 안착이라 _35
삼 형제 무기 검 짱짱하더라 _36
적장은 자태 늠름 허상이라 _37
대승리 잠시뿐 지원요청 달려갔더라 _38
유비 고향 돌아감 포기요 원군지원 도움선택 _39
적진지 활활 불타오르는 화염 솟아오르더라 _40
유비와 조조의 첫 만남이라 _42
장비는 주전에게 받은 굴욕 한이 서려 있다네 _43
간신배들에게 억울한 누명을 쓰고 구속 _44
장보라는 놈 흉계 지어 삼켜 먹었다 _45
철문협 계책 확실히 알았다 _46
백고천난 겪음 험한 절벽 올라감 _47
주전만 낙동강 오리알이라 _48
공격 과감히 하며 적들 도망갈 곳 한 곳만 비워놓더라 _49
주전 목숨 구해준 장수 누군지 궁금하네 _50
황성 낙양 물자 풍성하더라 그 덕으로 잔치 물결 호화롭다네 _52
나라 혼란 어지럽히는 간신배들 사그리 뭉개버리리라 _53
장균 목숨 바쳐 유비 낮은 벼슬 그나마 받아 부하들에게 면목 세웠네 _54
칙사라는 자 꼬투리 잡으러 왔다네 _55
백성들 억울함 호소하더라 _57

독우 장비에게 혼쭐 난다네 _59
형님들 만류에도 계속되는 매질 죽일 생각이더라 _60
유비 아름다움의 극치에 어리둥절하더라 _62
겉보기엔 풍운 세상 아무도 부르니 없으니 태평연월이로다 _64
곧 들이닥치니 잠시 낙양 떠나다 _66
먼발치 기염을 토하듯 _68
질투 속 독살음모라 _70
십상시들 뭉쳐 협황자를 천자로 옹립 _72
동태후 독살당함이로다 _74
하진 부하들 간청 무시하니 부하들 반란 조짐 보이더라 _76
하진 목이 끊어져 땅바닥에 데굴 굴러가더라 _78
궁궐 안 모두 숨 쉬는 생명체 몰살시켰다네 _80
십상시들 사리판단 엉망에 천자 몰골 말이 아니네 _82
헤매고 가는 길에 노인을 만났더라 _84
민공은 천자를 찾으며 헤매고 있더라 _86
동탁 거만하고 오만불손 하늘을 찌르리오 _88
동탁 진류왕에게 존경심을 가졌다네 _90
동탁 감추어 놓은 발톱 드러내더라 _92
동탁 진영 기습한 여포 무시무시하더라 _94
여포 옛 벗이 끌고 온 적토마보고 환장하더라 _96
여포 주인 두고 갈등하더라 _98
여포는 동탁을 의부로 모시겠다고 하더라 _100
진홍왕을 황제 폐하로 높이 세웠더라 _102
동탁 악덕 행위 행적만 산만큼 쌓여 있다네 _104
하태후와 홍농왕은 올 것이 왔다는 촉 느끼더라 _106
동탁 무고한 백성들 사지 찢어 죽이더라 _108
백성들 동탁에 대한 원성 소리 들리는가? _110
대신들 걱정거리 조조가 시원이 해결책 내놓더라 _112
동탁 조조의 흉계 눈치를 훔쳤다네 _114
조조 두 얼굴 냉혈 인간이더라 _116
조조 고향에 묻히니 주위 군사들 모여들며 불여튼튼이라 _118
손견 자신감 넘쳐지며 선봉이오 자청하더라 _120
화웅 성문만 굳게 닫고 묵묵부답이더라 _122
손견 적 포위망 뚫고 도망치다 _124
화웅 대적할 자들 죽음뿐이라 _126

원술 분위기 파악 못 하니 한심하다네 _128
공손찬 여포와 맞섰지만 _129
동탁 장안으로 천도 옮김이라 _130
손견 속마음 시커먼 속 무슨 속셈 있는지 옥새를 슬쩍 하더라 _131
손견 딱 걸렸다네 _132
손견 기세가 살아나는 불씨 _133
손견 가는 곳마다 승승장구 _134
갑작스러운 회오리바람 군사들 곤욕 치르더라 _135
손견 유명을 달리했다네 _136
여포 장온 목 베어 동탁에게 바쳤다네 _137
초선이 저를 키워주신 은혜 백골난망이옵니다 _138
왕윤 계획대로 여포 은근살짝 접근하더라 _139
여포 초선을 보고 홀딱 반했다네 _140
한 미녀가 속살을 은근히 드러내 보이며 요염한 자태라 _141
왕윤이 계략 절묘 보는 족족 시치미를 딱 잡아떼더라 _142
여포는 혼처를 가로챈 동탁을 원망한다네 _143
여포 초선이 만날 날만 손꼽더라 _144
여포 마음 사로잡더라 _145
왕윤 분통 터지는 소리 여포 위로 차 잠시일 뿐 중립만 지킬 뿐이오 _146
동탁을 제거할 만발의 준비 세웠더라 _147
동탁 천자 모양 되바라지라 _148
모두 일제히 환호성 소리요 _149
잔물들 항거하니 여포 자신만만이로세 _150
우보와 심복들 몇 명 진지에서 금덩어리 싹쓸이 도망치더라 _151
여포 방천화극 휘둘러 대는 날갯짓이라 _152
장안성 함락당했다 _153
양민들 괴롭힌 양쪽 찢어지는 맘이라 _154
조조는 가족 일행을 연주로 모시려 한다 _155
장개라는 자 재물 욕심이 한 가득이라 _156
조조 식구 몰살 분노가 하늘 찌르리오 _157
중모현 찾아와 전쟁 멈춤 중재 사정하더라 _158
어지러운 정국 여포 한가하게 빈둥빈둥하더라 _159
조조 용서라는 말하지 말거라 그것은 변명뿐이라 _160
도겸 주위 손길 뻗쳐 도움 요청한다네 _161
성문 앞에 적병들 주둔이오 _162

조조 큰 낭패라 _163
서로 우습게 보더라 _164
여포 당해낼 자 없더라 _165
조조 알고 보니 조조 동네북이더라 _166
메뚜기 떼들의 승리 _167
도겸 죽을 자리 안지라 _168
조조 군대보강 세워놓고 서주성 괴멸시키리라 _169
함정 파놓은 덫에 걸리더라 _170
여포 복양성 손쉽게 내주더라 _171
여포 복양성 빼앗기고 서주 땅으로 발길 가더라 _172
여포 눈치코치 무절이라 _173
천자 납치 수모 난장판 따로 없다네 _174
음모 반란 실패로 목숨 앗아 갔다네 _175
이각 목숨 위태로울 지경에 처했더라 _176
엎친 데 덮치니 비책 나오더라 _177
천자 신세 초라하더라 _178
추악 바람에 까물거리다 _179
서황 분노 불화살 _180
고래 싸움에 새우 등 터진다 _181
이호경식지계 _182
여포 구겨진 체면 떨어진 위상 위기모면 _183
조조 계획 무산되었다네 _184
조조 천자 등에 업고 또 간계 책 이용 짓더라 _185
불안한 맘 지니고 남양성 포진이라 _186
장비 술판에 성안은 난장판이라 _187
조표 배신 물결 피바다 _188
술버릇 개 버릇 안일한 생각 서주성 빼앗긴 미로라 _189
장비 뒤늦은 후회의 눈물 _190
현 지세 살펴보니 여포와 현덕 다시 공조하더라 _191
원술과 현덕 사이 격발 치려 하니 여포가 중재에 나섰다네 _192
여포가 전쟁 촉발 중재에 나섰다네 _193
여포 안간힘 쓰다 _194
전쟁 위기촉발 평화 분위기 잔잔한 호수라 _195
원술은 북쪽을 뚫으려고 계책 중이라 _196
혼사 미끼로 여포 목숨 노리다 _197

여포는 핏대 목까지 솟아오르더라 _198
여포와 장비 대결 쩔렁쩔렁하더라 _199
소패로부터 줄행랑 뿔뿔이 흩어지더라 _201
현덕 현재로선 모든 것 잃어버린 신세라 _202
소패 탈환책 강구하는 조조라 _203
조조와 현덕 합제하니 우위 지세라 _204
진등의 놀라운 술책이라 _206
진등 배신으로 여포 나락 길바닥 _207
여포 부하들에게 크게 당했다 _208
조조는 진대부 부자에게 큰 공 얻어 전투 대승리요 _209
여포는 항복 의사 결정 잠시 골몰하더라 _210
여포 다급한 나머지 진궁에게 화를 내며 죽이려 하더라 _211
멋진 계책 안겨 주어도 결정 갈등만 관망한다네 _212
하비성 물속으로 잠기다 _213
곤장 소리 철퍼덕 나 죽네 _215
후성은 지저분한 대우에 뜨는 해 쪽 바라보며 _216
여포 자신이 죽을 자리 감 잡더라 _218
여포는 부하들에게 몰매 맞고 생포를 당했다네 _219
여포 해지는 일몰이라 _220
진궁 할 말 다 하더라 _221
진궁과 여포는 차례차례 형장의 이슬로 사라지더라 _222
현덕은 유일하게 장료 목숨 구원하더라 _223
반란 조짐 꿍꿍이속 내비치니 황제 눈치 삼켜진다네 _224
밀서 절친에게 들켜버렸네 _225
조조를 몰아 없애려 조직구도 세우더라 _226
동승은 진실나라 존망 생각하는 자들 만남 의결 동맹 맺더라 _227
조조가 현덕의 마음 은근슬쩍 넘겨짚다 _228
확 트인 정자 위에서 양면 술책이라 _229
영웅호걸 자칭하더라 _230
조조 함정 파놓으려 애쓴다네 _231
공손찬 별세라 그 말만을 듣고 자지러지는 현덕이라 _232
현덕은 공손찬의 복수 갚아 주게 상념 중이라네 _233
조조는 혈판장 서명 발견한지라 _234
조조 계략에 장비 당할 위기라 _235
조조는 진대부 부자를 이용하더라 _236

하후돈은 약을 바짝 올리더라 _237
목숨 부지 여명 이유 세 가지 예문 하더라 _238
관우는 형수님 만남에 안심시키더라 _239
관우는 불편한 없이 형수님을 잘 살피더라 _240
관우는 적토마 선사 받았다네 _241
현덕은 원소 진영에 기대고 있다네 _243
관우는 신세 짐에 은혜 갚고자 출전하려 했으나 거절하더라 _244
관우 드디어 출전 준비라 _245
현덕 억울함을 호소하더라 _246
문추는 복수의 칼날 갈더라 _247
가만히 보니 맞불 작전이라 _248
관우 활약 대단하더라 _250
원소는 현덕의 열변에 녹아나다 _251
관우는 형님 있는 곳 소식 알고 나서 어쩔 줄 모르더라 _252
관우는 독서에만 열중하더라 _253
조조에게 문안 인사 거절하니 편지로 인사를 하려 한다 _254
두 형수님 봉변당할 뻔했다네 _256
관우 큰 길마다 첩첩산중이라 _257
유성추라는 자 간계 널리 매복시켰다네 _258
청룡도 춤추듯 움직이는 생명체 끊어지는 숨결 멈춤 _259
관우는 영웅호걸 모르는 산적 없는 유명세라 _260
삼 형제 오해 불씨 잠식 _261
문득 떠오른 배원소라 _262
조운 만남 뜻밖에 어안이 벙벙하더라 _263
현덕 목숨 노리는 잔챙이들이라 _264
채모 말은 속임수 쓰며 번지레하더라 _265
사마휘는 유유자적의 생애 세상일 한눈에 보더라 _266
사마휘 정국형세 훤히 꿰뚫어 본다네 _267
정국정세 인재 등용에 중요성 각인시키더라 _269
현덕은 암자에서 선생께 하직 인사 하더라 _270
주군으로 모시기로 결행했다네 _271
단복 총지휘 유난히도 도두 보였다네 _272
단복은 대단한 전략가 전세가 우뚝 솟는 뜨는 해라 _273
단복은 그들 작전 꿰뚫어 보며 사멸시켜 버리고 있다네 _274
현덕은 의기양양 장한 모습이라 _275

분명 적군의 전략이 있더라 _276
조조는 현덕을 몹시 못마땅히 여기더라 _278
노모는 태연자약 굴하지 않더라 _279
어머니께서 꼼짝달싹 구속 당하시니 이내 마음 갈기갈기 찢어지는 속이라 _281
단복만 한 쌍두마차 보이더라 _282
인재를 맞아들이려 삼고초려 정성이라 _283
공명은 찾아온 손님 아랑곳하지 않고 숙면에 빠져있다네 _285
유표와 현덕은 전쟁 길 결속 다지더라 _286
조조 세력 10만 대군 유비를 삼켜 먹으려 기회를 엿보더라 _287
하후돈 군사 10만 대군 모두 불 바닥 속 훨훨 타오르는 잿더미라 _288
조조는 성난 김에 50만 대군으로 밀어붙이려 한다네 _289
유표가 세상 떠남 거짓 유서 공표하더라 _290
공명은 일사천리 책략 착착 진행 중이라 _291
다시 양양으로 밟는 심정 씁쓸한 맘이라 _292
길을 떠나다 문득 생각난 운장이 무소식이라 _293
조운이 배신했다고 소식 들었으나 절대 그런 일 만무라 _294
조운 활약에 두 부인 찾으니 반가움이라 _295
감 부인은 아들을 부탁한다며 우물가 속으로 몸을 던져 자결하더라 _296
조조는 경상 위에서 독무대 관망하더라 _297
50만 대군을 홀로 흔들어보는 조운이라 _298
장비 화통 소리 내 질러대니 모두 기겁을 하는 그늘이라 _299
감 부인 중상입고 나로 인하여 곤경에 처한 것 같으니 목숨 끊어버려 맘 괴로운 심정이라 _300
제갈공명 의기양양하더라 _301
제갈공명 말솜씨 일목요연 하더라 _302
일목요연 뚜렷하게 설명하는 공명이라 _303
주유가 암살하려는 계획 주도면밀 세워지는 숨은 그늘 _304
주유는 거사를 실패하고 고양이 간 골에 _306
장간과 주유는 막역한 사이였다네 _308
장윤과 채모는 형장의 이슬로 소리소문없이 사라졌다네 _309
채중과 채화 거짓 항복 다 알고 있는 주유라 _310
주유와 황개는 세작들 속이기 위해 연기 명연기에 모두를 속았다네 _311
거짓 항변 변명만 나열하더라 _312
주야장천 조조를 속이는 변명만 나열 _313
서로 간 신뢰 의지하며 비밀 지키는 함지 속이라 _314

조조는 일목요연하게 바람 풍 아는 척하더라 _315
기문둔갑 전서 통달 호풍환우 움직임 방향전환 꿰뚫는 관점 _316
동남풍 불기 시작 모든 병사들 곤두세우며 준비태세 _318
현덕은 부대마다 임무 각인 배치하더라 _319
운장에게 결초보은 기회를 안겨주었다네 _320
조조는 속고 험한 꼴 보려 하네 _321
조조 100만 대군 방심하는 사이 거의 몰살 _322
내 생각이면 이곳에 매복시켰을 것이라 _323
연기 피어오름 눈 가리고 아옹이라 _324
지나가는 길 무마해 달라며 통사정하더라 _325
모른 척 말머리를 돌리니 무심코 지나침이라 _327
지역 범위 확대 승승장구 뻗어 나가는 희망이라 _329
황충 활 솜씨는 백발백중 달인이라 _330
황충은 은혜받고 싸울 의사 전혀 없었다네 _332
일등공신 위연 올랐으나 공명은 그를 죽이려 한다네 _334
배신자는 밟아버려야 나중 뒤탈 없다네 _335
계속 연발탄 맞은 주유라 _336
현덕은 가연 맺는다는 말에 불덩이라 _337
혼인이라는 인륜대사 혼자 결정에 피눈물 흘리더라 _338
현덕 아리따운 젊은 처자 신방으로 들어가더라 _339
태평연월 허송세월이라 _340
유비 줄행랑치니 추노들 쫓아오더라 _341
적진에서 애걸복걸 빌 듯하니 부딪침 피하더라 _342
추격병들 진퇴 무로 정신없더라 _343
강 건너간 먼발치에서 바라볼 뿐 어찌할 도리가 없더라 _344
천거 책사 바로 봉추 선생이더라 _345
겉 모습으로 보고 판단 절대 금물 _346
술독에 빠진 생쥐 꼴이라 _347
일목요연하게 설명하더라 _348
막힘 없는 대답에 조조 열불 나서 머릿속 푹 꺼진 빈 깡통 _349
병법 책 터득 줄줄이 사탕이라 _350
장송 말, 말, 말 막힘없는 줄줄 이라 _351
절묘한 한 수 던지더라 _352
장송은 나라 꿋꿋하게 지킴에 유장 내치려 유사군에게 모든 것 맡기더라 _353
서천 삼켜 먹으려 요동치듯 움직이더라 _354

일점혈육 미끼로 이용하더라 _356
손부인 어머니 위중하시니 다급하게 달려가더라 _357
아두 뺏으려 결사 대립이라 _358
아두만은 무사하니 태평성대 이루리라 _359
지원 원조 없으니 겁주고 있다네 _360
주살하려는 작전 들통났다네 _361
무인의 떳떳한 모습 행동으로 보여 주더라 _362
부수관 안팎 상황 모르는 산자 뜨락이라 _363
잿밥에만 관심뿐 적군의 동태는 까마득한 어둠 속 긴 터널이라 _364
위연 도망치는 곳마다 적군들 구름 떼 출연이더라 _365
그 기백 소리 대단한 황충이더라 _366
선객 마루에 벌렁 누워 있더라 _367
느닷없이 찾아온 일면식 없는 선객 어이없는 행동에 소스라치다 _368
저쪽 두 군데 위험수위 경고음 들림 지적하는 영년이더라 _369
모든 전력 제방 집중 지킴이라 _370
장송과 법정이 건네준 지도 대조 비교하니 일치하더라 _371
해괴망측한 나쁜 징조라 일소에 부치고 지나감이라 _372
세상 등지고 훨훨 날아가 버린 봉추 선생 _373
목숨 다할 때까지 장렬히 싸우다 전사하리라 _374
하늘에 촘촘히 박혀있는 별들도 선생 죽음을 애도하더라 _375
공명은 방통 죽음 소식 듣고 까무러치듯 졸도하는 심정이라 _377
장비와 엄안 사이 격돌 치니 그사이 틈새 사자로 간 자 목만 날아갔더라 _378
장비 군사들 풀만 베니 궁금함에 염탐꾼 내보냈더라 _379
장비 명품 연기 감쪽같이 염탐꾼들 속임 먹히다라 _380
엄안 장군은 진정한 무사요 _382
황충의 건의 받아들이니 성세 적중이라 _383
현덕군 격전 속 어두운 그늘막이라 _384
엄안은 내부사정 훤하니 작전에 도움 주더라 _385
엄안 움직임 엎친 데 덮친 격 진퇴양난이라 _386
오의는 모든 정보 다 털어놓더라 _387
장임은 공명 보기를 병법도 모르는 초짜라고 우습게 보더라 _388
장임은 상대방을 우습게 보다가 결국 큰코다치는 변이라 _389
장임 전장 속 패하였으나 굴하지 않고 오히려 목을 베라며 큰소리치더라 _391
장임 죽음 달래며 충혼비 세웠다네 _392
현덕 나라다운 나라 세웠다네 _393
어즈버 태평연월 꿈 아직은 시기상조라 _394

조조 위왕 자리 노림수 가꾸어 가더라 _395
목순 눈 가리고 아웅하려다 그만 들통 나버렸네 _396
황제의 도모 다 드러났다네 _397
모순 모진 고문에도 한마디 없더라 _398
촉보다는 맨 먼저 한중을 손보자는 결의라 _399
조조 부하들 초장부터 선봉대 무너져 내리더라 _400
장로는 목숨보다도 자존심을 더욱 소중히 여기더라 _401
장비는 성난 맹수 본성 드러내다 _402
장합의 잔꾀 누구도 속으려 들지 않더라 _403
난공불락 내려지니 답답한 마음이라 _404
장비 뜻대로 일사천리 딱 들어맞는 전술 _405
장합 창으로 힘껏 내리꽂으니 알아보니 허수아비더라 _406
장합 잔꾀 속출하니 걸려든 뇌동 목숨 줄 끊어지더라 _407
장합과 정면 승부 뛰어드는 척 표면 속 감추어진 덫이라 _408
장합은 우리 군사들이 태로 끊는 줄 알았지만 알고 보니 적군 텃밭이라 _409
장합 무엇을 위하여 이 짓거리 했단 말인가 _410
흩어진 군사들 모여듦 _411
고집불통 자신만만하다 장합에게 당하다 _412
황충 연로함 착각 녹스지 않은 날카로움이라 _413
늙은이의 칼맞 매섭더라 _415
황충 작전 모색 척척 진행 중이라 _416
황충 작전 성공 미끼 깔아놓은 적들 일망타진 _417
황충의 용맹성 가상하다 _418
광활한 지역 손길 뻗친 위세 세움이라 _419
현덕 왕위 계승 잇는 뜻 이어받더라 _420
내부 분란 기다림은 월척이라 _421
관우는 그들 속셈 알아버리니 꺼림칙하더라 _422
작전 형세 유리한 쪽 방향 전환이라 _423
쌍방 주도선 잡으려 하더라 _424
어리다고 우습게 보더라 _425
관우 위기 직면 봉착 뚫고 살아난 불씨 _426
적 요새 가는 길 험준하더라 _427
방덕은 죽음 앞에 두려움 없는 오직 위왕 신하로 남는지라 _429
방덕 알고 보니 거목이더라 _430
방덕은 굽히지 않고 죽음을 선택하더라 _431

관우는 독화살 한쪽 팔에 박혀도 태연하더라 _432
뼈를 깎는 고통에도 아랑곳없는 무반응 _433
여몽 잔꾀 발동이라 _434
허술함 드러내 보이는 척하더라 _435
관우는 편대장 육손을 우습게 보더라 _436
보부상으로 눈 가리고 아웅 _437
낚싯밥 잘 물더라 _438
여몽 훌륭한 자라 칭송하더라 _439
부사인은 망설이지 않고 동행 길이라 _440
남군을 아무런 희생 없이 설복시키려 하더라 _441
미방은 아무것도 모르고 친구 따라 가더라 _442
격돌 없이 쉽사리 성을 내주었다는 것에 격분하더라 _443
관우 발악하며 몸부림치더라 _444
관우는 작전도 없는 무작정 형주로 향하더라 _445
여명 벌써 여포의 생각을 꿰뚫어 읽고 있더라 _446
장군님 왕보를 밟고 우뚝 솟아오르소서 _447
점점 촉박해가는 압박이라 _448
관우 올가미에 잡혀 꼼짝달싹 못 하는 신세라 _449
부자지간 죽음만 기다릴 뿐이라 _450
곁을 떠나는 깔끔한 죽음이라 _451
여몽 괴롭힘당한 갈기 찢긴 몰골이라 _452
촉에서 모두 죽기 살기 공격해오면 걱정거리라 _453
관우의 죽음 책임을 전가하더라 _454
한풀이라 꿈에서 알림이요 _455
아우 죽음에 기절초풍 직전이라 _456
조조 죽음 업적 길이 보존되리라 _457
위왕의 빈자리 채워 나라 혼란 안정세 이루자 _458
조창의 반란 조짐 미리 급한 불부터 그는 가후라 _459
꼬투리를 잡으려 안간힘 쓰더라 _460
조비가 대위 황제 자리 찬탈하여 거머쥐다 _461
조운의 충언에 아랑곳하지 않은 현덕이라 _462
장비는 형님의 원한 꼭 갚고자 칼날만 갈더라 _463
장비는 부하들에게 죽음을 당하더라 _464

三國志

長篇敍事詩

표리부동 젊은 사나이

중국 황야 벌판 비옥한 땅들마다 적시리 아득한 옛 고을
향취 향 토벌 무르익은 누런빛 물 드림 황하강 언덕 홀로
걸터앉아있는 나그네 젊은 피 끓는 청춘 이마에는
번듯하니 두 눈가엔 총기가 서려 있으며
콧날 매부리코 귀는 당나귀 반쯤 대는 팔은 긴장 대 연상이라
옷은 누더기 헤진 거지꼴 모습 몸에서 땟국 냄새 핑 도네
허리엔 긴 칼 옆에 차고 자태를 뽐내더라 해들도 피곤한지
하루일과 끝마쳤다고 기울어져 붉은 노을 잠속 침대더라
하늘과 강물 산새 숲속 해 기울어짐에 더욱더 시원함 느껴
저녁 일몰 지더라 배는 도선장 다다르며 유유히 부담 없는
행로 물결 따라 흘러 도착했다네 젊은이 뱃전에 대고
손 흔들며 목청 높여 불러보아도 모른 척 무답 없다네
뱃머리는 도선장 닻을 내리고 정박한지라 주위 사람들
떠드는 소리 고향 향토 풍기는 거라 장터인 양 여러 잡화
없는 것 없다지만 먹거리 의식주를 전부 모여 있다네
주막 앞마루 길 도적떼 들이닥쳤으니 사람들 상함 지킴이요
사라지듯 도망했더라 마을 가가호호 불길 퍼짐 활활 타오르니
마을은 온통 불바다
아비규환 따로 없다네 부녀자 겁탈 칼과 창으로
도륙 재물 약탈이라 도적들 낙양 배 도착 알고 상인들 재물 털지니라
젊은이는 현 상황 보며 줄행랑쳤다네 얼마나 도망쳤을까?
마을이 잘 보이질 않다네 적은 불빛만 희미할 뿐이라네

백성들의 원성 메아리 들려지네

우물가 지나치니 잠시 머물러 갈증 목마름 오름 연못가 거울
비추듯 연꽃 피어오름 곱게 단장 모습 내 눈가에선 슬피 보이는
절규음탐 어디선가 축축해 보이는 처지니 죽은 영혼들 억울함
발걸음 웅성대는 메아리 연꽃 피어오름 절규 소리 원망들 가득
싣고 말없이 투명 물결이요 연못가 겨울 비추듯 썩은 시체
쌓여만 지는 추태행각 황건적들 노략질 스쳐 지나간 백성들
억울한 희생 물결 한이 서려 있구나 지나치면 스쳐 간 인연 노승과
잠시 대면 젊은 나그네 범상한 높은 지체 핏줄인 것을 느낌
촉으로 안지라 저는 하찮은 누추한 곳 변방 농부 집안이니
헛 말씀이라 그 자신 젊은이는 바로 유비인지라 노승 말 믿지
않으니 조상님 선조 모르는 이요 모름으로 일관하더라 옆에
차고 있던 보검 유난히 광채 나며 칼을 뽑아보니 빛을 발하더라
바로 왕자 보검인 것을 아버지께서 하사하신 보검이라 네
고향 향내 때 묻은 생각 그리움 몰려드는 어머님 내음
잊지 못한 그리움 눈물 흘리며 어머님 그리워하더라 변변치
못한 가난 바라볼 때면 가슴이 미어지는 느낌 어머님께서
즐겨 차 마심 즐겨 하셨으니 항상 말씀 소원한지라 온갖 고생
끝에 몇 해 걸린 행상 모은 종잣돈으로 황하강 마루터 물물교환
차를 사려 했지만 행상 초라한지라 귀한 차라 값어치 엄두 못
낸지라 상인 그에 행색 보며 무시하더라 그러나 상인은 어머님
그리는 마음 각골난망 애절함 효심보고 탄복했는지라 유비에게
탄복하며 납으로 된 차 상자 하나 건넸다네

황건적에게 감금당했다네

황건적들 세상 황하강 나루터 쑥대밭 마구 휘두른 폭력난무
유비와 맞닥뜨리며 가지고 있던 차단지 상자와 허리에 차고
있는 보검마저 강탈하더라 유비는 간청하며 보검만은 제 목숨
다음이니 아버님 유품 받은 것이니 제발 소용없는 무지막지 목숨
마저 위태로움이니 유비 온몸 떨림 죽음 두렵지 않으나 고향 집
홀로 계신 어머님 생각 어찌할지 모르더라 멀거니 뚫린 창문 틈새
달빛 희미할 뿐 바라보며 상념에 찬 걱정뿐이라 황건적들 유비
옥살이 묶어 감금되었으니 죽일 생각 없는지라 유비는 얼굴빛이
훤한지라 창살 통하며 누군가 밧줄 스르르 내려왔다네 노승과
대면한 분인가 어쩐지 낯이 익더라 노승 목소리 반가운 소리
유비는 쥐구멍에도 볕 들 날 있듯이 사람이 죽으라는 법은
없더라 서로 손목 잡아 끌어올려 구출한지라 뒷동산 산새
숲속으로 잠적하며 생사 삶에 뜻깊은 우정 나누었다네
산속 깊은 자락 숲속 공기 맑은 숨결 한 여인 아름다운 자태
백마 한 마리 끌고 나와 수줍음 안고 얼굴 붉혀 그 자태
눈부시네 보이는 이는 정경 하는 동공 아름다움 연상시킴
젊은 분이여 아가씨 부탁하오 내가 도와준 걸 은혜로 여긴다며
아가씨 데리고 여길 멀리멀리 떠나구려 아가씨는 성주 따님
얼마 전 황건적 습격받아 가족들 모두 몰살 아가씨만 구사일생
도망쳐 이 늙은이가 서랍 속에서 꼭꼭 숨겨 보살폈나이다

노승 목숨들 건져놓고 유유히 사라지더라

노승은 한이 없는 마음속 걸림 해결한지라 젊은이 탈출 도움
홍건적들 알면 죽은 목숨이라 노승은 이승 떠남 망설임 없더라
살신입절 하며 인을 이룸 마음 편안함이라 노승은 이승 떠날
노을 속 산수유 꽃 흔들 듯 떠날 차비 하더라 부용 아씨 젊은
이에게 탁신하니 바람은 마음 일렁거리며 노승은 바람과
함께 눈 깜빡 순간 사그라지듯 형체 모습마저 희미할 뿐 점점
보이질 않는 점 사라지듯 마음 속 풍금 깊은 정만 남겨 이슬로
유유히 사라졌더라 바람 소리 휘몰아치듯 머리카락 바람 날리며
발견한지라 황건적들 필사적 쫓아 추노 같더라 언덕지나 들판
무지 달리며 황하 지류 지나며 황건적들 쫓아감 뒤처지니 활을
빗발치듯 쏟아붓더라 유비 안타까운 기색 백마 또한 지쳐 오르니
기진맥진하더라 황건적 다다르자 화살 쏘며 번개 같더라
백마 목은 벌떡벌떡 꿰뚫었다네 화살 꽂힌 백마 목덜미
슬픈 고통 찌르는 소리 곤두박질 낙하 땅바닥 뒹굴어지니
어차피 죽은 목숨 적들과 한판 붙자는 마음 결심하였다네
부용 아씨 혼절하였으니 꼼짝달싹 잠시 쉼터라 홍건적들
여섯 명쯤 유비 향해 둘러싸 포위하더라
이주범이란 자 창으로 유비 가슴 힘차게 꽂으려는 순간 멀리서
들려오는 고함 소리 쩔렁쩔렁 산천초목 흔들리는 소리라

장비 졸병 주제에 위상은 장군 같더라

이주범 어디선가 큰 고함 소리 들려오니 귀가 쫑긋 서니 유비 죽임
잠시 멈춤이요 소리 나는 쪽으로 몸을 돌려보니 겉은 새물새물
소리 없는 바람이요 무척 빠른 몸놀림 키는 일곱 자 장골이라
장졸 졸병 장비라 외치며 이주범 앞에 다다르며 이주범은 안도에
안심 느끼며 장비를 나무랐다네 장비는 절대로 저 자를 죽임은
안된다고 외침이요 네 이놈 정신 줄을 집에 놔두고 왔느냐 졸병
주제에 감히 소방에게 명령이라니 그 말 본 새 떨어지자마자
바로 한 방 먹임 말에서 곤두박질 기절한지라 황건적 남은 조무래기
덤벼들더니 장비 순간적 손 움직임 틈새 바로 날아들 듯 모두
추풍낙엽 가을바람 떨어지는 낙엽이라 유비는 눈만 껌벅하더라
민둥산 바라보듯 정신 졸도한 부용 눈을 살며시 뜨며 정신 차렸는지라
장비 모습 보고 깜짝 놀라며 반기더라 장비는 부용 아씨보고
반가움 금치 못함이오 다친 곳 없으신지 걱정만 하더라 보필 못함
용서하소서 성주님 저세상 떠나심 제 불찰 한탄하더라 잠시
탄현으로 간세 틈 사이 황건적 놈들에게 당함이니 할 말 없소이다
장비가 유비 바라보며 말을 건네며 노형이시여 우리 주인 아씨
구해주시니 보살핌 뭐라 고개 숙여 감사드리오 유비는 얼굴색
붉어지며 오히려 죽음당할 뻔 목숨 구해주심 은혜 백골난망이오
서로 겸양하더라

만남으로 정이 간간이 배여있다
헤어짐은 섭섭함이라

장비는 껄껄 웃음소리 호탕함이니 사나이답다 하더라 장비 품 안에서
보검과 주석단지 건네주며 노형 물건 받으소 선친 유물과 어머니 드릴
차단지라 유비는 감격에 눈물 주르륵 흘리며 너무 감사하는 맘
그지없더라 목숨의지 소중한 고귀한 유품 어머니 소원하시는
차단지라 공손한 마음으로 두 손 모아 받들며 감사 표시하며 보검은
장비에게 다시 건넨지라 칼은 칼 주인 임자라 이 칼은 나에게는
뜻깊은 보배이나 차단지 돌려받음 감사할 따름이요 칼은 무도인
임자이니 건네는 맘이라 주인을 찾아가는 법이 맞소 칼 또한
주인 만남 기뻐할 것이니 받아주소 진심으로 간곡함이니 장비로서는
탐나는지라 몇 번 거절하면서 보검 감사히 받더라 그들은 헤어짐
갈림길이요 부용 또한 만남 헤어짐 잠시나마 아쉬움 눈가에 적적함
느낌 오더라 서쪽과 동쪽에 갈라짐과 헤어짐이니 그들은 언젠가
다시 만남 기약하더라 정다움 무르익듯 내 마음 고향 내음에
정다움 묻어있는 옛 향취 스며드니 나를 반기는 고향 내음 붉어지는
태양 일몰 지며 내 마음 지펴지는 불꽃 느낌 타오르듯 아름다움
장관이라 유비는 어머님 만남 마음 가득한지라 한시 바쁘게 뜀박질
다다름질 유비 집 마당 다가오니 큰 몇백 년 유구 묵은 뽕나무
그 자태 늠름한지라 어머님 부르며 애절하게 부르더라 집 안에는
손끝 타며 산들산들 불어들이니 초롱불 없이 컴컴한지라

어머니와 상봉하더라

집안 어디선가 들려오는 소리 덜컹덜컹 자리 짜는 소리 유비
갈팡질팡 다급하게 어머니께 달려가더라 어렴풋이 등불 아래
어머니 흐릿하게 홀로 자리를 짜고 계신지라 어머니 부르짖더라
어린애 오듯 어머니는 자식 목소리 듣고 반기며 모든 행동
멈추시며 유비야 부르시며 서로 얼싸안으며 무척이나 반기더라
어머니는 기쁨 가득한 자식 그리웠던 맘 눈물 흘리시며 간간이
잰 나비 눈물 흘려 내리시더라 집 떠난 한동안 어머니 홀로
고생한지라 송구한 맘 한동안 슬퍼서 목이 메어 슬픔 젖어
울먹이며 눈물 흘리더라 어머니 이 불효자 작대기로 내 치소서
2년이라는 세월 어머님 마음고생 송구스럽습니다 어머님께
엎드려 무릎 꿇으며 고개를 수없이 조아렸다네 유비야
그까짓 걸로 우느냐 여기와 준 것만도 하늘에 감사하게 여긴다
허기질 텐데 밥상 차리마 어머님 제가 한 상 차려 올리겠습니다
어머님께서는 잠시만 편안하소서 탄현 누상 촌에서 찾기 힘든
어려움 진품 어머님 소원 즐감하시는 것 살아생전 차를 음미 향
취해 보고픈 느낌이라 품 안에서 주석단지 한 상자 어머님께
안겨드린 지 낙양명차 어머님께서는 동공을 의심하며 휘둥그레졌다네
어머님 기뻐하심은 자식 칭찬하시며 어쩔 줄 모르시더라 자식에게
두 손바닥 마주 대고 절함이니 유비 황급히 어머니 손목 살며시
잡으며 어머님 이러지 마소서 이 자식 놈 부끄럽사옵니다 얼싸
안으며 좋아하시더라 집안 분위기 사람 소리요 풍기는 음률 퍼지니
웃음소리 마음 들썩 울려 퍼지리요

아들 위해 합장 배례 올렸다네

아침 신선한 공기 내뿜어주니 상쾌하더라 해가 중천에 둥둥 떠오를
무렵 자태 뽐내며 하지만 구름들 샘 물었는지 방해라 아랑곳하지
않고 구름들 접어 들이며 헤집고 높이높이 솟구쳐 오르며 풍광을
그리고 있다네 그때 마침 어머님께서는 아들의 희망 꿈 이루도록
장래 축복 합장 배례 올렸다네 어머님의 바른 곧은 몸 마음가짐
정성이라네 유비 족보혈통 한나라 중상정왕 유승의 피로 이어받음
혈통인지라 경제의 현손 왕족혈통 아버지께서 하사하신 가보
중요성 인신 못함이요 지킴 잃었으니 조상님 뵙기가 다 부끄럽다네
한탄스럼 어찌 이런 일 있단 말이요 개탄스러움 하늘이 무너내려진
벽이라 쾌설 씻어 내림 잊지 않고 가보 중요성 잊지 않으리오
황톳길 거닐며 말머리 고삐 늦추며 달음질 치듯 황톳길 바람 일구니
먼지 바람 뿌옇게 일어난 구름 같더라 회둥그레지며 저 산은 솟구쳐지는
높이 산 아래는 마을들이 옹기종기 즐비하게 보이는 아기자기 산천은
살구 꽃들이 만발 살구꽃 핀 산천마을 내 마음 고향 향기 묻혀 옛 추억들
만나는 이들마다 정에 묻혀진 서로 부둥켜안고 이웃 정 더욱 두터우니
바람 한 점 없는 잔잔함 산천이라 해는 숨겨지는 일몰 지면 떠남이요
밤 그늘 찾아오면 달은 밝다고 웃음 지면 마음마다 정이 무르익은
내 마음 그늘 속에 벗어나 행복만 찾아온다네

홍부영 아씨 비참하리 가족 몰살당함

홍부영 처절하고 비참하리 4년이란 삶 무한고생 황건적들에게 가족
몰살당함 장비 의지할 뿐 또한 부용 아씨 잘 모시며 다정했더라
마을 어귀 들어서면 부쩍 대는 소리 웅성웅성 주막집 보이니
잠시 쉼이라 목이 컬컬하니 단숨에 술독째 몇 동 마셔 버렸다네
봄바람 살랑살랑 흔들어대는 나뭇가지 손 흔들 듯 휑 하니 부는
산들바람 술독 들이켜 보면 먼지 때 주옥 빠져내려 마음속 묵은 때
벗겨지더라 장비 몸뚱이 장골 능선이요 바윗덩이 뭉쳐있듯 단단함
중심선 세상 불만 소리 탁하게 터져지듯 내뱉는 조정 원망 소리들
황건적 세력 확장 드높아지는 위세 모든 만민들 걸림돌이니 생활
신망 힘든 고비길 고을 일각 일몰 내려앉아 목 컬컬함 촉촉이
적셔보니 주막집이라 독주 독함 코끝 찡 울려지니 톡 쏘는 향취
쓰러지겠다 독주 몇 동 급하게 마셔 버리니 숨소리 내뱉는 소리
거하더라 부용 아씨 저고리 안섶에서 옥 노리게 꺼내 주막 주인장
술값 치르더라 장비 술주정 파생 지랄일세 술집 주인 짜증 머리끝
열 오르네 술독째 연상 장비에게 내놓더라 술로 잠재울 생각
아직도 눈동자 한 눈금 삐뚤어짐 없이 곧바로 흐트러짐 없더라
부용 절세미인이라 주막 주인 황건적에게 넘겨 잘 보이려 속임수
세우더라 긴장 속 늦추지 않고 계속 장비 술독에 빠트리려고
모두들 애쓰고 있다네

한 고을에 우연인가 장비와 관우 따로 숨소리 들리는가

장비가 현존위치 술을 퍼마시고 있는 곳 오대산 줄기 끝자락
듬성듬성 내려앉아 대주 밑동 마을 유가촌이라 촌장은 유희라
의협심 훌륭한 인품 나그네 지나치면 반기며 후한 대접이라
그 인자함은 산 넘고 강 건너 멀리 고을까지 퍼지더라 유희 집
어느 날 청년 찾아오니 반갑게 맞이하더라 키가 9척 장신이요
수염 두 자나 길더라 훤칠한 장부 얼굴 무르익은 빨간 갈색빛
눈썹 당찬 상모 위풍당당 중국 후 한말 무장 자는 운장 그 이름
앞으로 삼국지 그림 붓으로 그려질 관우더라 유희는 너그러움 정만
쌓아지는 넘침 관우 또한 편안함 문객으로 잠시 머물렀다네
동네 아이들 훈장 글을 가르침이니 관우는 세상 혼탁함 봉착하며
그 힘 그 능력 세상일에 쓰여야 할 인물인 것을 의기충절이요
관우는 황건적들 나라 혼란 조성한 무리 만민 괴롭힘 항상 황건적
저주하며 멸시한 맘 가득하더라 밤늦게 책 읽기 하다 보니 어디선가
어수선한 소리 산 적막에서 쩌렁 시끄러운 소리 관우는 읽던 책
덮은 뒤 적막 깨는 소리 쪽으로 반달음질하더라 행패 난장판 치네
훤하게 보이니 이 도둑놈들 부용 아씨 납치요 장비 술이 떡이라
황천길 보내려 함이라 그 광경 지켜본 관우 소리 고함 지르니
산울림 찢어지더라 순간 황건적 우두머리 사지 잡아 풍차 돌려
몇 번 흔들며 공중에 날려지니 지면에 닿자마자 쿵 하는 울림이니
혼절하더라

서로 의기투합하더라

나머지 조무래기를 추풍낙엽 우수수 땅에 처박아 낙엽들 수북이
쌓이듯 하더라 모두 대항도 못 해보고 혼절하였다네 장비와 부용은
관우가 구출함에 다 함께 유희 집으로 발걸음 옮겼더라 유희는
장비와 부용을 반갑게 맞이하더라 화기애애한 분위기 이루며
잠시 후 유희가 술상을 거하게 한 상 차려지더라 대화 만남 나누며
의기투합이라 장비는 단순 성격 구해줌에 고마움 잊지 않고
나이와 학식을 보나 형님이라고 호칭하더라 나라 어지러움
난세에 영웅 만남 밤새 지세워 날이 밝아 오름이 서로 말
격발 치니 더욱 친근감 오르네 두 사람 잘 어울리는 모인
감정이라 난세에 싹 틔우니 감정 울분 토로하니 기분 풀리더라
형님 만남 어두운 전국 꽉 막힘 뻥 뚫어지는 태양 빛으로
녹아내리듯 시원하리오 사람 의리 보았소 지정한 사나이
제 생애 최고 날이오 장비는 고맙다며 인사를 수없이 하더라
누상 촌에 있는 유비 형님 살고 있는데 아시오 만남 인연 없으나
원동 바닥에선 효자로 알려진 소문은 파다하리오 꽃씨 솜털 모양
뿌려지니 둥둥 떠날려 희미한 바람에도 살레살레 흔들며 춤을
추며 날더라 유비 생계유지 하기에 돗자리 짚어지고 잠시 마을
떠나 현성 도착 돗자리 도가 집 둘러 다 팔아넘김이니 시장길
편안하니 거닐 거리니 여러 사람들 웅성웅성 왁자지껄 떠들석
하더라 유비도 그들 틈새 끼어 기웃거려보네 벽보 방문이
붙어있더라

나라 혼란 홍건적 잠재워주리

내용인즉 의병 모집 중 황건적 등쌀이 내몰림 만민들 민원 끊임 없더라
조정에서는 민원 잠재워보려 의병 모집 중이라네 의미부여 마음
들끓어 오름 지원하고 싶은 마음 굴뚝이라 노모 모시기에 섣불리
결정 못 함이니 발길만 돌려 보네 이때 구면 있는 듯한 인사를 보며
뇌리에 스치더라 어깨 딱 벌어진 훤칠한 키 장골이라 서로 입만 딱
벌어지네 방문 쪽 가리키며 말을 잊더라 바로 장비 인덕이라 서로
반가움 어쩔 줄 모르더라 노형 방문에 대하여 어떤 견해요 묻더라
장비 말소리 음 높더라 주위 쩔렁쩔렁 맴돌며 유비 귓전에 울리는
목소리 들어박혔더라 답변 회피할 뿐 별다른 말이 없으니 유비는
얼굴만 붉히니 아무 생각 없다는 장비 성격 걸걸한지라 답변 없으니
언성 높이더라 눈가에선 살기마저 감돌더라 유비는 기어들어 가는
소곤 되는 소리 나 또한 결맹하여 나라 위해 결행하고 싶소만
내게는 홀어머니 두고 나갈 생각은 없소이다 봄바람은 살랑살랑
흔들며 안녕이란 작별인사하듯 불러들이네 그들 발걸음 어느덧
돌다리 지나치고 있다네 장비는 유비를 유심히 바라보며 마음에도
없는 말 유공은 나를 믿지 못함이요 유공께서는 이 어지러운 정국
보고도 시침이를 떼니 말이오 장비는 옆에 차고 있던 보검 건 내며
이 칼을 예물로 받고 곰곰이 생각해보니 이 칼 임자는 따로 있소
보검 받으시오 유공의 것이오 이 칼 받으시오 이 어지러운 정국
평화롭게 평정해 주시오 혹시나 나라 평정 뜻 없이 하찮은 일에
얽매어지면 장비는 칼을 빼 들며 허공을 힘껏 가르더라 바람 소리

일렁이며 몇 조각 부서져 내린 바람 부딪치는 소리가 시원한
속마음이더라

유비 속마음 시원히 털어놓더라

애석함이라 치국안민 실천궁행 이행 못 함이니 이 보검 여기 있건만
쓸모없으니 하늘이 있거늘 보검 노여워함이니 주인 찾지 못함이요
나같이 하찮은 놈이 허리에 찬 보검 웬 말이더냐 차라리 더럽힌 꼴
보니 저 연못 한가운데 던져버려 모든 것 잊자꾸나 보검 던지는
찰라 이때 잠깐만 하고 만주하더라 장비는 잔꾀 부리네 유비 마음
떠보려 함이니 비켜요 나랏일 관심밖에 없는 분 참으시오 유비는
용서 구하며 속에 있는 말 털어놓더라 내 무엇 숨기겠소
나 또한 한나라 제왕 핏줄 중산정왕 후손이요 어찌 황건적 물리침
치국안민 실천궁행 동참하지 않겠소 갖고 지닌 마음 털어놓으니
진지하더라 장비는 기쁨 감추지 못함이라 유비는 보통사람 아님을
안지라 큰 별이라 직감 유비를 심히 믿음 안고 같은 배 타고 갈 것을
마음속 깊이 다짐하더라 공의 말 뜻깊이 헤아림이요 흥망성쇠
오랜 지남은 명문가 몰락이라 끝점 혈육보존 대를 이어감이라
장비는 뜻깊은 만남 의미 있더라 생애 최고 너무 기뻐함이라
정중히 무릎 꿇으며 보검을 유비에게 바쳤더라 감격 물결 찰싹
파도치듯 굳건히 굳은 의지 밝혀지니 결심하듯 선뜻 이 보검
받으소서 사양 마시오 유비는 장비가 준 보검을 정중히 받았다네
유비 마음 기쁨 한량없더라 어머님께 꾸중 듣던 보검 아닌가
손에 쥐어지니 묘한 감정 또한 끝없는 사명감 짊어지더라 장비
운장 형님에게 유비와의 결행 알림이니 서둘러 밀려오듯 다름
질 마음이더라 운장이라니 무슨 천하호걸이오 현장의 인물 마음

뜻깊은 속 알아보라는 특명이니 으하하하 통쾌한 웃음 터졌더라
그럼 그분 모시고 집으로 결행 모임 갖자고 하시오 세상 천국 담소
풀어보리오 날아가듯 북쪽 대주 향해 내달려가더라

의형제 결행 다가오고 있다네

유비 마음 기쁨 한량없이 어머님께 꾸중 듣던 보검 아닌가 손에
쥐어지니 묘한 감정 또한 끝없는 사명감 짊어지더라 장비 운장
형님께 유비와의 결행 알림이니 서둘러 밀려오듯 달음질 마음이더라
운장이라니 무슨 천하호걸이오 현장의 인물 마음 뜻깊은 속 알아
보라는 특명이니 으하하하 통쾌한 웃음 터졌더라 그럼 그분 모시고
집으로 결행 모임 갖자고 하시오 세상 천국 담소 풀어보리오
날아가듯 북쪽 대주 향해 내달려가더라 날씨 구름 한 점 적막하고
고요하더라 바람 잔잔한 호수 셋 만남 모임 뭉침이라 도원에서
잔치의미 의형제 맺음이요 어머니께서 기뻐하시며 지극정성 잔치
준비 음식 한 상다리 넘쳐 휘청 음식마다 황홀함이로다
유비, 관우, 장비 제단 앞에 정중히 무릎 꿇으며 셋은 한마음
한뜻 느낌은 진정한 뭉침 의형제 도원결의다 천지신명께 대지
원망 뜻 이루며 대망 성취 빌고 또 빌며 기원 올려 드렸다네
근본 원칙 법질서 유지는 원만함 예의와 존중이니 근본 선을
지킴이라 테두리 기초 쌓듯 형제 피 묻혀 의미부여 빛 발하리오
형제 유지결행 질서법 세우니 우리 인연 맺음 하늘 뜻이라 세 사람
나라 구함 뜻 통일이니 마음 또한 합하니 셋 마음 한마음이라
결행 결의형제라 화기애애한 분위기라

삼 형제 각인 안착이라

엄격한 의리 중요 삼 형제라 유비 맏형 관우 둘째 장비 막내라
칭하더라 서로 성은 다름이라 피를 섞듯 혈로 피로 몇 방울
뒤섞어 술잔 부딪혀 혈맹, 동맹, 의리 엮은 인연 끈이라 동심
협력이니 세상 두려울 것 없다네 만민들 피고름 황건적 날뛰는 통
눈꼴 못 보니 황건적들 때려잡아 이 세상 만민들 아픈 마음
어루만지듯 위해야 한다 뜻 새겨 평안한 세상 개척함이로다
삼형제 뭉쳐지니 무서움 없더라 혈연 탄탄함 삼 형제 조직 앞세워
유비 맹주 되어 관우 글 멋진 작문 몇 자 적어보니 격문 방
띄웠더라 젊은 혈기 몇백 명 순식간 모여들더라 젊은 혈기
불 지르듯 모여듦 부딪쳐지니 연기 뿜어 올라 멀리멀리 날아다님
전파되어 젊은 용맹 힘 조직 세우더라 규율 문 법칙 세워 운영한지라
탐하지 않고 나라 위해 몸 맡겨지니 약탈함은 참형당함이요 군율
어김은 곤장 다스려 모든 군율 맹세 지켜 맹훈련하더라 젊은이들
모임 한이 서려 힘찬 군사 우뚝 솟는 5백여 명 든든함 병기 군사
맹훈련 속 단련 생동감 넘쳐 보이더라 그러나 재정 형편 무이니
무기와 말 없더라 얼마 지나 형편 꽃피는 날이라 만민들
황건적들에게 괴롭힘 쌓여있으니 속에 앙금 터져내려 원성들 원호
모여지니 지원 자금 쌓이니 산이더라 하늘마저 도와주심 앞으로
황건적 걸렸다 하면 뼈도 못 추려질 터이다

삼 형제 무기 검 짱짱하더라

삼 형제 검 만들기 정성 대장장이 달인 장인들 불러 유비는
쌍고 검 이도류라 검술 어려움 고난도 고급 검술이라 마상쌍검
난이도 어려움 상상초월 유비 검법 달인이더라 관우는 82근 청룡
언월도 무게 또한 겁나더라 웬만한 장성들 옮기기도 버겁더라
장비는 장팔사모라 1장 8척이요 길이 창날 모양 뱀이 입 딱 벌어진
달려들 듯 구불구불한 의미라 장비키는 8척이나 장비는 자기 키의
두 배인 무기를 휘둘러지는 힘에 능력자더라 오늘 날씨 선선한
산들바람 불어지니 누상촌 떠날 심정 어머님 홀로 남겨 떠나는
자식 심경 가슴 쓰리고 짠한 마음 주워 담으며 무거운 발걸음
떠남이니 어머님께 안녕히 계시라는 인사하고 유비는 젊은 군사
의병 5백 명 떠남에 태수유언 자리로 옮김이라 어머니는 자식
떠나는 모습 보시며 아들이 아련히 희미한 뒷모습 보시며 떠남에
눈물 적시며 굳건하여 대망 이루라는 마음에 심지 간절했다네
청주 대흥사 줄기 산자락 그늘진 촉촉한 곳 은밀히 진지 세워
5만여 명 황건적 은거하네 유비 의병 맞은 태수유언 만남 유비 능력
눈여겨본다네 유비 의기 충전 뻗친 힘 갈고닦은 늠름 모습 5백 명
거느린 채 대흥산 밑자락 가까이 다가옴은 동정 유심히 살피며
조르륵 내리던 가느다란 빗줄기 오던 내림 멈춤이니 수풀 잡초
무성하게 우거져 꽉 들어찬 덩굴 엉킨 모습이라 싸울 장기전
간다면 불리 상황전개 유비 한참을 상념 짓고 전투준비 태세
세우며 다짐하며 태수 유언 우리 실력 눈여겨봄 신경 쓰이며
결사돌격 작전으로 돌변 세우더라

적장은 자태 늠름 허상이라

북소리 크게 울림 둥둥둥 둥둥둥 돌격이라 황건적 군사들 상중
턱 중간쯤 매복시켜 탄탄함 한량이 없더라 적의 부장 등무가
거느린 부하 늠름한 자태라 너희 오합지졸 군사 빈 껍데기
감히 어디라 죽음 자초 권력 방패 등살 못 이겨 몸 팔려 왔느냐
생명줄 오래 잡고 싶거든 항복하여 삶 생명 연장시켜라 장군 대방
정원지 어른께 잘 전언 드려 투항하면 살려주마 홍건적 입당 후
푸짐한 상다리 부러지는 꿈 차려주마 적후 등무 떠드는 입방아
소리 유비 의병들 한이 서려 맺혀지니 죽음과 삶 나의 의지니
너희 황건적 잔소리 메아리 땅속에 묻혀 버리리라 파도 소리
물밀 듯 거센 파도 일으킴 싹 쓰리 잔적 감추어 버리리라
유비 힘찬 늠름 적군 적장 앞에 다가와 우렁찬 목소리요 적장
내 말 새겨들어라 만민들 괴롭힘 폭력 행적들 일삼아 허물만
세우는 기초 없는 거짓이라 누가 알아주지 않는 뼈골만
앙상하리요 일월세월 진상 높이 쳐들어 암흑 세상 속 침침함
광명 빛 밝혀 꿈에 세상 이루리라 적장 정원지 어이없다는 듯
하늘 쳐다보며 갑자기 웃음보 터졌다네 비루먹은 강아지 대호를
건드려 버릇없는 단단히 가르쳐 주마 파란빛 광치며 청룡도
빼 들고 곧바로 유비에게 달려들더라 이때 이 버러지만 도
못한 놈 감히 우리 형님께 엉겨 붙다니 벼락 치는 쩌렁한
소리요 장비는 장팔사모를 휘두르며 퍽 소리와 바람 소리
뒤섞이며 정원 지는 말과 두 쪽으로 갈라지더라

대승리 잠시뿐 지원요청 달려갔더라

황건적 졸병들 술렁이며 기가 푹 꺼져 그 광경을 본 부하 등무는
분이 치밀 듯 창을 들어 덤벼들더라 관우가 날쌔게 막아서며
어찌하여 죽음을 재촉하더냐 말본새 떨어지자마자 허공 가르는
소리요 언월도 바람 부딪침 등무 목 저 멀리 날갯짓하며 끝없이
날아가더라 황건적 거장 두 수괴 무너지니 나머지 수만 졸개
무리 힘도 써 보지 못함이요 거대 성탑 기초 두 기둥 뽑히니
한순간 무너져내려 흔적도 없이 유비 의병들에게 풍비박산
되어 사방팔방 흩어져 줄행랑이더라 유비 의병 첫 싸움 첫 승리
대승리 의기양양 힘 기세 세움이더라 고요하고 잠잠함도 잠시뿐이요
청수 태수 공경에게서 급한 전보 날아들더라 청주성이 황건적들에게
사방이 적으로 둘러싸여 위급함은 고립이더라 구원 요청받으니
유비 군사 황급히 용약 청주성으로 달려가더라 푹푹 찌는 무더운
여름날 청주 도착해보니 수만 적군들 황색 깃발 수도 없더라
팔괘 그린 깃발 뜨거운 모래바람 펄럭이며 적군기 세들 하늘 찌를
듯하더라 유비는 첫 승리 기쁨만 생각 잠겨 적을 하찮게 우습게
보더라 적에 대한 점검 없이 책략 또한 무시 무턱대고 아무 생각 없이
대군을 공격함이 크게 대패당하고 패잔병 수습하곤 삼십 리나
줄행랑이라 관우는 중얼거리며 적은 병력 약소함이니 신중한 생각
큰 대군 격파는 병법 세워 중요성 신중함 깨우침이라 작전 면밀히
계책 세웠다네 추정에게 군사 지원받아 관우 일천 군사 우익 지킴이요
장비 또한 일천 군사 비스듬한 언덕 숲 우거진 너머 매복 유비와
추정은 적을 치고 빠지는 유인 작전이라

유비 고향 돌아감 포기요 원군지원 도움선택

돌격하면 퇴각이요 퇴각은 반격이라 유인 작전 빠져들 적의대로
진영 야금야금 무너짐 모르고 오직 추격들 급급 약속지점
다다름이라 적들 올가미에 걸려들었다네 이때 유비는 말머리
돌려 다시 반격 그와 동시 언덕 넘어 매복한 장비는 번개 같은
적을 싸안고 치니 그 많은 적들 갈팡질팡 봉착 당함이니
수없는 줄줄이 죽음이요 그때 관우 적의 피로 끊어 적들 거의
괴멸당하였다네 유비 대승리 거둠 늠름한 원군들 기세등등
이로다 청주 태수 공경은 따뜻함으로 영접하며 며칠 밤을
지새워 큰 잔치 베풀어 고단했던 전쟁 속 치열 목숨 건 한판
위로하며 많은 상금 하사함이라 유비는 잠시 작별 인사하고자
추정에게 부탁 어릴 적 스승 노식 선생 중랑장 벼슬하여
광종 땅에서 황건적과 격전 중이라 내 고향 돌아감 포기요
그분 도와 황건적 괴멸 시키리라 노식은 5만 관군 지휘요
15만은 황건적 유비가 찾아가 원군지원 하니 반갑게 맞이
하더라 만남은 기쁨이요 서로 반기며 얼싸안으며 스승님
전투상황 어찌 아직 큰 부딪침 없는 소강상태라 여기는
걱정 무이니 다른 지역이 더욱 다급한일 생김이니 영천 지방에
주전 장군이 전투 속 고전을 면치 못함이니 지원군 부탁이요
스승님 분부대로 이행 진행이요 영천 당도하자 유비는
주전 만남이요 노식장군 소개장 보여줌에 전투지원 왔소
헛기침하며 가소롭다는 듯 어디서 굴러먹던 개뼈다귀가
이 소리 듣고 장비 씩씩 숨 넘어 가는 소리 거칠다네

적진지 활활 불타오르는 화염 솟아오르더라

언제 터질지 이때 유비 극구 만류 하네 주전 괄시는 이만저만
이라 먹는 것부터 가장 위험한 정면에 배치라 그러나 불평
할 수 없는 의병 신세 입장이라 유비, 관우, 장비는 이번
전투상태를 놓고 계책 의논 중이라 잔잔한 고요한 밤 산들바람
꼬리 치듯 스쳐지나 적군 진지 가까이 막후전술 포위진 관우
장비는 어두운 밤 뚫어 풀밭 낮게 기어 적진 깊숙이 도달
하더라 준비 갖춘 햇불 밝게 밝혀 훤한 밤하늘 손쉽게 적진지
빠른 속도 고함치는 파도 소리 큰 소리 내지르니 산천초목
쩔렁쩔렁 울려 퍼지더라 고요한 밤잠을 청한 적들 불의 기습
당하며 안절부절 방향 감각 잃어버림 이 틈새 노려 군사
한 사람마다 열다 발씩 지고 있던 솔에 불을 붙여 던져지니
산들 바람 타고 불꽃 화염 솟아오르니 활활 타오르니 적진지
불바다요 적병들 갈팡질팡 온통 불바다라 손 한번 못써보고
적진지는 불바다 한 점 용서 없는 냉정한 불길 꼬리 흔들며
춤을 추듯 불 잔치 벌였다네 손쉽게 승리 이끌었다네
사방 흩어져 적군 무리 정신없이 도망치니 갑작스런 출현
지원군이라 허연 먼지 뿌옇게 일으켜 달려오며 도망치는
적군들 무찌른 게 아닌가 지원군들 모두 붉은 투구 붉은
깃발 등에 꽂아 아군 구별 짓듯 약 5백여 명 기마병이더라
선두로 달려오며 용맹스런 모습 넌 누구냐 반문하더라
유비가 그 상황 지켜보며 뚜벅뚜벅 말을 몰고 나오며 나는

탁현 누상촌에 사는 농부요 나라 걱정에 우려가 되어 황건적들 물리침
도움 주려 나온 의병 유비 현덕이요

유비와 조조의 첫 만남이라

호걸의 존함을 알리시오 그제서야 붉은 투구 벗으며 미소 띤 젊은 혈기 뽀오얀 살빛 눈이 가늘며 수염은 길더 라 그의 목소리는 힘이 있더라
이름은 조조 자는 맹덕 조삼의 이십사대 후손으로 대홍려 조숭의 아들이오 몸은 미천하나 관기도위 벼슬에 있소이다 유비는 허리 굽혀 마상에게 예로 맞이했다네 전쟁터 속에서 유비와 첫 만남 조조이더라 의는 용기 출정하나 관직이 무이니 용은 굳센 기운이니 관기를 갖추지 못함 현덕의 군사 어디가나 냉혹한 현실 우습게 알더라 승전은 깃발 꽂듯이 오름이니 고맙다는 말 고사하고 필요 없는 잡풀 취급 대하더라 주전은 못마땅한 눈치요 말 또한 퉁명스럽고 거칠더라 유비는 냉대함에 눈물 머금고 광종 땅으로 쫓기듯 향하더라 지나가는 길 마을 거닐 때마다 농민들 또한 업신여김 무시하더라 군의 병으로 보지 않고 떼거지 집단으로 보며 조롱만 받더라 의병 맨 앞에 뚜벅뚜벅 거닐며 세 마리 말에 탄 유비, 관우, 장비 위풍당당한 모습 멋진 위풍 무게감 실어 보임 장군 같더라 배웅하는 만민들도 있더라 그들은 시골길 굽이굽이 터벅터벅 거닐며 장비는 주전에게 받은 모욕 풀리지 않는지 분을 삭이지 않고 혼자 투덜거리며 한탄하더라

장비는 주전에게 받은 굴욕 한이 서려 있다네

세상 어지러움 관직 믿고 남 업신여기는 그런 자들 나라 어지러움 구렁텅 나락에 떨어트리더라 장비는 주전에게 받은 굴욕 분이 목구멍까지 차올라 오더라 주전이란 놈 혼내주지 못함 한이 되더라 관우 또한 한이 서려 주먹 꽉 쥔 채 정의 칼로 도륙 낼 것을 마음속 깊이 묻어 두어 주전 썩은 한 놈만 아니라 조정 그 자체가 부패잔치 세상이니 간신배들 세상 이 마음 찢어지는 뒤엉켜지는 창자 꼬여서 참을 수 없는 지경 억지로 뒷간이더라 황건적 쳐부숴 버림 우선이지만 낙양의 악풍 악물들 깨끗이 맑은 물 뿌려 씻어 내리듯 폭우로 쓸어버려 깨끗이 청소하리라 전에 판으론 세상 바로 서지 않으리라 저기 희미한 깃발 움직임 군사 크게 외침 묵묵히 바라보며 한 병사가 깃발 휘날리며 이쪽 향해오고 있다네 희미하게 보임 산언덕 숲 풀 우거진 그늘 벗어나니 적군인지 아군인지 확실히 보이더라 관군 수백 명이라 관우 소리치며 거대함 함거 이끌며 밀며 오더라 든든하게 둘러쌓으며 경계 엄격하더라 머리 헤쳐 풀고 묶인 채 끌고 온 이는 노식 장군 아닌가 이 모습 본 유비 놀라며 며칠 전만 해도 작전 지휘한 장군 아닌가 스승님 어찌 이런 일 여쭈어보니 이 모든 사실 억울함 모두 간신배들의 모략 탓이라

간신배들에게 억울한 누명을 쓰고 구속

머리 푹 숙이며 힘없는 기색 모든 것 간신 탓 한숨 깊게 내뱉으며 자네 영천 떠난 후 칙사 좌풍이란 자가 군감으로 시찰 오더라 뇌물을 요구하며 눈치 주더라 나 또한 코웃음 치고 너털웃음 답변했다네 그걸 원한 삼아 좌풍이 조정에 헛말 참소하며 감금당했다네 그의 눈가엔 복수에 칼날만 갈며 전후 사정 알고 나서 위안 말로 유비가 노식 장군 손목 잡으며 선생님 상심 마소서 일월 구름 가리니 어두컴컴하지만 구름이 확 트이는 날 환한 밝음이니 억울함 누명 벗어난다는 희망 바라봅니다 노식 장군의 간곡한 부탁 영천의 주전 찾아가 도와주며 조직 속에 배속받아 그곳에서 시발점 세워 구축하여 승승장구하라는 당부 하더라 스승 말씀 새겨들으며 다시 주전을 찾아 전갈을 전하여 주전이라는 자 가장 위험한 죽음의 고지에 배속시켰더라 험한 산악지대 낭 떨림 죽음의 삼각지라 철문협이라는 곳 유비는 배치받고 곧바로 전투에 나갔다네 유비가 배치받고 그 이튿날 협공 나섰네 장비가 주선 군사 빌려 높은 산 중턱 골짜기 근방에서 갑작스런 몰아치는 사나운 광풍 천지가 흔들림 나무뿌리 뽑아지듯 웬만한 돌덩이 사람모두 공중으로 이리저리 날아갈 것 같더라 산 높은 벼랑 꼭대기 북소리 요란한 징소리 소스라치듯 함성 소리라 울려 퍼지더라 공격군 무서운 땅바닥 두 눈 감고 귀도 막았다네 면밀히 살펴보니 산위는 지형 평평한 곳 장보라는 큰 깃발이 펄럭이며 세워졌다네

장보라는 놈 흉계 지어 삼켜 먹었다

귀신 우는 목소리 울리며 간덩이 내려앉아 겁나 돌게 히히히 군사들이 지옥에 빨려 목숨 날려 저승 보내 주마 히히히 귀신 떠도는 우는 소리라 말이 끝맺자 천지가 컴컴한 모래바람 일으키며 흉계 쓴 것 같은 느낌이라 곰곰이 생각해보니 주전이 철문협을 뚫지 못함은 매번 패한 까닭 알 것 같더라 적장 장보가 주문 소리요 마군이 온다 하늘에 원군 청했다 주전 군사들 그런 소리 듣고 이구동성 떠들썩하니 줄행랑치더라 주전 군사 저 멀리 유비 의병 공포증 유발 시달림이라 이런 틈 사이 뿜어대는 화살촉 짱돌 퍼붓듯 날아오는 삽시간에 전군 반 이상 잃었다네 유비는 쓸쓸한 표정 후퇴하고 수습한 다음 관우, 장비와 군막 안에서 계책대비 의논 중이라 관우가 하는 말 모든 원인제공 장보란 놈의 간계라 그 요술 속 최면술이라 알고 보면 별것이 아니라 심리 이용하여 마음 움직임이니 철문협 지형 형태 이용한 점이라 협곡에는 바람 불면 그 기류 따라 협문 당도 산기슭 부는 바람 돌개바람 수준이더라 그것도 모르고 험한 산골짜기 들어서 자연과 적과 싸우기 전 먼저 돌개바람과 한판 승부라

철문협 계책 확실히 알았다

돌개바람 심통 부리듯 거센 바람이요 회오리 골바람 회돌이 춤추듯 삼켜 먹어 버리니 거기서 전투상황 끝이라 싸워 보지도 못함이요 장보란 놈 꾀가 수준급이요 자연현상 자리가 요지부동인 철문협이라 요술 부린 것처럼 교묘하게 이용하여 유비와 주전 군사 농락하였다네 이전 장보란 놈 계책 뻔히 안다네 죽을 패 그런 패 없더라 장비는 입맛 시큼 씁쓸 곰곰이 일깨움 관우가 원인 발견 장보란 놈 요술에 있소 요술이란 철문협의 지형 협곡 흐름 기류라 안개가 자욱하게 끼어 바람 뒤집어지면 그 기류 흘러들어 산기슭 타고 산들산들 꼬리 치며 길목에 골바람 모여들어 오더라 유비는 요술 믿음 불허라 오직 자연현상일 뿐 삼 형제 의미 뜻 일깨웠다네 기후가 사나운 날 다른 날씨 기후 몇십 배 강한 돌개바람이요 험한 산골짜기 들이닥친 적과 싸움 전 먼저 돌개바람과 한판승 싸움 지쳐 당한 것이라 삼 형제 신통방통 방도 없으니 씁쓸한 표정 그때 장비가 무릎을 치며 옳지 기발한 생각 떠올림 형님들 모략 성립이오 뒤쪽 절벽 타고 기어올라 기습이오 그러자 유비가 얼굴에 밝은 미소요 이튿날 유비는 주전의 군사들 시켜 수많은 깃발 들게 하고 협문 정면에서 공격하라 앞면 전술 깔았다네

백고천난 겪음 험한 절벽 올라감

삼 형제 부하병사 데리고 협문에서 몇십 리 떨어진 험난한 절벽 겨우 올라감 성공 이루었다네 산 정상 올라감 적들은 아무것도 모르는 일이라 유비는 군사들 사기 북돋기 위해 칼을 뽑아 하늘 높이 쳐들며 보아라 저 푸른 하늘 맑은 구름 한 점 없는 겁나 때리는 뇌성 없이 조용하지 않나 장보란 놈 그동안 거짓 일관 속임수 지금껏 여러분 속임 당함이요 자연 섭리 이용한 것뿐 요술 따위 확실한 거짓 현장에서 확인이라 앞으로 적진 공격이라 바로 괴멸시키리라 군사 용기 사기 충전이요 그 함성 쩔렁쩔렁 하늘 울려 퍼지니 그 울려 퍼짐이 적들 혼절할걸 세 함성 힘이 배가 뭉침이요 장보의 본진 들이닥치며 장보는 그때 본진 비워 철문협 나가 싸웠다네 본진 들이닥침 생각 상상조차 못함이요 기습이라 몹시 놀라며 우왕좌왕 얼마 안 되는 부하 데리고 다급함 본진 달려감 본진 당도하기 전 어디선가 날아온 화살촉 정수리 맞추는 게 아닌가 장보는 비명 지르며 쏟아지는 피 피범벅이라 유비가 쏜 꽂힌 화살 손으로 빼려 꽉 쥔 채 뽑았으나 활대만 뽑힌 화살촉은 더욱 살 틈새 비집고 더욱 박혔으니 몇 보 가더니 말에서 소리 없이 고꾸라져 목숨 끊어진지라 정보라는 놈 쓰러짐은 함성 더욱 커지더라 산등성 철문협 골짜기 울려 퍼지듯 산천초목이 다 우리 군사 같은 마음 웅성 시끌벅적 함성이라 유비 군사 기세가 하늘 찌를듯 정신없이 도망치는 적 군사들 사방팔방 줄행랑치기 바쁘더라 더러는 엉기는 놈들 모조리 도륙 내 승기 잡으며 적들 한 놈 남김없이 괴멸시켰다네 철문협 골짜기 적진지는 불바다 일으키며 화염 연기 시커멓게 그을려 하늘 타고 오르듯 뭉게뭉게 피어오르듯 하더라

주전만 낙동강 오리알이라

관우와 장비가 행동대원들 지시해 적진지 요란스럽게 불바다 종지부 찍어 요새는 시커먼 탄재만 남으리라 장보군의 시체 길바닥 널브러져 뒷동산 쌓은 산더미라 삼 형제 전투에서 혁혁한 공 세우며 주전 진지 도착 주전은 유비보다 칭찬은 못 해줄망정 빈정대다 자네 승전 보는 운이라 역시 싸움에는 실력보단 행운 기운이 서려 있다네 하며 배가 몹시 아파하더라 장보군 괴멸시킨 관군들 다시 양성으로 지원군 평성이요 양성은 장보의 아우 장량이라 성벽 탄탄함 두터움과 높이는 하늘 성벽 둘레 포위 빈틈없더라 주전은 초조함만 밀려오듯 그 이유는 곡양 전투에서 황보숭과 동탁 연합군 대승리요 장각은 진중에서 황건적 평정이라 조조 역시 제남윤 벼슬길 올랐다네 주전 군사들에게 전투 독려 한번 밀어붙여 전투성 몰락 함락시켜라 그래서 조정에 큰상 받아 영화 누리거라 불 화산처럼 매섭게 공격 보름쯤 공격 포화집중 장량 부하 엄정이란 자 배신하여 장량 수급 베어 투항하며 주전에게 바치며 양성은 함락이라 남은 곳 완성 한 곳뿐 황건적 잔당 패들 손중, 한충, 조홍 세 적장 꿋꿋한 버팀이라 주전 군사 철통같은 성 둘레 감싸 포위 적군 입장 어차피 죽은 목숨 발악 끝없더라 성문 열면 싸움이요 닫으면 중간 휴식이라 반복만 하니 양측 군사 수많은 희생 사상자만 속출하더라

공격 과감히 하며 적들 도망갈 곳 한 곳만 비워놓더라

싸움 즐비하더라 완성 성안에 적들 양식바닥 굶주림 서서히 잠식하니 더더욱 적장들 최후 발악이더라 이 소식통 간자들 보내 알아보니 내막 유비는 환하더라 주전에게 간곡히 청하니 적 무리들 독 안에 꽉 잡힌 독이 오른 쥐 고양이 깨문 아야 하니 공격 과감하게 그놈들 달아날 구멍 줄 터놓는 계략이라 유비는 동문 하나만 비워놓고 북, 남, 서문 셋 방향 과감한 공격 퍼붓더라 흔들리는 동문 쪽 적군 몰려듦 갑자기 많은 무리 빠져나가는 진동 소리 격발 치듯 하며 뿌연 먼지만 날리더라 몰려나가는 적군 적장 한충 발견한지라 주전이 활 쏘니 목줄기 맞으니 정확히 꽂혀 말 아래 거꾸러지더라 주전은 가까이 다가가 한충의 수급 베어 긴 장대에 꽂혀 높이 치켜 올려세우더라 그 기세 함성 울려 퍼지더라 이 광경 바라본 조홍과 손중은 분개함 터져지듯 분함 발악하며 주전 앞으로 뛰어들더라 이 원수 놈 우렁찬 목소리라 주전과 마주 창 몇 수 나누며 격하더라 도저히 당함 무리요 주전은 견디지 못하고 도망치더라 그 뒤를 바짝 쫓으며 칼로 치려는 순간 이 도적무리 수괴 놈아 갑자기 비호 폭풍이 불듯 나타난 한 장수가 번갯불 콩 볶듯 빠른 몸놀림이라 조홍의 아랫배를 깊숙이 찌름에 날카로움이 불타오르듯 시 뻘겅 피가 솟구치며 사방으로 퍼져내려 토하며 조홍은 이슬 먹은 엷은 장막 속으로 유유히 사라지더라

주전 목숨 구해준 장수 누군지 궁금하네

유유히 소리 없이 발자취 한순간 적장 수괴 붉은 물감 수놓은 주전 목숨 구해준 그 장수는 누구일까 모든 이들 궁금하더라 조홍 시체 다가가 수급 베어 말 안장에 꽂아 세우며 큰소리 울려 퍼지듯 내뱉는 소리라 황건적 버러지만도 못한 쓰레기들아 듣거라 나의 이름은 손견 자는 문대이니라 그 말본새 듣던 사람들 웅성웅성 저 인물이 손견 장수였구나 고개를 끄덕하며 감탄 물결이더라 손견 무예 겁나더라 쏜살같은 빠른 몸놀림 번개 같더라 조홍 그도 만만치 않은 상대 실력자를 무색하게 하더라 일격에 격발 치니 손쉽게 처치함은 명장면이라 손중은 그 모습 보고 겁에 잔뜩 질려 어딘가 숨어 버렸다네 보이질 않더라 아무리 눈을 씻고 보아도 유비는 손중 찾아 헤매보니 난군 속에 숨어 처박혀 덤으로 묻혀 달아 내빼는 손중이 보이더라 이때 활시위 힘껏 당겨보며 쏜 거라 꽂혔다 손중은 바닥으로 곤두박질 쓰러지며 이 싸움 완승이요 승리의 장식 물결이라 만세, 만세, 만, 만, 세 얼싸안으며 서로 축하해 축제 분위기 따로 없다네 주전은 기쁨 감추지 못하고 유비와 손견 반기며 그 공로를 높이 치하하였다네 황건적들 꺼진 불씨창이라 평정되니 평화로움 기대는 희망 꽃이라 낙양 성주 개선군 맞이하며 온 성안이 떠들썩하니 오색 깃발 방긋 좋다고 나부끼며 꼬리 치며 춤추듯 하더라 밤하늘 오색 등불 훤하니 밝혀지니 밝은 대낮 같더라 일주일 내내 밤낮 퍼마시며 술과 계집으로 호화스런 잔치라 질퍽대며 술에 찌들며 술상은 셀 수 없이 끝이 없더라 풍악 소리 음색 음률 절묘 아름다움 색깔 가득히 울려 퍼지니 기쁨 감

추지 못하네 황성 낙양 천마호 전통 옛 고을 도읍지라 물자 풍성하며
문화거리 호화 찬란이라

황성 낙양 물자 풍성하더라
그 덕으로 잔치 물결 호화롭다네

가인귀현들 왕래는 눈부시더라 제성 금빛장식 성벽 든든함 탄탄함 장벽 듬직하더라 그 빛깔은 호화찬란하더라 잔치 고사하고 고성 문 밖에선 시린 칼바람 스쳐 지나가는 부딪침 살갗 아리는 마음이라 밖에서 떨고 있는 군마 바로 유비 의병이라 누구보다 책략 앞세워 큰 공을 세운 장본인 유비 의병이거늘 냉대하며 은상은 어디 갔던 술 한 모금 갖다 주는 이 없더라 주선은 혼자 공을 독차지 하남 태수가 되었고 손견도 별군 사마라는 벼슬 올랐더라 유비만 유독 아무런 벼슬길 없고 냉대만 받더라 땅을 치며 복창 터지는 마음이더라 유비는 곧은 마음 뇌물 공세 안 쓰는 정의만 밀고 나가는 청렴가더라 그들은 제 출세하는 데만 정신 팔려 돌봐주는 이 없더라 낙양성 안에는 얼씬도 못함이요 허술한 문하나 지키는 문지기 군사더라 유비는 찢어지는 마음 부하 생각에 잠을 못 이룸 주인 잘못 만남에 대접 못 받으니 불쌍한 맘 몰려든다네 겨울 매서운 추위 견딜 수 있게 따뜻한 솜옷이라도 입혀 줄려는 생각이라 주전 집으로 찾아가는 길이더라 길가 맞닥트리는 이는 누군가 고개 돌려보니 낭중 장균 아니던가 그는 현덕 보고 젖어드는 반가움 서로 얼싸안으며 반갑다고 인사하더라 장균은 전선 시찰 중에 유비의 행적 큰 공로 소상히 잘 알고 있더라 유심히 장균이 유비 행색 보니 처량해 보이더라 귀공께서는 공을 높이 세웠거늘 지금 뭐하고 계시오 묻더라 유비는 숨김없이 이 사실을 고하며 그러자 장균은 깜짝 놀라며 소스라치더라

나라 혼란 어지럽히는 간신배들 사그리 뭉개버리리라

공은 벼슬 한 자리 얻지 못 함이오 은상도 받음 무산 이일은 부당하리오 조정간계 무리들 나라 혼란 어지럽히는 이 간신배들 곧 사그리 뭉개 괴멸시켜버려 정당한 나라 질서 바로잡는 조정 세우리라 곧 무슨 대책 진행하리오 하회 기다림은 외성에 머물고 있소 하지만 겨울 가까오니 부하들 추움 떨고 마음 찢어 내리오 그런 속사정 몰랐소 연방은 분개하며 속으로 이내 삭혀 씹으며 입맛은 씁쓸하며 속으론 끙끙대더라 유비 또한 암울해하며 생기 잃고 축 처진 어깨 모든 게 걱정거리라 조정에 불평 한마디 내색하지 않고 자제했다네 다만 부하들이 안쓰럽고 불만 가득 크게 달아오름은 내색을 감추었다네 귀공의 일은 내게 맡겨 보시오 이 부당한 일 바로잡겠소 잠시 동안만 견뎌보시오 무엇인가 결심한 듯 그 눈빛은 씁쓸하며 무슨 일을 낼 것 같은 표정이더라 장균은 천자를 알현 장계를 올려 재가받음에 무릎 꿇고 고개 조아리며 신이 삼가 아뢰옵니다 짐이 청이 있다 하니 주위 근신들 다 물리쳤소 말해보시오 다름 아니오라 가까이 두고 계시니 십상시에 관한 일이옵니다 천자는 십상시란 말에 안색이 어두워지며 그러나 서슴없는 언변으로 말을 이어 가더라 총명하신 폐하시어 짐작하시는 천하평정 찾아가고 있으나 간신배들이 올바른 정사 혼란정국 흔들어 놓으니 폐하의 빛나시는 공덕에 시커먼 구름으로 먹줄 튕기며 오점 띠를 찍어 어두운 정국을 나락으로 빠뜨리고 있사오니 단호히 그들을 처단하시여 나라 근간을 바로 세워주소서 여기서 십상시란 열사람 내시라 국사를 마음대로 주물러 굴려 먹음이니 뇌물 또한 산을 이루니 공덕 없는 인사 뇌물로 채우며 큰 세력 권력 높은 줄 모르더라

장균 목숨 바쳐 유비 낮은 벼슬
그나마 받아 부하들에게 면목 세웠네

간신 무리 배 단호히 처단하시옵소서 처단함 게을리하시면 큰 화를 당함이오니 눈물을 적시며 애절함 절실히 호소하더라 어물어물 망설이기만 하는 천자는 부답이라 이때 옥좌 뒤 숨어 뛰쳐나오며 간계 무리들이 갑자기 나타남에 눈을 휘둥그레 부라리더라 닥치지 못할까 아가리질 뭣이라 입바른 소리 지껄여 떠벌이니 네놈의 목을 당장 베어 저잣거리에 걸리라 호통치며 간신배 무리들이 장균 끌어내어 무참하게 밟아 죽이고 흔적도 없더라 천자주위에 심복들 깔아 놓은지라 접근 불가라 이 일로 장균은 희생이요 간신배들 찔리는 마음이라 무마하기 위함에 전투에 공을 세우고도 은상 받지 못한 자들 마지못해 대수롭지 않은 벼슬 내려 유비는 겨우 안희 현위 낮은 벼슬 받았다네 그나마 유비 부하들에게 면목 조금 세우며 삼 형제와 십여 명 데리고 임지로 떠날 차비 하더라 두메산골 마을 허름하더라 현위로 가는 길이라 많은 군사 필요치 않으니 부하 군사를 고향으로 보냄에 유비가 있는 돈 끌어모아 각각 공평하게 나누어 군사들의 마음 달래주며 다음에 다시 만남 기약하며 헤어짐이라 눈은 뽀송하게 내려앉아 날씨는 칼바람 스치며 한겨울 고단하게 임지에서 보냄은 몇 달 지나 찾아 들어온 봄날이 산새들도 무척 시끄럽게 지저귀는 소리라 날씨는 포근하니 짐승들도 기지개를 쭉 켜는 모습이더라 느닷없는 불결한 소식이라 천자의 칙사로 온다는 소식이라 칙사의 사명은 황건적 평전 기준에 거짓으로 공을 빙자 관직 얻은 자 가려내는 명을 받은 의무라 마침내 안희현에 독우라는 자가 내려왔다 삼 형제가 산언덕까지 마중 나와 독우란 자 만남이요 임무보단 뇌물에만 요구 아주 간교한 자더라

칙사라는 자 꼬투리 잡으러 왔다네

칙사라는 자 거만함 고의적 작정 흉계 꾸미러 온 것이 틀림없더라 말하는 본새 냄새가 난다네 누추한 곳 보낸 놈들 두메산골 운운하더라 그놈 말에 귀가 쫑긋하고 있다네 여기가 안희현인가 아주 두메산골 이구먼 교만함과 건방 떨며 뻣뻣하더라 유비 보더니 넌 누구더냐 꼴이 초라한 모습 투덜대며 말을 내뱉더라 현위 현덕이라 합니다 누추한 곳 오시느라 피로하심 여장을 풀고 쉬소서 어떤 촌놈이 마중 나왔나 했더니 현위 였군 객사준비는 되었나 누추한 곳 사태를 보니 대접 뻔한 일이라 혼자말로 중얼대더라 현위 현덕은 어디 출신인가 저는 본디 탁현 출신으로 중상정왕의 후예 이번 황건적 난에 공이 있어 당현의 현위로 봉직받고 뭐라고 중상정왕의 후예라 너 같은 거지 천민놈이 거짓으로 천자의 종친 사칭하다니 왕족을 농락하다니 건방 떨어 이번 내방하라고 천자께서 터무니없는 말 일관하며 호걸이라 운운하는 놈 색출하여 너 같은 놈 자임관직 오른 자 징계하여 관직 박탈하여 대죄를 물을 것이라 물러가라 현덕은 기가 막힘 정신 없더라 인내로 꾹 참으며 씁쓸함 감추며 그자 앞에서 물러났다네 아무래도 그 이유 모르더라 따라온 수행자에게 묻자 그야 뇌물 아니겠소 대감 마중 나갈 때 빈손 부끄럽지 않소 금덩어리 바치는 것 관행이라오 이건 아닌 말이지만 우리 같은 수행자에게도 떡국물이라도 헤헤 웃으며 말을 흐리더라 가면 갈수록 첩첩산중이라 하도 어이가 없는 상황 겪으며 간적들 따로 없더라 현덕은 뒷골이 당겨 내려앉으며 씁쓸한 표정 지으며 숙소로 발걸음 옮김이라 독우는 현덕에게서 아직도 아무런 뇌물 없으니 애꿎은 현덕 잡아먹듯 닦달하더라 거기다 천자 종친 운운 떠벌리지 않나 이곳 백성 원성 자자하다고 마구 죄명 갖다 붙이더라 너는 이곳 현리로서 자격 없으니 진정 사유서 쓰라고 재촉하더라

백성들 억울함 호소하더라

독우가 현리를 강압적으로 진정 사유서 쓰라며 받아 적으라고 재촉하더라 무죄를 유죄로 고의적 꾸며 죄를 뒤집어씌우며 덫을 치려는 듯 이때 장비는 내용 모르고 무엇이 못마땅한지 울화가 치밀며 독우를 혼내주려 으르렁할 때 유비가 가까스로 말렸다네 장비는 치밀어 올라오듯 이기지 못함에 술로 달래고 있었다네 장비는 홧김에 마시는 술이라 이미 저녁 일몰 지고 있을 때쯤 현청문 앞에서 십여 명 백성들이 땅을 치며 엎드려 통곡 소리 울려 퍼지고 있다네 현청문 앞뜰 십여 명 백성들이 몰려와 통곡 소리 울려 퍼지니 처량하구나 원통하고 분함으로 이 소리 구슬픈 통곡 소리 들리는 쪽 나가보는 장비는 깜짝 놀라며 왜들 그러세요 그들은 모두 한결같은 말을 전하기 위함에 칙사 독우가 현리를 감금하며 진정 사유서 거짓으로 쓰라 재촉 온갖 죄를 덮어 씌어 울화통 터짐에 이렇게 달려왔소 우리 존경하는 유비 나리 괴롭힌 보고 억울함 하소연한 것이요 유비 님께서는 백성들 아껴주고 베푸시고 보살펴주심에 행복 나누며 삶 재미 느꼈소 그런데 청천 하늘에 날벼락 치는 소리요 그 말본새 떨어지기도 전 후폭풍이 지나가듯 장비는 한순간에 현청으로 뛰어 단숨에 날아가더라 물어뜯어 삼켜 하이에나 성난 화산 그 모습 숨 쉬는 생명체 무서워 벌벌 떨더라 독우란 놈 어뒀냐 이놈 요절낸다 모두 쥐구멍이라도 찾듯 어디고 몸 숨길 곳 찾아 숨어 틈새 비집고 들어감 조용하더라 독우는 유비에게 진정 사유서 다 쓰게 한 다음 현청에 있는 뜨락으로 들어앉아 기녀들과 한바탕 향연 밤꽃 태우려는 순간 장비 나타나선 부들 치어 오름 주체 못 하고 가물가물 다 때려 부숴버리며 초토화 터지는 박살 내더라 기녀들은 기어가듯 살금살금 오금 저린 다 침상 밑 숨어 들며 독우는 그 와중에도 위신 깃 세우려 진땀깨나 흘리더라

독우 장비에게 혼쭐 난다네

엉터리 악물 우리 형님 핫바지로 아니 거짓으로 얽혀 메여 올가미 덮어 씌어 나락으로 떨어뜨려 억압하더냐 진정 사유서 쓰게 강제로 억압하며 계집 끼고 자빠져 놀아나니 너는 개패이듯 맞아 죽을 놈이다 독우의 멱살 못 쪼이며 현청 뜰로 끌고 나와 땅바닥 내동댕이 짓밟기 시작하더라 나 살려 소리지르는데 누구 아무도 도와주는 이 없다네 간신배 판치는 세상 나라 혼란만 부추기네 어지러움 볶아치다 만민 백성 고생길 이루니 또 짓밟기 시작하니 비명 터져 내리더라 정신상태 파닥 아직 멀었다 독우의 상투 잡아 일으켜 문전에 큰 버드나무에 두 팔 얽어 매달아 대롱대롱 버드나무에 독우가 대롱대롱 열매 열리듯 비명 지르듯 하더라 장비는 코웃음 지으며 그리고 장비는 버드나무 가지 하나 흔들며 딱 소리 꺾어내려 독우의 사지 아픈 자리매김하여 때려지니 자지러지더라 아얏 하는 비명에 쩔렁 너도 얼핏 보니 형상은 인간 탈이 보이네 또 사정없이 후려치며 너 같은 백성 핏물 빨아먹는 재물 타내어 빼앗는 종로결장 태형감이라 마구 쳐내니 버드나무 파행지정이니 요절복통 나더라 장비에게 독우 확 달라졌네 처음 깃 세우더니 엄청 매질 살려달라고 애원하더라 매질 가하며 백 대 넘어가니 계속 매질 목숨 살려주세요 뭐든 다하겠습니다 독우는 무척 괴로움 살 뜯는 고통 신음 토하는 소리 요란하니 울며 눈물 다 쏟아내어 나온 눈물 바닥나 눈물 없더라 너 같은 놈 잔꾀 마음속 꼭꼭 숨어있으니 더욱더 매질 가하니 애원하더라 독우는 이 악물며 아픈 고통에를 쓰며 참으니 엉덩이 빵빵 옷은 다 찢어진 걸레 조각 살갗 달라붙은 옷 조각 피만 맺히니 흘러내리더라

형님들 만류에도 계속되는 매질 죽일 생각이더라

장비 매질 끝이 없네 계속되는 후려치듯 하니 살려주소 너 같은 개쓰레기 같은 놈 동정할 이들 아무도 없는 무행이라 버드나무 회초리 춤추듯 계속 매질 엉덩이 다 터져 살갗 처절한 걸레더라 살려달라는 기운 소리 미약하더라 숨은 껄떡껄떡 모기 기어가는 소리 잘못했소 으흐흐 제발 용서하소서 으흐흐 애걸복걸 애원하더라 장비 들은 척 없는 통절이라 이때 유비와 관우 만류에도 계속되는 매질 버러지 같은 놈 죽어야 합니다 형님들 만류 마시오 현덕공 살려주시오 귀공 부하 장비가 술이 걸쭉하니 나를 이런 꼴 모양이니 제발 살려주시오 만약 날 풀어주면 장비 죄 불문이요 고소장 말소요 또한 대신으로 높은 관직 보장하리오 이 말에 유비는 분노 폭발 요동치더라 가소롭도다 수작 간사한지고 아무리 세상 말세라 할지라도 관리자라는 자가 비겁함과 갑작스러운 불통 속임수 몰랐더냐 현덕은 장비 회초리 뺏어 내던지며 묶인 끈 풀어주며 너는 백성들 피골 빨아먹는 흡혈기라 버러지만도 못한 놈 내 아우가 매질함은 오히려 잘한 일 너 같은 놈 죽임은 없는지라 인생이 더럽고 불쌍한 놈 목숨만은 살려 주마 앞으로 백성과 약한 관원들 괴롭힘 잊고 올바른 삶 살 거라 삼 형제는 관직 내던져버리고 북쪽으로 길을 재촉하더라 길을 재촉 떠난 지 벌써 10여 일쯤 대주 오대산 그리웠던 곳 풍광 옛 낙양 내음 홍부용아씨 유희 집에 맡긴 잠시 기억 속에 묻혀 꺼낸지라 하지만 뭐가 뭔지 모르니 유비라 어리둥절 갸우뚱 벼슬 과감히 날려버리고 아우님 따라 마음 편히 머물 곳 있다 하기에 이곳까지 왔건만 네 형님 이곳에서 마

음 편히 몇 년이고 묵으소서 장비가 빙그레 미소 지으며 대답하더라
관우도 방긋 웃고 있더라 산 밑동 수림 숲 우거진 곳 당당함 그 자태
유난히 태양 빛 받으니 훤하게 집 한 채가 멋진 모습 보였다네

유비 아름다움의 극치에 어리둥절하더라

유비는 눈이 휘둥그레 어리둥절 집 뒤뜰 살구꽃이 만발하더라 살구꽃 그늘진 곳 눈부신 미인 그 자태 아름다움의 극치 눈이 부시더라 그 여인 얼굴 붉게 물든 눈가 유심히 보니 갑자기 사라지듯 감추어버린 어디선가 본 여인이라 여자에게 관심조차 없는 유비는 아름다움 색조 띤 모습에 유비도 낯익은 듯싶어 고개를 갸우뚱하더라 낯익은 여인 모습 떠오르네 유대인의 딸인지 긴가민가하더라 유비는 궁금함을 물어본다는 것 쑥스러움 몰림이니 혼자 상념 찬 잠겨 내리고 삼 형제는 유회네 거느림채에 안내받았다네 주인 유회는 초면이지만 오래전부터 유비에 관한 전해오는 말로 많이 들었다네 아무쪼록 언제까지나 마음 편안히 묵으시며 장래에 관한 일 도모하시어 나라 혼란 바로잡아 주소서 두메산골이라 대접은 소홀하나 탁주만은 넓고 깊은 독으로 한가득하니 사양 마시고 즐감하소서 유회의 말본새 너무 고마워하는 유비라 몇 달 훌쩍 지나쳐 흘러가는 세월 밤하늘 동서로 길게 쭉 뻗어 가는 빛의 강이로다 어느덧 일 년 몇 달을 훌쩍 소리 없이 지나간 시간들 주워 담기 민망하리 할 일 없이 빈둥거림이라 앞뜰에는 기온이 영상 영하를 오르내리는 숨 쉬는 배꽃은 활짝 피어오르니 만개 짓 하듯 장관을 이루더라 관우와 장비는 무료한 하루 좀이 쑤시는 기운은 나락이니 장비는 술독에 파묻혀지고 관우는 병서 탐독에 열중이더라 유비만은 기쁜 얼굴 웃음 띤 홍조라 자주 홀로 동구 밖에 거닐고 사라지곤 하더라 그런데 어느 날이라 그날은 깊은 밤하늘에 달밤 관우가 손자병법 읽다가 찌뿌둥한 몸을 풀 겸 동구 밖 후원 나가보니 배꽃 향 내음 뿌리듯 젊은

남녀가 오붓하게 모습은 너무 다정하더라 초점을 집중하여보니 유비와 부용 아씨더라

겉보기엔 풍운 세상 아무도
부르니 없으니 태평연월이로다

관우는 그 광경 보니 들킬까 봐 몰래 숨듯 뒤돌아서서 숙소로 발걸음 짓더라 근심 걱정 쌓이는 맘 한가로운 세월 풍운 장부의 웅대한 뜻 좀먹고 삭혀지니 탄식만 절로 나온다네 숙소 도착하니 장비 혼자 술상과 속씨름하더라 형님은 어딜 갔다 오시오 술 좀 그만하게 이롭지 못한 풍월세상 아무도 부르니 없건만 독수리 발톱만 다듬고 있더라 깊은 잠속에 갇혀 꼼짝달싹 못 하니 어찌하리오 형님 술이나 드세요 그럼 나도 한잔 주게나 관우와 장비는 술잔만 부딪치며 들이마시며 한숨 소리 크게 내뱉으니 기운마저 나락이더라 초야 속에 묻혀 숨어 지내니 희망 끈 날갯짓 멈춤이요 이내 몸 꼼짝달싹 못 하니 한심한 생각뿐 오늘은 유비 형님 꽃내음 풍기는 꼴 보았네 뭐 길래요 한잔을 들이마시며 관우는 몇 잔 더 마시며 대답은 부답이요 술만 연거푸 마시더라 장비는 형님 이상한 꽃내음 풍이 뭐예요 말씀 던진 말대답으로 일목요연 바랍니다 이내 몸은 답답할 지경이요 못 볼 것을 보았다네 우리 현덕 형님이 복용 아씨와 사랑 속삭임 꽃풍이라네 대망은 마음속 품은 호걸 사랑 속삭임 빠져드니 대망 꿈 희망 접은 호걸이니 난세 어려운 고비길이라 형님 난 또 뭐라 걱정할 일 아니요 별일 아니니 근심 걱정 묻어 두시오 어험 헛기침 인기척이라 유회는 난처한 얼굴빛 역력한 표정 짓고 말을 건네더라 조만간 낙양 순찰사와 정주태수가 이 근방 순찰 나온다는 기별 받았으니 당분간 그들이 기거할 것 같소 그러면 형장들의 거주 사실이 알려지면 위험 초래요 잠시나마 피하심이 안전하니 그야말로 엎치락뒤치락하더라 관우는 오히려 잘됨이라 유비와 부용 사랑 싹 식히는 데 기회요 그들은 유회 집 잠시 떠날 채비 서두르니 유회는 송별연 베풀어주고 노자까지 두둑이 챙겨주더라

곧 들이닥치니 잠시 낙양 떠나다

저 또한 조만간 낙양의 제실은 오래지 않아 갈아엎고 그들의 압박이 여간 아니니 그때 삼 형제분께서 그들을 제압하셔서 제거해주시면 그 은혜 백골난망이옵니다 삼 형제 진정한 생각 챙겨주는 유회 마음 안지라 유유히 문전 밖 떠남이요 부용은 정든 님 떠남에 유비 떠나는 뒷모습 보기 위해 누각꼭대기 올라 몸을 숨기고 하염없이 정에 눈물 흘리며 전송했다네 유비는 몇 번이고 유회 집을 힐긋하더라 복용 모습은 눈에 띄지 않지만 마음 마는 부용이 곁이라 오대산 줄기는 점점 눈 밖이요 희미하게 가물가물하더라 두 갈래 길에 잠시 서서 유비는 아우님에게 힐긋 보며 그럼 여기서 작별 종착이요 다시 만남을 기약하고 나는 탁현 고장으로 가겠으니 아우님들께서는 갈길 잡으소서 다시 만남은 지나오는 올가을에 만남이니 말을 흐리며 끝맺더라 눈물 적시는 유비 눈물을 쏙 배여 눈물만 글썽글썽하더라 삼 형제들은 떠남 아쉬움 남김이오 섭섭함 금치 못함이니 서로 옛정 그리며 눈물만 주르륵주르륵 흐르더라 유비는 헤어진 지 얼마 되지 않아 발길인데 벌써 홍부용 그리며 다시 만날 날만 간절하더라 또한 생사고락 전우 의형제 잊지 못함이라 잠시 헤어짐 목 놓아 불러 보건만 아무 소리 인기척 들리지 않는 얼마나 그리워했으면 헛것만 보이더라 그런 감정 꾹 참으며 자리 잡아 마음속 깊은 숨겨둠 뿐이라 유비는 평범한 복장으로 어두컴컴한 밤 누상촌으로 발길 옮겼더라 모든 것 변한 것 같지만 뽕나무만 변함없는 꿋꿋한 자태 그대로였더라 집안에 들어가 어머니 불러 보건만 깊은 밤에 어머니께서는 쿵쿵 자리 짓는 소리만 요란하더라 유비는 참지 못하고 울분 토로하며 뛰어들어가 어머니 제가 돌아왔습니다 어머니께서는 들은 척도 안 하시고 짜깁기만 하시며 어머님 무표정 그리 반가움 표정 아니더라

먼발치 기염을 토하듯

유비는 눈물만 적시며 이 불효자식 이 못난 놈 때문에 얼마나 고초가 많으신지요 모든 사정 여의치 않아 잠시 돌아왔습니다 용서하소서 어머니는 냉정하게 아들 말 무시하며 유비야 넌 그 꼬락서니 하곤 쯔쯔 비렁뱅이라니 뜻도 저버리고 큰 대로 펼치지 못함이니 모든 것 잊은 것이냐 하찮은 일에 집을 잊지 못하고 왔다는 사실 너무 큰 추창의 곡조라 유비는 어머님 말씀 깊게 새겨들으며 죄스러움 맘 고개를 들지 못함이라 어머니는 냉정하며 야단을 치더라 누가 너 같은 녀석 반기더냐 너는 내 자식이 아니다 그런 옹졸한 마음으로 어떻게 큰 뜻을 펼칠 수 있겠냐 네가 집에 오기는 왔지만 날이 밝기 전 일찍 당장 이곳을 떠나거라 유비는 깊은 어머니의 뜻을 헤아리며 어머니께서는 자식 잘되길 바랄 뿐 그런 생각에 눈물만 하염없이 흘리며 나 자신 한심해지고 있다는 것에 대해서 흐느끼더라 조정 정치 갈피 못 잡으니 나라 전국 어지러움 서로 의견 충돌 비껴 지나가니 조정 불만 하늘 높이요 반란 일으키는 무리 속출하더라 장사에게서 장거와 장순이 반란 거사하더라 십상시는 이런 사실 천자에게 묵인하니 나라 꼴이 엉망이더라 대신들은 뜻 모아 손견 장군에게 하달 내려 반란군 토벌에 앞장서 진행하니 그 덕에 유회의 추천받은 유비, 관우, 장비 유우의 진중에 종군 지원나가 크게 활약 세운 공로 기회가 오더라 전투 때마다 승승장구 이 결과 그전 독우를 잡아 족친 죄 면하여 용서받음이니 평원령이라는 벼슬길에 올랐다네 중평 6년쯤 영제가 깊은 중병으로 허우적 천자는 대장군 하진을 궁중 불러들여 하진이란 자

보잘것없는 백정 출신 그 누이동생이 바로 영제의 총애를 한몸 받는 하후라 그는 황자 낳아 그 기세가 하늘이요 그 또한 오라버니를 하진이라 그 기세 하늘이라 말라 떨어진 영제에게 안심하라는 말 설령 무슨 일이 없이 지킬 것이옵니다

질투 속 독살음모라

강건하소서 황자가 계십니다 영제의 수척한 안색은 썩은 동태 눈깔 가지 위에 말라 떨어진 썩은 낙엽이라 임금에겐 복잡한 근심이 얽혀 있으니 하후라는 자가 망념 속 질투 독살 음모라 모후 동태후가 두 황자 변 황자보다 협 황자를 더 애정 어린 손길 그 또한 죽을병에 걸린 영제도 그러하니 동태후를 독살하려는 음모가 진전 중이라 십상시의 건석이라는 자 영제에게 와서 속삭이더라 협황자를 황태자 책봉하심은 먼저 하진을 목숨 끊어지면 황실 평정이오 그 말본새에 명제는 솔깃하며 하진을 잡아 들여라 칙사 띄었다네 칙명 받들며 궐 안 들어오는 즉시 죽일 음모라 그때 하진은 자기 집에서 대신 관료들과 의논 중이라 하진의 심복 부하인 반은이라는 자가 찾아와서 하진 제거라는 말 전하더라 그 음모들은 하진 노발대발하며 이 간신배 놈들 이런 음모 어딨소 천하가 십상시들이 판치니 농간을 원망하더라 기회 엿보며 그놈들 뿌리 근간 도륙 낼 심산이더라 누구도 선뜻 나서는 이 없을 때 그중 대신 관료가 일어나서 말을 하더라 장군님 말씀 동감합니다 그들에게 아무 대책 없이 섣불리 도전은 불화 산속 몰살이요 장군님 신상에 큰 화가 끼칠 우려가 불 보듯 뻔한 일 걱정되는 말이니 그런 큰 뜻 품속 신중히 처리 진척 계획 판 깔림이니 걱정되는 마음에 전언 드립니다 모든 사람들이 일제히 놀란 표정 우러러보며 고개를 끄덕이며 동조하는 눈빛이더라 그는 바로 전군교위 조조였다 그러나 하진 눈에는 희미하고 까마득한 눈 아래 발밑 존재인 것을 그 말본새 입 닥치거라 어디 건방진 소리 애송이 따위가 조정 사정을 어찌 안단 말이더냐 혼쭐내는 빗줄기 폭우라 호령 소리 쩔렁쩔렁 그때 바로 등장하는 반은이 내달려와 헉헉 숨소리 거칠더라 급한 전갈이요 영제께서는 방금 붕어하셨으니 그 말소리 모두 놀라며 올 것이 왔다는 뜻이 얼굴빛 붉게 변하더라

십상시들 뭉쳐 협황자를 천자로 옹립

십상시 도배들 임금 붕어 소식 감춤이요 밀담을 열고 먼저 하진 장군 궁중으로 급히 모셔오라는 전갈이니 이는 후환을 없앤 뒤 장래를 잠시 봉행키로 결의 상황이다 그런 행동거지 협 황자를 천자로 앉히고 음모 꾸민 쌈짓거리라 원소말속 위풍당당하더라 청하옵니다 저에게 정병 천여 명 주소서 그들을 괴멸시켜 선물 바치겠나이다 신제 옹립이오 내시들 싹쓸이 파도치듯 묻히리니 도륙 내어 피바다 이루리오 하진은 기뻐 어쩔 줄 모르더라 곧 원소에게 5천여 명의 병사를 내주었다네 원소가 궁중 안으로 파도 밀어 붙여 치듯 약삭빠르게 영제의 영구를 보호하며 변 황자를 천자로 옹립 지켜 꿋꿋함 든든함이로다 진석은 급변을 만나 갈팡질팡하며 그러나 원소가 단칼에 쳐지는 조각나듯 피바다 이루더라 수괴 간신배 건석 쳐 죽여지니 나머지 내시들을 살려주더라 일은 일사천리 진척이니 쑥대밭 따로 없으니 아우성 아비규환 울림 궁궐 안은 피바다 물결 울부짖는 괴음이라 그 광경 겁에 잔뜩 질려 내리니 그 음모의 주인공 건석 유명을 달리하니 그 활극은 끝맺음이라 다른 십상시는 죽임 없이 건석 수괴 꾀임수에 잠깐 놀았을 뿐 남은 잔당들 옛정 잠시 생각 천한 오누이 신분으로 십상시들의 내관 천거하였기에 부귀영화 누림이니 살려준다는 것이라 십상시 목숨 한점 살려달라고 애걸복걸 일부 무리 살려 두었으나 이 말 듣던 원소 큰 실망 속 나래 향방 떨어짐 무너짐이니 내려앉음이라 이런 피력함 선언 발상 장군의 입 발설해서는 안 되는 일이라 궁궐의 썩은 악물들 근간 흔든 것들 깨끗이 대청소 안 함이니 나중에 썩은 냄새 진동하여 궁궐 안 더럽힘 당할 것이라 근간에 뿌리 싹 트기 전 잘라버려 후일 후회하는 일 없이 처리해주심이 옳은 줄 압니다 그러나 하진은 원소 말 듣지 않고 무시하더라

동태후 독살당함이로다

그 후 궁궐 안정세 잔잔한 평온함이라 하진 오누이에게는 장벽 거슬림 걸림돌 동태후더라 잔꾀 부려 태후를 하간이라는 누추한 곳 벽촌으로 쫓아버려 태후가 든든한 버팀목 협 황자 등에 업고 무슨 음모 꾸미기 전에 먼저 내몰 차게 차버려진 마른 낙엽 떨어짐이요 태후는 외로이 홀로 낙양궁 떠나가는 도중 독살되어 다시 동태후는 낙양궁으로 싸늘한 시신 문창 매김이라 권력 생존 싸움에 패배는 처절한 죽음뿐 조정에선 협황자 존재 버팀목 이목 있으니 어마어마한 장례식 거행 성대하게 치러졌다네 하진 양심 마음 한구석 가책이 서려 있어 병중 핑곗거리 장례식 참석 불참이라 어느 날 하진에게 찾아온 원소 장군님 지금 떠도는 소문 태후 죽음 장군님 소행이라 파다한 전국 울려 퍼지더라 저 떠들어 대는 십상시 잔당들 지금 늦지 않음이니 당장 몰살시킵시다 음… 괴로운 고민 결단 향방이 장군님 걸림돌 세상 속 푸념 풀어헤침이니 곰곰이 생각해 보겠네 답변 또한 흐리멍텅 딱 부러지게 하진 소심한 성격 저런 위인 믿고 목숨 바침 개죽음이라 전국 나감은 끊어짐 곧 망함이니 앞으로 큰 거대 전국 운영 불가항력이라 원소 보고 큰 실망만 안고 어쩔 수 없는 그 자리 나와 떠나며 씁쓸한 표정 역력하더라 이 대화 오고 감 벌써 파다하게 산들바람 타고 십상시의 귓가에 벌써 알려졌더라 큰일 불안 초조함 떨며 내시들을 하후의 치맛자락 다시 한번 잡으려 살려 달라 애원하더라 그 말본새 잘 듣는 하후는 그들 꼭두각시 노릇 놀음이라 순순히 말 잘 듣더라 하후는 오라버니 달래며 방패 막 구축 실현이라 이 평온한 궁중 내 또 피바람 어지러움이니 추궁하는 부하들 내 치소서 나라 재정관리 환관들 맡아봄 살림 두루 한나라 궁중전통 그 자체 미워 죽음 이르며 나라 종묘사직 흔들림이라 그 말본새 하진 뒤통수 긁적이며 나는 생각 무념이거늘 우물쭈물 얼버무리더라

하진 부하들 간청 무시하니 부하들 반란 조짐 보이더라

궁궐 내 파와 하진의 쪽파 갈라짐 모래알이라 두 갈래길이거늘 싸우는 날 여러 야심가 낙양 넘보는 부푼 꿈 안고 많이 모여들더라 원소, 조조, 노식 같은 출정한 인물 하진에게 진실한 조언을 구하는 진실된 든든한 부하들 날개 단 힘들이라 십상시들은 어수선함 위기를 느껴오는 몸들 꿈틀 정국 휘몰아치는 떠도는 소식들 마음 붕괴되더라 궁중의 내신들은 불안 속 수면 위에 뜨더니 자신들 위로하며 청궁, 철퇴, 칼과, 도끼 든든히 무장시켰다네 십상시들이 하태후를 감쪽속임 하진을 궁안으로 유인계책 세워 속셈 깔리니 홀로 부르는 친서 띄었다네 궁문을 나온 사자 흉계 얼굴의 내색 감추어버린 발톱 하태후의 편지를 하진에게 전함 그 편지 받음 아무런 의심 한 점 없는 무표정이라 궁으로 나갈 채비 하려는 순간 원소는 가는 길 막더라 태후 마마의 친서라도 믿을 수 없는 정국 흐름이라 무슨 음모 깔려있는지 알 길 없으니 가지 마소 겁 많은 위인 거만은 하늘을 찌르리오 궁중 폐단 없이 바로 세워 절대 위기 권력 앞세워 천하통일 주역 꿈꾸는 하진 아니던가 십상시 힘없는 잡풀이 아니던가 나를 제압할 힘이 있더냐 그 하찮은 잡초일 뿐 하진이 궁성 출입 마음대로 드나들 듯 자유롭지 못하고 제약을 받는다면 어찌 천하 호령하겠나 천하 본색 영웅호걸들이 나를 보며 비웃음 광경이로다 떠날 채비 우쭐대더라 철갑 특위 병 몇백 명 호위받으며 청쇄문까지 당도 병마들은 금운 출입 불가요 밖에서 기다리시오 하지는 궁중 예법 지켜주며 홀로 단신으로 들어가 거닐다 보니 가는 곳 입구마다 꽉 닫더라 어디선가 들려오

는 백정 놈아 때려잡아 죽일 놈 쩔렁한 목소리 제압하며 십상시들이 악형 운집 벌떼 달려들 듯 덤벼들더라

하진 목이 끊어져 땅바닥에 데굴 굴러가더라

달려들 듯 촘촘히 틈새 에워 두르며 맨 앞장선 장양이라 하진아 너는 낙양에서 소, 돼지 잡는 백정 놈 아니더냐 오늘 부귀영화 누림 누구 덕이랴 음지 전양으로 네 누이 천자께 천거하여 너까지 덤으로 높은 벼슬 세워주었건만 은혜도 모르는 배은망덕 한 놈 어디 설쳐대느냐 욕설을 있는 대로 내뱉으며 그 말에 하늘이 노랗더라 그때 피는 하늘 사방으로 뿌려지듯 퍽 소리와 함께 목이 끊어져 데굴데굴 땅바닥 굴러가더라 그는 정신이 반쯤 나간 미치광이 연상시키며 히쭉 웃음 지으며 칼을 뽑아 높이 쳐들어 올리더라 또 어떤 놈이 목이 근질근질하더냐 다 쳐내어 주마 칼을 마구 휘두르며 바람 소리 요란함 갈라지더라 청쇄문 밖이라 아무리 기다림 지쳐지는 저녁 무렵 밝은 해는 지쳐지며 일몰 잠자리 청하듯 들어감이라 인기척 없는 시각 하진이 나오지 않자 궁금 유발 물어보니 하 장군 아직 퇴청 못 함이니 내뱉는 큰 소리 말 전함 얼마 후 성문 담장 높이 무장한 군사 고개를 쑥 내밀며 시끄럽다 아가리 꽉 다물고 너희 주인 하진 모반죄로 처형당함이라 이거나 받고 수레 싣고 되돌아가거라 획 내던져 보따리 감싸진 피투성이 묻혀 있는 원소가 그 광경 하진의 목을 보고 분노가 하늘 높이 끓어올라 궁문을 때려 부숴 하 장군의 원한 갚자 5백 명 철갑 병들 일제히 거대한 장벽 청쇄문 부숴버리기 시작 잠시 후에 철 쇠문 종이 장 구겨지듯 하더라 무게감 거대한 청쇄문 부숴버려 물밀 듯 500여 명 철갑병 궁궐 안으로 들어가더라 궁궐 안 아름다움 평화로움 잔잔하네 순식간 깨져지니 아수라장 천지가 찢어지는 불길 치솟는 살인 난무하니 피바다라 몰지각한 일부 군사 궁녀를 겁탈하니 보기 민망 지각 있는 양심 상관 그 모습 보고 못된 놈 목을 단칼에 베어 버렸다네

궁궐 안 모두 숨 쉬는 생명체 몰살시켰다네

환관들 보는 족족 수급 베고 십상시건 뭐건 모두 몰살 그중 십상시 조충, 곽승, 서궁취 하문 지나치며 도망가는 모습 보이니 화살 비 오듯 쏘아대니 모두 꽂혀지니 유명을 달리하더라 모두 수급 베어지니 뒷동산 하나더라 모두 처리한 곳 찾아보니 후궁 연못 속 던져지니 물고기 깜짝 놀라 기절하더라 시커먼 구름 떼 연기도 뒤덮어 불꽃 잔치더라 십상시 잔당들 마지막 저승길 노잣돈 없이 빈손 곧 사라질 아침 이슬 맺힌 떨어져 내릴 형장의 이슬로 사라지더라 장양, 단규, 신제 하태후 협 황자 그들은 진류왕 모습 황야 빛 내림 장막 내려지더라 비취 문 탈출한 시근이라 창을 높이 쳐들어 궁중 불길 타오름 솟구치는 광경 보더니 숨을 깊이 몰아쉬며 말에서 뛰어내려 말하는 자 노식이더라 게 섰거라 제왕 과태후 치마폭에 얼싸안은 놈들 조정 혼란 어지러움 끝물 마지막 길 받거라 어디로 줄행랑치더냐 노식이 화통이 뒤집히듯 호통 소리 쩔렁 잔당들 장양과 천자와 잔류왕 태우고 쏜살같은 바람과 사라지듯 수레 몰며 힘차게 달려 멀리 도망가니 뒷모습 먼지구름만 뿌옇게 일다 희미하게 멀어지더라 궁성 불꽃 춤사위는 끝없더라 불꽃 만발 불꽃들 춤추듯 붉게 물든 여기저기 타오르듯 무엇이든 삼켜버려 다 씹어 먹고 남은 찌꺼기 시커먼 탄재만 남더라 궁성밖에 거리는 여러 짐 꾸러미 짊어진 피난민들 북적이며 와중에 장양들과 말이 수레를 미친 듯이 몰며 획하고 지나가더라 북문을 빠져나가자마자 수레바퀴 하나가 부서져 크게 낭패를 보았다네 어쩔 수 없이 어린 천자와 진류왕은 도보로 거리로 활보하며 새 어린 천자는 가는 길마다 여러 번 쓰러지며 자빠졌다네 발들은 퉁퉁 부어오르며 물집은 부위마다 부풀어 오르니 그 고통 이루 말할 수 없다네 낙양 떠난 마지막 밤길 저녁노을 일몰 지더라 너무 처량하고 내 신세가 쪽팔리더라

십상시들 사리판단 엉망에 천자 몰골 말이 아니네

내시 놈들 방심하는 사이 이런 꼴 보니 한탄만 하더라 장양과 단규는 어떻게든 천자를 잘 지켜서 충신 소리 듣기 위함이니 내 생명 지키는 속뜻이 있으니 필사적 노력으로 보필하더라 험한 산길 높낮이 구불 길 가파른 곳 내려 보이는 무덤들이 즐비하더라 북망산 보이며 멋진 장관이로다 숲은 우거져 산새들 떼 지어 날아오르는 모습 횡렬로 열 맞추며 규칙 원을 그리며 날더라 끈질긴 추격이라 인마가 당도하니 그 모습을 본 장양 모든 것 포기 뜻 못 이룸 억울함 한가득 절망은 하늘 원망하며 울부짖으며 강물 속으로 투신하여 목숨을 끊은지라 한규는 어디론가 유유히 사라져 그림조차도 보이질 않더라 천자와 진류왕은 지쳐지는지 허기가 졌는지 울먹이며 맥이 풀려 더 이상 걸을 힘조차 없더라 힘차게 달려온 군마 민공부대 모여듦이라 천자를 찾지 못하고 스쳐지나 듯 지나쳐버렸다네 어린 천자는 눈물 하염없이 흘리더라 어린 진류왕은 정신일도하사불성이라 허기진 몰려드는 쏙 들어간 뱃속 울림이라 꼬르륵꼬르륵 몹시 허기진 기운마저 바닥 쳐 내리니 땅바닥에 곤두박질이라 따라온 군사들 무작정 앞만 보고 걸어왔건만 몹시 떨림 진동이요 지친 기색 역력하더라 모두 다 함께 이 강가에서 잠시 쉼은 밤이슬 맺힌 차가운 싸늘함이니 천자와 진류왕 옥체가 상하심이라 그러기에 걸을 수 없는 기력 잔물이지만 걸어 걸어서 인근 인가가 보이면 잠시 머물 수 있는 생각이더라 그래서 서로의 온기 유지 손을 잡으며 가까이 촘촘하게 조심스레 안고 사뿐히 걸으며 어둠 적막 속 뚫으며 계속 행진이더라 어두컴컴한 속 더듬

거리니 아야 소리가 터져 넝쿨 가시 밭길 찔린 곳 또 찔리니 비명 울리더라 천자와 진류왕 이런 개고생 처음인지라 입마저 덜덜 떨더라 가는 길 따라갈 수 있는지 불 밝히는 반딧불 떼들 뭉침이니 밤새도록 여기까지 왔건만

헤매고 가는 길에 노인을 만났더라

이젠 지쳐지는 천자는 일어나지 못함 땅바닥 껴안고 엎어져 있더라 진류왕도 아얏 탄식 소리 마침 길가 앞에 서성이는 노인이 보이더라 노인은 초라한 모습 보고 밤늦은 시각에 밤길을 헤매다 진류왕이 그 노인 바라보니 얌전하게 인정이 많아 보이더라 그들은 지쳐 땅바닥 주저앉음이라 어느 집 담장 흙담집 아래 진류왕은 몸은 초라해 다리는 후들후들 하지만 목소리만은 힘이 들어가 눈망울 쌍초롱한 음성이라 옆에 계신 분은 천자이시오 궁궐 안에서 반란이 일어남에 풍비박산 사신들은 모두 뿔뿔이 흩어졌더라 그 난리 통 몸을 피신해서 여기까지 오게 됐소 목소리 말을 들은 노인은 크게 놀라며 그럼 당신은 누구요 눈알이 휘둥그레졌다네 나는 황제 진류왕이오 어찌 이런 일이 노인은 몹시 놀란 표정이더라 폐하를 뵙다니 꿈만 같사옵니다 당황스러움 감추지 못함이요 어쩔 줄 모르더라 엉거주춤 천자를 부축하며 집으로 모시고 조심스럽게 들어갔다네 오래된 토담집 아뢰옵기 황송하옵니다 저는 최의라는 자로 벼슬을 이임하여 정국이 십상시들의 휘두르는 흑막 속 역겨워 이런 시골 초야에 묻혀 살고 있었습니다 그런데 천자를 뵙게 되어 가문의 영광이옵니다 그러면서 큰절을 올렸다네 농민공은 나라 조정 혼란 구렁텅이 속 내몰아버린 장본인 단규라는 놈 잡아 바로 처단 단칼에 목숨 끊어놓은지라 민공은 천자 계신 이 근처에 계실 거라 생각함에 샅샅이 수색 틈 틈새 확고부동 하더라 어디선가 허름한 토담집에 장작불 지펴 놓으니 굴뚝에 연기만 뿌옇더라 최의 집에 아침 짓는 풍광이라 허기짐에 별것이 아름다워

보이더라 밥 짓는 냄새 향은 위가 발광 뱃속에선 빨리 채워 달라며
아등바등한다네 여보시오 민공이 부르는 소리 귀를 솔깃하니 최의가
문을 열며 그들을 보니 갑옷 무장한 칼을 옆에 찬 장군이더라

민공은 천자를 찾으며 헤매고 있더라

그리고 말안장 쪽 바라보니 모가지가 대롱대롱 눈이 휘둥그레 깜짝 놀라며 이때 주인장 부르니 네 하며 맞장구치며 대답하더라 신세 좀 집시다 그 안장에 머리는 누구요 웃음소리 화통 십상시 단규라는 놈 이요 네 하며 크게 놀라며 그럼 장군의 존함 하남의 연사 민공이오 어젯밤부터 지금까지 천자를 사방팔방으로 찾아 헤매고 있소 최의 는 그들 간신배들이 누구이던가 천하를 움켜쥐고 권력 막강한 자를 하루아침에 괴멸시킴 뜻밖에 소식에 더욱 놀랐다네 그럼 민공께서는 어젯밤부터 지금까지 천자의 행방 찾아 헤매고 있었소 아 그렇소 최 의가 안으로 뛰쳐들어가니 민공은 이상하게 생각하며 그 뒤 따라 들어갔다네 폐하를 모시러 밖에 왔습니다 그 소리 울림에 자고 있던 천 자와 진류왕 단꿈에서 깨었다네 민공이 천자 앞에 와서 무릎 꿇으며 큰절을 올리며 흐느껴 울더라 천하에 임금이 안 계시면 어찌 천하통 치 하겠습니까 낙양 길 평안하게 제가 모시겠습니다 최의는 말 두 필 을 폐하께 무릎 꿇으며 바쳤다네 진류왕과 천자께서는 말 위에 오르 며 고삐는 민공이 혼자서 잡으며 최의 집을 나섰다네 사방 길에는 흩 어진 군사들이라 몇백 리 길을 행군하니 지친 기색이 역력하더라 모 든 군사들은 그동안 잠시나마 쉬었던지 기력 회복되어 다시 정비하 여 모여들더라 폐하께서는 무사하셨으니 천만 다행한 일이오 대궐 안 다행한 일이오 대궐 안팎은 십상시들이 괴멸되었으니 한시름 놓 여지더라 대궐로 향하는 발걸음 가볍더라 이 모습을 본 교위 원소가 달려오며 뒤이어 여러 장수들이 모여들며 폐하께서 무사하심 확인하고 일제히 무릎 꿇으며 눈물로 통곡하였다네 폐하를 각별히 정중히 모심 가는 길마다 힘이 솟음 낙양 길 구비 길이라 꽃향기 진풍 불어 코끝 향기 취해 기분 좋은 발걸음이라 수많은 군마 저편 언덕 북적 끌어 모여듦이라

동탁 거만하고 오만불손 하늘을 찌르리오

깃발들 빽빽하니 하늘을 수놓은 장관이라 천자로 모시고 가는 길 그 모습 보고 문무백관 어마어마한 군마를 보며 기겁하며 오줌을 지리더라 저 너머 오고 있는 것이 아군인가? 적군인가? 구별할 수 없는 사태 만약 아군이면 다행 적군이면 큰일 아닌가? 궁금함 알아보기 위함 원소가 말을 내달려 그 거대 군사 앞에 서서 어느 군대인가 천자께서 낙양 황성으로 환궁 길이라 길을 막는 형태는 불충이라 그 소리 듣고 헛기침하며 거만 오만불손하더라 뚱뚱한 체구 백마 탄 모습 뒤뚱대는 백마 안쓰럽다네 그 사람은 바로 서량 태수 동탁 그는 건방진 자더라 키는 8척 허리둘레는 어마어마한 도라 무통이더라 거들먹거림 누구더냐? 동탁은 원소 물음 무시 태산 같은 거목 우뚝 서 있는 자태라 천자께서는 어디 계시냐? 오히려 반문하더라 말에서 내릴 생각조차 없는 건방진 말투 뚜벅뚜벅 대가 앞으로 다가오니 천자는 기가 질려 하대를 못 함이라 모든 이들이 사시나무 떨듯 하더라 겁 없는 원소마저도 동탁의 큰 돌덩이만 한 풍채에 기가 꺾여 저 풀이 죽었더라 이때 쩔렁쩔렁한 목소리 어디선가 들려오 네 무엄하도다 필부! 물렀거라 추상같은 위험 호령 그 위엄 있는 음성 동탁도 주춤하며 몸을 움츠리며 기가 푹 꺾였더라 말에서 잽싸게 뛰어내리더니 천자에게 무릎 꿇으며 알현하더라 그 호령 소리는 누구였던가 하니 어린 황제 진류왕이었다네 진류왕의 음성 힘이 솟구치듯 하니 동탁은 등골이 오싹 그의 오만불손 한낮의 묵상 자기 허물이오 사그라지듯 녹아내렸다네 서량 태수 동탁은 왜 왔단 말인가? 무슨 음모 꾀하려 하나 그 많은 군사 떼 이끌고 어가를 덮치러 왔는가? 망극하옵니다 어가를 모시러 온 것입니다 저의 충정을 헤아려 주옵소서 그러면서 어물쩍하더라

동탁 진류왕에게 존경심을 가졌다네

그러고 있지 말고 어서 어가를 모시고 가자구나 네 폐하 그 뻣뻣한 위엄은 어디 갔는가 동탁도 진류왕 앞에선 생쥐새끼에 불과한 것을 어가를 정중히 모시며 낙양성으로 입성했더라 동탁의 마음 한구석에선 진류왕이 똑똑함에 반했더라 천자의 안목을 여실히 읽어 보았다네 잠시 떠난 궁성 안 그리움 꿈인지 생시인지 그 혼란 고초 끝에 아수라장인 피바다 말끔 깨끗 궁성 안 잠시 어지러웠던 깨끗함 정리정돈 제자리 제 모습 찾아갔더라 천자와 진류왕 보며 본 하태후는 천자가 무사히 살아 돌아옴에 반가움 천자를 반기며 얼싸안으며 이마에 입맞춤하며 울먹이며 기쁨에 눈물이 흘러내렸다네 다시 만남에 기쁨에 한탄 소리 태후는 정신 가다듬은 옥새를 바쳐 라는 명하였으나 그 혼란 속에서 옥새는 간데없더라 동탁은 낙양성 밖 든든함 유지요 10만 대군이 빽빽이 겹겹이 성 둘레를 에워싸듯 방패막 장막을 쳐내렸다네 그 누가 넘보리 동탁은 어딜 갈 때면 천기 호위병 대동하며 거리를 활보하며 그 위엄 대단하더라 병주의 정원이란 장군 또한 군사 이끌고 낙양성에 와 있었다네 하진의 격문을 보고 달려온 사람 중에 충직한 신하더라 연회장 북적거림 풍악 음률 타며 와자지껄 떠들어대는 선객들 허리 가냘픈 미녀들 춤추며 엉덩이는 살래살래 흔드니 애간장 녹이더라 얼씨구나 흥겹네 미녀들 술을 따르니 연회석 산해진미 따로 없다네 술은 어느덧 얼굴 붉은 달덩이 같더라 웃음소리 산에 산을 타고 마을이 들썩이며 그때 동탁이 큰소리 여러분에게 전할 말 있소 연회석은 잠시 조용한 전막 숨소리마저 조용함이라 모두들 무슨 말인지 귀를 쫑긋 집중하더라 여러분 솔직히 털어놓으리라 천자는 영명함이 있어야 나라 기틀 든든함 어지러운 정국 평정함인데 불행히도 천자께서는 나약하니 평정 걸림돌이요

동탁 감추어 놓은 발톱 드러내더라

아니 이게 무슨 일인가? 역적질하자는 말 신하가 그런 말 내뱉다니 모든 사람들 술이 확 깨며 정신이 번쩍 나더라 적막 흐름이요 조용하며 모두 천자 운운하는 동탁을 보며 역적질에 겁에 질려있더라 동탁은 주위분위기 살펴보니 술렁이더라 이때 탁자를 주먹으로 내리치니 탁자마저 산산조각이 나더라 긴장 고조 맴돌며 내 생각 굳건 진류왕 천자로 세워 정국 통일 안 일이니 총명하신 분 깊은 학문 즐감하시며 영특하신 분이라 진정 나라 위함은 진류왕 내세우자 하더라 이때 적막 깨는 자 있더라 자리에서 일어난 자 병주 자사 정원이라 절대 안 될 말이라 무책임 언행 일삼는 역적질이라 동탁에게 거역은 있을 수 없는 죽음뿐인 것을 천자께서는 무슨 문제가 있소 어찌 역적 막말 운운한단 말이오 주둥아리 닥치거라 나에게 항거하다니 이때 동탁은 칼을 뽑아 들며 죽일 기색 정원 또한 기세등등이로다 유심히 보니 정원 뒤에는 든든한 기세등등 무시무시한 얼굴빛 천하장사가 버티며 정원은 호위하고 있다네 불타오름 뜨거운 사나이 두 눈동자 날카로움 무서운 폭발 직전 화산 불덩이 삼켜 먹듯 거대한 기둥뿌리 보기만 해도 무서움 덜덜 괴물 연상케 하는 모습이더라 이유도 동탁 옆에서 다가가 귓속말로 오늘은 참으십시오 동탁 또한 겁에 질려 아무 말 없이 그 자리를 벗어나고 싶은 마음뿐이라 눈치를 채며 못 이기는 척 칼자루에 칼을 집어넣으며 정원의 뒤에선 무서운 괴물이 삼켜 먹듯 노려보고 있더라 연회장은 파행하며 백관들도 뿔뿔이 흩어지며 동탁은 이유에게 정원 뒤에 무시무시한 그놈에 대해 묻더라 정원의 양자 여포라는 놈이요 자는 봉선 무예 또한 달인 날아다니듯 쐐기 쏘는 독 침이라 어느 누가 대적할 자 있다더냐? 천하무적인 것을 그자는 몇 십 만 대군이라도 무용지물이라

동탁 진영 기습한 여포 무시무시하더라

동탁은 이유 말을 듣자 오줌을 지리며 온몸에 진땀으로 범벅 소름이 끼치더라 그때 바로 정원 군대가 동탁 진영을 습격하며 난장판을 치더라 동탁은 나가보니 황금투구 무장한 방천화극을 들고 백마 탄 무섭게 내달리며 종횡무진 회오리바람 일으키며 추풍낙엽 떨어지듯 동탁 군사들 쓰러져 내리더라 여포의 용감무쌍한 그 모습 보고 온몸이 떨었다네 정원 부대 훑고 간 자리 앙상하리 동탁 군대 대패라 여포의 용맹무쌍 당할 자 없더라 정원도 종횡무진 말을 내달려 동탁 군 무찌름에 만신창이 동네북 따로 없다네 깊은 밤 동탁은 크나큰 낙심 어깨 축 처진 그늘이더라 본진 부하 장수들과 회합 모임이라 탄식 소리 내뱉듯 하더라 여포가 있는 기류는 내 뜻은 포기요 그러나 한 장수가 걱정 말라는 귀띔 펼치니 귀가 쫑긋하더라 장군님 부르며 의기양양한 말투 자신감 있는 모습 누군가 보니 동탁 부하 이숙이라 이숙은 무슨 방비책 있나? 있습니다 저에게 장군님 애마 적토마와 금 한 덩이 한 아름 주시면 되옵니다 적토마란 하루에 천 리길 마다치 않고 한달음에 달리는 명마 아니던가 그걸 어쩌려 하느냐? 저는 여포와 동고향 벗입니다 그는 용맹한 자이나 현명치 못한 어리석음이 있는 자입니다 그러니 모든 것은 저에게 맡겨주십시오 여포 잘 구슬려 꼬드기며 예물 선심 공세라 장군님의 개나 다름없으니 걱정하지 마십시오 동탁은 기뻐 어쩔 줄 모르더라 이숙에게 적토마 선뜻 내주었다네 이숙은 그 병마를 조심스레 끌며 주옥이든 금덩어리 잘 챙겨 짚꾸러미 동여매고 떠날 차비 하더라 그 이튿날 밤 유유히 여포 진영 내달려 갔더라 여포는 이숙 보며 무척 반가워하며 얼싸 좋다고 끌어 안더라 자네가 여긴 웬일인가 고향 떠나 자네 못 본 지 세월이 꽤 되니 어렴풋이 옛 동무 생각나서 한편으론 동무가 안쓰럽다네

여포 옛 벗이 끌고 온 적토마보고 환장하더라

할 말 많으리 그때 어디선가 말 울음소리가 요란하게 들려오는 예사롭지 않은 분명 밖에서 들리는 소리이거늘 혹시 자네 말 아닌가 대단한 명마일세 부럽다네 저 꼿꼿한 자태 힘이 넘쳐 보이고 근육은 육각 흐름 쭉 뻗어 있으니 과연 적토마일세 부러워 말게 바로 자네 말일세 선사하려고 끌고 온 말이라네 여포는 벗에게 큰 선물 받음에 기뻐 날뛰더니 고마움에 눈물 적시며 적토마를 아래위를 훑어보며 기쁨 감격에 소리 괴성을 지르며 적토마를 어루만지며 입맞춤하더라 자네에게 이 훌륭한 명마를 받고 보답해야 하는데 말해보게 그는 진심으로 무척 즐거워 세상 날아가듯 들뜬 기쁨이더라 진중에서 주연 잔치 성대하게 이숙을 회포 풀어주며 술이 오고 가는 잔 부딪침 속에 술기운이 극에 달아 올라오니 혀마저 꼬부라지더라 이때다 싶어 이숙은 여포 자네 같은 천하 영웅 명장이 이 촌구석에서 썩고 있는 것 생각하면 옛 고향 사람들에게 쪽팔리지 않냐 말일세 옛 고향에서는 자네가 크게 될 인물이라 칭송이 자자했는데 이 촌구석에서 힘도 못 써보고 썩히고 있다니 아깝지 않나 안쓰럽다네 이 말을 들은 여포도 그런 것 같고 자기 자신 처지를 보고 한심스럽다는 생각이 들기도 하더라 천하 영웅은 주인을 잘 만나야 꽃이 활짝 피어오르는데 지는 해만 바라보니 안쓰럽다네 진실 된 맘 영웅 알아주는 주인을 잘 섬겨야 자네가 큰 인물이 된다는 말일세 그 주인이 누구인가? 동탁 장군은 어마어마한 대군이요 권력은 높은 곳이요 그러니 큰물에서 한판 벌려 큰 꿈 펼치는 지름길이라 동탁 장군은 적토마를 선 듯 내놓는 그리 쉬운 일인가 배포는 넓고 넓은 바다라 그런 인물 이 세상에 없는 위인 크신 분이라 그분은 적토마 애지중지하지만 자네 같은 영웅 알아보니 모든 것 내놓으신 분일세

여포 주인 두고 갈등하더라

적토마 임자는 따로 있다시며 자네 같은 영웅이 타야 멋 향진일세 여포는 혼자서 고민 속에 빠져 있을 때 이숙이 알았다는 듯 여포 귀에 귓속말로 무어라 언질 줘 주더라 밤은 깊어 쌩쌩 부는 바람 소리 차갑게 느껴질 때쯤 군사들은 모두 꿈나라로 빠져 있을 때 적토마의 땅을 내디디다 힘찬 뛰어오름 말굽 소리만 요란하더라 말굽 소리 요란함 거사 서둘러 알리는 신호라 마침내 여포 큰 결심 양아버지 정원 없앤 심상 열 길 물속은 알아도 한 길 사람 속은 모르듯 배신 물결이라 이숙은 선동하며 해치워라고 재촉하더라 여포는 신속하게 움직이며 곧장 정원의 중근으로 발걸음 향하며 발걸음은 무겁더라 정원은 병서를 열중하고 있을 때 소름이 돋으며 무엇인가 움직임 선뜩 한 기척 뇌리에 스치더라 눈에 접전 서로 부딪침에 촉 정원을 바라보며 눈을 동그랗게 뜨며 아버지 죄송합니다 죽으셔야 내 앞길이 트입니다 하며 한칼에 정원의 수급을 베어 버렸다네 그리고 여포는 회심의 눈물을 울부짖으며 미친 듯이 발광 눈물 주르륵 자신을 자각하더라 나는 의리 없는 놈이라 출셋길 눈이 멀어 양아버지 죽인 놈이라 회심의 눈물 짖더라 정원을 베어버리니 주위 군사들 몰려와 여포는 의기양양 어쩌지 못하고 그 자리에 주저하더라 정원 대장은 덕이 없어 베었다 그러니 불만 있는 자 불복은 죽음뿐이라 내 칼로 수급을 벨 것이라 여포의 용맹성 무서워 떨더라 정원 부하들 여포를 따를 것을 맹세하였다네 여포는 정원 대군을 독차지하니 동탁은 그 기쁨 말할 수 없더라 대군을 이끌고 온 여포를 반기며 마중 나와 그를 극진히 맞이하였더라 잔치 또한 베풀어 주었다네 여포는 엎드려 무릎 꿇으며 큰절을 올렸다네 사나이 한목숨 속마음 참된 알아주는 분에게 바치겠습니다 여포는 주공을 의부로 모시겠습니다

여포는 동탁을 의부로 모시겠다고 하더라

동탁은 그 소리에 너무 좋아 얼빠져 있더라 여포를 기도위 중랑장 도정후로 영지를 내렸다네 천하무적 여포 얻은 동탁 세상 무서움 없으니 기세등등하더라 가을이라 나무 잎사귀 우수수 떨어지니 수북이 쌓인 오솔길이라 동탁은 오솔길 거닐며 곰곰이 하늘 보며 상념에 잠겨보니 하늘을 날아드는 쌍 날개라 그 누가 대적할 것인가 천자를 제 마음대로 오라 가라 할 정도의 위세라 가덕전에 천자 오라 똥개 부르듯 하며 문무백관들에게 포고문 띄워 발송하니 내용인즉 출사하지 않은 자들 목을 베어 저잣거리에 깃대 꽂아 높이 세우리라 하며 포고문 발송이라 그러자 문무백관들 목숨 부지라 살기 위함이니 떼로 몰림이라 가덕전에는 웅성웅성 시끌벅적 이때 동탁은 칼을 높이 쳐들며 천자와 백관들을 노려보며 이유에게 선문 낭독하라 명령을 내리더라 천자와 하태후 오늘이 인생 막장이요 죄를 따져 묻듯 강문하며 이유에게 선문 읽어라 명 했다네 효령 황제 덕망과 영특함 능력 한없이 부족한 종묘마저 무너져 내린 죄 지금 시점 유죄라 태후 또한 모덕이 부족 조정 내의 내란 음모 죄 두 모자 하야 낙향이라 이유가 읽어 내려감 소리는 청천벽력 쪼개지는 소리라 백관들 모든 상황 상실함 뿐 마음 한구석엔 상심이 이만저만 하니 대꾸도 못 함이요 가슴만 터져 혓바닥 놀림 감춤이요 목이 날아감이라 죽은 듯이 숨소리마저 들리지 않은 적막함이요 천자는 그 소리에 오줌 지리며 졸도하더라 궁전 안은 삭막한 쑥대밭이라 어디선가 흐느껴 울며 땅을 치는 통곡 억울함 눈물짓더라 하태후는 말도 안 되는 소리라 부르짖으며 천자는 옥좌에서 일어나려 할 때 움직임 잡으며 굳건하시오 누가 뭐라든 한 나라 황제입니다 절대로 움직임 안 될 일이요 옥좌에서 내려서는 안 됩니다

진흥왕을 황제 폐하로 높이 세웠더라

못내 울부짖으며 못 움직임 꽉 잡고 버티더라 이때 동탁 칼을 높이 쳐들어 모후 말끝 흐리니 선문 읽어 내림 그대로 억지 부리지 마소서 모후는 발광 미친 병 도졌으니 오늘부터 천자를 홍농왕으로 강등하고 하태후는 영안궁에 감금 진흥왕은 황제 폐하로 모심이라 천자를 옥좌에서 강퇴시켜 옥새 끈 풀러 벗겨지니 하태후 미친 듯 땅을 치며 통곡 소리 요란하더라 하태후 의를 벗기고 물러나게 마무리 지으며 모든 백관들 눈을 지그시 가리니 그 꼴 못 보고 고개만 푹 숙였더라 용감무쌍한 한 사람 큰소리 내뱉으며 역적 놈 동탁 궁궐을 쑥대 밭치니 너라는 놈에게 누가 대권을 주었더냐 폐하 아버지라도 되느냐 폐하를 마음대로 내 치는 역적 놈 하늘이 무섭지 않더냐 어찌하여 천자를 네 맘대로 폐위시켜 나와 함께 저세상으로 가자꾸나 하며 품고 있던 단검 꺼내 동탁 앞으로 달려가니 상서 정관 궁내관이라 동탁은 놀라며 도망치더라 이놈 하며 뒤따라갔으나 이때 이유가 막아서며 단칼에 정관의 목을 내리쳤다네 핏물 솟구치며 뿜어대며 젊은 충신 피 범벅 바다 적셨더라 동탁은 대 야망 이루었다네 백관들 통탁에 순종하며 그 기세에 풀이 꺾여 덩달아 만세를 불렀다네 진류왕 얼떨결 천자가 되어 힘도 권력도 없는 허수아비라 이제 아홉 살 즉위식 거행 바치며 동탁 자칭 상국이 되니 끄나풀들 큰 자리 별 차지하더라 동탁 본색 드러나 난세 어지러움 욕심 산이라 행동 나락 폭군 따로 없다네 마음대로 후궁 출입 궁녀 겁탈 일삼으며 악덕 행위 하늘과 땅 노하고 분노 증오들 유발하니 용서가 안 되는 버러지만도 못한 놈이라 여러 사람들 빈축 동탁은 부끄러움 죄스러움 모르는 능지처참 할 금수라 동탁은 쾌락 조취 물든 썩은 몸 악취라 그 얼마나 선한 사람 마음 아프게 하고 피해를 본 자 저 뒷동산을 이룬다네

동탁 악덕 행위 행적만 산만큼 쌓여 있다네

주위 곳곳 입방아 소리 천 리를 지나듯 방방곡곡 저주와 증오 소리 울려 퍼져지더라 동탁은 아랑곳하지 않는 죄책감 없는 금수라 허구한 날 궁을 침범 궁녀를 마음대로 술 시중 궁녀를 못살게 겁탈하며 술이 달아오르름 젊고 아리따운 궁녀만 골라 마음대로요 강제로 눈물 짓는 고통만 안겨 주더라 궁녀를 겁에 잔뜩 다루는 솜씨 거칠다 못해 가시밭길이라 멋대가리 없는 밥맛이 떨어지는 금수라 장군 이러지 마소 그럴수록 우악스런 거친 손 궁녀 몸 파고드니 울음 터져 내려 애원 소리 동탁 아랑곳하지 않고 더욱 거칠게 궁녀를 괴롭혔다네 궁궐 안은 요란한 파도 소리 매몰차게 땅에서 지진 나더라 울음바다 괴로움 신음 터져 내리듯 언제나 시끄럽다네 어린 폐제는 밤낮 외로움 한가득 어머니와 영안 궁 깊은 구석진 곳 차디찬 겨울 보내고 따스한 봄이 돌아왔다네 갇힌 채 슬픔 나날이라 동탁은 심복 곳곳에 심어 감시마저 엄하니 이때 어디선가 들려오는 시 읊는 소리에 감시병 졸다가 깨어 들어보니 귀를 쫑긋 기울여보니 따스한 꽃봉오리 피워 오르듯 재촉하니 봄기운 기지개 펴 돋다 솟아 풀잎마다 애틋함 아름다움 자태 보이니 제비들도 자유로이 흐르는 강물 위를 띠처럼 행렬 이루며 푸른 하늘 날갯짓 모습 그리며 고달픔 나락 뿌옇게 변한 나의 옛 궁전 그리움 의로운 이 없는 충의 물결 사그라지니 어느 누가 이 찢어지는 가슴 풀어주리 오 감시병 시 구절 낱낱이 듣자 꼼꼼히 적어 내려 곧바로 동탁에게 알림이요 동탁은 격분하며 흉계 꾸미려 이유를 불러 이것 좀 읽어 보게 유궁에서 할 일도 없으니 죽여 달라 고사

지낸다네 비가를 읊어 그대로 둔다는 것 스치고 지나간 큰 파도 몰고 와 덮치는 후환이라 두 모자 자네가 알아서 사그라뜨려 버리게 이유는 본래 무서운 포악한 맹수라 피에 굶주려 빨대 꽂아 빨아 먹을 심산 흡혈기라

하태후와 홍농왕은 올 것이 왔다는 촉 느끼더라

인정사정 볼 것 없는 포악한 맹수 또한 포악한 새끼들 몇 명 데리고 영안 궁 들이닥쳐 폐왕은 어디 있는가 곧 누상으로 도착하여 보니 하태후와 홍농왕은 구석에서 쭈그려 앉은 채 슬피 우는 모습 보이더라 그들은 이유 보며 깜짝 놀라며 올 것이 왔다는 촉 느끼더라 이유 담담한 씁쓸한 표정 놀라지 마소서 따스한 봄날 상국께서 저세상 편히 가시라 백세의 수를 누리시구려 자 드십시오 술을 건네더라 폐제는 놀라며 갸웃하며 미간을 찡그리며 독주 잘 마시겠네 나 또한 짐작함이라 홍농왕은 한숨에 내뱉더라 태후 또한 할 말 하더라 이 천하에 몹쓸 잡것들 주인을 못 알아보니 낙양으로 끌어들여 높이 세워 주었건만 주인을 해치는 몹쓸 잡것들 내 오라버니 잘못 판단으로 우리가 이 꼬락서니니 이때 하태후는 높은 누마루에서 몸을 내던지니 숨을 끊어 버렸다네 홍농왕은 어머니 부르며 울부짖더라 이때 단검으로 이유가 찔러 버렸다네 동탁 술에 찌들며 마구 퍼마셔대니 이때 이유가 돌아오며 도포 자락 피가 얼룩져 있으며 머리 두 개를 그 앞에 내놓으니 기겁하며 동탁은 몹시 화가 머리끝이라 죄책감 조금 느끼는지 빨리 아무도 몰래 치워버려 성 밖에 묻어버려라 하며 버럭 성을 내더라 동탁은 주색 물결 물들며 주색에 깊이 빠져 후궁을 제집 드나들 듯 궁녀를 겁탈 일삼으며 허송세월 보내며 수레에 한가득 절색 미인 가득 싣고 성 밖 매립으로 나들이 길이라 마침 길가에는 마을 잔칫날이라 길에 많은 인파로 북적하니 길 가는 데 걸림돌이라 그것을 보자 버럭 화를 내더라 화창한 날씨 따사로운 한가득 차올라 오는 좋

은 상큼 날씨 농부들 들에 할 일 산이거늘 일손 접어 쳐 놓고 길거리
걸리적거리며 놀기만 일삼아 혼날 인간들 저놈들 잡아 찢어 죽여라
호령 떨어지자 호위병들 분주히 움직이더라

동탁 무고한 백성들 사지 찢어 죽이더라

죄 없는 억울한 백성들 느닷없이 잡아 손발 단단히 결박하며 두 마리 소에 양분시켜 사지를 묶어 매어 온몸이 갈기갈기 찢어지는 참혹한 현장 고통스런 슬픔 눈 뜨고 볼 수 없는 광경이라 동탁만은 큰소리 괴성 지르며 손뼉 치며 즐거워하며 발광하더라 미치광이 따로 없다네 저녁 무렵에 그들 본진 도착할 때쯤 역적 놈 하며 큰소리요 지르는 누군가 벼락 치는 소리라 주위에 미녀들 깜짝 놀라며 기겁하더라 노새들 놀라며 울음소리 히힝, 히힝, 히힝 일대 혼란 반발이라 웬 놈이냐? 몸은 엄청 퉁퉁 거대 바윗덩어리 동탁은 둔한 몸집이지만 힘만은 천하장사 몸놀림 또한 민첩하더라 자객은 단검을 동탁 향해 배를 향해 찔렀으나 단숨에 피하며 그 단검 쳐 떨어뜨렸다네 사나이를 밀쳐내니 자빠지더라 바로 큰 몸집으로 깔아뭉개 버리니 숨이 허허 떡 넘어가더라 어림없는 가소롭도다 어느 누가 시켰단 말인가? 하며 추궁하더라 나는 너의 신하가 아니라 오직 천자의 신하 월기교위 오부다 화가 머리까지 난 동탁은 잡아 올리니 하늘 향해 번쩍 들어 올려 땅바닥에 내동댕이쳤더라 그러자 부하들이 벌떼같이 달려들더니 오부를 갈기갈기 찢어 죽이더라 동탁 미워하는 맘 오부뿐이더냐? 그 중에서도 왕윤이란 자 끔찍한 나라 생각 충직한 신하라 근심은 마음 속 간직하며 동탁의 거만스러움 못된 행적들 낱낱이 기록해보니 울분만 터져 내리더라 어느 날 몇몇 대신들과 초청하며 술자리 동석하며 술이 거하게 올라오니 왕윤은 술잔 들이켜 마시며 눈물 뚝뚝 흘러내리는 분통 터지는 눈물이라 이 모습 본 연회 베푸는 자리 신하들 어찌 타루에 적시니 왕윤은 다시 한번 긴 한숨 내뱉더라 이 못난 불초자 정조 기운 일으키는 벼슬만 꿰차고 있으니 정사 참여하면서 동탁의 방자한 거만한 세력 어찌할 방법 없으니 백성의 원성 소리 들리는가?

백성들 동탁에 대한 원성 소리 들리는가?

눈으로는 한실의 쇠망 보면서 눈물이 쏟아 내리지 않겠소 왕윤 하염없는 눈물 흘러내리니 한심하더라 눈물 흘린다고 세상이 바로 선단 말인가? 방법 모색이 있지 않겠는가? 눈물만 닦아내리니 답답함이라 이 시국 동상국 그 세력 꺾기는 큰 바위에 계란 부딪침 나락인 것을 그들과 격을 지면 목숨 부지 못함이라 한숨 소리 한탄만 되돌아오니 말좌에 있던 조조가 크게 배꼽 잡으며 웃음만 짓더라 왕윤은 이 무례한지고 그를 질책하더라 누군가 보니 교위 조조라 실성했는가 조조는 더욱 배꼽에 하품하듯 실성하듯 웃더라 웃음이 뚝 끝이니 죄송합니다 하지만 웃음만 터져지니 어찌하리오 조조 대신 답답함 무디어지다 더욱 무거운 짐이더라 밤과 낮 계집애 같더라 슬픔만 적시니 서로 만남은 질질 짜개다 어찌 나라가 바로 세울 수 있겠소 백성들은 더욱 나락 속에서 빠지듯 일몰일 뿐 매일 반복되는 숨소리 그러니 웃음만 터질 뿐이라 웃음에 대한 이유 답변 명확함 없을 시에 각오하거라 조조는 신중히 답변 몰입이요 대신 여러분 너무 나무라지 마소서 울기만 한다고 동탁을 어찌 해를 입힐 수 있겠소 계책을 세워 행동 옮기면 모든 문제 해결이라 대신 여러분 질질 짜는 모습 보니 비웃었으며 여러분께 일깨워 줌이니 너무 나무라지 마소서 대국을 논해도 모자랄 판인데 허구한 날 계집애처럼 진전없는 진행 소비라 그러니 한심한 생각에 어찌 비웃지 않을 수 있겠소 나라 정국 저 간악한 뒤엉켜 흙탕물인 것을 대신 여러분 머리 맞대고 힘 모아도 저 무리 깨부숴 버림 괴멸시킴 생각은 저 멀리 잠자고 있는데 어찌 웃지 않을 수 있겠소 그러면 동탁을 괴멸시킬 방도 있는가 말일세 왕윤은 재차 묻더라 네 있습니다 왕윤은 조조의 자신감에 기뻐 어쩔 줄 모르더라 역시 왕윤은 나라만 생각하는 충신이었다

대신들 걱정거리 조조가 시원이 해결책 내놓더라

조교 위 거짓 아닌 진실 된 말이면 하늘에서 내려준 나라 구해낼 위인이라 말씀 올림이니 깊은 상념 흩어진 정국 동상 국에 접근은 표리부동이니 아첨하는 모양새는 기회만 엿보며 한칼에 단명시킬 위협 숨은 그림자더라 동상 국 목숨 끊어 영원히 잠재울 심상이오 그 말에 왕윤은 귀가 솔깃하며 얼굴은 회색빛 돌면서 진정 즐거워하더라 조조는 말을 이어가며 공께 부탁드리오니 거절 마시고 거사에 도움이니 어서 말해보게 왕가에 가보 내려온 칠보 명검으로 동탁 머리를 베기 위함이니 그 명검 잠시만 저에게 맡겨 주신다면 꼭 동상 국 머리를 바치겠습니다 당당하게 말하니 왕윤은 조조를 쳐다보며 신음 몇 번 짓더니 골몰하더라 가보인 칠보를 조조에게 맡기더라 이튿날 조조 지지하는 힘 등에 업고 당당함에 칠보도 옆구리 차고 상부로 입궁이라 동탁은 침상에 한쪽으로 기운 듯 누워 있으며 그 옆에는 여포가 보필이라 맹덕은 늦어지니 무슨 일 있나? 말 취약함에 오는 길에 애먹으니 늦음에 죄송하옵니다 동탁이 말을 듣자마자 여포에게 좌상급 말 한 필 골라 맹덕에게 안겨주라 여포는 곧바로 나가더니 이때 조조는 뇌리 스치며 기회 왔다는 직감 하늘이 도움 주는 기회이니 조조는 다급히 칼을 빼 들며 동탁 등 뒤 찌르려는 순간 그 보도는 찬란한 빛 광채 빛이라 눈이 부시니 얼핏 보아 거울 반사 빛이더라 동탁은 이리저리 뒤척거리며 맹덕 뭘 하고 있나 하고 묻더라 조조는 황급히 뽑았던 보검 동탁에게 바치더라 제 목숨 다음 아끼는 가보 한 자루 상국님께 바치니 제 충정 진솔한 마음 받아 주소서 얼버무리다 말했더라

동탁은 흐뭇하며 흔쾌히 받더라 보검 길이 한자 남짓 칠보 아로새김
칼날은 날카로운 보검이더라 그때 여포가 들어오니 조조는 도망치듯
말 구경한다며 밖으로 급히 나가더라

동탁 조조의 홍계 눈치를 훔쳤다네

말에 급히 뛰어올라 쏜살같이 내달려 도망치더라 조조는 돌아올 기미가 안 보이더라 그때 비로소 동탁은 의심하며 아무리 생각해보니 조조는 돌아올 기미가 안 보이더라 그때 비로소 동탁은 의심하며 아무리 생각해보니 조조 행동 그 보검 의심하며 나를 시해 이제야 촉을 받았더라 엄명 내려지니 조조 체포령 떨어졌다네 조조는 동문 쪽 미끄러지듯 물 흐르는 막힘없이 신속히 빠져나오더라 자기 옛 고향 쪽 급히 말을 내달렸다네 그러나 중모현에 다다르자 관을 지키는 군사들에게 꼼짝달싹 잡혔으니 이젠 모든 희망도 땅으로 묻힌 신세라 조조는 꿈도 희망도 날개 접고 곧 죽음 맞이함에 한탄하며 미친 듯이 껄껄 웃더라 그러나 관문 수문장이 조조에게 다가와 속닥거리며 조공! 조공은 자유로이 날갯짓할 수 있게 풀어드리리오 천군만마 얻음이요 기쁨 어찌하리오 동탁 같은 무리 나 또한 조정 불만 우리같이 동행 도망칩시다 조조는 살았다는 안도감에 기쁨 감추지 못하였다네 그 말 사실이요 당신 현장은 누구시오 나는 진궁 사람 자는 공대라 자세한 얘기 나중이니 어서 서둘러 줄행랑칩시다 진궁은 옥문 활짝 열며 조조 목숨 구하니 어두컴컴한 밤 두 사람 밤새도록 멀리 도망쳐 성고라는 마을에 당도하였다네 이곳엔 조조의 아버지 벗님께서 삶의 터전이라 여백사께서 조조를 보더니 무척 반가워하며 반기더라 기쁨 안고 술을 받으러 마을 어귀에 가셨다네 조조와 진중 밤새 쉬지 않고 도망쳐 무척 피곤한지라 그대로 곯아떨어졌다네 어느덧 시간 적막 흘러지니 밖에서 여럿이 나지막한 목소리 조용히 들려오는 말소리라 묶어 죽일까? 그냥 쳐 죽일까? 조조는 기겁하며 깜짝 놀랐더라 바로 진중을 깨워 위급한 상황 알려 우리가 먼저 해치워 말을 건네더라 조조는 칼을 빼 들며 밖으로 달려나가 순간적 식구 여덟 명 아이들까지 포함 잔혹하게 몰살시켰다네

조조 두 얼굴 냉혈 인간이더라

그런데 어디선가 돼지 울부짖는 소리 들리니 들쳐서 보니 사지를 결박한 돼지가 보이여 부엌 바닥 나뒹굴어 있더라 그제서야 상황이 잘못되었음 인식 죄 없는 무고한 목숨 앗아가니 진궁 표정 씁쓸함이요 조조라는 놈 표정 무표정이요 이미 지나간 일이니 떠나가자고 재촉하더라 피도 눈물도 없는 두 얼굴 악마이더라 집안에는 피바다 핏물들이 젖어있으니 사건 무마 묵인한 채 도망가듯 가다가 동네 어귀쯤 여백사를 만났다네 여백사는 조조를 보며 벌써 떠나려 하나 집안에선 돼지 잡으려 분주 할 텐데 푸짐하게 요깃거리 멋들어지게 잘 대접하라고 당부를 했었는데 서운한 일 있던가 식구들 몰살 모르고 여백사 알면 가슴치고 통곡할 일인 것을 아무것 모르는 여백사라 떠남을 서운한 듯 말했으나 그마저 그 말 끝나자마자 조조가 칼을 쏜살같이 뽑아 베어 버렸다네 비명에 절명에 비참하게 세상을 떠남이라 이 광경 어안이 벙벙 말릴 새도 없이 쏜살같더라 조금 전에는 식구를 몰살 모르고 저질렀다지만 지금은 무슨 짓거리인가 그러자 조조는 아무 일 없다는 듯 냉담하더라 조조는 묵묵무언 한참을 조용히 있다가 비로소 말을 내뱉더라 그분이 집에 들어가 식구들 모두 몰살당함 보며 눈깔 뒤집히니 동네 사람 총동원 우리를 뒤쫓아오며 우리는 죽일 심산 아닌가 그러니 나는 나 자신 지키기 위함이니 거치적 장벽 막힘은 뚫어 버림이라 냉혹 한파 지나가듯 썰렁하더라 진궁은 조조에 대한 큰 실망이요 이런 의리 없는 금수 언제 나 또한 죽일지 모르는 금수라 그날 밤 어쩔 수 없는 동행 길 그 이튿날 진궁은 조조와 뒤도

돌아보지 않고 헤어졌더라 어느덧 고향 도착이라 고향 도착이라 고향
흙냄새 향기롭구나 옛 추억들 뇌리에 스쳐 지나가는 정서라 조조는
동탁이 언제 체포할지 모르니 지키기 위함이니 군사들 모집했다네

조조 고향에 묻히니 주위 군사들 모여들며 불여튼튼이라

조조 집안 명문 가문 가산도 갑부라 그 집안 주위는 인재들 모여드니 항상 집안에는 북적이더라 조조 곁에는 악진, 이전 장수가 용맹스런 맹수라 친척들 중에는 하후돈, 하후염 그들은 강직한 기풍이 서려 있다 조조 형제인 아우 조인, 조홍은 좌절감의 사나이라 주위에는 든든함 방어 쌍벽이라 그의 군사들 수천 명이라 계속 모여드는 군사 수 헤아릴 수 없다네 동탁에 대한 분개 목소리라 세상 판 갈아 뒤집어엎은지라 의지 불꽃 회심 심어 있다네 조조 군사 불여튼튼이라 사방 곳곳 격문 띄워 동탁을 격분치는 각 지방의 태수들 등 돌리는 이들 산이더라 서로 힘을 한 곳으로 결집하며 쳐서 갈아엎어 이 어지러운 정국 바로 세우자는 뜻들이 모아지는 의사 타진 제의 통하더라 발해 근방 있던 원소 조조의 제의 동의하며 몇만 군사 결집 정비 거대 군사 다다르니 각지에 있는 태수들 군사들 이끌고 모여들더라 이때 원소가 그 모임 총대장이 되어 제1대부터~제17대까지 부대마다 소임 주었으니 체계적이더라 정국 원한 소리 들리는가 동탁의 발광 소리 공손찬은 정병 일만 오천 평원령 도착하니 유현덕과 함께 모임이라 서로 어우러지니 원소는 편성 마침이라 정국 각지 모임 태수들 귀가 쫑긋하더라 이때 소인 능력 없으나 제공들 추대받아 맹주가 되었으니 책임 안고 동탁의 저 날뛰는 미친 돼지 새끼 때려잡아 우리 모두 정국 큰 잔치 펼쳐봅시다 장내에는 그 말에 껄껄 웃더라 지금 시점 체계적 군수 지휘 맡았으나 군율 다지는 세속 공을 세우면 큰상이요 죄를 지으면 큰 벌 우리 조직 탄탄 세워지니 각기 태수들께서는 명심하여 준수하여주소 조목조목 자세한 작전 설명 이어가며 내 마음 원슐 행동 총 직속 지휘 하달 맡음이니 인지하소 그중에는 이 기세 몰아 선봉 나설 전투 시점 세워 주어야 하겠소

손견 자신감 넘쳐지며 선봉이오 자청하더라

이때 손견이 벌떡 일어남에 선봉이오 큰소리 씩씩하더라 손견 선봉 맡아 진발하니 출발하는 시발점이라 사수관 지킨 장수 손견 돌격해 미친 듯 광기 어린 돌격이라 동탁 진영 뚫어지니 동탁에게 바로 전달 이오 주색 빠진 술독이요 허송세월 보낸 동탁 그 소리에 깜짝 놀라더라 동탁 진영 장수들 다급히 정비하더라 화웅이란 맹수 맹장 이숙, 호진, 조잠 세부장에게 군사 5만을 내주었다네 선봉에 대한 시샘이요 제후들 일부 포신은 손견이 선봉 전투 앞장 나가는 것 보니 공세움 빼앗기는 것에 시샘하더라

군사 배정하니 아우 포충에게 마보군 삼천 명 지원 지름길 험한 산등선 택하여 내달려갔더라 사수관에 합류 싸움 도움이라 그러나 아쉽게도 용기만 충만할 뿐 실력 기력 차이가 나니 포충은 화웅의 적수가 모자람이니 적장 듣거라 화웅이 거친 모습 늠름하니 자신 충만이라 목소리 또한 우렁찬 소리 한마디 내뱉으며 칼을 번들이며 높이 쳐드는 순간 포충의 머리 쪼개지며 숨이 끊어진지라 수장 목숨 사그라지니 그의 부하 삼천 명 절반이나 몰살이요 나머지는 뿔뿔이 흩어졌더라 화웅 싱겁게 끝난 혈투 유유히 사수관 쪽으로 사뿐히 걸어 들어갔더라 잠시 후 손견이 사수관까지 당도하며 손견에게 자부심 가득 찬 장수 넷이 대단한 유세라 정보라는 자 덕모라 무기는 철척사모 능수능란하더라 황개자는 공복이면 철편은 날자 가듯 하네 자는 의공이요 큰칼 바람 가르듯 하네 조무라는 대명이라 쌍칼을 휘두르며 상대편 어지러움 헷갈리더라 손견은 온몸에 은장으로 둘러싼 갑옷 걸치

며 머리띠 붉은 상투건 쓰고 정신일도 하사불성이라 손에는 자신감 만 가득 차 있으며 관상을 쳐다보며 손짓으로 꾸짖듯 하더라

화웅 성문만 굳게 닫고 묵묵부답이더라

역적의 손길 하수인들아 나라 모양 이 꼴 보고도 동탁을 옹호하더냐 흰 깃발 들어 올려 항복하거라 웃기는 소리 쳐발랐더냐 하며 호진은 내뱉으며 군사 오천여 명 끌고 나오더라 군사들은 널브러져 있듯 퍼져 모습 대단하더라 이를 본 손견 군 진영에서 정보가 말을 달려 나와 맞부딪침 기세 서로 어우러져 싸우기 몇 수 부딪침 상대해 보니 오합지졸이더라 말로만 장군 실력 군졸 수준 칼만 몇 번 부딪침 목이 땡강 굴러가더라 손견은 이 기회 득 오름 기세등등 군사 떼 몰아가듯 관 앞까지 진격이더라 화웅은 성문 굳게 닫아 지킬 뿐 대응하지 않고 묵묵부답이더라 화웅 굳게 닫은 성문 꼼짝 무게감 장기전이라 늦어지는 전투 불리 양식 고갈 군심마저 흉흉 물결이더라 이런 상황 훤하게 안 세작들 이숙과 화웅에게 간계 책 말하더라 오늘 밤 일군 몰고 관에서 나가 지름길 내질러 손견의 진영 배후에서 총공격 공세 할 터이니 장군께서는 정면 공격하시어 일몰 짓자 하더라 손견은 사로잡을 수 있으니 이 말 들으며 뇌리 스치듯 바로 그거야 하며 감탄하더라 이날 밤 하늘 달마저 밝은 별들이 떠 있는 듯 바람은 선선하더라 손견의 진영 전면에 화웅 군이 다다르며 깊은 밤 삼경이라 북 치는 소리 요란하니 땅 흔들리는 진동 들려오네 일제히 공격 공세 들이닥친 한순간 기습당한 손견의 군중 크게 혼란만 가중 그것도 모르고 깊은 잠에서 깬 손견 갈팡질팡 황급히 찾은 말 타고 멀리 달아나더라 틈새 없이 겹겹이 둘러싸인 적의 포위망 비호같이 뚫고 스쳐 지나가는 바람 일으키며 달아나니 부하들의 제각각 뿔뿔이 흩어지니 그 뒤를 따라온 이는 조무 뿐이라네 화웅이 그 뒤를 바짝 쫓으며 손견 어디로 도망치는가 부르짖더라 이놈 이 상황에 너 같으면 그대로 있겠는가 으하하 비웃더라 손견은 내달리는 말 위에서 활시위 몇 발 날렸지만 화웅은 비호같이 피했더라

손견 적 포위망 뚫고 도망치다

손견은 마지막 남은 화살 시위 당겼지만 힘이 넘쳐 화대가 부러지니 땅바닥에 내동댕이쳐 울화가 치밀 듯 한숨 소리 내뱉더라 더욱 급히 말을 몰아 쏜살같이 달아났다네 뒤따라온 조무 주공께 말했다 붉은 상투 건에 노출하니 목숨 위험이요 저에게 주소서 손견은 붉은 상투 건 조문에게 건네며 대신 조무의 투구 쓴 다음에 두 갈림길에서 갈라지며 작별하더라 화웅군 그런 상황 모르며 오직 조무 상투건만 뒤쫓더라 조무는 얼마쯤 가다가 갑자기 돌아서며 화웅에게 대적 이놈 내 쌍칼 받거라 그러니 화웅은 맹수 맹장 숨겨놓은 발톱 들어내더라 그 동안 쫓겨 힘도 고갈이라 힘도 못 써본 조무 화웅이 칼이 내리치니 몸은 두 갈래 두 조각 쪼개지며 피를 뿜어내다 온몸에 적셔 죽음을 맞이하더라 동이 훤하게 틀 무렵 일출 떠오르니 눈만 부시더라 화웅은 대전투 대승리요 사수관 관저로 돌아갔더라 손견은 흩어진 군졸들 수습에만 골몰 치니 바쁘더라 군사 태반 저물어가는 나락 아끼는 장수 조무가 대신 죽음 바치니 손견은 씁쓸히 복받치니 그 앞에 묵념하며 목 놓아 울부짖더라 며칠 밤을 눈물 쏟아내며 이젠 나올 눈물마저 없더라 손견 패전 소식 전해지니 원의 본 진영 어수선한 분위기만 젖어지더라 이때 한 군사가 다급히 숨넘어가듯 전하더라 화웅이 긴 장대 높이 꽂아 손태수의 상부 붉은 건을 꿰어 쳐들며 앞까지 당도하여 싸움 붙자며 소리쳐 댔더라 원소는 제후 등 두리번두리번하며 어찌하여야 할지 눈치만 보더라 이때 소장이 나가 본때를 보여 주겠습니다 원술 막하장수 유섭이더라 자청하니 기뻐하며 원소는 허락하더라 유섭은 투구를 무장하며 씩씩하게 나갔으나 싸늘하게 시신으로 돌아왔다네 다음 순번이라 방금 나갔던 유섭도 시신 이번엔 기주자사 한복이 내 상장 반봉을 추천하더라 화웅과 대적할 실력자 반봉은 큰 도끼날 세우며 눈빛 번쩍

화웅 대적할 자들 죽음뿐이라

말에 올라 달려나갔다네 그 또한 순간 새에 싸늘한 시신으로 돌아왔다네 이젠 어느 누가 나갈 차례인가? 장수들 나가는 족족 죽음 행진이라 얼굴색 침통함 공기마저 냉기 찬 묻어가다 발걸음 무게만 가중시키니 화웅 상대라 없지 않은가 원소는 혼잣말 중얼거리더라 적막 속 사라진 새들의 울음소리 장막 걷히듯 장막 어둠 걷히듯 햇살 눈빛 부시다네 싸늘한 냉기만 지니 그때 큰 소리 화통 소리요 소인 화웅 목을 베어 바치리오 그 말에 모든 사람 유심히 쳐다보더라 신장은 구 척이요 수염은 두 자 길이 봉의 눈썹 진한 얼굴색 무르익은 분홍빛 소리는 우렁찬 쩔렁쩔렁 내질러지더라 너는 누구더냐? 하고 원소가 묻더라 공손찬이 대신 답변하며 내 객장 유비의 의제 관우요 지금 무슨 벼슬이요 마궁 수요 뭐라 지금 장수들을 모욕하는 것이냐? 지금 견줄 만한 장수 없다고 어디라 주둥이 함부로 놀려 어서 저놈 밖으로 내쫓아라 상황 지켜보며 조조가 거들었더라 오 장군 그다지 노여워 마소 저 사람 큰소리 우렁찬 자신감 가득한 기풍이요 현재로선 화웅 대적할 위인 없으니 우선 내보내 이기지 못함 그때 가서 책임 추궁 늦지 않으니 조조는 따스한 차 한 잔에 김이 모락모락 건네더라 관우 사양하며 한마디 덧붙여 식기 전에 화웅 목 받치겠소 금방 나가더라 목을 가지고 오니 장내 사람들 감탄 놀라며 기겁하더라 아직도 식지 않는 미지근한 차를 마시더라 분위기 반전 어두웠던 장내 기쁨 확 올라오니 다시 어수선한 흐뭇한 웅성웅성 시끌벅적 이때 유비 뒤에서 있던 장비가 큰소리로 우리 형님 화웅 수급 베었다네 와 하며 뭣들 하는 것이요 수장이 죽었거늘 관을 깨부숴 함락시키는 시점 아니요 뭘 망설이는 거요 원술 말 듣고 뿔다귀 났는지 졸병 주제에 감히 거들먹거리며 훈계야 저놈들 모조리 내쫓아라

원술 분위기 파악 못 하니 한심하다네

조조는 다시 원술을 다독거리며 공이 있는 자는 상을 준다고 법령 정하지 않았소 어찌하여 빈부귀천을 따진단 말이오 그 말에 삼 형제 물러나며 후한 대접을 받았다네 화웅 죽음 소식 접하니 동탁 떨림이요 울부짖으며 대경실색이라 크게 낙심이요 마음속 아니더라 화웅 죽음 달래기 위함 그는 이각, 곽사에게 명 내려 5만여 명 군사를 내주어 사수관으로 원군지원 여포, 번주, 장제와 나란히 15만여 군사를 내세우며 호로관을 탄탄 경중 지킴이라 동탁은 호로관 내방한다는 정보 한 아름 소식을 접한 원소 이에 방비책 세우며 16대를 두 갈래 나누며 8대 또한 호로관으로 출격이라 8대 제후들 진군하여 먼저 당도한 호로관 군대 하내군 태수 왕광의 부대였다네 여포는 몸을 풀며 독수리 발톱 다듬으며 출정이라 왕광장수는 한 창에 찔러 운명 끊어진 목숨이요 왕광군들 산산조각나더라 첫 싸움 승리 이룸 여포는 그날 쉼이요 다음날 새날 밝음이요 팔로의 군사들과 전투 벌어졌으나 상당 태수 장양의 부장 목순이 목숨 아까운 줄 모르고 창을 움켜잡으며 여포에게 달려드니 여포의 손마디 잠깐 번쩍이요 목순의 목 말려가더라 북해 태수 부장 무안국이 철추 바람 소리 회채 휘두르듯 달려나갔다네 어우러져 싸우기를 수차례 몇 번 쩔렁쩔렁 부딪침 이루기도 전 여포의 날카로움 화주 맞고 팔 하나가 처참히 부러져 걸려있듯 철추는 땅에 떨어뜨려지니 제후들 벌벌 떨면서 오줌 지리더라 이번 주자 공손찬 출정이라 창을 휘둘러 바람 소리 가르며 획획 하며 여포 맞아 싸우며 몇 차례 쇠 부딪침 나듯 상대가 안 되었다네 몇 번 싸우지 못하고 말머리 돌리며 도망가듯 하더라

공손찬 여포와 맞섰지만

이번 주자 공손찬 출정이라 창을 휘둘러 바람 소리 가르며 획획 하며 여포 맞아 싸우며 몇 차례 쇠 부딪침 나듯 상대가 안 되었다네 몇 번 싸우지 못하고 말 머리 돌리며 도망가듯 하니 여포의 적토마 몰아 그 뒤 따르니 공손찬 목숨 위태위태 여포 큰소리치며 야! 이 비겁한 놈 도망쳐 부끄럽지 않으냐? 너무 깊숙한 진영 여포 어느덧 앞까지 왔더라 이때 장비가 나타나며 여포와 잘 어울려 싸움 지니 칼 부딪침 몇 차례 주고받듯 춤추는 칼 춤사위라 막상막하더라 장비와 몇 수를 나눔 부딪침 70여 차례 막상막하 이때 유심히 바라본 유비, 관우, 지원 합세 뛰어들어간 모습 춤을 추듯 폭풍우 지나가듯 달려들며 세 장수가 여포를 에워싸며 여포 목을 조이듯 공격을 퍼부었다네 마치 독수리가 날카로운 발톱으로 짓누르듯 부리로 쪼듯 하니 여포는 당하지 못함이니 엉거주춤 맹수 호랑이도 해가 지듯 일몰 시각이더라 당하지 못함은 깨우침이니 적토마를 휙 돌리며 줄행랑치더라 이 기회를 틈탄 8대는 여포 군사들 흩어짐 노려 모두 사살했다네 여포는 깊은 한숨 내몰아 쉬며 도망가면서 생각하더라 잘못 판단은 목숨 잃음이라 혼자 중얼거리더라 호로관으로 황급히 들어갔더라 여포는 기가 질렸는지 관문을 굳게 닫으며 나올 생각조차 싸울 기미가 전혀 안 보이더라 동탁은 전세가 어려움 직감한지라 낙양 떠날 결심이라 여포를 보니 한심한 생각 전투할 기미 없으니 그놈 믿고 지금까지 버텨왔건만 그동안 위세 등등 물거품이라 여포는 꼼짝달싹 움직임 없더라 그 반면 제후들은 기세가 하늘 찌르리오 그러니 낙양은 포기요 장안으로 천도 옮김이라

동탁 장안으로 천도 옮김이라

이유는 간사 간계 부려 부호들의 재산 모조리 싹쓸이 몰수하더라 부호들 빈껍데기요 그래도 충성하였건만 돌아오는 것은 빈 몸뚱이뿐 역시 믿을 놈 없더라 한탄만 하리오 그러니 동탁 주위 떠나는 부호들이라 아각, 곽사에게 엄명을 내려 백성들 수십만 명 장안으로 강제 이주시키더라 그뿐 이던가 동탁은 낙양 모든 민가 궁궐 종묘 보이는 족족 훨훨 불타 불바다 그 주위는 화끈 뜨끈뜨끈 불지옥 따로 없다네 불구덩이 활활 타오르니 시커먼 연기 하늘 뒤덮여 앞을 가리니 낙양 도읍 시커먼 암흑 속 두루두루 뒤덮여 있더라 한 달 보름간 계속 타올랐다네 제왕들 능 찾아 파헤쳐 그 속 황금 보물 남김없이 싹쓸이 약탈만 일삼더라 동탁이 낙양 떠날 것 짐작한 제후들 군사들 몰아 낙양 입성해보니 모두 남은 것 없는 잿더미만 싸여 있더라 400년 도읍지 시체 썩은 냄새 진동하니 숨마저 힘든 역경이라 손견은 궁정 난장판 수습 잔재 불씨 끄고 그곳에서 장막을 광활하게 펼쳤다네 먼동이 희끄무레 밝아왔으나 손견은 잠마저 설쳤다네 졸다 졸다 깜박 꿈속인지 나도 모르게 깨어보니 칼을 안고 있더라 어디선가 번쩍번쩍 이상히 여겨 저쪽 바라보니 폐허가 된 우물가 광채 빛 발하더라 손견은 궁금함에 군사들에게 저 우물가에 가보자며 그곳 같이 가보니 허물어진 우물 속 내려다보니 시체 한 여인 오랫동안 방치 그 얼굴빛 창백하게 보이는 것이 처연하게 보였다네 자세히 살펴보니 여자 차림새는 궁녀가 비단 주머니 안고 있더라 그 안에는 금 자물쇠로 탄탄히 채웠다네 그 자물통 부숴보니 눈이 휘둥그렇게 깜짝 놀라며 부들부들 떨렸더라 전국 옥새가 아니던가

손견 속마음 시커먼 속 무슨 속셈 있는지
옥새를 슬쩍 하더라

진나라 시 황제가 화씨지벽 정성껏 깎아 만든 귀한 옥새라네 황제의 옥새, 가로, 세로 네 치에 여덟 글자로 새겨진 하늘 뜻 새겨 수명어천 기수영창 하늘 뜻 새겨 천명 받아 영원 유언 번창하리라 뜻 새긴 수백 년 내려오던 전 국새 십상시 난 때 어지러운 정국 봉착했을 때 도난당한 전국 옥새가 아닌가 손견은 이 사실을 함구하며 비밀에 부쳤다네 손견 얼버무려 핑곗거리 이리저리 둘러대니 서둘러 급히 내빼듯 줄행랑이더라 죄지은 사람 같더라 그는 뒤도 돌아봄 감추듯이 급하게 도망치듯 하더라 세상 비밀 없는 법 부하들에게 전국새 함구하라고 당부하였으나 부하 중 한 부하가 원소에게 밀고하고 큰상 받고 승급까지 받았더라 원소는 그날 아무리 상념 해봐도 손견 하는 행동 이상야릇하오니 밀고 듣고 그때서야 무릎 치며 역적 놈이라 고함치더라 원소는 부하 심복들에게 서찰 띄워 손견 가는 길 족족마다 체포령이 방마다 붙였으니 포착 체포이니 그는 어디 가나 고개 못 들 것이라 현행범 체포 손견 발견 즉시 옥새까지 압수하라 죄질이 나쁜 역적이더라 자초지종 묻지도 따지지도 말라 낙양으로 압송하여 죄를 물을 것이라 전갈을 띄었다네 유표 한실 종친이요 부하들 주변 튼튼하더라 괴량, 괴월, 두 형제 유표가 아끼는 부하라 채모가 형주의 유력 호족 출신 인맥이 두텁더라 군사 몇만 내주며 손견 지나칠 것 예상한 길목마다 검문검색 철저하더라 이전 상황 모르는 손견 세월 가는 인생무상 태평연월 한가하게 형주 지경에 다다르자 괴월 군사들 손견 저 먼발치에서 오는 것을 간자들에게 통보받고 손견 오기를 기다리며 도착하더라

손견 딱 걸렸다네

길을 막아버린 괴월이라 무슨 일로 길을 막더냐 몰라서 묻더냐 한나라 신하이거늘 어떤 마음에 전국새를 훔쳤더냐 전국새 독식하여 천자라도 되더냐? 그것은 역적질이라 어서 전국새 내놓고 가거라 사심 없이 모든 것 털어 내려 버려라 서로 간 피비린내 없이 지나감을 승낙할 테니 묵묵부답일 경우 전부 몰살이라 바야흐로 동탁 전권 전무요 천자께서 나약하시어 천하가 나락에 봉착 지점 어지러움 몰려드는 회오리 골바람이라 원한으로 사무쳐 대군 일으키기는 쉽지 않은 일이오 형님은 깊게 헤아려 주시옵소서 하며 간곡히 말씀드렸는지라 내 깊은 의지 변함없는 일이니 천하 통일 건사하니 큰 뜻 펼쳐 원수를 갚아줘야 내 직성 풀리리오 맏아들 책이 나서서 부친께서 결정하신 일 소자 큰 뜻 받들어 앞뒤 살펴보며 모시겠습니다 손견은 반가움에 눈물을 적시며 어깨 위에 힘이 크게 들어가니 무게 중심 세워지더라 손견 든든한 아들과 함께 너그러이 내 마음 든든하더라 손견은 흔쾌히 허락하니 함께 배워 승선하니 변성으로 향하여 향진하더라 유표의 부하 황조가 손견 움직임 안지라 이때 궁노수들 강변 줄기 가장자리에 매복시켰으니 이때 강동 전선 가까이 다다르자 손견의 모습 드러나자 손견의 모습 드러나자마자 마구 활을 들어붓듯 쏘아붙여 댔더라 손견을 즉시 각선에 명령 내려지니 모두들 배 안에서 꼼짝달싹 엎드려 숨어지니 사흘 동안이나 배에 움직임을 주시하며 활을 쏘아댔더라 황조 군사들 지칠 대로 지치며 화살이 동나 버렸다네 손견 뱃전에 박힌 화살촉 수십만 개나 촘촘히 박혀있더라

손견 기세가 살아나는 불씨

상대 쪽 화살 동나 버리니 사흘 동안 복강 갇혀 있으니 답답함이요 배 위에 나와 공기 마셔보니 상쾌하더라 뱃머리 부문에는 촘촘히 박혀있는 화살촉 놀라움 금치 못하더라 주위 살펴보니 강 언덕 유심히 보며 활은 황조군 방향 쪽으로 마구 쏘아대니 당하지 못함 황조 군사들 영채 버린 채 줄행랑이라 손견은 언덕 위 꼭대기 뛰어들며 군사들 쫓듯 그 뒤를 휘몰아치듯 정교한 공격 이루어지네 황조는 크게 패하고 번성 내버림이더라 손견은 황개에게 선척을 지키게 철저한 방비태세 확고부동 맡긴 마음 든든하더라 바야흐로 양군 전투는 쌍심지 켜지니 접전은 시작 촉발 직전이더라 황조는 두 막장으로 부하 장수를 데리고 진전에서 넓은 벌판 나와 채찍 들며 손견을 향해 삿대질하며 욕지거리를 퍼부었더라 이 역적 놈아 형주를 감히 넘본다고 마음대로 함락될성싶으냐? 그때 손견은 큰 칼을 휘두르며 나와서 오라를 받거라 으하하하 이때 등장한 황조 부하 장호였더라 두 장수 접전 합이라 칼 부딪침 소리 삼십여 차례 합에 울림소리 쩔렁쩔렁 불꽃 튀기더라 이때 장호가 서서히 밀리기 시작하니 진생이 장호 도우려 단숨에 나타나며 달려오더라 전쟁 출전 경험 무결이라 손책은 어리숙한 달려오는 모습 보며 화살 시위 힘껏 당겨 진생의 얼굴을 향하여 힘껏 쏘았더라 시원한 소리 날아온 화살촉 진생 이마에 명중 꽂혀 그대로 거꾸러져 즉사하고 말았다네 진생 죽는 모습 보며 장호가 크게 놀랄 때 잠시 적막 멈춤 이 틈새 노려 한칼에 장호 수급을 베어버렸다네 싸움 접전 모습 지켜본 정보가 소리를 고래고래 질러 대더라 황조 저놈이 도망친다 하며 뒤쫓으며 마구 정신없이 달려가니 쏜살같더라

손견 가는 곳마다 승승장구

황조는 황급히 가볍게 하기 위함이라 투구를 벗어 내동댕이치며 보군 무리 진 속으로 유유히 사라지더라 손견군을 계속 행진이며 휘몰아치듯 가는 곳마다 대승을 거두었다네 황조는 패군들 흐트러짐은 간신히 수습하니 너무 한심한 생각이 들더라 패군들 재정비하며 양양성으로 접어 들어가더라 유표는 우습게 가볍게 본 손견에 큰 형세에 경악을 금치 못했더라 괴량은 계교와 만남에 다급한 상황이라 인지하며 전세가 기울여지니 답답함 토로하더라 황조가 크게 패하니 군사의 사기가 나락이요 잔 계략 치며 주위에 깊이 골을 파며 수비태세 단단함 유지시키더라 손견을 가볍게 보아선 안 된다며 신중히 대책 세워야 할 거라며 이구동성 방비책 세우더라 채모가 한참을 듣고 고개를 끄덕이며 비웃음 띤 미소 한마디 하더라 무슨 수가 있단 말이오 복잡함은 일 그르치니 간단하게 군사들 성 아래 매복시키고 오기만 기다렸다가 손을 묶듯 꼼짝없이 당함을 노려 바로 총공격 퍼붓듯 하면 되지 않겠소 유표가 허락하니 채모는 군사 몇만 명을 밖에 주둔 아래 밑 길 음산한 곳에 진을 쳤다네 손견의 진중에서는 정보를 내세워 칠척사모를 높이 쳐들어 덤벼들 기세더라 채모는 몇 번 수를 나눔에 바로 말 획 돌리며 도망치더라 손견 대군 몰고 그 뒤를 바짝 쳐내려지니 삽시간 싹쓸이 버려지니 채모 군사 괴멸되었다네 채모는 양양성으로 나 살려 줄행랑이라 장수가 제 혼자 살려고 부하 군사 버리고 도망가는 꼴이라 이 모습 본 유표는 어쩔 수 없이 모른 척 살려주더라 처남이기 때문이라 용서해주더라 손견은 양양성 둘러 에워싸여 사방팔방 포위 치더라 일주일째 냉전이라 적들은 꼼짝 못하더라

갑작스러운 회오리바람 군사들 곤욕 치르더라

갑자기 날씨가 어두워지며 시커먼 먹구름 몰려들며 회오리 일으키니 군사들 지쳐 쓰러지더라 이대로 가면 군사들 회오리바람 일격으로 괴멸 조짐이라 센바람에 깃발 대는 꺾어지더라 군사들 철수 종용하자며 한당이 손견에게 간청하더라 여기서 조금만 더 밀어붙이면 승리 깃발 꽂을 텐데 바람 불어 깃대 부러졌다고 철수한단 말인가 손견 철수하자니 너무 아깝다네 고지가 바로 저긴데 군사들에게 다독이며 양양성 근접 과감히 총공격 공세 펼쳤다네 유심히 지켜본 괴량이 계책을 유표에게 의논하더라 활 쏘는 명궁들과 힘 좀 쓰는 장사들 몇백 명만 지원해 주소서 이때 어두컴컴할 때 밖으로 뛰쳐나가며 현안 쪽으로 쏜살같이 도망가더라 손견 군사들 뒤쫓으며 따라가니 괴량 군사들 현안 잠입 몇 갈래로 배치하더라 몇백여 명은 날카로운 짱돌 대기 중 몇백여 명은 활궁사도 대치 중이라 신호만 기다리면서 대기 중이라 손견 군사는 어리둥절하며 찾는데 힘들더라 성 밖으로 도망친 모습 곰곰이 생각해보는 도움 받으러 가는 것으로 착각한 손견이라 그 뒤를 쫓아 하는 말 모두 몰살시켜라 그러니 어두컴컴한지라 쫓다가 갑자기 어두운 곳으로 사라진 괴량 장수 부하들 매복은 일사천리 손견 오기만 기다림이라 손견은 그때 군사들 이끌고 계속 수색하며 찾더라 그때 멈칫할 때 어디선가 천둥 소리 크게 나며 산 위에서 큰 바윗덩어리 무수히 굴러 내려오고 날카로운 짱돌 날아오르고 숲속에서 화살 비가 쏟아지듯 들이붓더라

손견 유명을 달리했다네

손견 너무나 자신만만 한 톨 가냘픈 약한 인간이거늘 어디 날아오는 빗발치는 돌덩이, 화살 대적할 수 있다더냐? 저세상 건너가 일몰 지는 운명 손견 온몸에 박혀 고통이라 화살촉 몸에 꽂혔으니 숨소리 헐떡대며 큰 돌덩이 몸 덮여지니 숨이 끊어지더라 머리는 터져 피가 뿌려지며 땅바닥 촉촉이 적셔지더라 속 장기 내장 쏟아 밖으로 흘러나오니 모든 이들 현산에서 묻혀 버렸다네 죽음에 묻힌 손견 나이 서른일곱 잠시 영웅 세상 꿈꾸어본들 작렬하게 싸웠지만 상대편 책략에 넘어가 당하니 원혼 떠돌아 한이 서려 있다네 뒤늦게 지원 달려왔던 강동의 군사들 땅을 치며 통곡 소리 손견 시신 거두어서 그날 밤 저 멀리 시야에서 사그라지더라 동탁 만행 잔인 사람들 끔찍 돌발 인간 고통 한계 시험 삼아 동탁 살벌 자체라 동탁 큰 소리 저놈들 두 팔, 두 다리 분리요 눈알 안 보임 느껴지라 코를 밋밋하게 그려줘라 혓바닥 짧게 엉클어뜨리라 소리 괴성 지르며 잠시만 가만가만 하더라 큰 가마 기름 가득 채워서 팔팔 끓여서 저 포로 놈들 가마솥에 넣어 보아라 그때 그 소리 들리는가 울부짖는 참혹한 현장 죽음 앞에 사그라지듯 형장의 이슬로 사그라지더라 동탁은 그 광경 지켜보며 계집들과 술을 마시며 그 끔찍한 광경을 즐기는 동탁 아주 잔인한 금수더라 동탁 잔치 크게 벌여 속뜻 백관들 모여지더라 술이 몇 바퀴 돌자 얼얼하더라 여포가 들어와 동탁에게 무어라 속닥속닥 속삭이더라 여러 백관들 눈 뜨고 못 볼 것 보았던 것이라 벌벌 떨더라 무슨 흉악한 짓 거리 벌리려 나 긴장을 하더라 여포는 백관들 두리번거리며 사공 장온을 노려보며 멱살을 쥐어틀며 밖으로 개 끌고 가듯 나가더라

여포 장온 목 베어 동탁에게 바쳤다네

얼마 지나지 않아 금방 나갔던 여포가 손에 머리하나 들고 오니 피가 범벅이요 뚝뚝 떨어지더라 동탁은 그 모습 보고 껄껄 웃더라 여러분 여기 기막힌 술안주요 한잔들 건배합시다 장온 죽음은 원술과 음모한 수계라 내 양아들이 목을 자른 것이요 그리들 아시오 껄껄하며 박장대소 치더라 백관들 모두 엎드리며 주군 굽어살펴 주소서 동탁 연회 마치고 집으로 돌아온 사도 왕윤 그가 바로 조조에게 칠보도 주며 동탁을 시해하는 데 쓰라고 건네주었던 장본인 아니던가 집에 돌아와서 곰곰이 생각해보며 원통함만이 몰려드는 마음이라 자신 동탁 어찌함 세력 없다는 것에 분개할 뿐이라 깊은 어두컴컴한 야심한 밤 그는 골몰하며 홀로 동구 밖에 나가 반짝이는 별들 바라보며 한실 운영 나락에 떨어지는 일몰 생각하니 한탄만 가득 차 있더라 눈가엔 눈물만 뚝뚝 비 오듯 떨어지니 슬픔에 잠겨지더라 목청 크게 높여 내질러 뱉으며 크게 엉엉 울더라 그때 후원에서 누군가 고요한 가운데 쓸쓸하게 서 있더라 왕윤은 누군가 그쪽 바라보니 양녀 초선이었다 갓난아기 때 데려와서 키워 어느새 17세의 아리따운 아가씨더라 왕윤은 어쩐 일로 야심한 밤에 고뿔 걸리려 나왔느냐? 무슨 연유로 궁금하구나 소인 아래 올려도 될는지요 그래 서슴없이 말해 보렴 초선은 어여쁜 얼굴 자태 눈이 부시더라 고개를 푹 숙인 채 말을 올리더라 대인께서 소인을 기르신 은혜 잊지 않은 백골난망 어찌 갚을 길 없나 고민만 하옵니다 대인께서 나날이 깊은 상념에 차 계시오니 어찌 소인이 평안할 수 있겠습니까? 감히 여쭈어보기가 어려움에 봉착이오니 홀로 걱정한 마음 산적이옵니다

초선이 저를 키워주신 은혜 백골난망이옵니다

제가 대인 걱정근심 조금이라도 덜 수만 있다면 은혜 조금이나마 보답할 길이 오니 저를 유용하게 이용하소서 인사를 올리며 지금 칠성당에 치성드릴 참이옵니다 왕윤은 초선이 진실 어린 마음에 너무 고마움에 꽉 막힌 앙금 조금이나마 풀리는 징조라 언뜻 동탁이 여색을 밝히는 자인지라 문득 생각이 뇌리를 스치며 이 문제를 초선과 진지하게 문제를 풀어보리라 잠시 생각해 본다네 이때 초선아 너에게 간곡한 부탁이니 목숨까지 바칠 각오라야 하는데 네 생각은 먼저 물어보마 네 대인께서 하시는 일이라면 이 한목숨 바치겠사옵니다 초선은 또박또박 말을 이어가며 답변을 올리더라 왕윤은 신이 났는지 초선아 이 나라가 도탄에 빠져 있는지 현실은 안타까움이라 이 나라 백성들 도탄 속에서 구할 자 초선이밖에 없구나 초선아 고맙구나 지금 현실 동탁이 천하를 움켜잡고 천자를 좌지우지하는 꼴이라 나라가 어지러운 국면이라 내 심정에 그들을 몰아내는 것은 계란으로 바위 치기라 이를 어찌하면 좋을지 고심만 산적이라 동탁은 여포만 믿는지라 여포 없는 동탁 끈 떨어진 썩은 동아줄 그들이 무너지는 나락 속이거늘 초선아 너는 절색 미인 미인계로 그들 마음을 흔들어 이간질만 시킨다면 너의 임무는 성공적이라 특히 여포 마음 사로잡아 애간장 녹이거라 그러면 일은 순조롭게 풀린다네 그러면 여포는 분명히 동탁을 시해한다는 셈이 나오더라 그들 세상은 끝나는 붕괴 조짐 친다는 것을 왕윤 말을 자세히 들은 초선 얼굴빛 변함없는 담담한 모습이더라 제 목숨 수만 번 고쳐 죽은들 대인께서 원하는 일이라면 서슴없이 이행하겠습니다

왕윤 계획대로 여포 은근살짝 접근하더라

왕윤 말을 자세히 들은 초산 얼굴빛 변함없는 담담한 모습이더라 제 목숨 수만 번 고쳐 죽은들 대인께서 원하는 일이라면 서슴없이 이행하겠사옵니다 저는 그들에게 보내주소서 모든 일 순조롭게 계획대로 이루겠사옵니다 왕윤은 초선을 다독거리며 장하다 초선아 장하다 고 마음 마음에 눈물만 하염없이 흘리더라 왕윤은 여포에게 은근슬쩍 접근 몇 차례 친근함 환심을 사더라 자연스럽게 친한 우애 깃들더라 그때 여포를 집으로 초대를 하였다네 상다리가 부러질 정도로 잘 대접하니 여포는 흡족한 미소 얼굴에 표시 나더라 술을 권하며 서로 술잔 부딪침이요 들이켜 마시며 또한 여포를 무척 용맹성에 대하여 극찬을 아끼지 않았다네 여포 칭찬하니 입이 딱 벌어진 하마 같더라 껄껄 웃으며 즐감하더라 왕윤은 서서히 작업 들어갔더라 딸아 이리 나오너라 하며 불러들이니 여포가 뭔 일인가 궁금하더라 여포는 그녀 눈 바라보니 눈알이 휘둥그레 침을 꼴깍 흘리더라 고개를 숙이며 사뿐 구름 타듯 걸어 나온 자태 보며 놀라움 금치 못하더라 그 모습 자태는 앵무새 세 마리가 옹기종기 모여있는 색채 눈이 부실 아름다움의 극치라 그 아름다움 향기로움에 여포는 넋이 나가 바보 같더라 입은 딱 벌어지며 침을 질질 흘리며 절색 미인은 누구신지요 내 딸 초선이라 하오 장군을 제일 존경하는 마음이라 내 딸을 나오라 한 것이라오 왕윤은 초선에게 이분이 바로 그 유명하신 영웅 여장군이시다 술잔을 따라 올리거라 초선은 여포에게 공손히 절하고 얼굴이 붉어 달아올랐다네 수줍으며 잔을 공손히 올렸다네 여포는 절색 미인 난생처음이라 황홀함에 극치라

여포 초선을 보고 홀딱 반했다네

꿈속인지 헷갈림에 지 볼을 한번 꼬집어보니 꿈속은 아니더라 허리는 호리호리하니 여포 마음 흔들어 놓으니 동공 안에 스며드는 그녀 얼굴이 잔뜩 마음속 깊이까지 박혀있더라 술마저 마실 줄 모르는 바보 같더라 이때 왕윤이 한마디 하더라 장군께서 내 딸을 마음에 드신다면 내 딸을 장군에게 맡기겠소 그 말이 사실이십니까? 저에게 그래만 주신다면 이 은혜 각골난망이옵니다 초선은 그 말소리에 부끄러워서 얼굴이 붉어졌다네 초선 연기 흐름 기가 막힘 생각과 감정이 어우러지니 몰입이라 여포의 마음 애간장 녹여지니 여포 넋 나간 초선 그림자 뒷모습만 보아도 흠뻑 젖더라 초선은 유유히 후당으로 사라지더라 여포는 왕윤에게 조아리며 간곡한 부탁 하오니 초선을 잠시라도 잊지 못함 역력히 빠졌더라 본 진영으로 가기 싫은 발걸음 옮기더라 며칠 흘렀지만 왕윤은 계획한 대로 동탁 접근 기회만 엿보더라 여포가 진영 며칠 비운다는 소식에 동탁에게 접근하여 저희 집에서 소연 베풀어 모시고자 하니 왕림해 주시옵소서 간곡한 청이옵니다 동탁 초대함에 기뻐하며 흔쾌히 받아들이며 이튿날 되어서 동탁 마차 몰고 행차라 왕윤 사택 도착하니 마중 나가 맞이하며 산해진미 차려진 호화스런 잔치라 연회가 벌어지니 어느덧 해가 저물고 일몰 지니 술기운 건하게 돌더라 태사이시여 후당에서 잠깐 쉼 하시여 평안함 받으시오 왕윤이 여쭈어보니 동탁 하는 말 너희들은 잠시 여기 있거라 홀연 단신 인도받으며 후당으로 거닐며 잠깐 쉬고 있더라 새로운 상차림 받으며 정성 극진함이라 술을 권하니 동탁 기분이 고조되어 술을 마시고 있을 때 어디선가 피리 소리 구슬프게 들려오는 곡조라

한 미녀가 속살을 은근히 드러내 보이며 요염한 자태라

춤을 추는 모습 한 마리 백조 모습 동탁은 넋이 나간 멍하니 그녀 바라보니 입마저 딱 벌어져 군침만 질질 흘리더라 동탁 눈을 씻고 보아도 미색 천여 명 처녀들 보아왔지만 초선이 바라보니 그들은 호박꽃 저 절색 미인은 눈이 부셔서 눈 앞을 가리더라 초선은 춤 끝마치자 동탁 앞에 와서 큰절 올리더라 이 처자는 누구요 내 딸 초선이라 하옵니다 왕공께서는 이 아리따운 딸이 있었소 동탁은 초선을 보며 눈 뚫어지게 열공하더라 초선이 술을 따라주니 홀짝 단숨에 마셔버렸다 네 그 말 진심이오 어찌 나에게 이런 일이 어떤 심정인가 아시오 내 마음 하늘 날개 없이 둥둥 떠 있는 기분이오 고맙소 초선이를 태사님께서 거두어 주신다면 무엇을 바라겠습니까? 태사님께서는 이 나라 주인이십니다 어느 누가 태사님과 대적한단 말인가? 저는 태사님 절실히 모시고 싶습니다 잘 보아주소서 동탁 이 소리 듣고 속으로 이것이 웬 횡재인가 대접도 후하게 받고 절색 미인까지 꿩 먹고 알 먹으니 기세등등하며 상부로 들어갔다 이 소식을 접한 여포는 화가 머리 끝까지 그의 마음속 불길이라 활활 타오르니 누가 말리랴 눈은 쌍심지라 방천화극 잡으며 몇 번 바람을 가르니 요란하더라 황급히 적토마 올라타며 날아가듯 달음박질 도착한 곳 왕윤 집 쳐들어갈 심산이더라 여포는 왕윤 보자마자 단매에 아랫동을 분질러 놓으리라 급히 달려오며 하는 말이라 왕윤은 모른 척 시치미 떼며 반절 치며 안면 두껍게 덮더라 여장군이 여긴 웬일이오 이것 보시오 초선이 내게 준다 하고 태사에게 준 까닭 나를 가지고 논 것이오 오해요

왕윤이 계략 절묘 보는 족족 시치미를 딱 잡아떼더라

사실 태사께 부탁드리며 초선을 데려가 여장군께 날을 잡아 정식으로 혼례를 성사시켜 당부시킴이라 나보고 어쩌란 말이오 여포 그 소리 듣고 오해가 풀렸는지 입을 딱 벌어진 하마라 혼자 착각 자유 속에 헤매다 오해 서푼 돌며 상념에 잠겨 얼굴 미안 풀매기 얼굴 일그러졌던 잿빛 색 돌며 퍼지더라 왕윤에게 다시 한번 큰절 넙죽 하며 용서 구하는 구한말이더라 왕윤이 계략 먹히고 있다네 보는 족족 시치미 딱 떼더라 그 이튿날 날씨는 어우러지듯 화창 살랑살랑 흔들어대는 나뭇가지들 미쳐 버리더라 아침 일찍 밤새도록 잠 못 이룬 밤이라 초선 생각에 잠마저 설쳤더라 끙끙거리며 기다리는 맘 환장하리오 몇 번을 들락거리다 보니 지쳐지는 맘 아무 소식 없더라 참다가 한계 다다르자 동탁 상부로 급히 달려가 보니 동탁 모습 그림자도 없이 동탁 침대 위에 초선이 널브러져 자고 있더라 그 모습 보고 여포 피가 거꾸로 솟아 처박아 버리니 잠시도 가만있지 못함 안절부절 몸만 애타더라 이때 초선은 몸단장하며 여포 모습 살짝 곁눈질 보며 연기 몰입하더라 표정 슬픈 모습 거울 보며 짓더라 눈물 주르륵 흘려가며 여포 몰래 젖은 손수건 얼굴에 묻히더라 슬피 우는 동작 아니던가 여포 그런 상황 모르고 여포 가슴 초선 보며 찢어져 내린 가슴만 움켜잡으며 하늘 바라보며 괴성을 지르더라 동탁은 그의 마음 읽지 못함 여포는 이런 사태 어찌할 수 없는 현실 처지 며칠 지나도 아무런 답변 없는 동탁이라 혹시 초선 만남 혹어후처 파묻혀 나의 청혼 연결 가로채 여러 생각해보는 여포라

여포는 혼처를 가로챈 동탁을 원망한다네

동탁은 초선 만남 너무 무리함에 몸살 병이 도졌다네 초선은 역시 연기 달인 지극정성으로 동탁은 초선을 더욱 애착하더라 그날 여포는 동탁 방문 그때 잠이 들어 코를 드르릉 동탁이라 여포는 원망스런 두 사람 노려보며 눈초리 초선은 눈을 밑으로 내려깔아 눈물만 흘리며 훌쩍하더라 여포는 이 모습 보고 찢어 내려진 마음 갈기갈기 찢긴 걸레라 입술은 시커먼 타다 남은 재여 가슴은 먹먹하니 그때 동탁은 눈을 번쩍 뜨더니 동탁 잠에서 깬 동틀 무렵 이른 아침 일어나보니 여포가 초선을 껴안고 있더라 동탁 버럭 화내며 이런 고얀지고 이 소리에 여포는 겁에 질려 급하게 줄행랑이라 동탁은 몹시 상심 치며 이 썩을 놈 하며 화가 가시지 않더라 화통 삶아 먹을 소리 이때 이유가 등장하더라 앞으로 여포란 놈이 근방 얼씬도 못 하게 포고령이라 이유는 사랑싸움에 눈치를 채며 이거 큰일 아닌가 잠시 생각하며 동탁에게 간언하더라 태사께서 천하의 주인이거늘 어찌하여 여포를 책망하시는지요 만일 여포가 배신한다면 어찌 천하 얻음이 순조롭겠습니까? 여포를 달래어 황금 몇 덩이와 비단 몇 필 하사하소서 그러나 여포 마음 초선이 속이라 애타는 불씨는 꺼질 줄 모르더라 여포는 초선 주위를 맴돌며 동탁이 자리를 비울 틈만 노리며 며칠 밤을 지새우며 기다림이라 그때 마침 동탁은 입궐함에 바로 후다닥 달려갔더라 초선은 그를 보며 눈시울을 적시며 여포 가슴에 안기더라 그러니 여포 마음 환장함이 몰려드니 장군님 무엇하시는 거예요 이곳에서 벗어나게 해주소서 장군님과 함께라면 죽어도 여한이 없겠어요 여긴 사람들 보는 눈들 여기저기 널브러져 있으니 눈총 따가우니 후원 봉의정에서 다시 만납시다

여포 초선이 만날 날만 손꼽더라

여포는 초선 곁을 잠시 벗어나 후원 봉의정으로 갔더라 초선은 아리따움 그 자태 아름다움의 극치라 단정히 분화장 짙게 바르며 나타난 모습 눈부셔 뜨지 못할 지경이로다 서로 다급히 껴안으며 으스러지라 안았더라 불꽃은 서서히 지펴 오르듯 장작불 뜨겁게 달구어지더라 입술을 더듬어대는 뜨거운 입김 숨소리마저 거칠어지니 둘의 사랑은 꽃피우리라 장군님께 평생 이 한 몸 맡기려 했으나 팔자가 기구한지라 태사께 몸을 짓밟혀지는 맘 제가 지금껏 장군님 한 번이라도 뵙고 제 마음 뜻 전해 드리고자 장군님 사랑 한 번만이라도 받고 싶은 심정 전함이오 이젠 죽어도 여한이 없으니 이때 미소 한번 살짝 지으며 이젠 편히 죽겠소 하며 갑작스런 행동 몸 껴안은 속 밀어 뿌리치며 난간으로 달려가 연못 속 몸을 내던져지니 사실 연못 속 깊은 곳이 아닌 것 초선은 안지라 그래서 몸을 던졌더라 여포는 크게 놀라며 당황한 기색이 역력하더라 안절부절 하며 초선은 물속에서 허우적거림 잡아끌어 건지더라 다시 한번 여포는 초선의 깊은사랑 간직함을 흘리더라 절 죽게 내버려주세요 흑흑흑 짓밟힌 몸 못 견뎌 내 자존심 뭉개져 내린 제발 내버려주세요 내 마음 그대 곁에 파묻혀 있으니 내 마음 거울 풍금 내 변치 않은 맘 그대로 지켜드리리라 내가 반드시 내 아내로 내 품으로 지켜드리리라 영웅이 어찌 한 입으로 두 말을 하랴 강 건너 불구경하듯 뻔히 보고만 있지 않을 터 정말이세요 장군님 진정으로 정말이신가요 초선은 여포 가슴에 파묻혀 한없이 두드리며 울었더라 동탁은 여포가 곁에 없으니 당당함도 사라지는 불안만 엄습해 오더라

여포 마음 사로잡더라

양아들로서 옆에 있을 때 당당함도 이젠 불안만 파도 때리듯 뇌성을 치더라 즉시 발길 옮김이라 수레바퀴 돌리는 물레방아 현탈 급히 몰아 뿌옇게 먼지만 날리더라 상부로 돌아온 동탁이라 문전에 눈여겨 보니 적토마가 있지 않은가 동탁은 직감했다네 여포가 들이닥쳤다는 것을 동탁을 몸 거부 뚱돼지라 구르다시피 굴러 돌아와 보니 초선이 찾더라 그러나 보이지 않는 눈길이라 시첩들 여기저기 널브러져 있더라 이년들 초선이는 어디 있더냐? 동탁 돼지 목 구르는 소리 조금 전 후원 쪽으로 갔사옵니다 전부 이구동성 소리 후원 쪽으로 갔습니다 동탁은 후원 쪽으로 후다닥 굴러가더라 보니 여포가 화극을 세워놓고 사나이 눈물 흘리며 초선이를 다독이더라 그 모습 보며 눈알이 까뒤집어지더라 동탁이 보는 눈가 여포가 초선 넘보는 듯 보이더라 꼭 덮칠 것 같더라 이 광경 지켜보니 목청에서 터져지니 이놈 허 저런 고얀 놈! 동탁 목청 터지는 소리 여포는 겁에 잔뜩 질려 순식간 줄행랑이라 잽싸게 발 빠른 행각 큰 소리만 쳤지 잡지 못함 숨만 헐떡거리며 이일 있는 직후 동탁 초선 보호막 처대 여포에게 겁탈 당할까 두렵고 불안한 마음이라 초선 꼭 잡고 미오성으로 가버렸다네 동탁 미오성 옮김에 문무백관들 모두 성 밖에서 일렬로 마중 행렬 일제히 그들 전송하더라 여포는 사람들 웅성거림 틈바구니 숨어서 멀리 초선 지켜보니 눈에서 포착 초선 또한 여포 보며 모른척하며 두 손 얼굴 가리며 슬피 우는 모습 연출하더라 그때 여포는 한숨만 푹푹 내쉬며 한탄할 때쯤 누군가 여포에게 말을 걸더라 바로 왕윤이었다네

왕윤 분통 터지는 소리
여포 위로 차 잠시일 뿐 중립만 지킬 뿐이오

여포에게 왕윤 보자마자 원망 분통 터지는 소리 내뱉지도 못함이라 왕윤은 여포를 위로 차 자기 군영으로 데려가더라 장군의 억울함 듣고 위로해주는 움직임이라 왕윤 분통 터지는 소리 하더라 장군 태사가 내 딸 욕보이고 장군 아내를 겁탈하는 금수만도 못한 놈이오 장군 같은 천하 영웅 그 꼴 당함 뭐라 말할 나위 없으니 버러진 일들 나도 어찌할 도리가 없소이다 시치미 떼며 여기서 더 말 넘침 눈치 갈아칠 것 적당한 선에 마음 감추었다네 왕윤 분통 터지는 소리 여포 위로 차 잠시일 뿐 중립만 지킬 뿐이오 여포 마음 흔들어 충동질하며 동탁에 대한 나쁜 원망 감정 불씨만 살려 피워 활활 타오르듯 적개심만 심어주더라 왕윤이 말을 이어 여포에게 세뇌 심리 쐐기 박더라 난 아직도 이해가 안 가오 동탁이란 자 장군 양아버지가 진정으로 자식 생각한다면 어찌하여 아들 혼처 될 처자를 가로챈단 말이오 그런 짓거리 금수라 이 일들 만천하가 안다면 비웃음거리요 입방아 소리 퍼져 천하의 여장군 꼴이 우습게 동탁에 꼭두각시라 알지 않겠소 말을 건사하게 내뱉더라 여포는 옳은 말씀이오 잔머리 굴절 굴릴 줄 모르는 융통성 없는 자라 그 말소리 듣고 화가 화통이라 내가 그러면 어찌해야 할지 대뜸 물어보더라 여포 마음속 억울함 서려 가득 차 있으니 동탁에 역겨움 진실 없는 욕심 과욕이라 동탁을 기회 보며 목을 베 그의 욕심 행적 잠재우리라 그 또한 나라 바로 세워 처자 공경 세워 주심이라 충신이요 아래로는 도탄 속 빠져 고통 수반하는 백성들이니 천하 영웅 대접받는 높이 세워지는 기둥이 될 것이오

동탁을 제거할 만발의 준비 세웠더라

여포 마음 굳어지는 결심 영웅본색 본질이라 왕윤의 궁여지책 계획 순리 원활 술술 풀리니 동탁 주살 세운 맹세 동맹이라 며칠 지난날 들 찾아오니 동탁 제거할 준비들은 끝마친 완성 거세가 왕윤은 소식을 지인들에게 띄워 보낸지라 천자께서 물러나심 결심한지라 문무백관 소집 집결 뜻 지펴 올리니 기뻐 날뛰는 동탁이라 천자 자리 차지할 마음 기뻐 날뛰는 동탁이라 천자 자리 차지할 마음 기뻐 어쩔 줄 모르더라 왕윤에게 물어보더라 지금쯤 수선대 쌓은 지핌이오 태사님께서 천자 오르심 준비 중 만발 준비 오시기만 학수고대 중입니다 그 말 듣자 동탁 어이없는지 횡재수라 하늘 우러러보며 크게 비웃더라 어이없다는 듯 간밤 꿈 요상 하리라 용이 꿈틀 온몸 휘어 감는 듯 칭칭 감아 버리니 몸이 숨을 못 쉬더라 그래도 용꿈이라 좋구나 으하하하 오늘 기쁨 소식이 아닌가? 싶구나 즉각적인 영 널리 내려지니 심복 장수들 일사천리 네 장수라 5만 군사들 여기 미오를 탄탄하게 지키리라 바로 직행 신호 보내니 천여 명 병기군단 대동하여 철벽 경계태세 동탁 에워싸며 몇 십리 발길 넓은 폭마저 기세등등이로다 그러나 징조 조짐 이상 하리 의기양양 수레바퀴 하나가 크게 부서졌으니 오고 가도 못함이오 동탁은 노발대발 아무 힘도 없는 여인 화풀이 엉뚱하니 불똥 튀는 연약한 여인 목을 베어 죽인 것이 아닌가 천인공노할 금수라 수레를 군사 시켜 밟아 깨부숴 버리고 말에 유유히 올라탔더라 날씨마저 저물어지는 일몰 시각이라 거의 다다르자 성 밖 도착하였다네 백관 문무 모두 나와 태사를 맞아 영접했더라 동탁이 상부로 들어서자 여포는 넙죽 인사하더라

동탁 천자 모양 되바라지라

동탁은 기운이 한량 마냥 좋더라 헤헤헤 내가 천자 오르면 너에게 천하 병마 총군 권 높이 세워 주리라 이숙과 왕윤 화합 조직이라 그 이튿날 동탁 호위 거창히 둘러싸이며 길가 행차라네 행렬 지나가는 모습이라 백성들 구경 나옴 이유가 있듯 힌두건 두르고 베 헝겊 입구라 곧 여라 뜻 경계 하라는 신호이라 깊은 뜻 동탁은 그 사실을 알았을 리 만무 무심코 지나가 네 저 두건 쓴 사람 누군가 동탁 물어오니 이숙 대답이라 미친놈 발작이요 수레바퀴는 돌고 돌아 북성문 당도하자 이숙은 주위 탄탄 보호 위함에 군사들 주위 지킴이라 동탁 문안 들어서 문안 들어서 문득 두리번 사도 왕윤 주위 조경 대신 줄지어 조경 대신 줄지어 일대 늘어선 행렬 이루더라 자세히 보니 면밀 뜨끔 하더라 모든 이들 칼을 들고 날 세우더라 칼들 번쩍번쩍 뜨끔 하더라 동탁 영문도 모르고 갸우뚱 고개만 젖히며 수레를 몰아 들어갔을 때 이때다 큰 소리 질러대는 왕윤이 외치더라 여기 역적 놈 수괴 왔느니라 무사들 어찌 보고만 있더냐? 그 소리는 신호 울림 그 들음에 무사 몇백 명 떼거리로 달려들더니 벌떼 구름 다름없더라 동탁 주위 에워싸듯 칼들은 번쩍 들어 견제하듯 틈이 없이 꼼짝 못 함에 숨소리 또한 적막이라 동탁 어리둥절 어찌 이런 일이 저들이 나를 삼켜 먹듯 위협을 가하네 의하다 둔한 몸집 놀라움에 수레에서 떨어져 엎어지더라 땅바닥 요동 지진 나더라 이때 아들 여포야! 하며 큰소리치니 화통을 삶아 먹듯 들려오니 여포 나타남에 하는 말 이 역적 놈 죽을 각오 하거라 방천화극 몇 번 휘두르니 바람 가르는 소리 획획 바랄 부딪침이요 동탁 목덜미 찔러 고통 비명 동반하더라 피는 온통 뿌려지니 피바다라

모두 일제히 환호성 소리요

이슥 기다렸다는 듯 동탁 목 베어 높이 쳐들더라 이때 여포는 천자 조칙 꺼내 들며 펼쳐 읽어 내려 역적 놈 동탁 천자의 명으로 수급 베었으니 천자께 바치옵니다 나머지 일당 무리는 절대 죄를 묻지 않으리 묵과할 것이다 읽음을 마치자 모든 사람들 일제히 천자 만세! 만만세! 크게 외치니 주위가 쩌렁쩌렁 울려 퍼지더라 미오 지킴 이루었던 아끼던 부하 4인 동탁이 절명했다는 소식에 귓속말 들려오는 소리에 겁에 질려서 모두 양주 방향 틀어 줄행랑이라 여포 마음 한구석 미오에 초선만 생각 잊을 수 없는 그대 한 아름 내 마음 초석이요 초선 찾아 급하게 왔지만 초선 목맨 시신이요 여포 시신 꼭 껴안은 한 없이 눈물만 치며 며칠 동안 하염없이 눈물만 적셔지니 동탁 부하 사인방이 왕윤에게 사자 보내어 항복했지만 왕윤 판단에 동탁 도와준 부하 측근 사인방이라 도저히 용서가 안 되니 모두 몰살이라 그러니 각오해야 할 것이라 동탁 부하들 항복 거부하는 왕윤 저항으로 발버둥 공격으로 돌변 물밀 듯 장안 초점 조준 쳐들어 온다는 소문 파다하더라 이때 공론이 한곳으로 모여지는 듯 협의 쪽으로 가려 할 때 왕윤이 여포에게 이러한 봉착 시점 의논해 보니 여포 비웃음 코웃음 별다른 문제 아니니 걱정 마소서 쥐새끼들 철퇴로 갈겨 주어야 찍소리 골로 라 이말 자신감 찬 만만이로세 여포는 바로 이술과 군사 이끌고 출격하니 장안성 몇백 리 거리요 그들은 결사 결투라 서로 대로에 견주며 한마디 내뱉더라 이 역적 놈들 죽음에 오라를 받거라 하며 내뱉은 말 우보는 쌍칼 환상적 칼춤사위 추듯 넘실넘실 창과 쌍칼 대결이더라

잔물들 항거하니 여포 자신만만이로세

십여 차례 부딪침 합 이때 우보가 팔에 큰 상처 입고 쌍칼 한 자루가 땅에 떨어지니 바로 줄행랑쳤다네 이숙은 싸움 전투 첫 격전 이긴 승리 기쁨 부픈 우쭐대며 안일한 생각 정신상태 느슨함 군사들 잔칫상 벌어지니 전투태세 무방비 술만 들이켜 마셔대더라 바로 그날 밤 우보사 군사들 두 패로 두 갈래 나누어 협공 치니 이숙 군사 보니 널브러져 있기에 손쉽게 점령하였다네 이숙 군사 도망 바쁘게 줄행랑치듯 군사 절반 잃고 몇십 리 밖으로 후퇴 여포 이숙 패전 원인 상황 듣고 노발대발하며 성이 독같이 올랐다네 너란 놈 자만하니 패전 당연지사 방비태세 허술하여 마냥 쳐들고 자빠지다 적 기습에 패하니 참패라 너란 놈 본보기로삼아 목 베어 효수하리라 우보 긴장하며 다리 후들거림 여포와 격전이라 억지로 마지못해 나가서 봤지만 여포만 보고도 삼십육계라 그 뒤를 쫓아 돌격 처 우보군들 겹겹이 뭉쳐 있는 곳 적진 여포 뚫고 들어가 양떼 몰 듯 마구 휘젓다 찔러 쓰러지듯 하니 우후죽순 솟아나는 강적 힘이로다 우보는 몇십 리 밖까지 정신없이 줄행랑 목숨만 간신히 붙어 있는 숨 온몸은 만신창이라 이때쯤 이각이 군사들 거대 거느림에 이르니 우보는 반가움에 살았다는 안도감이라 우보는 참패당했다는 말 전함이라 지친 마음 쉼 하기 위해 이각의 진지에서 푹 휴식 안정 취했다네 진지에서 여포 거목 무너뜨릴 작전 모색 둘러앉아 심복 부하들과 군막 안에서 모여들더라 조용함 가운데 의논 속삭이듯 하더라 여포가 천하무적 우리로선 당해낼 재간 없지 않은가 격전 지역 여포와 대적 속절없는 사그라지듯 개죽음뿐이라

우보와 심복들 몇 명 진지에서
금덩어리 싹쓸이 도망치더라

이럴 바에 아예 진중 도망치자는 의논 결론지으며 진중에 도망치자는 의논 결론지으며 진중에 보물 창고에서 금덩어리 싹쓸이 야밤도 주 조용히 모두 잠들 시각에 도망치자며 진지 벗어나 멀리 줄행랑치더라 생각에 잠겨 하염없이 들길을 도망치듯 가다 보니 해가 중천까지 솟아 떠오르더라 가도 끝없는 길이라 지쳐지는 사람도 말도 모두 지쳐 쓰러지더라 잠시 쉼에 심복 호적아가 여러 색깔 생각 현실 따지듯 잠시 생각에 잠기더라 결론은 유보를 따라간다는 것 아무런 계획 없이 도망만 할 뿐 대책 없더라 만약 도망가면 관군 이각 무리에게 평생을 쫓겨 도망자의 삶이니 한심한 생각이 들더라 지금 살아있다는 것은 잠시뿐 곧 죽음만 기다릴 뿐이라 당당한 희망 없는 죽어가는 빈껍데기 삶이라 실행하기 위함 우보가 떠나자고 말하자 말에 오르려 할 때 뒤에서 호적아가 순간적으로 단칼에 등을 내리치니 거꾸러지더라 그때 다시 한번 목을 내리치니 목이 땡강 대굴대굴 굴러가더라 호적아 의리 없는 사나이 한번 맺은 결맹 주군 저버리는 제 목숨 살려는 발버둥 그러나 그런 한심한 놈 오래 못 간다는 것 그는 그것도 모자라서 급한 불부터 끄기 위함에 호적아 우보의 목 들고 여포 진영 찾아가 자진 자수하더라 어느덧 얼어붙은 적막은 흐르고 차가운 냉기만 엄습하더라 여포 격전지 나와 서로 격돌 세우며 맞부딪쳤다네 여포 진영 유심히 염탐 보고 있는 이각 자리 배치 학익진 자세 날개 펼치듯 벌리게 하였다네 여포는 그들 보며 여유로움 자유 벌림 억제 방해하였다네 소리 목소리 우렁차게 내뱉으며 방천화극 움켜잡고 적토마 타는 모습 위세 등등이로다

여포 방천화극 휘둘러 대는 날갯짓이라

이각의 군사들을 양 떼 몰듯 휩쓸어 버리니 정신없는 이각 군사들이라 패한 군사들 여포에게 당하니 이각 진지 모두 모여들더라 서로 머리 맞대고 곽사, 장제, 번주 군사들 일제히 휴식 쉼하며 의논 연의 시켰으나 답이 없더라 그때 한 장수 이각이 뇌리 스치며 번개 치듯 묘책 성립이요 반가운 빛 측 보았다네 여포는 용감무쌍하지만 잔꾀가 없는 것이 흠이오 그 단점 잘 이용하면 승산 있을 것이오 우선 험한 산협줄기 숲풀 우거진 골짜기 진지 구축 세워 방비태세 안정감 취해 놓으리라 곽장군은 군사 이끌고 여포 배후 정면 치시오 그리고 장제, 번주, 두 장군께서는 군사를 두 갈래 나누어 직공 전 장안 들어가 휘져놓으면 여포는 아리송할 때 우리에게 이미 참패당함을 알 것이오 이각 말 끝맺자 훌륭한 묘책이라 칭송하더라 세 장군들 절묘한 묘책 의미부여 받아 며칠 지나 군사들 추스르니 작전 성공 일각 뭉침 단결 이루리라 여포는 군사 움직임 소식 듣고 군사 거느리고 산 아래 도착 이각과 맞서 싸움 세우더라 그때 싸움 터지려 할 때쯤 연락병 뛰어들어 곽사가 군사 휘몰아쳤다고 보고 하니 여포 군사 다시 후퇴하고 난사이라 이때 이각 군사 여포를 치려 막아서며 대적하더라 배후 쪽에도 곽사가 다시 나타나서 대적하니 압박 가하며 치고 빠지는 공격 연속 치더라 여포 꼼짝달싹 뜻대로 전투 상황 갇혀 무용지물 고립 상태라 여포 전투 상황 싸울 수도 멈출 수도 없는 난공불락이라 관망하고 있을 때 정보병 급히 달려와 전하더라 장제와 번주의 양로군이 장안성 기습하여 위태롭사옵니다 이 말에 여포는 놀라움 바로 군사 대동하여 격전을 뒤로한 채 퇴각하여 장안성으로 진로 변경하였다네

장안성 함락당했다

이각, 곽사는 여포 뒤쫓으며 뒤를 맹공 퍼붓더니 장안성 도착하기 전 군사 태반 잃었더라 이때 도착해보니 장안성 철통같이 포위하여 빈틈없더라 여포 군사들 전투 벌어지기 전 겁에 질려 그 와중 태반이 탈영했더라 서서히 공격 세례 퍼붓듯 하니 성문을 깨부숴지니 성공하여 쳐들어갔더라 왕윤 허탈해하며 스스로 자결하였더라 천자 헌제는 눈물 흘리며 마지못해 이각에게 사례교위 거기장군 곽사에게 후장군 번주에게 우장군 정제는 표기장군 각각 영지를 내려주었다네 여포 형세에서 와전 나락 굴러 모든 군사 내버려 두고 홀로 단신 어디론가 묵묵히 떠나버려 유유히 사라졌더라 곰곰이 상념 지으며 갈 곳 찾아보니 남양성 발길 잡아 며칠 동안 쉬지 않고 달려 갔더라 원술이 지키는 남양성 당도하여 수문장에게 연결고리 띄워 기다려 보았지만 원술은 맞이할 낌새조차 없이 잠잠하더라 원술은 애첩들과 나란히 스산한 깊은 곳에서 희희낙락 술만 퍼마시며 즐감하더라 여포는 기다려도 아무런 소식 두절이오 날밤까지 흘러 아침이 밝아 와도 아무런 소식 없더라 예전 같았으면 성문은 벌써 두 동강이요 지금 여포 처지 비참한 구걸 신세요 훨훨 날았던 날개마저 다 떨어진 신세라 꾹 참고 다음 기회만 엿보리라 마음속 굳게 씹으며 이 수모 꼭 갚으리라 굳게 다짐하더라 잠시 후 수문장으로부터 원소 소식 전하니 달랑 편지 한 장 전해주니 환대받지 못하고 장막으로 쫓겨난 신세 처량도 하구나 장안에선 웅성웅성 북적대며 나라 정세 혼란 어지러움 불안정 부추기는 떨림 흔들림 봇물이 터져 실속 없는 백성민심 닫히는 맘 나라 안팎 조용한 날 없는 피 고통 소리 들리는가?

양민들 괴롭힌 양쪽 찢어지는 맘이라

조조는 동군 태수 거머쥔 벼슬 이때 버러지 도적들을 다 쓸어버리니 영웅 탄생이라 조조 곁에 모여드는 인재들 권세 확장 노림수 높이 쳐드는 이름 널리 알려지는 조조 발 빠른 행보라 호걸들과 인재 등용에만 힘 기울여 쏟아붓듯 정열이라 각계각층 모여든 인재들 떼구름 몰리듯하더라 조조 주위 포진 조직 탄탄함 인재 표본 핵심 숭욱 자가 문약이오 조카 순유 자가 공달이니 두 인물 당대 선비라 병법, 책략 전문이들이라 조조는 핵심 부하 높이 세워 극진히 대접하니 순욱은 행군사마 순유는 행군교수 각각 계급 채워 대우해주니 그들 또한 존경하는 마음으로 조조를 받들더라 잔잔한 살랑살랑 흐르듯 가슴 파고드는 미풍 바람 꼬리 물 듯 포근하니 상쾌함 절로 나더라 풍요로움 만끽 구슬 굴러가듯 곡 가락 음률 소리 울리리오 불쑥 나타난 하후돈 다급하게 조조에게 다가와서 우락부락 생긴 자를 소개하더라 거침없는 기상 넘치는 산만한 돌덩이라 조조가 물어보니 하후돈 대답하기를 입가에선 자신 넘침 술술 내뱉듯 침까지 고이듯 한 번에 꿀꺽 삼켜가며 열변을 토하며 저자는 장내에서 드문 천하장사입니다 맨주먹으로 상대를 철퇴 들고 덤벼든 자들을 순식간 수십 명 때려눕혀 주체할 수 없는 힘이라 그 말에 조조는 관심 가더라 조조 생각 맘에 들어오니 저자를 잘 구슬려 보면 내 주위 탄탄한 심복이라 조조는 전위라는 자에게 힘자랑 펼쳐보라 명령하니 전위는 순식간 말 위에 사뿐히 안착하며 말이 시동 걸리듯 소리 히이잉 히이잉 히이잉 팔십 근 넘는 쇠몽둥이를 엿가락 주무르듯 돌려보니 풍차 돌리듯 바람 가르는 소리 획획 칼바람이더라

조조는 가족 일행을 연주로 모시려 한다

갑작스러운 날씨 세찬 바람 휘몰아치니 군막 기둥 힘없이 무너지듯 휘청하니 순간 군사들 십여 명 몰려 기둥 꽉 잡으며 지탱했으나 바람 힘 이기지 못함이라 그때 전위가 그 광경 보며 말에서 사뿐히 뛰어내려 군사들 제 몸들 다칠까 봐 피하려는 순간 전위가 잽싸게 꼭 안으며 들어 올리니 바람도 기가 꺾였는지 바람 물러가며 잔잔하더라 조조는 그 광경 지켜보니 크게 놀라며 감탄을 자아냈더라 심복 둠으로써 무척 기뻐하더라 조조 부친 조숭은 낭야라는 곳에서 삶 터전이라 연주로 모셔오라고 응교에게 전보 띄우라 전하니 연락받은 조숭이 막내아들 조덕과 더불어 일가족 거 늘이고 낭야를 떠나 도중 서주를 지날 무렵 벌써 소문 파다함에 서주 태수 도겸이 양순하고 조조 아버지를 맞이하기 위해서 분주히 움직이더라 조조는 영웅이며 세력이 거대하며 권력자라 잘 보이기 위함에 조숭 일행은 서주성에서 잔치를 며칠 동안 극진히 베풀어 환대했더라 조숭은 도겸의 극진한 대우에 감사하며 도견 일행은 성 밖까지 배웅하고 도위장개라는 자를 시켜 군사 수백 명을 내주어 연주지경까지 무사히 호위하도록 친절을 베풀었다네 서주 떠난 뒤 목적지 가기를 이틀 밤 지쳐 피곤함은 몰려오더니 회비라는 곳에 지나치고 있을 때 소낙비가 한 차례 정신없이 내리붓더라 비를 피하려 산간 절에 잠시 쉬고 있으니 어느덧 저녁 무렵이 되어 어쩔 수 없이 조숭 일행은 절간에서 하룻밤 묵기로 하고 휴식을 취했더라 밤은 어두컴컴하니 잠자리 속 여러 생각 하고 있는 장개라 머릿속 스치며 잔머리 굴리더라

장개라는 자 재물 욕심이 한 가득이라

연주까지 가는 거리 만만치 않은 수백 리 길이오 조숭은 당나귀에 재물 한가득 싣고 있으니 시커먼 마음속 발동하더라 그가 심복 부하 불러 의논하더라 우리 출신 황건적 아닌가 어쩔 수 없이 도겸에게 항복하여 군사 병정놀이 하고 있는 팔자라 하지만 이 군생활 자유롭게 못함 구속받는 생활 따분하리오 몸은 근질근질하고 견딜 수가 없구나 녹봉은 쥐꼬리 오 그 옛날 도적질 시절 마음대로 술과 계집질도 허구한 날 했던 우리가 아니던가 지금 보아하니 조가의 재물이 엄청나던데 조숭일가 싹쓸 그 재물 우리가 삼켜 먹자 깊은 산속에 들어가 도적질이나 하자며 주절주절하더라 부하들 군 생활 찌들어 마지못함 목숨 부지 곤욕이라 뜻하지 않게 이런 기회가 어디 있단 말인가 흥분을 감추지 못함이오 일제히 부르짖더라 이날이 오기를 학수고대했던 것이 아닌가 이날 밤 조숭 일가 잠속에 푹 빠져 있을 무렵 틈이 보이더라 노림수 격발 치며 호위병 위장 감추어진 발톱 들이내며 장개 부하들 일제히 5백여 명 칼을 높이 들고 조숭 일가 덮쳐 대항도 한 번 못 해 보고 모두 도륙 몰살이라 그 전일 기억나던가 조조야! 여백상 가족들 아무런 죄도 없는 단지 친구 아들이 선객으로 왔길래 극진히 잔칫상 크게 차리려 하다가 모두 여백상 가족들 똑똑히 보거라 조조야! 너도 눈에서 피눈물 날거라 하, 하, 하 이야말로 인과응보 아니던가 여백상이 혼령 떠돌며 그 꼬락서니 지켜보고 있으니 이젠 마음 편안히 저승길 제대로 갈 길 가겠노라 장개 부하들 재물들을 손에 거머쥔 채 유유히 회남 방향으로 줄행랑쳤다네

조조 식구 몰살 분노가 하늘 찌르리오

조조는 식구 몰살 소식 듣고 바로 숨이 멈춤 이어지는 거친 숨소리 입가에선 거품 연거푸 일어나며 땅바닥에 곤두박질치며 졸도를 여러 번 하더라 한참 시간이 지나서야 깨어났으니 조조는 매가리 없이 이를 뿌드득 갈며 도겸이란 놈 우리 부친 식구 몰살이라 이 원수 놈 갈기갈기 찢어 뜨려 사그라지더라 철천지원수 놈 내가 반드시 부모님 원한 갚으리라 대군을 휘몰아 서주 거리거리마다 풀 한 포기 남김없이 다 쓰러뜨리리라 곧이어 순욱과 정욱에게 명령 내려 군사 3만 명만 내주며 연주를 탄탄 지킴이요 조조는 나머지 군사 끌어모아 일사천리 거느리고 하후돈 우금전위로 선봉 삼아 서주를 향해 밀고 나가더라 군사 진발 출발 앞두고 진군 호령 명령 떨어질 때쯤 조조에게 누군가 다가오더라 찾아온 선객은 그 전 중모현 수문장이라 조조가 죽음 문턱 기로에서 구해준 진궁이 아니던가 진궁은 조조의 잔인함에 크게 실망만 안고 곧바로 헤어진 그 사람 도겸이 억울한 누명 뒤집어 덮어지니 서주는 곳 불바다 위기 상황에 처해진 어찌 보고만 있겠는가 도겸 위하여 조조 찾아 그때 일들 사정하러 왔다더라 진중이 조조를 만나며 낱낱이 오해에 묻혀 있으니 풀어보려 대화 나눔이라 조공께서 대병 거느린 채 서주를 쑥대밭 원수 갚으시려 서주 백성 모조리 몰살이라 소문 파다하니 걱정돼서 한 말씀 드려 왔습니다 서주 태수 도겸은 그때 당시 조공 가족분들 서주 지나침에 미리 마중 나와 극진히 연회까지 베풀어 정성껏 모시고 호위병까지 붙여 가시는 곳까지 안전하게 모시려는 마음으로 부하 장개란 놈을 보냈는데 그자가 나쁜 마음 먹고 가족들의 재물에 탐이나 모두 몰살시켰다고 합니다

종모현 찾아와 전쟁 멈춤 중재 사정하더라

그러니 태수 도겸은 진실한 마음뿐인 것인데 그 못된 놈 욕심이 부른 것이니 도겸은 아무런 죄가 없으니 이를 헤아려 주소서 조조는 그 말 속 깊이 흩트려놓은 맘 귓속 꽉 막은 철벽이라 조조는 가슴만 터져지는 마음이오 하며 공은 전에 나를 내팽개치고 유유히 떠나더니 무슨 낯짝으로 왔단 말이오 그러니 변명만 늘어놓으러 온 것이오 나의 마음 변함없는 긴 터널 장벽막장이니 도겸과 나 사이는 철천지원수라 그자를 사그라뜨려야 내 원한 아버님 원한 무거운 마음 한결 가벼우니 진궁은 모든 한결 가벼우니 진궁은 모든 사실 근거 조조에게 전함이니 모든 사정 상황 조조 판단이라 한 점 부끄럼 없는 도겸이지만 모든 것을 하늘에 뜻에 맡기리오 조조 결심 굳은 마음 어찌하리오 마음만 쓸린 채 조조의 영채를 나와 버렸다네 진궁의 마음 씁쓸한 마음이라 이 어찌하리오 피바다 물결치리니 하며 중얼거리더라 진류 태수 장막으로 발걸음 옮겼더라 어느 날 여포는 말을 타며 폼을 있는 대로 잡더라 참 애석하게도 아쉬움만 남는 그런 천하 명장이 이런 움막 속에서 썩고 있다는 말인가 여포 지나가듯 어디선가 중얼거림 들려오는지라 진궁이 아닌가 무슨 말이오 왜 뒷전에다 남 말 하는 것이오 그 말 불쾌하오 여공께서는 천하제일 명 마 적토마 영웅호걸인 것을 어찌하여 세월만 헛되이 보낸다는 말이오 지금 천하통일 지표 이루려는 이 어지러운 난국 그럴 때 빈둥대니 애석한 마음 금할 길 없소이다 그러한 말본새 내뱉음 그대 나에 대한 모습 그리듯 훤하니 놀라움 감추지 못함이오 여포가 어이없다는 듯 갸우뚱하며 고개만 절레절레 흔들더라

어지러운 정국 여포 한가하게 빈둥빈둥하더라

진궁이란 떠돌이 방랑자요 예전 관직 헌신짝 내팽개쳐 버린 조조 낙향 떠날 무렵 그를 도와 목숨 구해준 그 위인 아니시오 우연 만남 영광이오 서로 인사 주고받더라 실례가 많았소 사과를 정중한 진궁이라 도겸 걱정이 산이요 조조가 오해 잔뜩 안고 대군 회오리 바람 몰고 휘몰고 온다는 소식이라 하늘 높이 우러러보며 깊은 탄식의 눈물만 울부짖더라 도겸 걱정하는 맘 나의 억울함 배려한 것뿐 부하 새끼 잘못 다스림 내 판단 무절이니 서주 백성 억울함 고통 죽음 불구덩이 속 들어가니 이 어찌할까 하노라 조표가 듣고 있다 괴로움 심정 두루 보며 안쓰럽더라 제가 나가 그를 불멸 치겠습니다 그들 바라보니 조조 대군 산 높이 하늘이요 몰려오는 깃발 꽉 들어 찬 움직임 모습 도겸 이놈 머리 수급 베어 버리리라 하며 욕설 퍼붓더라 도겸은 전투장 격장 나가 겸손하며 머리 조아리며 조조 마상에게 큰절 올리며 겸의 명공과 친분 맺고자 친절 배려 호위 정성껏 올렸으나 장개의 도적질 그 버릇 고침 없이 명공 아픈 가슴 충격이겠지만 나 또한 가슴 아픈 마음이오 이렇게 고개 푹 숙여 사과드리오니 제 마음 받아 주시옵소서 조조 그 말뜻 다 듣고 꾸짖으며 저 늙은 대가리가 우리 부친 가족 몰살시키고 주둥이만 살아 그따위 변명으로 나불대더냐 일관 우짖지 마라 어느 누가 저 늙은 주둥아리 잠재워 끝맺음 지워라 그러자 하후돈 창을 높이 쳐들며 자신 있다는 표정 지으며 기세등등 날갯짓 펴 보이더라 그러자 하후돈 폭풍우 지나가듯 질풍 날리듯 바람 소리 심하게 가르더라 조표가 맞서 싸웠으나 당하지 못함이요 쫓기며 도망치더라

조조 용서라는 말하지 말거라 그것은 변명뿐이라

군사들 피하니 기가 꺾여 바로 성안으로 들어가 버렸다네 도겸은 부하 장수들과 모임 구르듯 회의를 가지며 방법론 짓기 위함이라 조조의 분노 폭발 직전 불안전 요소 대책 구수회 열었으나 뚜렷한 묘책방안 떠오르지 않더라 도겸 하는 말 조조가 목숨 노림은 내 목숨 한목숨이거늘 내가 항복하며 흰 깃발 꽂아 올려 내 목 내놓으면 서주 백성만은 생명 지킬 것이 아닌가 그러니 적막 속 조용한 음율 음성 목소리라 주군이시여 무슨 말씀이시옵니까 조조의 군대는 막강하오나 서주성 그리 쉽게 깨부숴버리지는 못할 것이옵니다 시간 공백 충분한 여유뿐이니 뾰족한 묘책 있으니 주공께서는 오직 성만 꿋꿋이 지켜내 주십시오 소인이 목숨 걸고 밖에 나가 원군을 널리 지원요청 청하여 조조를 물러나게 하겠사옵니다 아니 이런 일이 묘책 중에 상묘수라 그 말하는 사람은 누구이던가 그가 바로 미축 자를 자중이라는 사람이더라 도겸 그 말속 뜻 기분 안정감 있더라 도겸 줄기 선상 쪽 끈 있더라 유비, 관우, 장비
는 북평 태수 공손찬 밑에 가려 머물러 있을 때 미축 당도하여 도겸 친서 받들고 공손찬 찾아갔더라 원소와 국경 다투며 격돌 중이라 선뜻 구원병 허락 잠시 머뭇거리며 난처한 표정만 짓고 한숨 한탄 소리만 내뱉더라 그때 곁에 있던 현덕 한마디 올리더라 바라 건데 저에게 서주를 구할 수 있도록 기회를 주소서 하며 간청했다네 공손찬 입장 곰곰이 생각해보니 유비는 부하가 아닌 껄떡 붙어 있는 떨거지 아니던가 에이 하며 승낙했더라 그런데 군사는 얼마나 필요하던가? 유비 그 말 듣자마자 3천 명 내주었다네

도겸 주위 손길 뻗쳐 도움 요청한다네

조운은 상산 사람으로 자는 자룡이요 무기는 창의 달인이더라 유비 3천 군사 갈래 쳐 나누니 장비는 선봉장이요 조운은 후삼이요 풍운 바람 등에 지고 서주성 향방 목표지표 삼아 돌진이더라 며칠 후 어느덧 조조의 진영 근방 도착했더라 그 곳은 우금의 진지 길목이라 북소리 요란하게 둥둥둥 힘차게 쳐올리더라 우금이 말을 타며 당당히 큰 소리로 외치더라 어디로 가는 오합지졸인가 선봉장 장비는 그 소리에 눈을 부릅뜨며 장팔사모를 몇 번 휘둘렀더니 우금 겁에 잔뜩 질린 채 말머리 급히 돌려 줄행랑 나 살려라 치더라 장수가 겁에 질린 모습 보는 우금 부하들 역시 설설 기더라 우금 막아선 길 트이더라 현덕의 3천 군사들 비호같이 그곳을 지나쳐 서주성에 당도하였다네 성 위에서 보니 평원령 유현덕이라 깃발이 뚜렷이 보이더라 지원병인 줄 알아차렸더라 성문 활짝 열리며 유비를 반갑게 맞이하더라 도겸은 현덕을 보며 그동안 꽉 막혔던 마음 풀리라 든든한 기세 세우더라 현덕에게 극진한 대우 격찬만 올려주더라 그에게는 하소연하며 눈물만 하염없이 흘리더라 나는 너무 억울함이니 이 울화통 터져내려 지더라 현덕에게 성주를 바치니 현덕은 어리둥절하며 이게 무슨 가당치 않은 말씀이오 장군은 영웅이요 또한 한실 종친이오 자격있소이다 천하 어지러운 정국 한실 흥망성쇠라 장군 부탁하오 나의 진심 어린 호의 받아주소 나는 이젠 늙음에 무능할 뿐이오 우리 서주를 지켜주실 분은 바로 장군이시오 상소를 올려 신주 하리니 유비는 정색할 뿐 사양만 일관하더라

성문 앞에 적병들 주둔이오

비록 종실의 한 사람이오나 공적 없는 평원 고을 하나 건사 못함 경험도 없는 무능할 뿐이오 저는 장군님 난세 지원병으로 왔을 뿐이오 추호도 그런 뜻 생각조차 못 함이라 거두어 주소서 제발 사양 말고 제 호의 받아주십시오 도겸 마음 진실 간청했으나 그때쯤 미축이 당혹하며 지금 다급함이오 적병들이 성 아래 주둔이오 그들 물리칠 생각만 하소 계책 의논할 때라 철두철미 방비책 세워놓더라 계책 우려 뭉쳐 나오더라 도겸은 유비에게 묻더라 어떤 공격 공세 펼칠 일이오 먼저 격문을 조조에게 띄워 보내본 그다음 단계 진행이오 격문 띄워 보이며 조조의 뜻 타진해 보더라 작문 보냈더라 내용인즉슨 공을 뵙고 직접인사 올리는 게 도리인 줄 알았지만 지금 서로 격세 우며 전쟁 촉발 위기라 관망하리오 영존께서 가슴 아픈 일이오만 그 사건 도겸공 아무런 상관없는 일인데 어찌하여 수명을 덮어 치는 건 너무나 억울한 처사이오니 너그러움 맘 오해를 풀어 그 범인 도적 장개 짓이오 황건적 그놈을 쳐 죽여 없애야 도리가 아닐지요 서로 힘 합쳐 조정 동탁 여당 뜰 활개 치고 있으니 조정에 다급한 불부터 꺼야 옳은 일 아니올지 뒤를 물러나게 해주신다면 서주의 감복이옵니다 조조 격문 읽고 나서 노발대발하며 건방진 놈 어디 감히 내 마음 시키면 먹줄 튕겨 제압하려 들더냐 하며 쌍심지 울화통 터지는 소리 울리더라 조조에게 전언 소리 싸움이란 명분 없는 전쟁 지고 들어감 떨어진 낭떠러지라 유비 입장 도겸 도우려 명분 세워진 격상이라 유비는 조조에게 예의를 갖추며 명백함 세우니 기세등등하더라 유비 진영에서 예의로 격문 보냈으니 답장으로 화답 보낸 후 서주성으로 쳐들어가는 준비라

조조 큰 낭패라

조조 또한 예의 갖추며 명분 세우려 애쓰며 답장 쓰고 있더라 그때 유성마가 급한 소식 토해 내더라 여포가 연주 점령하였다는 청천벽력 같은 소리라 우린 갈 곳 없는 집시라 낙동강 오리 알이니 여포 어떤 계기로 연주를 점령했단 말인가 알아보니 여포는 조조에게 무시당하고 장막 우중충한 곳에서 대우를 못 받으며 지내고 있던 차에 진궁이 조조에게 쫓겨나가더라 이때 여포를 발견하고 은근히 접근하며 여포 이용하여 조조를 구렁텅이 속 나락으로 빠트렸다네 조조가 연주 비운 틈 사이에 여포가 연주성 차지하여 주인 되었다네 조조 서주성 물러서야 할 운명이라 위기 속 봉착이더라 군사들 속히 이끌고 연주로 황급히 달려갔더라 어찌 되었든 유비 격문으로 조조가 물러갔다는 서주성 만민들 모두 일제히 만세 만만세 부르며 유비를 천하영웅 대접하더라 도겸은 다시 한번 서주 태수 맡을 것을 간곡히 부탁하더라 유비는 정중히 거절하니 도겸은 유비를 곁에 두려고 가까운 곳 소패라는 곳 작은 고을에 군사들 움막치고 진지 구축하여 머물 수 있게 비상체제 서주를 보호막 형성하였다네 삼 형제는 소패성에서 머물 것을 따라 주었다네 나머지 3천 군사를 조운이 원상복귀 시켰다네 조조 모든 전투 나락 길 선상 헤매는 악운이더라 여포라는 망종이 나를 개망신 두들겨 패하게 하였으니 입속에선 억울함이 부르짖으며 두 갈래 길 군사를 갈라치더라 한쪽은 조인이 연주성을 포위 에워싸고 나머지는 조조가 이끌고 복양성으로 쳐들어감 계획 면밀히 세웠더라 그 이유는 여포가 복양에서 진을 치고 있었기 때문 맹장 여포라 부하들 여러 장수 곳곳에 배치하고 진궁은 모사 역할이라

서로 우습게 보더라

조조와 여포는 서로 우습게 보더라 여포는 천하호걸이지만 지략이 없으니 가볍더라 여포 역시 그 정도쯤이야 적진 뚫고 들어가 조조 머리를 단번에 베어낼 기백 자신감 만만하더라 불행히도 여포에게 군사 500여 명뿐이라 방어만 치더라 그 상황 보는 진궁이 걱정스럽게 간했더라 장군 서쪽이 빈약해 보이니 보강하시오 여포는 아랑곳하지 않고 사방팔방 들락날락 바쁘게 방어 기색이 역력히 두려움 없더라 조조는 전투전략 꿰뚫어버린 천리안이라 역시 서쪽 허술함 지목하며 공격 포석 쳐놓으며 서쪽 방향 집중 공격하니 순식간 조조가 성 하나 꿀꺽 삼켰더라 복양성 피바람 물결 온통 아수라장 여포 복양 진지 옮겼더라 조조 서주에서 강행군 복양성 도착 진을 치고 주위 정착 중에 여포와 맞닥뜨렸다네 여포는 여러 부하 장수들 거느리며 위풍당당 기세등등하며 조조 또한 두려움 없이 당당함이라 여포를 꾸짖더라 너와 난 원수진 일 없거니와 어찌 내 땅 갈아엎었더냐! 여포는 코웃음 지으며 정국 시끄러움 땅임자가 어디 있더냐! 먼저 먹는 게 임자지 조조야! 너에게 섭섭한 맘 그때 너를 찾아갔을 때 문전박대 나를 무시함에 나도 기 좀 세워봤다 어쩌란 말이냐! 말본새 서로 주고받으며 여포 진영에선 악진 출전이라 서로 격발치듯 50여 합 불꽃 튀기는 접전 승부가 나지 않으니 답답함에 하후돈 싸움판 끼어드니 여포 진지 장료가 마구 달려가 맞섰다네 그들 또한 승부는 무승부라 이때 답답함에 복장 터지는지 여포가 뛰어드니 빛나더라 방천화극 풍차 돌리듯 돌리고 돌리니 바람 가르듯 휙휙 돌아가더라

여포 당해낼 자 없더라

그 주위 시원한 바람풍이라 악진과 하후돈 두 장수 여포에게 상대가 안 되니 그 즉시 내빼더라 진지에서는 환호성 소리 산울림 쩔렁쩔렁 울려 퍼지더라 조조군 대패라 진지 한발 뒤로 물러나더라 패한 조조 수하 장수들 서로 패한 원인 분석 의논하더라 패한 원인 분석 조조는 부하 장수들과 조목조목 분석 의논 속 밭이라 그중에서 우금이라는 자가 책략 세워 입에서 술술 쏟아져 나오더라 모처럼 산 위 정상 올라보니 내려다보이는 전경 복양 서편 여포의 영채가 훤하니 들여다보이더라 여포 마음 편한지라 오늘 승전 들뜬 기분 감추지 못함이니 잔칫상 크게 벌릴 것이라 방심할 때 약한 허점 기습 몰아치면 승산 있을 줄 아옵니다 조조는 부하 장수 의견 합의 보았다네 결속 다짐으로 마보군 3만여 명 정예부대 깊은 밤 틈새 노려 험한 지름길 택하여 서서히 목조이는 압박 준비 중이라 여포는 술과 고기 배불리 먹고 있는 중에 진궁이 진언하더라 이때 신중을 기할 때이니 방심하면 조조가 이 기세를 이용하니 영채를 순식간에 무너지니 조심하여야 합니다 여포는 진궁의 마음 귀담으며 직속 부하들에게 군사를 내주어 영채를 지키게 하였다네 조조 거대 군사 세우며 기세등등 위풍당당하더라 영채에 이르자 여포를 가소롭다는 듯 군사들 사방팔방 역지사지 귀 기울이며 돌변 포진 세우더라 영채 지키고 있던 여포 군사 한순간 무너지니 모두 뿔뿔이 흩어져 줄행랑이라 조조는 손쉽게 영채를 수중에 들어오니 기쁨 감추지 못하더라 밖에 여포 부하를 역습 물질하니 조조 다급함 군사 모두 끌어모아 임기응변 대치 양쪽 진영 접전 피바다라

조조 알고 보니 조조 동네북이더라

며칠 지나도록 열전 서편에서 갑자기 큰 북소리 둥 둥둥 요란 법석 조조 그 소리에 대군 이끌고 다시 갔지만 이미 패한 그늘 조조는 씁쓸한 입맛을 다시며 영채를 가감이 버렸다네 조조 다급한 나머지 급히 줄행랑이더라 여포는 그 뒤를 바짝 쫓아가더라 조조는 도망가면서 비겁하더라 지 목숨만 소중한 보물 부하 목숨 파리 목숨 어찌 그들이 목숨 둘이더냐? 그 영웅 여포 아니던가? 그들이 어찌 막을 수 있단 말인가? 죽음만 부를 뿐 조조는 여러 부하 장수들 있는 대로 뒤를 막게 하더라 조조는 간신히 서쪽으로 도망가니 서쪽에서 길목마다 여포 부하들이 들고 일어서며 막더라 조조는 혼비백산 조조 도망갈 곳 없소 외톨이요 사방팔방 포위하니 조조 울며 부르짖더라 여기 날 좀 구해주거라 큰 소리 내뱉으니 한 장수 쏜살같이 달려 나오더라 이게 누구던가 전위가 쌍 도끼 휘두르며 주공 보살핌 염려 마소서 큰소리 고함이요 말 위 단번에 뛰어보니 사뿐 안착이라 전위 부하들에게 뭐라 말하며 적이 10보 안 밀고 들어오자 일제히 10보라 외치니 전위는 표창 수십 개 손에 쥔 것 날리니 수십여 명 순식간 추풍낙엽 떨어지듯 쓰러짐이요 고목 쓰러지듯 하더라 전위 다시 쌍 도끼 들고 휘두르며 앞 전선 속히 뚫으며 조조를 호위하면서 나가더라 먼지만 휘날리니 뿌옇게 되어 오르듯 앞이 보이질 않더라 전쟁은 조용할 뿐 잠정 휴전이라 녘의 들판 흉년들어 유목민들 정든 땅 버리며 이 불행 짊어지듯 고행길이라 조조 전쟁 무산 모든 싸움 중단이라 굶주린 움켜쥔 배 고픈 심정 군량 또한 바닥이니 먹을 것조차 없더라 살아가는 것 삶이 아니라 숨 쉬는 것 또한 삶 거추장스럽더라

메뚜기 떼들의 승리

전장 이루어진 다급 멈춤 허기진 곡식 낱알 한 톨 입가에선 멀기만 느껴지니 무슨 힘 있단 말인가 기력조차 버거우니 허기지는 배고픈 심정 땅바닥 겨 다니는 모습 벌레들 다 삼켜 먹듯 난리가 아니더라 군사 거느림 또한 버거움 심상이라 모든 정세 정국 어려운 실정 흉년이라 메뚜기 떼들의 반란 습격당하니 모든 작물들 싹쓸이 전쟁 꿈 희망 현실 사그라지니 봉착만 때려지니 뇌리 온통 어지러움 맘 기습진다네 결국 메뚜기 떼들의 전쟁 잠정 종료 휴전시켰다네 장정 겨울 긴 고초 몸 움츠림 조조 틈나는 대로 병서 탐독 즐감하며 겨울 지나감 벼르더라 서주 태수 도겸 나이가 지긋하나 임종 소리 들려오니 지는 일몰 지듯 목숨 떠남 안지라 후사 태수 세우려 의논 도겸 부하 장수들과 열중 의논이라 아뢰 올리니 조조를 강타한 그 큰 무리 물러감은 여포가 후 폭풍 쳐 내려 조조 대군 물러 나갔사옵니다 겨울만 지나면 봄소식 들림이니 싹이 트인 곡식 여물어 뜨는 밑바탕이니 지금 휴전상태 계절 바뀌면 다시 쳐들어올 것이니 이 점 염두 해보면 관망 자세일 뿐 서주 구할 위인 유비일 뿐이옵니다 주공께서 병마 위중하오니 서주 태수 자리 간곡히 유비에게 부탁드리어 분명 받아주실 것이니 확실히 그리리라 믿사옵니다 서주 태수 유비 지목하니 도겸 잘 판단 고개 끄떡 미소 지으며 기뻐하더라 연락병 띄워 유비를 정하니 도겸은 현덕을 반가워하더라 다급히 맞이하며 눈물 흘리며 축축하게 슬픈 모습 보이며 애처로이 걱정근심 가득 찬 표정이더라 내 세상 떠남 얼마 남지 않은 생이오

도겸 죽을 자리 안지라

하루하루 병마 시달리며 언제 기약할 수 없는 길 떠나니 부디 명공이오 한실의 신하로서 서주 백성 주인 돼주시구려 받아드린다면 내가 지금 당장 죽는다 해도 여한이 없이 편히 눈을 감을 수 있으니 부탁하오 현덕은 고지식한 위인인지라 정색 발곤 새곤 하더라 공께서는 자제분 있는데 어찌하여 제가 맡아야 하는지요 자식들은 있으나 아직 어리니 중임을 감당할 수 없기에 제가 죽으면 부디 명공께서 태수 자리 맡아주십시오 이 뜻 모든 서주 백성 뜻이오니 병부를 받아주십시오 도겸 숨소리 거칠며 껄떡껄떡 숨을 크게 내몰아쉬며 운명하였더라 유비는 신하들과 더불어 성대하게 장례식 모셨다네 장례 끝나자마자 도겸 신하들 서주 태수 병부 인끈 바쳤으나 유비는 또 거절하더라 서주성 백성들에게 소문이 떠돌자 백성들 울며 곡소리 요란하더라 유공께서 서주성 맡아주셔야 백성들 진정되오니 하루를 살더라도 평안한 생활 영위하오니 간절한 마음 받아주시어 서주성 맡아주십시오 그제야 마지못해 못 이기는 척 받들었다네 도겸 부하 손건, 미축 종사로 삼았다네 소패에 있던 가족들 서주성으로 옮겼다네 모든 사실 소문 조조 귓가 당도하자 뻥 뚫린 귓속말 도견 죽은 뒤 유비가 서주 주인 되었다는 소식 들으니 땅을 치며 분통 터져 내려 그 울화통 잠시 인내 참고 버팀목 지지 의지하며 군대 끌고 공격할 생각 해보았지만 현재로선 불리하다네 군사 정비 이루고 다지며 다시 서주성 괴멸시키리라 조조 부하 말 한마디에 귀를 솔깃하더라 황건적 괴수 하위황소 도적 무리 떼 이 부근 진영 있다더라

조조 군대보강 세워놓고 서주성 괴멸시키리라

금괴와 양식이 넘쳐난다네 그러니 주위 황건적 괴멸시켜 얻어먹자며 그 뒷날 서주성 도모 다짐하더라 조조 바로 이행하더라 여기 본진 군막 하후돈 여러 부하 장수들 맡겨 지짐질하며 여남으로 군사 이끌고 출동 전투 깃 세우더라 황건적 무리 오합지졸 조조 군대 보자마자 격전 없이 나 살려 줄행랑이더라 전위가 적들 추격 중 잔당들 산 위에 도망치다가 몇십 명 젊은 군사들 순식간 때려잡더라 그러다가 밀려드는 군사들 의해서 사로잡혔다네 너는 황건적 잔당이더냐? 황건적 내 수하 수백 명 체계적 구축이라? 정말 사실이면 그들과 함께 귀복하거라 그러면 목숨만은 살려주리라 그렇다면 나와 힘겨루기 한판 펼쳐보자꾸나 나를 이기면 귀복하리라 그 말본새 듣자 화가 머리끝까지 나더라 전위는 쌍 도끼 춤추듯 장사와 격발 진행이오 장사도 무술 만만치 않더라 싸움 얼마나 걸렸을까? 해 뜰 무렵부터 일몰 때까지 끝이 없더라 도전 승패가 나지 않으며 서로 지쳐지는 몸 허기만 지니 미치겠더라 그때 좀 휴식 취하고 다시 격전 펼치자꾸나 전위가 제의하자 좋다 너도 대단 하구나 멋진 놈이구나 하며 장사도 칭찬하며 응하더라 두 거장 따로 없다네 격전 중에 진국이라 싸움 끝날 줄 모르니 말이 오히려 지쳐 허우적 대더라 아예 주저앉더라 둘은 이틀 후 기약하며 본 진영으로 돌아갔다네 전위는 조조에게 대단한 장사가 있다며 전후 이야기 열렬하게 설명하니 조조 크게 놀라며 그 장사 싸움 혈투 한번 보리라 그 이튿날 싸움 시작되니 조조는 높은 곳 올라가 한눈에 잘 보이는 곳에서 관전하더라 혈투 광경 보며 극찬을 아끼지 않더라

함정 파놓은 덫에 걸리더라

과연 대단한 장사로다 저런 장사가 내 부하로 둔다면 어떨꼬 생각 몰두라 조조는 전위에게 계책을 알려주며 작전 세워 진행하더라 둘은 또다시 격전 중이라 몇십 합치고 박더니 말머리를 돌리며 달아나더라 이놈 어디를 도망가는 고 하며 뒤쫓아 한참을 달려가더라 어느 지점 도달할 무렵 전위는 공중 높이 치솟아 오르며 뛰어넘더라 바로 그 지점이 함정 파놓은 구덩이 살짝 위를 덮어 눈 가리고 아웅 이더라 그것도 모르고 쫓아가던 장사 바로 파놓은 구덩이 속으로 처박혀 떨어지며 곤두박질치더라 함정 쳐놓은 덫에 걸림 장사 계략 장막 친 무절이니 허우적대더라 사로잡혀 조조 앞무릎 꿇고 앉아있더라 조조 하는 말 결박 당장 풀어 주어라 이 어찌 호걸에게 대접 소홀하더냐? 호걸이시여 그대에게 욕보임 사죄하오니 용서하시오 은근살짝 말을 띄어 보더라 그를 유심히 살펴보며 묻더라 그대 이름은 무엇이오 나는 초현 사람 허저 자는 중강이라 합니다 죽은 목숨 자유로이 평안 결박 풀어 주시며 대접 극진히 대해 주심에 감사드리옵니다 용서하시오 그대를 눈여겨 지켜보았으니 우리 함께 천하 통일 동행 길 어떠하오리까? 명공께서 저를 거두어 주신다면 견마의 충성을 다하겠습니다 그 말에 조조는 기뻐하며 큰 잔치 열어 환호하며 그를 막장으로 삼았다네 봄 싹트는 소리가 굼틀 들려오니 조조 군사 힘을 키워 군사훈련 빡세게 진행하더라 조조 부하 허저와 전위는 선봉대 대장이오 하후돈, 하후연은 좌군 이전, 악진은 우군이오 조조는 중군 중심 추라 든든한 기세 세우더라 우금, 여건은 후군을 지키니 무엇이 두려우랴 자신만만 함이라 복양 전투 짓밟아 버리리라

여포 복양성 손쉽게 내주더라

조조 복양성 물밀 듯 파도 소리 들리듯 세차게 처지니 타성이라 군비 정비하며 복양성 바라보며 공격 공세 할 터라 여포는 성밖에 조조가 공격 태세 엿보며 나가 싸우려 하니 진궁이 간청하더라 나가 싸우지 말고 성안 굳건히 지키소서 그러자 허깨비 군졸들 아무리 산이여 올 테면 오라 겁날 성싶더냐? 군사 이끌고 성 밖 나가보니 허저가 뛰쳐나와 격전 부딪침 소리 요란하리오 50여 합 칭칭 소리 승패 없으니 조조는 마음 졸이며 혹시 허저가 실수라도 하면 두려움 지켜보며 관전하더라 여포는 기세등등 세워진 개미가 장을 치듯 비웃더라 조조 마음 불안한지 하후돈, 하후연, 이전, 악진 일제히 달려들었다네 어찌 이런 일이 여포가 아무리 영웅호걸이라 할지라 어찌 여러 맹장들을 당할 리 있겠는가? 그대로 몸을 휙 돌리며 복양성을 향해 도망쳤으나 성문은 굳게 닫혀있으니 문 열라 고함치니 성 위에선 코웃음 지으니 전씨라는 자가 여포야 나는 옛 성주 조조에게 항복했단다 어서 딴 데 가서 알아보거라 여포 화가 불화산이오 속마음 부글부글 끓어오름 불덩이 활활 타 시커먼 숯덩이라 조조는 물밀 듯 여포 쫓아 복양성 굳게 닫혀있으니 어쩔 수 없는 현실 인식 진궁과 함께 혈로 순식간 뚫어 재끼며 줄행랑치더라 인간 기 상승 전투 승리요 패하면 푹 꺼진 썩은 풀이라 여포 기가 꺾인지라 따라오던 군사 사라지듯 얼마를 갔을까? 뒤돌아보니 몇십 명 안되더라 역시 전쟁 패전 비참함이라네 어디로 가는 것인가? 무작정 도망 왔지만 고민할 때쯤 진궁이 말하더라 주군 유현덕이 서주 주인 되었으니 그들한테 가 보도록 하십시오

여포 복양성 빼앗기고 서주 땅으로 발길 가더라

수십 명 부하 데리고 서주 땅으로 목적지 정함이라 벌써 서주에선 여포가 크게 패하고 서주 땅으로 오고 있다고 소문이 파닥 뛰더라 미축이 간청하더라 절대로 오게 해선 안 되옵니다 그는 독수리 같은 존재 언제고 숨긴 발톱 드러내니 우리에게 해를 끼칠지 모릅니다 미축 우려하는 맘 다 알았다는 듯 유비 고개 설레설레 흔들며 그렇지 않소 여포는 실력 최대한 이용 이상한 기운 촉 보이면 내치면 그만이오 그런 호걸 곁에 있으면 날개 위에 쌍 날개 탄탄대로 우리 전세 관망 바란 광야 염려 마시오 설상가상 여포 딴 마음 음용하면 우리 삼 형제가 바로 응징할 것이요 움직임 무절이라 쥐새끼 모서리 궁지 몰림 연장 질 패 골 탄막 걱정도 팔자라 또한 사나이 옹졸한 모습 내 비추면 천하 웃음거리요 내 이익만 추구하면 감탄고토라 어찌한단 말이오 모두 그에 멋진 자태 선상 여포 마음가짐 선택이라 악이냐 선이냐? 갈림길 선상에선 그대 자유 선택이라 여포가 몇십 리 밖 오는 기운 소식 받으며 유비 부하 거느리고 미리 마중 나왔더라 여포 당도하자 극진하게 환대했다네 연석 상 유비 선뜻 서주 태수 주인 자리 주자 인끈 풀어헤쳐 여포에게 내주며 서주 태수께서 운명하시어 내가 잠시 맡고 있었으니 다행히 호걸 영웅 분을 맞으니 서주 땅 백성들 안정 이루니 버팀목 풍전등화이니 잘 운영해 주시어 부디 사양 마시고 기꺼이 받아주시기를 간곡히 청하오니 받아주시오 여포 본디 염치 눈치코치 철딱서니 없는 무도한 자라 진궁이 옆구리 쿡 찌르며 눈치를 주었다네

여포 눈치코치 무절이라

여포가 손 멈칫 주위 살펴보니 관운장 위시하여 장비가 눈을 부릅뜨며 노려보며 받지 말라는 눈치더라 여포 어색 물결 적막 흐르니 어색한 표정 지으며 제가 어찌 이런 자리 받는단 말이오 과분한 말씀이 오나 목구멍에선 고민하며 말하는 순간 욕심 탐욕 굴뚝이요 여포 목구멍 올라오는 방아 밥 튀어나오는 소리를 버럭 질러 대며 이 우라질 놈 무도한 우리 형님은 한실 중상정왕의 현손이신 현제… 말을 끊는 유비라 호통치며 장비를 나무란다 장비는 여포에게 대들며 한주먹거리 안 되는 놈이 한번 붙어 보자꾸나 오늘 날이 새도록 아니 며칠 새 가며 장기전 몸 풀어 보자꾸나 이때 분위기 반전 장르가 바뀌니 높은 전각 쩔렁쩔렁 부딪침 음 터지는 귀가 찢어지는 소리라 현덕은 장비를 몹시 꾸짖으며 이게 무슨 무례한 행태더냐 이 무례함 용서하시오 내 아우가 워낙 성미가 불화산이라서 잊으시고 너그러이 용서하시오 하며 정중히 사과하더라 얼버무리며 여포 공이시여 서운한 감정 땅에 훌훌 털어 버리시오 여포는 그제서야 사태파악했다네 복잡하고 어지러운 대화는 뒤로 미루고 오랜만에 만남이니 술이나 거하게 목구멍 축이고 싶소이다 유비 술상 거 하게 차려 대접하며 여포 맞으니 진실 어린 마음 한 잔을 주고받으며 유비가 극진히 대하니 여포 황송해하더라 서주 태수에 대해 이야기꽃 지으며 얼버무리니 모른 척 흘리더라 유비가 전에 소패성 있는 곳 내주니 여포는 감사하며 부하들 데리고 소패성으로 갔다네 한실 존폐 나락 떨어진 위기 저울 무게만큼 기울어지니 동탁 잔당 무리 서로 헐뜯으며 세력 다툼 끝이 없더라

천자 납치 수모 난장판 따로 없다네

밤낮 투덜거리며 상대방을 역적질이라 비방만 하더라 이각과 곽사 둘은 원수지간 인지라 두 패로 갈리어 서로 짓밟기를 심지어 천자를 겁박하는 짓거리 자행하더라 이섬이라는 자 궁내를 쑥대밭 천자와 복 황후를 강제로 수레 태워 궁인들과 내시들 모두 꽁무니 졸졸 이때 궁문 나서자 천자가 납치되었다는 소식 전해 듣고 곽사군 다급히 달려와 서로 격돌 치니 난장판 따로 없다네 이각 군과 곽사 큰 격돌 치니 빗발치는 화살 날아드니 맞아 죽은 궁인들과 내시 군사들 서로 주고받은 화살 쑥대밭 아비규환이 따로 없다네 이때 이각이 대병으로 대적하자 곽사군 천자 보호 못 하고 줄행랑쳤다네 이각은 천자를 마오성으로 옮겨 천자를 대하는 대접 소홀 제때 끼니조차 주지 않자 천자와 복 황후 허기지니 배를 움켜쥐며 고통스러운 나날 보내더라 이각의 진중에는 무당들 무수하리 누구보다 무당 대우 극진 무당 말 하늘 말씀 다 들어 주었다네 이러니 군사들 불만 하늘 찌르리오 어느 날 이각의 부장 양봉에게 친구가 찾아 왔다네 자네에게 할 말 있으니 하며 서로 비밀스런 속닥속닥하더라 나쁜 탓 장병 탓이오 좋은 일은 무당 영험이라 쯧쯧 그런 대장 밑에서 있는 군사들 굴욕이요 우리는 전쟁터에서 목숨 바쳐가며 승전보 얻어도 대우는 동네 똥개만도 못한 대접이라 전쟁 성과는 우리 병사인 것을 그 모든 공 무녀들에게 돌아가니 어찌 누굴 믿고 충성한단 말인가 펄쩍 뛰고 미칠 노릇이더라 만연한 친우 말 꽃 피우듯 막힌 공간 말본새 피워보니 음모 반란 휘몰아 양봉 의아하니 불만 솟구쳐 가슴 속 터지는 맘이라

음모 반란 실패로 목숨 앗아 갔다네

만연한 친우 말 꽃 피우듯 막힌 공간 말본새 피워보니 음모 반란 휘몰아 양봉 의아하니 불만 솟구쳐 가슴 속 터지는 맘 삶 무위도식 그날 밤 송과는 중군 머물러 있으며 불 피워 오르는 신호 약속 군사들 곳곳 매복 숨김 불길 치솟기만 기다렸다네 이각은 수상하다는 정보 들으며 반란 소리 은근살짝 들리니 하는 짓거리 대처 음모 발각 송과는 이각에게 꼬투리 잡혀 바로 단칼 수급 베여 음모 반란 모두 잡혀 목숨 계획 파산이오 양봉 이판사판 이각에게 항전 엉겼으니 모두 당하여 기회 엿보아 틈새 뚫리니 줄행랑이라 장안 거리마다 폐허라 있는 주위 환경 꺼짐 어두운 정국이라네 다시 천도 옮김 홍농으로 떠나자며 강제 대접 소홀 나락인 것을 애걸복걸하며 홍농 옮기자며 떼쓰더라 황제 또한 낙양의 구도를 몸소 삶 숨소리 머물고 싶은 곳 춘하추동 색채 맛 느껴본들 철철 마다 흐름 변화 감촉이라 잊지 못하는 낙양 흙 숨소리 홍농과 구도는 가까운 거리라 천자 결정 바로 가자며 승낙 동선이더라 가는 길 거닐며 굴러가는 수레바퀴 소리 터덜터덜 음률 없는 냉혹한 현실 무표정이라 수레 굴러가니 가는 길가 지날 무렵 뒤쪽에선 뿌옇게 먼지 일으키며 쫓아오는 곽사 우렁차더라 곽사 군사 광분 발산 우렁우렁 쩔렁쩔렁하니 황제 가슴 졸이며 벌벌 떨더라 황후는 바들바들 떨며 황제 손 잡으며 눈물만 하염없더라 전후를 호위군 극히 적은 수 이각 장안에서 떠벌렸던 기세 어디 갔단 말인가 곽사 어찌 쳐 죽일 놈 내 현실 처지 군사 졸이라 궁인들 또 개죽음당할까 두려움에 수레바퀴 밑에 숨을 수 있는 곳 틈새 비집고 바들바들 떨며 오줌 지리더라 그때 또 날 벼락 괴성 소리 들리던가

이각 목숨 위태로울 지경에 처했더라

어마어마한 까맣게 촘촘한 군사 몰려오고 군사 깃대에는 펄럭이는 깃발 양봉이란 두 글자 선명하더라 이각 저 먼 휘몰아치며 몰려오는 깃발 보며 망연자실 아니 장안에선 이각에게 반란 일으키고 들키자 줄행랑쳐 시선을 아래로 내리며 양봉 아니던가 천자께서 홍농성 향해 이 길 지나가신다는 소리 듣고 다급히 달려오던 길이라 천여 깃발 펄럭이며 소낙비 회오리 반란 동반하며 일으키며 눈 뜨고 볼 수 없는 무시무시한 광경이더라 그 엄청난 대군 모두들 눈 휘둥그레 장안에선 이각에게 반기 들고 잠시 몸을 숨긴 양봉 모르는 이름 없더라 그 후 종남산에 잠적하고 있다가 천자께서 지나가신다는 소식 듣고 다급히 천자 등에 업고자 달려왔다네 소낙비 쏟아 회오리바람 몰고 달려온 양봉 부하 서황 자는 공명이라는 용사라 깃털 세운 미끈한 준마 타고 커다란 도끼 휘둘러대니 그에게 맞은 군사 피를 쏟아내며 추풍낙엽 따로 없다네 온전한 몸 없으리오 곽사의 군사 완전 궤멸 지니 소리 흔적 없더라 살아남은 놈 깨끗한 소탕이라 부하 서황 도끼 피로 물들어 뚝뚝 떨어져 흐르더라 수레 있는 곳 거점 상아 숨어 있던 이각과 부하들 싸울 생각조차 없이 도망치기 숨 가쁘더라 궁인들 황제 버려두고 줄행랑칠 수 없는 노릇이오 일제히 땅바닥에 엎드려서 양봉의 처단만 기다릴 뿐이더라 밤샘 황제 수레 화음 영집 부락 부근 양봉의 진지 구축 밤샘 지새웠다네 굳건한 철통 방어라 이른 아침 출발 서둘러 떠나려는데 둥둥 적들 출현 큰 북소리 요란 어제 적들 군대 쪽수 더 늘려 그 근방 잔당들 심지어는 산적들까지 다 끌어모아 진영 포위하더라

엎친 데 덮치니 비책 나오더라

이때 서황 어제와는 달리 그 용맹성 불락이라 상대 쪽수가 워낙 크니 기세가 기울어지더라 다행히도 황제 측근 동승이란 노장 그 일대 병졸들 거느리고 황제 수레 쫓아 왔기 때문 황제는 유유히 빠져나가는 길 뚫으며 나가더라 그런데 이각과 곽사 연합체제 구축하며 끈질긴 추적 쫓아오더라 단 한 가지 비책 꺼내 들며 백파수 일당 성지를 내려 지원 요청하면 곽사, 이각 도당 무리 별수 없이 물러 나가는 비책이더라 황제가 성지 내려 어명 백파수 두목에게 보이니 놀랐더라 백파수들 도적 떼들 산속 생활 거쳐라 떠도는 도붓장수 양민들 피 빨아 발라먹는 금수더라 어찌하여 우리 도적 성지 내려 부르던가 분부대로 이행 벼락출세 모르는 일 혹시 아니면 우리 일당 잡아 들여 함정일지 헷갈려 갈피를 못 잡겠다네 두목 산장 속 천여 명 규합시켜 우리 관군 되는 것이 아닌가 바로 성지 받들어 급히 달려갔다네 황제 수레 힘차게 굴러가더라 황허강 변까지 줄행랑쳤다네 절벽 막혀 수레 더 이상 못 움직임 밑으로 내려가 보니 강기슭 배 한 척 찾았다네 산 경사가 비탈지니 황제는 밑을 내려다보니 황망한 내뱉으며 한탄스러울 뿐이더라 황제 주위 지킴 곁에 서서히 사그라지니 보필 목숨 바쳐 궁인 대부분 배 탑승 자리 없는지 거의 물속 수장이라 그 모습 본 천자 가슴 찢어 내려지는 아픈 고통 마음 갈기갈기 찢어지는 눈물만 하염없이 멈출 수 없는 눈물이로다 오 가엾은지고 짐이 다시 묘당 오르면 반드시 영혼 달래주리라 하며 울부짖으며 가슴을 퉁퉁 치더라 태위 양표는 천자 모시고 거처 안읍현으로 발길 옮겨 옥체 보양하더라

천자 신세 초라하더라

안읍 도착해보니 간혹 보이는 그나마 성한 집 몇 채뿐이오 집마다 허물어 내림 위태위태하더라 그나마 토담 지탱 문도 없고 잡초만 울긋불긋 제멋대로 무성하리오 천자 말 짐이 거처하기에 딱 안성맞춤이로다 사방팔방 가시덤불 고초 연속이로다 으하하하 좋구나 좋아 내 팔자 기구한지고 암흑이로다 노림 두목 이악 황제 보필 도우니 횡재수라 정북장군이란 벼슬 직함 상상도 할 수 없는 출셋길이라 엄청난 벼슬인지도 모르며 천자만 바라본 것만으로 만족 기쁨 두 배라 도적질 행적 일삼은 자라 궁궐 예법 무절이라 상도 기다림 없는 바로 천자 대면이라 폐하시어 저의 부하들 목숨 걸고 여기까지 옥좌 지킴이 오니 관직 하사하심이 마땅한 줄로 아옵니다 너무 어이없는 무식 걸이 주렁주렁 천하무식 유아독존이라 이를 본 신하들 가로막자 이악 본성 서서히 드러내니 미친 짓 본성 발동하더라 주둥아리 닥치라 조관의 정강이 발로 차며 그 정도 행동거지 잔잔한 호수라 화가 머리까지 올라오면 성난 파도 후려치듯 하더라 황제의 축신들 발길질 짓밟고 걷어차기 일쑤라 귀를 잡아당겨 밖으로 내보내며 날 리 진전 악인이더라 황제는 두려운 나머지 그에게 뭐든지 들어주었다네 관직 하사는 입으로 내미는 것이 아니라 지금 쫓기다 쫓겨와 정신없는 정국 옥새가 어디 있단 말인가 잠시 후 이악은 옥새 없는 사실 인정 무마하며 옥새란 황제 인장 없으면 손수 새기면 그뿐 별 짓거리 다 하더라 옥새 인간 만든 장식 소요 물 장인 세워 제작하면 그만인 것을 어수선 산란하더냐 으하하하 세상 모든 웃겨 도도리치더라

추악 바람에 까물거리다

이악 잠시 부하들 본거지 도사리고 있는 곳 자기 위상 세우기 위함 뽐내더라 우글우글 왁자지껄 떠드는 웅성웅성 북새통 들썩 너희들 들어보아라 한가득 좋은 소식 보따리 풀어보리 모든 관직 나누어 주마 그러니 나를 위해 분골쇄신하는 자세 되어야 할 것이라 자 그럼 오늘 밤 잔치 거하게 펼쳐보자꾸나 나라가 온통 도적 무리 손아귀에 놀아나 좌지우지하더라 이악 막무가내 천자 무게감 그늘지며 흩어져 내린 꼴 이악 부하들 이끌고 부락으로 달려가 술과 계집 찾으러 분주하게 이리저리 거닐더라 이 틈새 조신들 황급히 수레 타고 낙양 황궁 발길 옮김 이곳 떠남 서황 기뻐 날뛰며 수레바퀴 굴림 재촉하니 이악 추격전 펼쳐 따라서 오더라 금수 같은 놈 멈추거라 어딜 따라서 오더냐! 여긴 낙양 도문이다 금수만도 못한 놈 뭐 시기 금수 이 햇병아리 죽을 자리 바로 그 자리라 거센 공격 앞으로 순식간 매몰차게 날아오는 칼 살짝 피하며 간발의 차이 일격 역 치니 이악 두 동강 갈라지니 이악 목이 땡그랑 떨어져 굴러가더라 목덜미 핏물 뿜더라 그의 몸뚱어리 고목 쓰러지듯 땅바닥에 엎어지더라 그래도 분이 안 풀렸는지 서황은 이악의 다리와 팔을 베어 절묘 재화 치더라 이 더러운 금수 백번 쳐 죽여도 내 마음 시원치 않으리라 서황 분노 하늘 찌르리오 칼날 쳐 내려진 빛발 받으니 푸른 검붉은 광태 눈부시더라 이때 이악 졸개들 무더기 덤벼들며 숨골 막히는 접전 피 터져지며 피 바다 땅바닥 촉촉하더라 칼과 창 맞서 부딪치는 쨍그랑 쩔렁쩔렁 소리 요란하더라 비명과 아우성 울림 들녘 가득 메워지니 몇 시간 접전 끝에 이악의 졸개들 패하여 모두 줄행랑이라

서황 분노 불화살

이놈들 씨를 말끔히 없애리라 서황은 고함 소리 산천초목 흔들리는 그동안 움츠렸던 가슴에 안고 울분 터지는 소리요 끝까지 추적하며 목을 베니 이악의 졸개들 죽은 자만 작은 뒷동산 하나 가득이라 몇 고을 인가 호구 벗어나니 백난산 상중 넘고 넘어 황제 지친 기색 역력 낙양 옛 궁전 당도했다네 조신들 호적부 정리 만민들 수효 세며 현세 파악 짓더라 급선무 황제 거쳐 황궁 토목 공사 이루더니 인력 물에 빠진 생쥐 꼴 조정 살림 궁핍 밑바닥 먼지 때 비바람 몰아치면 정사만 살펴볼 수 있는 곳 허술한 임시 황궁 세웠더라 임시방편 어소 건립했으나 수라를 위한 곡물 텅 빈 속 빈 강정이라 백관들 먹을 식량 텅 빈 먼지뿐 뱃속 허기진 울부짖듯 토로하는 꼬르륵 소리라 상서랑 이하 모든 이들 발 벗고 나서서 주위 정리정돈 묵은 땅을 갈고 파종하고 나무껍질 벗겨 질경질경 씹어 먹고 풀뿌리 삶아 들이마시고 하루 삶 연명 궁핍한 생활 지위 관인들 모두 산이나 들에 나가 먹을 것을 찾아 헤매는 조금씩 모아 일부는 황제 수라상 받쳤다네 어느 날 느닷없는 흐린 먹구름 급보 안고 말에서 뛰어 뒹굴어 불시착이라 다리를 절뚝 절며 급보 알림이오 기각과 곽사 대군 정비 낙양 진군 준비 중이오 방어 그들을 막을 움직일 기색 엄두를 못 낸 황제는 이런 아찔한 상황 울음은 쏟아 내리더라 가궁을 버리시고 조조가 있는 곳 낙양 하심이 상책인가 하옵니다 낙양 버리고 남쪽 방향 잡고 다급하게 수레바퀴는 힘차게 굴러 달리기 시작하였다네 거리 곳곳에는 굶주림 허덕이는 백성들 쓰러진 널브러져 흩어진 모습 아이들과 늙은 이를 시들어 꺼진 풀뿌리 캐 먹고 벌레 잡아 생으로 질근질근 씹더라

고래 싸움에 새우 등 터진다

흙을 핥아 삼키고 눈물 주르륵 흘리며 멍하니 먼 산만 바라보는 여인들도 비명 휩싸이며 나락 세상이로다 넓은 허허벌판 한 모퉁이 자욱한 먼지 뿌옇게 피어오르니 앞을 가릴 수 없구나 새까맣게 촘촘히 엄청난 대군 적군 아닌가 싶더라 전면에 적군 앞을 막고 있으니 시종 관인들 야단법석 황제가 깜짝 놀라 소스라치듯 그리고 있는 사이에 저 멀리서 말발굽 소리 무서운 속도로 달려오더라 얼핏 보니 칙사 보낸 산동에 갔던 자가 오는 것 아닌가? 폐하께서 움직임 소식 듣고 달려왔습니다 황제는 긴 가민가 갸우뚱하더라 저기 군사들 누구의 군사들인가 예 폐하 산동의 조조 장군 폐하께서 보내신 칙서 받들고 당일로 군사 이끌고 당도하였습니다 수레 곁에 모여 있던 사람들 사신의 말을 듣자 일제히 생기 찾아 기쁨 소식에 까무러치듯 기뻐하더라 투구와 갑옷 번쩍번쩍 준마 부대 하후돈, 허저, 전위등 선두 앞선 한 산동 맹장 십이 명 수레 보자 경례 황제 폐하 걱정 마시옵소서 저희들이 모시겠습니다 자네들 보니 든든한 마음뿐이라 궁인들도 일제히 만세 환호성 질렀더라 조 조 대군 이끌고 낙양궁으로 입성 행군하더라 조조가 장수들과 술자리 마련 한 잔씩 돌리며 거할 때 무심코 유비에 대한 말 돌며 유비 서주태 수 자리에 덕망이오 여포는 소패에 용맹한 맹수라 서로 합친 쌍두마차 양 날개 훨훨 날아오른 강한 힘이라 조조로선 장래 걸림돌 이때 허저가 말하며 주군 정병 5만 주시옵소서 여포와 현덕의 목을 가지고 돌아오겠습니다 그러자 모두 코웃음 쳤다네 아무런 계책 없이 갔다간 오히려 목만 날아갈 뿐이라

181

이호경식지계

지금 때가 아니라 관망지세 지켜보며 계책 세워 공격 가맹하리오 지금 천도 후궁 문 정비 정돈 마쳤으나 건축 병비 막사 시설비용 엄청 쏟아부어 그런 데까지 신경 쓸 일 상황은 뒷전이라 이호경식지계 책 함정 덫 깔아 놓으면 괴멸시킬 것이라 이호경식지계란 무엇이요 쌍두마차 두 호랑이 서로 이간질 굶주림 상태라 먹잇감 던져지면 서로 격렬히 싸우다 뜨는 해와 지는 해 산 자와 죽은 자 중 산자는 만신창에 힘은 소진이니 이때 쳐들어가 짓밟아 버리면 두 마리 호랑이 가죽 얻음이라 현덕 서주 차지이지만 아직 정식 조서 책봉 주인으로서 자격 인정 아니니 먹잇감 이용 길바닥에 던져 놓으며 그에게 칙서 보내 미끼까지 덤으로 밀지로 여포를 사멸하라는 명령합니다 약시 계책 명문이로다 현덕 고민하다가 우리에게 이로운지 따져 골몰할 것이니 결국 현덕 의해 여포사멸 시도할 것이니 두 놈들 서로 진흙탕 속 조조의 속마음 숨겨진 발톱 날카로이 드러내더라 며칠이 지난 후 황제의 칙서가 유현덕에게 전해 사자를 별실에 잠시 쉬게 하고 조조 밀서 면밀히 살펴보며 눈이 휘둥그레져 몇 번이고 반복 읽고 또 읽으며 골몰할 때 형님 내용이 뭐라 합니까? 여포를 죽이라는 명령이라네 맞습니다 여포는 만용일 뿐 의리 없는 버러지만도 못한 인간이니 조조의 명령 기회이니 사멸시켜 버리는 것이 좋겠습니다 아니야! 그는 의지할 곳 없는 내 곁에 안착한 길조라네 그를 죽인다면 찾아온 손님 쳐 죽인다는 그야말로 인정머리 없는 오명 손가락질받을 것일세 칙서 받들지 않으면 해를 끼칠 일이오 이때 여포가 찾아 왔더라 그는 아무것도 모르는 소식뿐 현덕 뵈러 왔던 것이라

여포 구겨진 체면 떨어진 위상 위기모면

현덕과 이야기꽃 어울어치며 잠시 나와서 쉼하고 있던 중 느닷없이 이놈! 여포야! 장비 목청소리 겁나버려 시끄러운 음성 찢어지는 소리 네 목을 내놓거라 하며 대검을 빼 들며 여포의 목을 겨냥하며 후려쳤다네 앗! 스치며 칠 척 거구가 위를 가벼이 날아오르듯 네 놈은 장비가 아니더냐! 천하의 해물 처분이라 어찌하여 내가 천하의 해물이더냐! 의를 모르고 절조 무절 배반만 일삼는 장차 국가에 해를 끼칠 놈이라 네놈 죽이라고 칙서가 날아왔다 그렇지 않아도 네놈 마음에 들지 않았다 각오를 단단히 하거라 두 번째 칼 휘두르며 쳤지만 가벼이 피하는 여포라 이때 장비의 팔꿈치를 제압하며 꼼짝 못 할 때 진정하지 못할까 어리석은 녀석 앗! 형님이오 현덕은 질책의 목청 높여 누가 언제 너에게 여포 공을 죽이라고 했더냐! 소중한 손님에게 무슨 행패이더냐! 손님에게 죽임 행동은 현덕을 해하는 것과 무엇이 다르더냐! 질타 쏟아붓더라 아우 듣거라 이것은 조조의 간악한 흉계이니라 여포와 우리 사이 이간질해 싸움 격발 치다 지치면 그대로 우리를 몰살시키려는 계책이라 그러니 아우는 진정하고 주위 면밀히 분석하여 계책을 잘 의논해 반격 치자꾸나 장비의 잘못 행동 몇 번이고 사과하며 현덕은 응접실로 들어가 조용히 여포와 대면하더라 조조가 나를 하찮게 보며 제거한다는 그 전에도 나를 무시하고 대면 거절한 놈이거늘 어찌하여 밀명 내려 제거하더냐! 내 마음 복통 터져 내려치더라 그런 걱정거리 저 산 너머 버려두시어 묵살하여 삭혀버리리오

조조 계획 무산되었다네

조조에게 받은 밀서 여포에게 건네주며 서로 간 마음 열어 보여 주었으니 의심 없는 마음 더욱더 결속만 다지더라 그러니 우리가 가만히 앉아서 당하지 맙시다 둘 힘 뭉쳐 단단한 바윗덩어리 저 당당한 제압으로 본때를 보여줍시다 귀공께서 속마음 거절 없이 털어놓으니 내 마음 맹세코 여포는 불의 배반하는 일 없을 것이오 여포 감격 눈물 흘리며 조조에 대한 감정 저 산 높이만큼 끓어 올라오는 수증기라 조조 간계 이를 악물며 복수의 칼날 날카롭게 갈더라 이때 몰래 엿들은 조조 사자 속마음 실패로다 나락 길이라 어려운 돌밭 길이라 사자는 돌아와서 조조에게 모든 실패에 관한 사실 털어놓더라 수위 단계 높임 계책 골몰 상념 지으며 원술에게 파발 띄워 보내 현덕이 천자에게 주청 올려 남양성 공격하려 칙서 보내 위장술 단단히 꼭꼭 숨겨지니 눈 가리고 아웅이라 역공 현덕에겐 원술이 조정 칙명 어긴 죄가 무거우니 곧 군사 이끌고 남양성 토벌 엄명 내리면 고지식한 현덕 천자 말 꺼벅 고개 숙이며 명령 하달 이행할 것이라 그림 맞춰 짜깁기 또한 떨거지 표범 여러 마리 겹쳐잇기 범에게 공격 가맹 범 집을 비우게 유인책 집 밖으로 먹잇감 던져주면 빈집 덥석 주워 먹는 그림자 서서히 나타나면 어느 누군지 뚜렷한 모습 보이니 촉 감 잡는다네 범과 표범은 여포와 유비라 구호탄랑지계 뜻대로 함정 속 빨려 삼켜 먹으리 남양성으로 급 파발 띄우게 다급히 날아든 두 번째 칙사 서주성으로 칙명 날아왔다네 현덕은 성을 나와 정중히 칙서를 받았다네 또 조조의 책략 거머리 딱 달라붙는 결코 그 칙서는 함정이라 예감 촉 발동 잡는 미축은 이미 알고 충고 말 건넸더라

184

조조 천자 등에 업고 또 간계 책 이용 짓더라

현덕은 깊은 생각하고 나서는 미축의 충고 아랑곳하지 않고 설상가상 계책이라 할지라 칙명은 어겨선 안 되니 곧 남양성으로 진군한다 모두 출전이라 손건 의견 내놓더라 천자 명령 칙서이니 억지로 받들어 대는 심정 조조 계략 뻔히 안다지만 어쩔 수 없는 현실 봉착이라 남양 출전 후방경계 탄탄함 이를 데 없을 뿐 누구에게 서주 수비 맡길 고민 중이라 관우가 후고 걱정 없이 잘 수행하여 굳건히 지키겠습니다 자네라면 안심 불여튼튼이라 조석 일 처리 능수능란 의논 잦으니 함께하려 한다네 장비가 서주성 지킬 테니 걱정 잡아 붙들어 매시오 서주성 형님들 돌아올 때까지 지킴 사수이니 저에게 맡기만 주소서 자네는 돌격형이니 수비 방어는 젬병이 적합하지 않으니 어찌하여 야생 맹수가 성 안에 갇힌단 말인가 저 넓은 광야 밟으며 약진해야 않겠나 성 안에 갇혀있으면 술독 빠져 헤매며 병졸들 뺨따귀 갈기기 일쑤요 누가 충고하면 절대 듣지 않는 안하무인이라 그러니 전장 진격 함께하기 바라네 장비 마음 자세 반성이로다 출전 새로움 맘 다짐 보는 이들 앞뜰에서 술잔 높이 쳐들어 내동댕이쳤다 애지중지 백옥의 술잔 산산조각 쪼개져 내린 흩어진 이산가족이라 싸움 전장에서 장비가 슬쩍한 것이라 야광 빛 발광 발하는 옥중에 명품 옥인 것을 몸에 지니고 다닌 분신인 것을 속마음 쓰리고 아픈 표정 억지로 감추어지네 그러한 겉모습 행동 모두들 감동물결이라 어쩔 수 없는 현덕 허락할 수밖에 없더라 자네가 정신일도 하사불성 자세 임하니 나 또한 어쩔 수 없는 기로라 전장 중에 술은 절대 근절이라

불안한 맘 지니고 남양성 포진이라

부하들 충언 받아들여 난폭한 성격 잔잔한 호수라 꼭 명심하기 바라
네 장비는 현덕 허락에 감사하는 마음 진실 어린 충정이라 이젠 안심
이니 현덕 3만여 깃발 펄럭이며 남양으로 공격 포진이라 너희들 다
시 한번 당부 또 당부라 경비태세 탄탄대로 지킴 잊지 말거라 장비
하루를 소중한 시간 공간 밤낮 긴장 연속 가형 현덕 존경하는 형님
생각 군복 입고 뜬눈으로 지새웠다네 대단한 장 장군이라 일제히 모
든 병사들 감복에 물결이라 군율 또한 굳건한 지킴이라 높은 전망대
올라 성내 망루 지켜보며 수비 방어태세 불여튼튼이로다 부장 또한
야영에 흙과 벗 아 잠을 청하기 일쑤라 장비는 오고 가며 수고 많으
니 감사하는 마음 칭찬으로 다독였다네 장비 성격 말로만 칭찬 위로
어딘가 모르게 어색한 생각 쑥스럽더라 장비 부하들 노고 생각에 술
독 한 동이 가져와 부하들에게 퍼마시게 선사하더라 부하들 이상한
눈초리 부장 또한 그런 행동거지 불안하며 두려워하더라 내가 너희
들에게 은상 주는 것이니 아무 걱정 말고 마시거라 사졸들 서서히 모
여들더라 장군님께서도 드세요 아니다 술잔도 깨부숴 버렸으니 말을
얼버무리며 홀연히 그 자리 떠났더라 모든 병사들에게 술잔치 벌이
니 조짐이 점점 이상 기류라 술 창고에 벌써 20여 동이 마셨던 것이
라 성중에는 온통 술 냄새 진동 사졸들이 장비에게 술을 권하니 이기
지 못하는 척하며 미친 듯이 몇 동이 퍼마시기 시작 성안 모든 게 개
판 난장판이더라 장비 뱃속 술 창고라 그동안 참고 견뎌 술 목마름이
니 마음 놓고 술 한 동이 째 퍼마시니 기분 좋다 자 풍악을 울리거라
술 창고 지킴이 보고 받고 깜짝 놀라움에 달려온 조표라

장비 술판에 성안은 난장판이라

장비이게 무슨 행태요 적군이 언제 들이닥칠지 모르는 판에 성안을 난장판 내면 적이라도 쳐들어오면 어찌하오리까? 그 말소리 들으니 장비 벌꺽 화를 내며 윽박지르더라 술 바가지 들고 조표 얼굴에다 난사 치며 욕보이더라 여러 부하 병졸 있는데 앞에서 장비 술 마시니 정신 상태 반나절 돌아가셨더라 조표 얼굴에 철권 휘두르며 갈겼더라 이 모습 본 군졸들 모두 장비 팔 잡으며 매달려 만류했지만 장비가 몸을 흔들어보니 모두 나자빠졌다네 장비 술에 찌들어지니 미치광이 발광 터져 손뼉 치며 군졸들과 씨름하며 샅바 잡고 십여 명 잡아 공중으로 날려 보내더라 숨바꼭질하듯 미친 짓 갑작스런 발상 어려움 계책 떠올린 조표는 바로 밀서 써서 소패성 현성으로 띄워 보냈다네 마침 여포가 그 밀서 받아보며 읽어보니 뜻하지 않은 횡재라 다름 아닌 조표가 보낸 밀서가 성내에는 장비와 군졸들 술 난장판에 모두 인사불성 이때 조표는 성문 활짝 열어드리니 주저하지 마시고 성을 점령하시오라고 쓰여 있으니 여포는 하늘 바라보며 하늘의 선물 내려 주심이니라 적토마를 타고 달빛 아래 소나타 그리며 40 여리 길을 단숨에 휘몰아치듯 여포 앞장서며 뒤따르던 군사 천여 명 깃발 세우며 서주성 향해 뛰었다네 문을 열어라 내가 왔다네 여포는 성문 아래서 고함을 고래고래 질러 신호를 보낸지라 전쟁터 유사군으로부터 긴급한 일로 장 장군과 상의 할 일 있으니 문을 열거라 여포 갑자기 나타나선 뜬구름 오듯 아무런 기별 없이 들이닥친 수상쩍은 바람 풍만 흘고 지나오더라 군졸들은 장 대장에게 여쭈어보고 열도록 하겠소 잠시만 기다리시오

조표 배신 물결 피바다

몇 명 병사들 장비 찾아 삼만 리 아무리 찾아보아도 보이질 않는 숨은그림찾기라 그 사이 조표 틈새 보이니 바로 성문 활짝 열어 함성 큰 메아리 여포 군사 밀물 밀고 들어오니 썰물은 쥐구멍이라도 숨어지니 밀물 기세등등 보이는 족족 삼켜 먹더라 장비는 초저녁에 술에 만취돼 서원에 들어가 그대로 곯아떨어져 고함 성내 안 진동 지진 소리 창끼리 부딪친 소리 맑은 쩔렁쩔렁하더라 장비 벌떡 일어나 뛰어 나갔지만 종잡을 수 없는 기로 선상 발길 거닐 때마다 시체 보아하니 모두 성종 군졸들 눈치채고 말에 올라타 창을 들고 드넓은 광장 나가보니 여포 군졸들과 조표 배신자 나란히 있는 것이 아닌가 너희들 맛 좀 확실히 보여주마 하지만 몸 움직임 뜻대로 버거우며 비몽사몽 술기가 깨지 않는 하늘을 올려 보니 달덩이가 몇 개로 보이니 눈동자 초점 안 잡히네 도망치자는 부장들 억지로 장비 부축해 그 혼란 속 구덩이 철수 동문을 나와 성 밖으로 피신했다 고함 들리니 이 비겁한 장비 놈아 어딜 도망가더냐 뒤쫓아 온 조표 여러 군사 몰고 추격전이지만 장비 뒤돌아 맞서 쫓아온 군사 백여 명은 추풍낙엽 떨어지듯 짓밟아 버리고 조표는 여러 동강 내고 피는 분수 뽑아 내뿜었고 달밤은 땀으로 뒤범벅 젖은 땀은 먹은 술 몇 말은 쏟아 발산하였다네 장비 후회의 눈물만 주르륵 씁쓸한 표정 서주에 이런 사실 안다면 현덕 기절초풍 소스라치듯 놀랄 것이라 이런 사실 까마득히 모르는 현덕이라 적진 가령을 쫓아 돌격 황혼이 질 무렵 강가에 진지 펼쳐 세우고 관우는 부하 대동하며 전선 진지 주위 살펴보고 있을 때쯤 보초 병졸 시야 물체 포착 자세히 확인해보니 장 대장이오

술버릇 개 버릇 안일한 생각 서주성 빼앗긴 미로라

큰소리치며 장비가 여길 오다니 의아스럽게 여긴 관우라 여기 온 까닭 없음인데 어찌 서주성 지킴 어쩌자고 온단 말인가 분명 무슨 괴변 일어난 모양이더라 장비와 수십여 명 패잔병의 모습 너무 초라한 모습 썩은 낱장 흩어진 가슴마저 꽂혀온 느낌이라 관우 불길한 예측불허 촉 느끼며 장비 모습 표정 넋이 나간 기운 쭉 빠진 저 썩은 장작불 지펴보면 활활 타들어 갈 숯 검둥이라 호탕한 늠름한 그 위풍당당한 기세 풀 내려 뿌리 밑 쑥 빠져나간 민둥산 없는 허물이라 기형 볼 낯이 없는 사죄 죽을죄 부끄러움 무릅쓰고 몸 둘 바를 모르겠습니다 관우는 장비 데리고 현덕 있는 막사로 발걸음 옮겼더라 형덕 장비가 왔단 말인가? 놀란 눈 휘둥그레져 멍하니 서 있는 것이라 장비는 덥석 엎드려 형님 서주성을 빼앗겼습니다 그토록 맹세 허세 나락 금주의 약속 속절없이 대취했던 모든 사실을 토로 고개를 들지 못함이라 현덕은 듣고만 있는 뻣뻣한 목석이라 현덕은 묵묵부답 깊은 골몰 상념 짓고 한마디 툭 던지며 할 수 없는 일이라 그건 그렇고 어머님과 내 처자는 무사한가 무사하다면 성하나 잃은 것 다시 찾으면 그뿐인 것을 아우만 무사히 돌아온 것만도 천만 다행한 일이라 장비답지 않은 목소리 기어들어 간 일몰 짓듯 매가리 없는 나풀나풀 조용한 할 말 무절이라 눈물만 흘리며 형님 죽어 마땅합니다 그럼 가족들은 여포 손아귀 너 혼자 왔단 말인가? 성난 파도 소리 쩔링 질러댔다네 형님 나는 어리석은 놈이오 이 못난 놈 하며 저 벽 쪽으로 달려가 죽을 작정 머리를 벽에 부딪쳐 그때 모두 장비 쪽으로 달려가 꼼짝 못 하고 묶어 진정할 때까지 잡아 두었다네

장비 뒤늦은 후회의 눈물

장비는 눈물만 하염없이 몇 날 며칠 눈물 흘리며 이 못난 놈 죽여주시오 후회의 눈물 하염없더라 유비와 원술 격전 없는 잔잔한 호수 평온하더라 유비가 서주성 잃은 소식 널리 퍼져 메아리 발버둥 치니 원술 벌써 소문 알고 있더라 약삭빠른 원술 서주에 사람 보내어 여포와 은밀한 흥정 유비를 공격하면 그 대가를 두둑이 푸짐한 군마, 군량, 금은보화 본진으로 축적량 반을 준다고 제안하니 탐욕에 눈이 먼 여포 눈이 휘둥그레 돌아가더라 바로 수락 여포는 군사 이끌고 현덕을 공격 발동 치려 하니 이 소식 듣고 있던 현덕 불리 판단 진리 깨닫고 광릉으로 퇴각하더라 이때 약속대로 군량 보상받으러 가 보니 원술 이용만하고 거절 여포는 크게 울화통 진동 치더라 이 썩을 놈들 도적 따로 없다네 여포를 우습게 보고 개수작 짓거리 원술 놈 쳐 부숴버리리라 그러자 진궁이 간했다네 당장 원술과 싸움 사잇길 피하는 것이 이로운 일 차라리 현덕과 공조하여 우익군 결속 훗날 현덕과 서로 도움 안고 원술을 치고 그 뒤에 제거하면 천하는 장군 세상 손아귀라 그 말본새 듣고 보니 진궁의 말 옳다고 깨닫고 이행하더라 진궁 말본말 진의라 깊은 뜻 받아 광릉에 있는 현덕에게 뜻 전함에 옆으로 빠진 사잇길에서 헤매는 어리둥절 봉착이라 현덕 여포 말대로 소패로 갈림 잡으려 하나 아우님들 급구 말리며 교활한 의리부동한 인간 망종인 놈과 어찌 믿고 서주로 다시 가시려 하니 답답함 금할 길 없습니다 현덕 한마디 일축 지으며 호의 베풀어 주는데 어찌 그것 마다할 일 있나 설상가상 지금으로 선 못 이기는 척 그들과 공조하고 훗날 기약하고 받아들이지 않으면 꼴이 우습게 보이는 가우라

현 지세 살펴보니 여포와 현덕 다시 공조하더라

현덕은 군사를 거느린 채 소패 향하여 여포는 현덕에게 의심 없이 가족들 무사히 보내어지니 가족 간 상봉 물결 눈물 적시며 감격하더라 가족 간 염려하는 마음뿐이라 여포가 우리 가족 극진한 대우 불편함 없이 구름 걷듯 평안함 지냈으니 염려 마시옵소서 그 말들은 현덕과 여포는 오해의 소리 가라앉으며 화기애애한 분위기 출몰 짓더라 나는 결코 추호도 성을 뺏으려는 의도는 없었지만 장비가 술에 떡이 되어 함부로 사람을 개 패듯 죽이려 든다기에 현공이 돌아올 때까지 성을 지켜드리려 했을 뿐이오 예전부터 여장군님께 서주를 맡아달라고 간청한 지 이미 오래입니다 그 말속 겉으론 여포 거북해 오는 눈치결이라 이젠 서주 주인께서 돌아오셨으니 패인을 받으시오 모든 것 돌려주었으니 우린 예전 자리로 돌아갑니다 여포는 오해 소지 없게 현덕에게 환심을 느끼게 하였다네 어느 날엔가 원술로부터 여포 진영에 어마어마하게 선물 재물 받았더라 여포는 이상야릇 느끼며 진궁에게 생각 묻더라 뻔한 일 으하하하 웃는 진궁이라 장군을 이용하여 유비를 치려는 속셈 원술 꾀입니다 원술 손아귀에 소패마저 세력권이면 북쪽의 태산 제호들과 손잡고 쳐들어올 일이니 그러면 장군께서도 이곳에서 있을 수 없는 기로에 선상 앞 봉착이니 그 놈 꾀에 넘어가시면 모든 것이 그릇되니 재물 보낸 것만 받고 모든 것을 보며 관망하면 됩니다 그따위 수작질 안 넘어가지 으하하하, 하하하 며칠 지나고 보니 아니나 다를까 원술의 작전이 보이더라 소패를 향하는 전투개시 촉발 움직임이라 원술의 부대 병력만 10만 대군 어마어마한 난리 소패성으로 진군 중이라

원술과 현덕 사이 격발 치려 하니
여포가 중재에 나섰다네

소패에 있는 현덕 거대대군 몰려온다는 소식 승산무절이요 이뻔한 전투에 여러모로 준비가안 된 무기 부족 예측 촉발 이때 구원 요청에 여포에게 이러한 사실을 알렸다네 여포는 모든 병력 동원령 내려 소패성을 돕는 결속 지속이라 회남군 이 사실 알고 여포 등 돌림에 실의에 빠지며 여포불신 항의 전달이라 여포는 그들 눈치 무마하고 원술과 유비 사이 틈새 껴서 전투 중재에 나섰다네 여포는 두통의 글을 써 소통 중재 유비를 진중으로 초대했다네 현덕은 병력 5천으로 대진 준비하고 있었으나 여포 초대장 받고 잠시 멈춤 초대에 응하려 일어날 때 관우가 급구 만류했다네 여포에게 엉뚱한 생각 돌변하여 해하려면 어쩌려고 합니까? 형님 너무 걱정 말게나 오늘까지 그대에게 겸양으로 지켜 예의와 올바르게 지켜 왔으니 절대로 해칠 리가 없지 않은가 현덕 두둔하며 말본새 끝맺음 장비 다급함 앞 지나침에 장애물 치듯 못 나감이라 형님의 생각 느낌 자유이지만 우리들로선 여포 믿지 못할 지경이니 그는 손바닥 뒤집듯 모양만 흉합니다 이곳 떠난 그를 만남은 보류해 주심이 오를 줄 아옵니다 현덕 마음 장비의 만용 무지막지 행동거지 두려워지는 일몰이라 유비는 나무라듯 말했다네 장비는 칼을 빼 들고 밖으로 나가려 할 때 여러 사람들이 꼼짝 못 하게 만류했다네 여포 초청 서로 마주 보며 잘 오셨다는 말 주위 살펴보고 있을 때 눈치 없는 병사가 회남의 기령 대장이 오셨습니다 하며 전하더라 이미 도착했으면 이곳으로 안내하거라 여포가 지시하고 멀쩡히 앉으니 현덕은 크게 놀라더라 더구나 교전 중에 양쪽 긴장 와중에 손님 오신 것 같으니 저는 이만 실례 하겠소

여포가 전쟁 촉발 중재에 나섰다네

자리를 일어나려 할 때 아니오 오늘 일부러 귀공과 기령을 동석 초대한 것이오 서로 간 할 말 많을 터 전 할 말 있으니 자리에 앉아 계시오 기령 장군이 당도하자 여포는 가신들과 이야기 주고받는 모습 연출 걸어오며 내뱉듯 웃음소리 호탕하더라 안내받으며 따라 들어온 기령은 무심결에 그들 보며 안색이 홍조라 멍하니 머뭇거리며 안절부절 유비, 관우, 장비를 보니 깜짝 심장 멈춤이요 그들은 적대관계이거늘 여포는 비어있는 자리 앉으라고 재촉하더라 기령은 공포만이 엄습 밖으로 나가려 하더라 앉으라며 팔을 잡아채 윽박지르니 자리에 겁먹듯 앉았다네 여포는 눈웃음치며 그대로 죽일 이유 없으니 마음 푹 놓으시오 도대체 어찌 이런 일들이 아니요 서로 간 어리둥절 모두 넋이 나간 혼동이라 본심 진실을 말하시오 나의 마음은 평화주의요 좌충우돌 점멸 사멸이니 좌 충 분위기 서먹서먹한 기령과 현덕 전쟁불통 각 쌍방대립 잠시 적과의 동침이라 이때 주연상 들어오며 서로 적과 나란히 술잔만 보며 핥을 군침만 꼴깍꼴깍 이때 여포가 먼저 말을 꺼내 이것이 바로 쌍방 친교 맺음이니 서로 간 흉금 털어버리고 우리 화합 물살 어우러집시다 술잔을 번쩍 올렸지만 여포 손뿐 부끄러우니 그들은 조용한 침묵 냉전 분위기라 농담은 그만 언질하시오 뭐 시기 농담 잔잔한 내 입장 생각 내 뜻대로 결정 무질 하니 군명 받들어 따를 뿐이요 내 결정권한 밖이니 동네 싸움박질 하듯 간단한 문제가 아니오 거대 병력 10만 움직임이요 어찌하여 물릴 수 있겠소 봉인 싸움 뒤로 물러 철수는 현덕을 와해했을 때 가능한 일이요

여포 안간힘 쓰다

그러니 나는 못 물러남이요 현덕은 묵묵히 참고 듣기만 하더라 그 뒤에선 장비와 관우는 화통 끓어오르는 자근자근 들리기 발동이라 이때 장비 그 성격 참지 못하고 탁자를 손으로 내리치니 부서지더라 야 이놈! 기령아! 콧대를 납작 폭삭 치마 너희들 군병 쪽수 촘촘히 밀어붙인다고 기세등등하나 사실 우리 군병 기세 적은 수이나 너희들 한 주먹거리 안 된다네 우린 수백 명의 수로 황건적 100만을 초토화시킨 전력 있다는 것을 어디 더 이상 혓바닥 놀리면 뽑아버리리라 시끄러운 기운 감도니 이때 여포가 쌍방 주시하며 시끄러우니 조용히들 하시오 호통 지르며 무서운 말투 내뱉으며 내 화극을 가져오시오 명령하니 방천화극을 손에 움켜잡더라 좌중 노려보며 땅바닥 몇 번 치며 화목 평화 권한 것이오 서로 간 사심만 가득 싣고 떠들어대며 천명의 뜻 그늘지니 그럼 활쏘기 결정으로 매듭을 지어 평화 지킴이니 방천화극 자루 장식 봉 가늠 새 사이 원문 밖까지 150여 보쯤 보일까 말까 희미하더라 정확히 꽂히면 하늘의 천명이니 싸움은 중단하시오 빗겨 나가면 더 이상 간섭은 없을 것이니 알아서 하시오 여포의 전쟁 중재 제안 각색 있는 상상 초월 제안 여포는 빛의 각도 유심히 바라보며 앞쪽으로 서서 골몰하더라 그러면서 한쪽은 무릎을 꿇고 작은 사미 활을 잡고 궁세의 세기 강궁능사요 쏘아버리니 횡 잉! 화살 날아가는 음률 풀피리 소리라 바람을 가르며 날아가 퉁탕 하는 소리가 가 쪽에서 들려 나오며 극에 달한 손잡이 부분이 깨어져 찢어지듯 불똥 튀기며 화살을 꺾어 들어간 것이라 적중이라 온통 난리 왁자지껄 명중이오 하며 외치는 것이 아닌가

전쟁 위기촉발 평화 분위기 잔잔한 호수라

여포는 잡았던 활대를 땅바닥에 내동댕이치며 좌석으로 안좌했다네 기령을 향해 말 한마디 내뱉더라 약속이니 즉시 천명을 받으시오 바로 회군하시면 내가 곧 원술 장군에게 서한을 보낼 터이니 귀공께서는 책임 전가 없는 무절이니 바로 천명을 따라주시오 기령은 거대군사 이끌고 바로 회군하니 주위는 조용함이라 이때 여포는 현덕을 바라보며 기쁨에 찬 미소로 말본새 내뱉으며 모든 것 혹시나 이번 일 꾸밈없을 시 아무리 날고 기는 대단한 귀공이라도 건재하지 못함이니 멸망의 길 초래 위기 지킴이니 내 마음 진실 어린것이니 헤아려주시구료 이 말에 감사히 생각하는 맘 현덕은 정중히 인사하며 결초보은 절대로 잊지 않겠습니다 정중히 감사하다고 인사하며 소패로 돌아갔다네 무결 흰 백지 송 공기마저 뜨거운 기운 자세히 하늘 쳐다보니 시커먼 구름 꿈틀 용트림하듯 설레설레 흔들며 불안한 마음이라 여포는 교통정리 잔잔한 호수이지만 기령을 그대로 보냈으니 원술 그 말 이야기 듣고 요동치듯 거대대군 몰고 혹시나 밀어붙이면 이거 큰 낭패 아니던가 여포는 고심하고 있을 때쯤 원술은 격노 분노 격분 폭발 직전 고얀 놈 뻔뻔함이 짝이 없구나 나의 마음에 불을 지펴버려 어마어마한 선물 받아 처먹고 입 닦으며 유비를 두둔하다니 원술 폭발 터져지기 일보 직전이라 직접 거대대군 이끌고 소패로 일거에 처마셔 먹듯 군사 거대 대동 촉발 짓고 준비 발동 중이라네 기령은 면목 없이 고개만 푹 숙이며 자책하고 있으면서 주군 참으소서 절대로 경솔해서는 일을 그르치니 신중히 결정짓는 것이 오른 줄 압니다

원술은 북쪽을 뚫으려고 계책 중이라

여포는 그리 만만히 보아선 아니 되옵니다 그는 용맹무쌍 천하로 정평이 나 있는 호걸이요 그가 서주의 자리 차지하며 용병술까지 겸비하니 섣불리 공격은 많은 대군을 잃을 수도 있으니 신중해야 합니다 그럼 어쩌란 말인가 그놈이 북쪽을 버티고 있으니 어느 쪽 방향 움직임 뚫리지 못하니 꼼짝달싹 못 함이니 어찌하면 좋단 말인가 그런 문제점에 대해선 계책이 있으니 염려 마소서 여포에겐 묘령이라는 아름다운 딸이 있으니 정처 엄씨가 낳은 딸이라고 합니다 주군께서는 장가들 아드님이 계시니 혼례 성사 인연 맺어지면 그걸 계기로 그의 딸이 아드님에게 보내지면 큰 대어를 낚아 여포는 딸을 보낸지라 섣불리 꼼짝 못 하고 덫에 걸린 것이니 걱정하지 마소서 원술은 무릎을 치며 바로 그것이로다 멋진 생각이오 기령은 모든 해결책 근심 걱정 전쟁의 큰 도움 멋진 진언 감복 그대가 대군 이끌고 회군한 것에 대한 불문에 부치기로 했다네 원술은 약삭빠른 눈치 여포에게 글을 띄워 이번 싸움 전쟁 화목 화친 도움 준 평화 지킴 이루게 함에 감사하는 경의와 사의를 표합니다 몇 달 지난 후 원술은 독수리 발톱 드러내며 영광스런 귀택과 인척의 연분 맺고자 간청 드리니 받아주시오 원술은 혼담 사신 보내며 제의하더라 여포는 말을 다 듣고 나서 뜻밖의 일이니 잠시만 시간을 주시오 알겠으니 조만간 기별하리라 여포는 엄씨 아내와 상의 하여 멋진 혼사 생각에 즐거워함이라 혼사는 신분에 따라 약혼과 혼례일까지 일정이 제각기 다르다네 원술은 옥새를 손에 쥐고 있기에 혼례 기일은 1년 정도 기간 인지라

혼사 미끼로 여포 목숨 노리다

그사이 시간 동안 이용할 대로 써먹고 세 치의 혀로 발라 먹으려 한다네 혼례 기일 기다림은 주위 나라의 질책과 불운만 있을 뿐 원술 작전에 말려들 물이라 혼례 미끼로 여포의 목숨을 노림수가 보이더라 진궁이 말하기를 이 혼사는 주군을 죽일 생각에 계책이니 원술이 혼사 미끼로 소패를 치려는 속셈 유비와 여포 사이 갈라 쳐놓고 서로 간 싸움다툼 그림 그리듯 하니 절대 속지 마소서 그렇구나 그 원술이란 놈 간계라 혼사는 없던 것이니 우리에겐 이런 사실 다 알고 있으니 서로 목숨 지킴이라 진규는 훤히 꿰뚫어 보더라 어느 날 곰곰이 상념 짓고 생각 정리 소패 쪽 바라보니 이상기류 바람 풍 수상쩍더라 유현덕의 풍수지리적 위태로움만 깃들여지니 그는 병상에서도 걱정이 이만저만 하지만 힘들여 편지로 간신히 써서 여포에게 전달했다네 그 의견서 내용인즉 근일 소생이 본 바로는 원술은 옥새로 머지않아 천자 칭호 범하려는 낌새가 보이니 이것은 분명한 대역죄이니 장군께서는 군사를 일으켜서 지금 현재 원술의 사자 한윤을 유인하여 목을 베어 조정에 받쳐 순역질을 만천하에 밝혀 둠이 주위 힘들을 군사 지원 받으며 목숨만은 위급함에서 벗어나니 이행하시여 소패를 지키소서 하는 내용이더라 여포는 생각 정리하고 밖으로 나와 보니 관리들이 웅성대며 떠들어대는 소리 들어보니 유비기 무장의 말을 사들인다고 소문이 파다하더라 유사시를 대비한다는 일이 아닌가 떠들 것 없으니 나 또한 말들을 사드리려고 송헌을 시켰으니 이제 곧 돌아올 때가 됐다네 이때 송헌이 여포에게 이마를 조아리며 말을 이었다네 병마 3백 필 몰고 소패의 접경까지 당도했지만 강도들에게 강탈당했습니다

197

여포는 핏대 목까지 솟아오르더라

여포는 피가 거꾸로 치솟듯 핏대가 서고 있었으니 한숨만 푹 내뱉더라 이 멍텅구리들아 네놈들 녹을 먹고 있으며 어찌 일을 그르치더냐 소중한 군마 3백 필 강탈당하고 빼앗겼다고 자랑하듯 내뱉어 강도가 나타나면 즉시 사멸시키던가 너희들 하는 일이 무엇이더냐 강도 놈들은 얼굴 알아먹지 못하고 모두 시커먼 복면을 한 통에 거기다가 우리를 어린애 다루듯이 도저히 당해낼 재간 도리 없이 모두 순식간에 픽 다 쓰러졌으니 그 민첩함 엄청났습니다 소패에 장비라는 자와 그 부하들이 뭐 장비라 여포의 분노 포개져 내린 폭파 물침이라 확실하더냐 틀림없는 사실입니다 상판대기 뭉개버릴 놈 여포는 이를 뽀르르 갈며 이젠 더 이상 갈망 손질 무감이니 참을 수 없더이다 하며 호랑이의 포효 소리 요란하더라 여포는 대장들을 호출하여 모두 모여지니 유비에게 당장 선전 포고라 명령은 즉시 촉발 여포는 갑옷을 무장하며 적토마를 몰고 병사를 이끌며 소패의 현성을 돌진했다네 깜짝 놀라버린 현덕이라 무슨 일로 군사 대동하여 왔단 말이오 시치미를 뗀단 말인가 사태는 급물살 타고 흩어 지나갈 기세 병력 집결 촘촘 둘러치며 성 밖으로 나서며 큰소리로 질러대더라 배은망덕한지고 원문 극을 쏘아 위험 불 아궁이 속에서 목숨 살려주었거늘 거기에 대한 보답으로 나의 군마 3백 필 가로채 먹더냐 너도 그런 개 걸레 강도인 줄 몰랐더라 여포 마구 지껄여 대며 강도질 재산을 산만큼 모았더냐 헛소리 널려치더냐 현덕은 안색 하얗게 변하며 알아듣지 못하는 소리 지껄이는 지지배배 하더라

여포와 장비 대결 쩔렁쩔렁하더라

내가 강도면 네 놈은 분 적이냐 뭐 분 적 여포는 아리송해 하며 세상 오만상 찡그리며 영문을 몰라 갸우뚱하더라 분 적이란 못 들어본들 네 놈은 서주 비집고 들어와 어느새 서주성 안주인 눌러앉아 버렸더냐 국세로 다 우려먹고 혼례 핑계 처 백성 고혈 빨아 천하가 어지러울 때 일가족 모여서 놀고 자빠졌냐 너 같은 개 걸레에게는 국적이라고 이름 붙이기가 민망하구나 그래서 분 적이라 내뱉은 것이라 알았느냐 여포 놈아 여포 얼굴 홍조 띤 붉어 오르며 화간의 대극을 휘두르며 고얀 지고 서로 격전이라 놀림을 당한 여포는 열분 달아오르며 야 이놈 받아라 하며 화극은 바로 잡으며 말머리 획 돌리니 장비도 질세라 덤벼 보거라 장팔사모 역세 치며 바람 소리 가르더라 획획획 눈을 부릅뜨고 이 광경 천하의 볼 수 없는 멋진 광경이라 장비와 여포 막상막하 우열 못 가림 전사들이라 얼마나 부딪침인가 300여 합 그 부딪침 날카로운 무기도 무뎌지더라 열에 달구어졌다네 산울림 쩔렁쩔렁 쇠 부딪침 바람 몇 갈래 각 갈라 치는 파도 부딪침 소리라 승패가 나지 않는 격전 중이라 얼마나 격전인지 해가 서산 기울고 일몰 짓는 것이라 여포야 내일 또 격전 치르자 말하고 말머리 돌리며 현성으로 돌아왔다네 유비는 아는 사실 있는가 장비를 불러 추궁하더라 자네가 한 짓 훔친 말 어디다 숨겼는가 성 밖에 매어 두었습니다 도리에 어긋난 행동 일을 그르쳤으니 여포가 저 날 리 벼락 치는 미친 발광하질 않나 어찌 감당하려 나 지금 말을 훔친 행동으로 우리에게 칼을 겨누고 있지 않는가 그 바람에 원술은 좋아만 할 것이

라 관우는 그 마필 모두 여포에게 건네주게나 바로 3백 필을 여포 진영으로 돌려보낸지라

소패로부터 줄행랑 뿔뿔이 흩어지더라

여포는 철수 할까 했으나 진궁이 간언을 드린지라 만일 지금 현덕을 사멸시키지 않으면 후일 그 칼날이 우리에게 화근 몰려오는 거친 회오리 바람이니 서주의 주체는 그에게 몽중이니 장군 군영 쪼개짐 분출하니 그를 쳐 죽여 없애야 합니다 현덕의 올바른 정도 청렴함에 두렵고 한편으론 질투하기도 하니 그러한 인지상정은 나의 약점이니 진궁의 간언 귀 기울이며 바로 요래조래 숨 쉴 새 없이 쌓이고 타 역발산 공격 투하듯 시작되었다네 갑작스런 공격에 현덕 위기 순간 정적만 감도는 상황이라 어찌 이런 일이 방비할 기세 없는 불꽃들이 타오르듯 아비규환이니 현덕 위급한 상황 유발이라 줄행랑치니 모두 나 살려라 흩어져지더라 소패로부터 멀리 떨어져 홀로 단신이 되고 만 상황이라 수치스러운 맘 안고 개탄함 경악 통탄함을 금할 길이 없다네 현덕 정신없이 어디까지 낙뢰 맞은 것 같은 어리둥절 정신 일각 잃어버린 한참 동안 비몽사몽 헤매어 제 정신 들자마자 수치심만 가득 찬 심정이라 다시 한번 성으로 되돌아가 격발 칠까 생각도 해 보았다네 소패성에는 노모와 처자가 있기에 조심스런 만 감춰 돌며 그렇다고 어찌 홀로 도망친단 말인가 마음 밀려오는 파도 엄습 오며 골몰 상념 치니 미치겠더라 이때 멀리서 솟아오르는 시커먼 연가를 바라보며 아니요 이곳에서 뼈를 묻힐까 그것이 최상의 효도인 것이라 여포도 함부로 염장 지르는 일 노모와 처자를 어찌지는 않겠지 그러니 차후 생각하여 일단 홀로 단신 도망 길 찾아 나섰더라 여포는 소패를 점령 막을 올리며 미축을 불러들였다네

현덕 현재로선 모든 것 잃어버린 신세라

현덕의 처자를 그대에게 맡길 터 서주성 옮겨 잘 방비토록 굳건히 지키게 포로의 부녀자를 모욕하거나 함부로 구는 자는 모두 참수하리라 하면서 간곡히 당부하여 자신이 아끼던 칼을 미축에게 건넸다네 미축은 이를 받들어 현덕의 처자귀속 호위하여 서주로 발길을 옮겼다네 현덕은 허도를 도망쳤다네 위험한 불구덩이 속에서 구사일생으로 도망칠 수 있는 것은 기적이라 찾는 이들 여포 뒤집고 날리라 현덕 도망자 그를 추격 추노 따로 없다네 위험천만 산속 깊은 곳 숲속 깊은 곳만 뚫고 헤쳐 나가는 심정이라 가슴 찢어지는 고초라 처참 비참만 밀려오는 바람 소리 찡하리 어느 계곡 지나침 저쪽 어디선가 달려오니 손건 아니던가 주군 무사하셨는지요 손건은 현덕을 보며 반갑다는 듯 큰소리를 내며 울음만 터져지더라 지금 울고 있을 때가 아닌 것 같구나 좌우지간 이 사실 조조를 만나 장래를 도모하자꾸나 주종 이리 질러 바뀌는 기운 초라하고 보잘것없는 허름한 토담집 보며 허기는 지니 재촉하는 굶주린 배를 움켜잡으며 다 쓰러지는 집을 들어가 보더라 누추함 그지없더라 소패의 현덕 님 싸움판 초토화당하고 이곳 피신하신 모양이라네 마을에 파다하게 울려 퍼지는 소문 쭉 퍼졌다네 인근 마을에서까지 노유와 아녀자 할 것 없이 그를 맞이하며 엎드려 통곡의 눈물을 흘리더라 평소 공덕을 쌓은 현덕인지라 모두 공경의 눈길이라 모든 마을 사람들 일제히 엎드려 훌륭하신 영주님 하며 눈물을 하염없이 흘리며 영주님 모시니 황공하오며 감사하는 마음이니 십시일반 모든 정성 올리겠습니다

소패 탈환책 강구하는 조조라

이러히 말하는 자는 마을에서 사냥꾼으로 예사롭지 않더라 유안이라고 합니다 그날 밤 고기로 푹 삶아 현덕에게 대접했다네 현덕은 배고픔 허기짐 채우기 바쁘더라 무슨 고긴가 묻자 늑대고기입니다 그 다음 날이라 떠나기 전 손건의 말을 타려 할 때 유심히 마구간 안 들여다보니 여자의 시체가 보였더라 놀라움에 주인 유안에게 묻자 유안은 눈물을 펑펑 울부짖더라 저의 사랑하는 내자입니다 보시다시피 집은 가난에 찌들어 주군에게 대접할 것이 없기에 처를 고기로 삶아 대접 올렸습니다 그는 털어놓는 것이라 현덕은 그 소리에 어안이 벙벙 어질어질하며 충격에 잠시 졸도하며 정신을 잃었더라 현덕은 다음날 그곳을 떠나 양성 부근에 인접 당도하였을 때 저쪽 어디선가 먼지구름 일으키며 달려오는 대군 이는 바로 조조 자신이 직접 허도 정예부대 이끌고 급히 달려온 대군 아니던가 각장들에게 의견 물어보며 여포 쪽 상황들 어떤가 여포는 안절부절못하며 자기세력 불려 산적이건 신분 가릴 것 없이 모든 병력 충원에 안간힘 쓰고 있습니다 소패성은 여포 부하 장료와 고순이 지키고 있습니다 그러면 현덕의 복수를 위해선 우선 소패를 먼저 탈환책 마련하자꾸나 예 알겠습니다 주군 와 하며 함성이 산마루 뒷동산까지 쩔렁쩔렁 산울림 울려 퍼지더라 조조는 현덕과 함께 어우러지며 결속 다지며 산동 접견으로 나와서 멀리 소관 쪽 바라보며 조조 진영 허저를 비롯하여 여러 장수 부하들과 규합하여 선봉 맡아 앞장선 허저 돌격 발치니 손관과 오돈을 위시하여 수많은 군사들이 벌떼 몰려들 듯 공격하더라

조조와 현덕 합제하니 우위 지세라

그들은 허저 앞에선 추풍낙엽 떨어지듯 쓰러지니 그 모습 본 병졸들 산 무덤 무너지듯 줄행랑치더라 조조의 추격 몰아치니 시체는 산을 이루더라 산봉우리로 붉은 색깔 물들었더라 그러는 사이 조인은 빽빽한 군사들 내세우며 소패성을 우회 속향하며 공격을 감행했다네 여포는 서주성에서 이 사실 까마득히 모르니 태평연월이라 소패는 서주의 심장 줄기인 것을 그때서야 소패 상황 안지라 그는 방어책 의논하며 진대부에게 서주지킴 명령 짓자 명령 받들겠습니다 주군 여포 앞에서 물러나고 성중에 어수선한 틈을 뚫고 유유히 컴컴한 밀실에서 아무도 없는 곳에서 부자지간 의논을 했더라 아버님 여포의 멸망 길도 얼마 남지 않았으니 우리 부자도 이대로 있다간 목숨을 처진 나락인 것이니 이제 묘책을 써 분명한 것은 여포와 조조가 격발치면 여포가 수세에 몰리면 쫓겨서 서주로 올 때 그때 가서 성문을 굳건히 닫고 절대 열어주지 마십시오 골몰 짜더라 여포가 다급한 나머지 서주성은 곧 조조 군사들에 둘러싸이면 꼼짝달싹이오 오기 전 이 틈 타서 금은보화 군량 등 하비성으로 이동시키라고 진대부와 미축에게 명령하였다네 그렇지만 미축 또한 여포가 무너질 거라 예측하며 진대부와 같은 생각 빠져나갈 함정을 파놓은 계책 세웠다네 어두컴컴한 야밤 성벽 누대 꼭대기 올라가 진등은 멀리 조조 진영 한눈에 보이더라 한 통의 화살 편지 끼워 쏘아 보낸지라 은근살짝 아무 일 없던 표정 지으며 내려온 것이라 여포 주위 거의 배신 물결 믿을 수 없는 사람 마음이거늘 여포는 하늘 쳐다보며 눈물만 흘리더라 진등을

칭송 추켜세우며 그에게 소관으로 보내 진궁과 만남 편익 하는 척 눈 가리고 아웅이라

진등의 놀라운 술책이라

시간은 마냥 끌며 진궁에게 술을 마시게 하며 취하게 곯아떨어지게 하여 잠시 밖에 성루에 신호 올려 건문을 열어두게 신호와 동시 발점 일몰 지는 저녁이라 진궁에게 다시 돌아와 큰일이 오늘 조조 대군 태산을 넘어 일제히 서주로 총공격 들어갔다는 전갈이오 그러니 이곳 지켜봤자 아무런 소용없으니 즉시 병력 이동하여 서주를 도우러 오라는 명령이오 진궁 안색이 홍조라 붉어 오르며 진궁 대답받기 전 진등은 급히 말을 내달려 어둠 속으로 유유히 사라지더라 그러니 진궁은 의심 없이 다급하다는 말 굳게 믿더라 반 시각 지나니 바로 소관의 모든 병력 이끌고 성 밖으로 나와 서주로 향했더라 성은 텅 비어 있는 백무라 그때 어두컴컴한 밤이 서서히 망루 대에 그림자가 나타나며 얼굴 밝혀보니 진등이었다 진등은 화살에 밀서를 끼워 어둠 속으로 날려 보낸지라 얼마 지나지 않아서 잔잔한 호수가 성난 거센 파도 몰고 폭풍우까지 동반 거칠게 나타난 수많은 인마라 성내를 들어오기 시작하더라 그리고 갑자기 조용한 밤이슬 안개만 짙더라 성내는 잔잔한 바람 한 점 없는 호수라 쥐 죽은 듯이 조용하더라 두 번째 신호들 하늘 높이 쳐올렸더라 망루 향선 쪽 바라보며 쏘아올린 불신호였더라 불꽃은 하늘 높이 치솟으며 불꼬리 살랑살랑 흔들며 꼬리를 끌며 저 공속 현상에서 사라지더라 성 밖 십여 리쯤 되는 곳에선 신훗불 올라타 오르는 신호보고 여포는 움직임 일동 끌어모아 자 소관으로 가자! 모두 출격이라 하며 일제히 달려가더라 그때 소관 비우고 다급히 군사 이끌고 온 진궁이 아니던가

진등 배신으로 여포 나락 길바닥

여포는 어두컴컴한 밤 알 리 만무요 모든 것이 암흑인 것을 서로 간 의심만 표출 가득 차며 대충돌 격발 치며 피비린내 나는 서로 간 동지도 알아보지 못했건만 싸움은 이미 벌어지고 무엇인가 이상하다는 것 느낄 때쯤 여포는 의심이 촉 안지라 이제 그만 창을 거두 거라 자세히 살펴보니 깃발 하며 아군이 아니던가 그 와중에 진궁의 목소리 들었다네 이 등신들아 아군끼리 싸움하면 어쩌란 말인가 여포는 울화통 터지는 소리를 고래고래 질러댔더라 여포와 진궁의 병력 합세하여 바로 소관으로 길을 재촉하며 그곳에 다다르자 성안에서는 조조 군대 함성 지르며 껄껄껄 비웃고 조롱하더라 여포와 진궁의 병력은 고전 나락 속인 것을 큰 타격 받고 꼴이 말이 아니더라 그 천하의 영웅 여포도 어둠 속 헤매다 날이 밝아서 산속 움막 그늘 속에서 처박혀 쪼그리고 엎어져 있더라 군사들은 모두 뿔뿔이 흩어져 남은 군사는 몇십 명에 불과하더라 흩어져 쪼개진 군사들 끌어모아 모아 끼어 맞추기 여포는 진궁과 가까이 다가옴 다시 서주로 돌아갈 궁리만 생각 중이라 길은 재촉하지만 기운 빠진 밑이라 그러나 이게 웬일인가 서주성 돌아가려 할 때 느닷없이 비 오듯 쏟아 퍼부어대는 난데없이 화살 춤사위라 영문 알 수 없는 일 날벼락이란 말이더냐 이 악물며 성 위 쳐다보니 미축이 성루에 여포 놈아 뭐 하러 왔단 말인가 서주성 본주인 찾아주려 내가 버티고 있단다 너는 주인 아닌 놈이 주인 행세 꼴 우습더라 진정한 주인에게 드릴 것이라 너에겐 멀리 떠난 해 넘어지는 일몰인 것을 이젠 알겠니 이 한심한지고 조심스러운 미축은 껄껄 한바탕 웃음 지으며 진대부 어디 있는가

여포 부하들에게 크게 당했다

여기 여포란 놈 아직도 눈치 못 채고 자빠졌다네 우리에게 속은 걸 모르고 저렇게 성 아래서 발을 동동 구르며 서성이고 있다네 여포 기절초풍 뒤집어지는 맘 몸을 세우며 이를 바득바득 갈며 진대부 낯짝 보자꾸나 미축은 껄껄 웃으며 진노인 성안에서 축배 잔치 벌여 즐감하고 있다네 감쪽같이 속은 이 바보 뭘 바라고 미련을 보이려 하느냐 성안 모든 군병들 와 하는 소리와 손뼉 치며 요란 시끌벅적 여포야 이렇게 손뼉 칠 땐 얼른 떠나거라 으 하하하 여포는 미쳐 날뛰며 땅바닥 마구 주먹으로 치며 이제야 이런 상황 안지라 소패로 가자며 보채더라 장료 고순이 있을 테니 잠시 머물러 형세를 지켜보자꾸나 실제 다 막혀있는 철벽이라 갈길 그곳밖에 없다네 실제로 남아 있는 길 오직 소패뿐이라 그러나 저쪽 발치에서 장료, 고순, 두 사람이 뚜벅뚜벅 오고 있지 않은가 여포와 진궁은 깜짝 놀라며 기절초풍 직전이라 성은 어째 고 이곳 왜 왔는가 묻자 고순, 장료는 이해 두절이요 아무 영문 모르겠다는 듯 고개만 갸우뚱하더라 소패성 지키려 했으나 주군께서 조조에게 겹겹이 포위당하니 진등이 주군 명령이니 소패성 버리고 도움 요청하니 이렇게 달려왔습니다 모든 것 진대부 부자 속임수에 당한 것이라 여포 낙심 한가득 하늘 쳐다보며 원망만 하며 가슴만 치더라 내가 애지중지 정성 들여 아꼈건만 이놈들 배신 지어 등에 칼을 꽂다니 살아 있는 한 그놈들 가만두지 않으리라 결심만은 굳건히 다지며 두 손 불끈 쥐며 다짐하더라 서주와 소패 모두 함락되니 여포는 땅을 치며 하비로 발걸음 옮겼더라

조조는 진대부 부자에게 큰 공 얻어 전투 대승리요

하비에는 부하 후성이 지킴이라 그곳에서 머물 생각이라 풍비박산 전투상황 흩어진 잔병들 모아 철수하니 조조는 애당초 옛 주인에게 서주 입성하여 태수자리 굳건히 지키시오 하며 다시 권 하더라 서주에 현덕 처자 소식 들어보니 안일 무사하다고 진대부와 미축 보호 아래 무사하니 현덕은 무척 기뻐하더라 일가 군신 한자리에 모였더라 관우와 장비는 소패에서 도망쳐 어디론가 숨어 있다가 한바탕 강한 폭풍우 지나고 나니 잔잔한 평온함이니 관우는 그제야 해주 벽촌에서 잠시 안정해질 때까지 숨어 지내다 지금 불쑥 모습 나왔더라 장비는 생김새 그대로 산속 깊숙이 들어가 산적두목 잠시 지냈더라 하며 솔직 담백하더라 그 이야기 듣고 모든 사람들 배꼽 잡고 웃더라 조조는 중군 모임 모든 장수들 모임 갖고자 성대한 잔치로 보답하며 베풀더라 조조는 극진히 현덕을 왼 좌석에 권하며 최고의 대우라 오른쪽은 공석 잠시 비워 제장들과 문관들 잠시 비워 제장들과 문관들 모두 자리에 앉게 되자 조조는 자리에서 일어나서 이번 싸움 최고 일등 공은 진대부와 진등이니 나의 오른 좌석 자 이리 앉으시오 모든 이들에 열렬한 박수갈채 받았더라 크나큰 상 받으며 잔치까지 대접하는 공은 높이 치솟듯 인정하더라 진대부에게는 십현의 녹을 하사 진등에게는 장군 칭호 하사하니 이 어찌 가문의 영광이 아니던가 기뻐 마음 넘쳐 퍼지더라 즐거운 주연은 열과 열 속 무료 달아오르며 그때 여포에 대한 말 꺼내며 여포를 생포할 궁리만 하더라 이 분위기는 화기애애한 물결 잔잔한 서막 여포에 대한 마무리 짓기 위함에 조조는 허도로 돌아가지 않으리라

여포는 항복 의사 결정 잠시 골몰하더라

여포를 죽일 것인지 사로잡을 것인지 고민 속 골몰 짓더라 고민하며 하늘을 올려 보니 무척 밝은 달덩어리 총총 하늘 별빛들 화려한 장관이라 조조는 결심했다 여포 놈 내 손으로 사로잡으리라 조조는 끝까지 추격전 벌여보니 여포와 맞닥뜨리는 순간 아니던가 여포야 기운 빼지 말고 항복하거라 나는 너와 원수진 일 없건만 다만 원술과 혼인 맺는다기에 공격했을 뿐 왜냐 원술은 황제라 칭호 하니 천하를 어지러움 도가니 속 혼탁하리오 역적 도당들이니 엄벌에 처할 뿐인 것이라 이 말을 들은 여포는 할 말을 잃어버린 푹 꺼진 밑이라 여포 강물을 건너는 중 물살 찬 센 찬 기운이라 여포는 그 말 들으니 옳은 말뿐 갑자기 마음 돌아선 손을 들어 승상 저에게 잠시만 시간을 주시오 항복 의사를 보내겠으니 옆에서 지켜본 진궁은 의외 결정에 실망하며 깜짝 놀라 소스라치며 진궁이 격에 찬 목소리 앞으로 뛰어나와 큰소리로 내뱉더라 분위기 어수선할 때쯤 서로 말 오고 간 절충 곡절이니 바로 총격전 개시 발동 걸려 명령 내렸더니 여포는 황급히 잠깐 멈추시오 조승상 진궁의 막말 진궁 말뿐이니 무시하시고 나는 반드시 상의한 다음 성 밖 나가 항복할 것이요 그러니 진정하시고 멈추시오 진궁은 활을 땅바닥에 내동댕이쳐 엄청 화난 기세로 대들더라 이제 와서 터무니없는 변명이오니 조조의 그의 감언이설 속지 마소서 항복 선언은 우리 모두 개죽음 몰살이요 닥치거라 너 혼자 지껄여 상황만 더 악화시키니 사람만 난처하구나 여포는 화가 치밀어 머리끝까지 올라 칼을 들고 진궁을 쳐 죽이려 든다네

여포 다급한 나머지 진궁에게 화를 내며 죽이려 하더라

이를 본 장수들이 보다 못해 중재하더라 잠깐만 기다려 주십시오 진궁 말은 나 자신 위해 말 무심이요 우리가 살자고 한 충언이니 서로 간 싸움으로 생명 잃어버림 결코 우리에겐 신이요 득을 얻고자 이렇게 발버둥이니 진정들 하시오 여포는 그제야 진정하며 숨을 헐떡 크게 몰아쉬더라 이제야 제정신 돌아옴에 미안하오 진궁 지금 나의 행동은 실수요 그러면 그보다 계책 있으면 서슴지 말고 들려주시오 여포의 대한 감정 얼싸안고 정나미가 뚝 떨어진 진궁 마음 그래도 주군인 것을 어쩌란 말인가 주군으로부터 머리 숙여 사과받고 그 또한 충성스런 양신이 되어 분골쇄신을 하지 않을 수 없는 상황 발생이라 지금 현재 일책이란 기각의계 밖이오 장군께서는 정병 이끌고 성 밖으로 징발 표본 하시고 저는 성안에 남아 서로만 관망하며 조조를 혼란케 하는 계책입니다 기각 계 흐름 됫쳐 보는가 성 밖 나가서 판을 크게 흔들어보면 조조는 주력부대 곤두세우며 모든 것 장군에게 집중할 것이니 그런 상황에선 성안에서 그들의 끝선 바라보며 공격으로 자근자근 눌러주면 그때 조조는 방향 틀어 성 쪽으로 향할 때 장군도 집중하여 조조의 후미를 위협하는 작전입니다 훌륭한 이 모든 작전에 감복하며 작전준비 발동 걸려 서둘렀다네 싸움터 전장 형세 나가보면 강추위가 예상되니 군사들에게 전포 아래 솜옷을 두껍게 따뜻함 유지는 감동 물결 입은 것이니 신경 써야 할 도리라 가만히 생각해보니 진궁이란 자는 지혜는 산이라 그가 작전 내세움 각의 계로써 전투 공방은 필승 자체라 여포가 성을 진궁에게 맡기고 성 밖으로 나간다는 것 께름칙한 마음 한구석엔 의심 물결만 일고 있다는 생각이라

멋진 계책 안겨 주어도 결정 갈등만 관망한다네

진궁이란 자는 그 옛날 조조와 주종 관계 아니던가 그가 조조와 엇각 세우며 그들 사이 갈라진 조각이었거늘 혹시나 변심한다면 나는 찢어진 걸레 조각인 것을 그다음 날 아침이라 성안에서 꼼짝 안고 마음만 갈등 때리는구나 며칠이 지나도 꼼짝달싹 진궁은 계속 재촉만 하더라 주군 기회는 있을 때 발동 거셔야지 기회 놓치면 조조 세력은 걷잡을 수 없는 겹겹이 포위하면 우린 독 안에 든 쥐입니다 아닐세 나는 이성을 굳게 지킬 생각이네 지금이 절호의 기회이고 정보에 의하면 허도로부터 엄청난 병란이 조조 진지로 수송된다고 합니다 이 모든 계책 조조가 잔꾀를 부려 성 밖 유인작전 인지라 절대로 성 밖 나가지 않고 오직 성안에서 굳건히 지킴이니 그리 알게나 진궁은 크게 실망하며 이젠 누굴 믿고 삶 살아가리오 희망도 없는 인 막장이라 여포는 성안에서 밤낮으로 주연에 빠져 즐감 가지며 계집과 놀아나더라 술만 퍼마시는 몽롱한 넋이 나간 행태라 성 밖에선 조조는 성을 이미 촘촘함이니 빈틈없는 태세라 성은 포위 한지도 벌써 70일 혹시나 후방에서 적들 출몰할 경우 조조군 위험 감수라 초초함만이 감도는 현장 속 인내만 있을 뿐 공격은 없는 지연 상태 내부에선 반란 조짐 있을 수 있는 기류도 맴돌지 모르는 적막 속이라 호시탐탐 엿보고 있을지 모르는 적들 동태 혹시나 후미를 공격할 시는 모두 전멸할 수 있는 우려하는 맘이라 생각다 못한 조조는 다시 의견을 수렴 제장들과 의논하더라 이 싸움 내부 농성하는 반란과 공격 협공지세 서로 지구전 누가 버티냐 마음가짐이라

하비성 물속으로 잠기다

물러나지 마시고 관망하시옵소서 하비성 뚫지 못함은 지리적 요새 그러나 해결책 있으니 두 갈래길 강과 강 사이 뚝 을 막아 물길을 한 곳으로 합치면 하비성은 물속 잠기는 잠수라 군사 총동원하여 목적 이루기 위해 두 물길 한곳으로 모았다네 마침 비는 억수로 쏟아지니 하비성은 물속으로 서서히 잠기더라 물살 물밀 듯 밀려오니 탁류 속 잠기는 속수무책이라 감당키 어려울 지경 당황 어리둥절 급속히 불어난 물은 수면이라 탁류가 부풀어 오르니 말의 사체와 사람 시신 둥실둥실 물살 타고 떠내려간다네 여포는 이런 상황 당황하여 어리둥절 갈팡질팡하니 대장들에게 정신일도 하사불성 하라며 정신 줄 놓지 말라 큰소리 버럭 내뱉더라 여포의 명마 적토마는 물을 건너는 것도 육지와 맥락 일맥상통 너희들은 섣불리 물살 조심스럽게 주의하라 여포는 이런 상황 즉시 하지 못하고 아직도 정신 못 차리고 허망한 꿈만 꾸고 있구나 여포는 자신 모습 거울 보며 어느새 늙어 보이는 비친 내 모습 보며 거울을 땅바닥에 내동댕이쳐 지금 현 상황 할 일 산적인데 실의에 빠졌다네 충격 오래가니 나 자신 허망하리오 술을 끊고 더 살고자 하는 욕심만 잠깐 내 비추어 보이는 마음이라 성중의 군병들도 술 금지령 동참이요 금지령 어기는 군졸들이건 누구건 참수라 성안 산 중턱에서 멧돼지 무리를 잡은 자가 술 창고 활짝 열어 멧돼지 요리에 잔치 한판 벌여보니 주군에게 술과 돼지 바쳤더니 웬 날벼락인가 여포는 화를 버럭 내며 술병을 발길로 걷어차 난장판이로세 지금 형세가 나락 위기인 것을 너희들은 술잔치가 원말인

가 술 금지령 내린 지가 얼마나 되었다고 여포는 명령 내려 호위 무사에게 후성의 목을 베어 참수하라

곤장 소리 철퍼덕 나 죽네

큰소리 질렀다네 제장들 무릎 끊고 사죄 백배라 이런 어려운 시기 훌륭한 대장 후성 장군 목을 벤다는 것은 적으로선 쾌재요 아군사가 진전은 절하요 아무런 이득 없는 헛됨이라 모두 나선 제장들 구명 호소 싹싹 빌더라 여포도 생각해보니 옳은 말이라 제장들 말본새 속닥속닥 일심인 것을 어찌 반박만 한단 말인가 금주령 어긴 죄명 불문 또한 군기 기강 나락은 속절없는 맥락이니 곤장으로 다스려 군기를 세우려 하니 모두들 물러나시오 무사는 절을 깍듯이 올리고 후성에서 곤장 소리 떡 치는 울림이라 횟수를 세면 매질 가속이라 후성 엉덩이는 옷은 찢어지고 붉은 피로 물든 피를 뿜어 촉촉이 젖더라 계속 곤장 소리 철퍼덕하며 울음소리 메아리요 여든둘 아직도 끝나지 않는 매질 신음에 그만 기절하니 여포는 보다 못해 안쓰러운 맘 자리에서 벌떡 일어나 어디론가 사라지더라 얼마 후 후성은 정신 차려보니 방에 눕혀 막료들에게 간호받으며 눈물만 주르륵 흘리며 야속한 주군이 원망만 가슴 앙금이요 고통은 이루 말할 수 없더라 친구 위 속은 옆에서 위로하니 나는 사나이라 아픈 고통 때문에 서글프게 우는 것이 아니며 여장군에 대한 원망스러운 것은 우리 무인 말들은 무시만 하고 처첩들이 간사스런 말에 귀담으니 이런 상황 지속이면 우리 모두는 역발산 추락하는 개죽음이라 나는 그 행동에 너무 슬프고 원망스럽다네 한탄 소리 들리는 죽마고우 삼인방 서로 위로하며 동감하는 마음이더라 송현은 그에게 다가가 귓속말 속삭였다네 저런 여포 밑에 있는 것보단 오히려 조조 진문에 항복하는 것이 바람직한 우리의 살길이라

후성은 지저분한 대우에 뜨는 해 쪽 바라보며

방향 틀어 적토마 받치더라

저네 생각은 어떠한가 묻더라 후성은 눈동자 동공 붉어진 멍 때리며 골몰하며 벌떡 일어나 그렇게 하세나 여포라는 놈은 우리보단 적토마와 부녀자를 더 사랑하니 우리 부하 장수들은 거들떠보지 않은 막힌 벽이니 결정 짓 자네 나는 곧바로 적토마 타고 조조 진영에 이 모든 사실 알리고 항복을 전달하겠네 자네들이 여기 남아 있다가 여포를 생포하게 그런데 자네 몸으로 어찌 움직일 수 있겠나 아닐 세 이 정도의 상처는 극복할 수 있다네 후성은 다짐하며 밤이 깊어지자 기다렸다는 듯 그는 어두컴컴한 속을 헤집고 마구간으로 숨어들어 주위를 살펴보니 보초병은 깊은 잠에 빠져 있을 때 유유히 적토마와 함께 사라지더라 동이 틀 무렵 어수선 떨며 종자가 조조를 다급히 깨우더라 성충에서 후성이라는 대장이 항복을 청하며 승상을 뵙고자 하옵니다 후성이라면 적중에서도 이름난 용장이 아니던가 탈출하게 된 자초지종 전하고 적토마를 조조에게 바쳤다네 조조 기쁨 감추지 못하고 토로해 내듯 적토마라! 대단한 적토마 보며 극찬을 아끼지 않더라 마침 진퇴유곡에서 갈등 때릴 때쯤 구원군이 와 주니 벗어나는 위기 모면이라 후성은 말을 이으며 동료 장수 위속과 송헌은 성중에 머물러 기회 보며 여포를 사로잡는 궁리와 승상께서는 제 말만 믿으시고 일제히 공격 퍼붓는 감행 촉발하시면 두 사람은 성중으로부터 백기를 높이 들고 성문을 활짝 열고 맞이할 것이옵니다 이 말 듣고 바로 진격 명령 내려지니 수십만의 군병들은 일제히 공격직발 돌진이라 여포는 이 광경 보며 깜짝 놀라며 당황하는 기색이 역력하더라

여포 자신이 죽을 자리 감 잡더라

분주히 오고 가며 화극을 휘두르며 성벽 기어오르는 적을 있는 힘 다해 격퇴하며 정신없더라 마구간에서 적토마는 사라져 행방불명이라 여포에게 보고하니 여포는 대수롭지 않게 보초병 졸고 있을 때 고삐 끊고 뒷산에서 풀이라도 뜯고 있겠지 빨리 찾아 매어 두어라 명령을 내렸다네 적들은 끊임없는 개미 떼 같은 성벽 기어오르며 시체에서 나온 핏물은 성벽을 붉게 물든 성벽이라 성 밑 지면에는 온통 시체로 덮여있더라 해가 질 무렵 일몰을 지고 공격군들도 지쳐서 멀리 퇴각하였더라 아침부터 전투 때문 물 한 모금조차 식음 먹지 못한 채 계속되는 전투라 여포는 혼자서 골몰하며 내 운명은 앞으로 어찌 질지 한심하다며 자신을 한탄을 하더라 자신 한심하다는 생각 깊은 한숨 내뱉으며 피곤한 몸 잠시 의자에 앉아 꾸벅꾸벅 졸고 있을 때 주위 동정 살펴보는 소리 없이 사뿐사뿐 움직이는 그림자 그자는 바로 위속이라 의자 밑에 여포의 화극 자루 의지하며 꽉 쥐고 졸고 있을 때 위속은 잽싸게 자루 잡으며 여포를 떠밀쳐지니 균형 잃으면서 앞으로 고꾸라져 엎어뜨려 이때 화극을 저 멀리 내던지며 신호 기척이니 송헌이 날쌔게 뛰어들어와 여포를 발로 찍어버리니 아이 구 나 죽네 하더라 두 사람은 발로 연속 짓밟으며 구타하더라 위속과 송헌 부하들이 일제히 일사불란 신속히 움직여 방안 가득 들어와 날뛰는 여포를 제압하니 꼼짝 못 하고 쥐 죽은 듯이 있더라 오랏줄로 꽁꽁 칭칭 동여매는 여포를 생포하였다네 이때 성안에선 환호성 지르며 성 누각에 올라가 백기를 흔들며 조조군에게 신호를 보낸지라

여포는 부하들에게 몰매 맞고 생포를 당했다네

동문 또한 활짝 열어 조조 대군을 맞이하니 동쪽 관문 쪽으로 뛰어들어오니 성안은 와글와글하더라 여장군 생포했다는 말에 순식간 울려 퍼지더라 어느 곳 거치 못 잡는 성병들 우왕좌왕하다가 순간 판단 잘못에 목숨 잃음이요 눈치 빠른 자는 무기 내던지니 바로 투항 인정하니 목숨만은 건지더라 성안에는 아비규환 따로 없다네 어수선한 틈을 타고 고순과 장료 두 장군은 서문으로 탈출 시도하다가 탁류 속을 빠져나갈 길이라 그들은 바로 생포 당하고 포승줄로 끌려가더라 남문 굳건히 버티고 있는 진궁 온 힘 뻗치며 전투 임했지만 역부족이라 조조 대군을 어찌 감당한단 말인가 그 역시 역발산 눌려 포승줄에 끌려가더라 하비성은 조조 손아귀 성문에는 조조군 깃발만 나부끼며 휘날리는 펄럭펄럭 조조는 발 빠른 임기응변 대처 성안 수습하며 백성들 마음 안정시켜 마음만은 한결같은 평온한 지세라 현덕은 이 자리에 초대하여 옆 좌석 착석하며 여포를 끌어내어 보니 여포의 몸은 7척 장신 거대한 장신이라 겹겹이 묶은 포승줄 때문 인상 찡그리는 표정이라 이렇게까지 욕보이는 것 멈추어라 포승줄은 풀어주라 명령 내려라 조조야! 조조는 그 말 들으며 쓴웃음 지으며 찡그리는 표정이라 어디 한번 호랑이에게 인정 베풀어 볼까 여봐라 포승줄 늦춰라 부하 측근들은 다급하게 만류하니 천부당만부당이요 어디 한번 여포의 용맹이 어떤가 볼까 섣불리 방심하면 큰일이오니 조심하소서 여포는 눈을 부라리며 용필을 뚫어지게 째려보며 입 다물지 못할까 큰 소리 치더라 호랑이 이빨 서서히 드러내며 삼켜 먹듯 하더라 가만히 보니 조조 옆에 위속, 후성, 송헌 이들이 있지 않은가

여포 해지는 일몰이라

내 부하들이 태연하게 있지 않은가 여포는 의아하며 너희들은 배신자들 무슨 낯짝으로 대면하더냐 은혜도 모르는 버러지만도 못한 놈들이라 후성은 비웃듯 비원 온상 넋두리 사랑하던 마누라와 애첩에게 하는 것이 맞지 않습니까? 우리 무신들은 충성을 다하여 모셨건만 돌아온 것 백 대의 곤장과 가혹한 속박인 것을 기억하시오 장군께서는 애지중지한 계집만큼 대우를 받아 본 기억조차 없습니다 여포는 그 말 듣고 할 말 잃은 고개만 푹 숙였더라 운명은 알 수 없는 일 고달픈 길이라 자신도 알 수 없는 사이에 혹 바뀌는 인생 연기 무대라는 것을 진궁 운명 또한 기구한지고 그 옛날 중모 현령에서 관문에서 재직하고 있을 당시 옥에 갇힌 조조 목숨 구해주었던 인연을 맺었는데 지금 현실로는 역산 지고 잡혀 포승줄에 칭칭 감겨 조조 앞에서 죽음을 맞이하고 있다네 조조는 그때 당시 나를 구해주지 않았다면 지금 현실 내가 존재하지 못했을 것 서 앉게나 정중히 말하더라 오랜만에 대변하네 그동안 별고는 없는가 보는 대로 별고 없으니 지금 이 자리에 있지 않소 나를 조롱하지 마시오 자넨 여전하구만 냉정해 자네는 나와 규합하지 않고 전전긍긍 피하기만 한단 말인가 너한테 규합 웃기는 소리 내뱉지 마라 심사가 올바르지 못한 넌 언제 이익만 보고 손해 지면 바로 목숨 버러지 죽이듯 하는 너와 결별 짓는 것은 나 자신 선견지명 자랑스럽고 후회도 없다네 너는 불의 인물이라고 칭하면서 여포와 같은 포악스런 인물을 도왔느냐! 아가리를 닥치거라 진궁은 떳떳한 위세 당당하게 네 말은 맞다 여포는 포악스런 대장 틀림없는 사실이다 그러나 너보단 착한 심성이 있다

진궁 할 말 다 하더라

좌우간 너는 모질고 인정사정없는 무절이도 황제를 능멸하는 간웅은 절대 아니다 으하하하 죽을 놈이 무슨 말을 못하리오 지금 현실 이 사실에 대해선 어떻게 생각하느냐? 지금 너 앞에 처절히 패군의 장이 내뱉는 말 듣고 싶단 말인가 조조야! 인생이란 항상 우뚝 솟는 해는 아니다 언젠가 너도 비참하게 일몰 짓는 날 올 것이다 승패는 때에 따라 나온 패요 너무 기고만장하구나 패배는 저 사람 내 말대로 했다면 지금 이 꼴 면했을 것을 여포를 가리키며 내뱉더라 그대 자신 목숨에 대해 물어보니 당당하던 진궁 잠시 머뭇거리며 얼굴엔 숨기는 맘 곰곰이 생각하다 결심한 듯 아니다 패장은 죽음뿐이라 어서 처형 하거라 과연 그대 가족들은 어찌 처리할까? 조조가 말을 하자 진궁은 고개를 숙인 채 눈물을 마구 쏟으며 잠시 한숨 푹 내쉬며 사람 도리란 천하 다스림은 남의 부모를 해 하지 않는다는 말이 있다 하지만 모든 것 승자 손아귀 판이니 알아서 처리하여라 그대에게 처자도 있을 텐데 내가 듣기로는 천하 인정 베푸는 자는 남의 제사 이어지는 지속일 텐데 조조는 이 말 들으며 살려주려는 마음 정할 때 진궁하는 말 이젠 질문은 삼가주시오 빨리 참수 명령 내리도록 하라 더 이상 지체는 삶 이어간다는 것 수치와 치욕이니 빨리 처형하라 진중은 단두대로 목을 내밀고 처형만 바랄 뿐이다 이때 목을 땡강 하고 어두컴컴한 밤 먹구름만 덮인 하늘 여기저기선 산새들 울려 지나는 울음소리라 그다음은 여포 차례 당장 참하거라 명령 내리자 여포는 큰소리 시끄럽게 떠들며 조승상 우환거리였으나 이젠 항복하여 지금은 제거되지 않았소

진궁과 여포는 차례차례 형장의 이슬로 사라지더라

우환 걱정 씻어 내렸는데 무엇이 두렵단 말이오 날 살려 주시오 애원 하더라 이때 조조는 현덕 눈치 보며 목숨 건사는 어떻게 생각하오 지금 생각 떠오름은 그는 옛적 양부를 살해와 동탁에게 항거했다가 배신하고 낙양에서 그와 대란 일으킨 인물이요 여포는 이 말 듣자마자 얼굴 색 어두운 흙빛이라 이 고얀 놈! 언젠가 원문의 극을 쏘아 너의 위기모면 해주었건만 은혜를 원수로 갚다니 하며 노려보며 내뱉더라 저자 입놀림 틀어막아 버려 형리들 어서 저자 목을 졸라 사멸시키거라 조조의 명령 내려지니 형리들 일사불란 밧줄로 여포 목을 칭칭 감으니 여포 날뛰며 발광하니 여러 형리들 일제히 몽둥이 들고 달려들어 사정없이 떡 방아 찧는 소리 연상케 하니 바로 졸도하더라 이때 목을 졸려지니 저세상 길 멀리 떠나 버리더라 그다음 날 장료 집행당할 순서라 이때 현덕 자리에서 벌떡 일어나서 조조에게 사정하며 하비 성주로써 주인 잘못된 만남일 뿐 그의 죄는 없는 사실무근 인재 존재이니 그를 용서해 주십시오 조조에게 싹싹 빌었다네 조조는 장료의 목숨을 빼주더라 이때 장료는 자신이 부끄럽다며 칼을 뽑아 자결하려 했으나 모든 사람들이 달려들어 칼을 잡고 만류하더라 조조는 모든 재판 일 단락 마무리 짓고 진궁의 노모와 처자 찾아가서 모든 사실 알리고 조조는 눈시울 흘리며 진정한 심정 그를 살려 주려 하였으나 진궁 스스로 단두대 올라가 버렸으니 나도 어찌할 도리 없이 그만 저세상 길이라 마음속에선 울음 폭발이요 한없이 며칠을 눈물로 지새웠다네 진중의 노모와 처자에게 관대한 극진한 대우 평안한 삶 살아갈 수 있게 배려를 아끼지 않았다네

현덕은 유일하게 장료 목숨 구원하더라

조조는 쓸쓸함 감추지 못하며 하늘 바라보며 인생무상이라 사나이 세상 길이란 참으로 고초와 험난한 절벽이라고 느끼는 마음이라 앞으로 미래의 길을 향한 발걸음은 숱한 고난 길 앞이 보이니 고군분투 삶 속 피비린내만 풍기는 기류라 어느 날 무심코 날아온 언사라 정욱은 조조와 단둘만의 밀담 서로 오고 간 말들 은근슬쩍 정욱이 란 자는 조조의 심복이라 승상 무엇을 망설이며 주저하신지요 조조는 능청스럽게 모른척하며 묵묵부답하며 어떻게 하면 되는지 반문하더라 왕도 정치판 피폐 오랜 세월 해진 피폐 패도 독재의 강권 공표하여 대세를 정복하심이 이 말은 명백한 반역질인 것을 이들은 서서히 발톱을 은근슬쩍 잠시 비치더라 조조는 그 말 듣고 수긍하는 기색이 역력하더라 지금은 시기상조라 아직은 관망 지켜봄이라 인신 야망 불꽃 지펴지는 싹트려는 몽우리라 일신 야망 내비친 듯하며 서로 알았다는 듯 지금 일시부터 함구하며 나중 도모라 그들의 반란 조절들 숨길 수 없는 이치 황제 또한 위기 상태 벌써 그들 속마음 읽고 있는지라 이런 사실 나중 내가 죽거든 세상에 알리려 반란 일으킨다는 밀서를 용을 그린 둥근 자금란 비좁은 초점만 한 구멍 뚫려 있는 옥대 속 흰 비단 심지 희미하게 내비친 듯 심지 박힌 비단에는 핏빛 물들어 있다네 잠시 정신 차려보니 마구 누빈 실밥 연상이라 칼을 꺼내든 동승은 누빈 실밥 뜯고 흰 비단 혈로 쓴 밀서가 보였다 밀서 내용 읽어 보니 짐이 촉 발동 느낌 지니 큰 세력 얻고 존비의 말로만 군신 여김이요 근자 조직이 불쑥 나와 군중을 해치고 보좌를 밟으니 사당을 등에 지고 업신여김 조정의 기율 문란 길이요

반란 조짐 공공이속 내비치니 황제 눈치 삼켜진다네

근자 정치 행각은 칙상봉벌은 짐의 뜻과는 무관하며 밤낮 근심 걱정 두려움에 떨며 천하가 위태로움이요 짐이 지친이니 고조의 건업 어려움 봉착 일으켜 우국 충절 열사 규합 이루어 간당들 사멸시켜 조종의 치업대인 만세 이루어라 창황한 마음 손가락 깨물고 혈서로써 경에게 보낸지라 밀서 보며 눈물 뚝뚝 한없이 흘러내리니 황제의 혈서 젖더라 동승은 절친한 왕자복 밀서에 대한 고민하며 홀로 단신 조조를 괴멸시킬 계책 부심 골몰하며 심사숙고만 하더라 그때 왕자복이 인기척 하며 들어오니 깜짝 놀라 당황하며 책상 위에 있는 밀서를 소매 밑에 감추다 땅에 떨어지니 왕자복은 그것을 주워보니 밀서 아닌가 모든 사실 이야기 짓니 자네 조조한테 이 사실 밀고하면 어떨까 하네 나는 친우로서 문경지교 맹세한 친구라 생각하기 때문 모든 사실 숨김없이 털어놓은 것이라 둘도 없는 친구 믿음은 나만의 생각일지 알 수 없는 길이지만 조조에게 고발한다면 저잣거리에 널려 개죽음 격발 치르니 잠깐 기다려 주게 동승은 그의 소매 잡으며 눈물 하염없이 사정하며 이 비밀 조조가 안다면 한실은 멸망의 나락 길이오 자네는 한실의 은혜를 입은 조신이거늘 자네 또한 꼬리표 달아 평생을 고통 속에 삶 아닌가 대답 공방 얼음에 따라 동승은 죽이려는 표정 아닌가 왕자복은 웃음 지으며 이보게 농담일세 안심하시게나 난들 어찌 한실의 크나큰 은혜를 잊겠는가 자네 혼자 끙끙 고민하는 건 친구로서 가만 볼 수 없는 일이니 나란히 고민 합세해 보세 동승은 다행한 마음 한숨 내 쉬며 감사하는 친구라는 걸 알았다 나로선 골몰하는 생각이라 아직 확고한 계획이 뜨지 않는 상황이라

밀서 절친에게 들켜버렸네

며칠 고민만 하고 있을 뿐 계획 틀 짜지면 자네와 대사 협력해 동참
해 준다면 천군만마 얻음 아닌가 뒷문 앞문 꽉 닫은 밀실에서 동승은
정좌하며 왕자복에게 피로 쓴 황제 밀조를 보여주니 눈물 어린 음성
으로 서로 간 동맹 다짐이요 의문 쓰고 서명하며 이 두 사람 맺어 동
지 끌어모으며 힘이 되어 줄 인물들 동맹 결성이라 두 사람 맺어지니
다른 동지 합세 기울여 보니 측근들 장군 오자란 친구 격세하며 충
절 두터움이요 의로써 힘이 연결이라 말 듣고 보니 믿음직스러운 인
사들이라 그들 또한 한실의 충신이라 천만다행 이러다 만난 날 기약
하려 그들과 만남에 의논해 보더라 서량 태수 마등이 등장하더라 마
등 뒤를 졸졸 따라 동승은 밀칙의 사연 심중 진심 어린 마음 털어놓
으니 마등은 동승의 참뜻 듣고 눈시울 적시며 통곡하며 동승의 가슴
속 감격의 피가 들끓었다네 장군 협력 군 동참하시면 그들 괴멸시킴
은 성공 반걸음이라 또다시 혈판 결행하더라 차후에 결행 날정하며
서량에서 봉화 올려 알림이니 결행 약속 짓더라 벌써 혈맹 동지 다섯
명 점점 늘어나는 밀실 어두컴컴 아무도 모르는 곳에서 소문 근절하
여 모두 차단하니 그들만의 전도 축하 소연 축배 하며 의 배로 나누
면 앞일 목적 달성이라 한실 종실 흩어보니 유현덕 이름 있지 않은가
열 아들 부럽지 않은 천군만마요 현덕의 형제들은 조조에 불만 많고
언젠가 조조를 괴멸하자며 입버릇 놀리더라 그러한 내용 어떻게 소
상하게 안단 말이오 사냥 갔던 조조가 황제 앞길 건방 떨며 가로막은
길 군중의 것 제 것인 양 주인 행사하니 현덕 아우 관우와 장비가 덤
벼들 듯 표정 인상 찡그리는 행동 보았기 때문이라

조조를 몰아 없애려 조직구도 세우더라

그들 또한 기회를 엿보는 우리로선 천군만마 아닌가 하오 훤한 대낮 움직임 눈에 띄기 쉽고 소문 또한 무성하니 입 방아 소리 오르내림 두려우리 어느 날 밤 어두컴컴할 때쯤 품속에 밀조를 꼭꼭 숨겨 일사불란 얼굴 알아보지 못함이오 몰래 현덕의 객사 안으로 들어가 은밀하게 불러보니 현덕은 의아하며 동승을 맞이했다네 서로 대화 주고받으며 이런 야밤중에 오신 연유 무슨 급한 일이라도 있으신지요 현덕이 묻자 다름 아닌 사냥 갔던 날 의제인 관우 장군이 조조를 베려 하자 귀공이 나서서 만류하셨는데 그 자세한 내막 알고 보니 현덕은 안색 잃으며 잠시 스치는 생각 조조 대신 그 문제를 따지러 왔구나 생각이 앞서가더라 현덕은 그때 그일 실타래 풀 듯 말하더라 아우 관우는 충심 의롭고 차분한 우직한 성격입니다 그날 승상께 태도가 제위를 모독함에 분노 역발한 것뿐이요 다른 의도는 없는 걸로 알고 있습니다 귀공께서 제가 조조에 서주 받고 염탐 짓자고 온 것이 아니요 조조를 격멸하는 몇 사람 중 한 사람이요 경제와 의심을 해제하시오 귀공과 천자의 황숙 나 역시 국척의 낮은 품계인 것을 우리 사이에 감출 것이 있겠소 동승은 가슴에 품고 있던 밀조를 내보이니 현덕은 밀조를 읽고 나서 넋이 나간 사람처럼 눈물만 하염없이 손에서 떨림이요 밀조에 큰절 한 다음 귀공도 이 밀조 뜻 헤아려 황제 폐하를 능멸하는 것들 천하를 위해서 일신 해소해주십시오 물론입니다 동승은 기뻐 날뛰듯 속마음 너무 뜻밖에 감당 물결이라 탄탄한 불여튼튼 지원군이라 무엇이 두려우랴 비단 두 마리 펼쳐보며 혈맹 동지 혈판을 내보이며 혈로 써 내려간 이름들 당당한 거목들이라

동승은 진실나라 존망 생각하는 자들 만남 의결 동맹 맺더라

혈판에 새겨진 인물이라 거기 장군 동승, 의랑오석, 서량 태수 마등, 공부랑중 왕자복, 장수 교위 충집, 소신 장군 오자란 모두 또렷하게 써 내려간 혈판 서명 줄이요 현덕은 놀라며 의합 혈맹이라니 세상은 희망 빛 내비친 믿음직 굳게 딛고 일어날 충만하게 하려 힘이라 세상 어두워도 반드시 희망 있으니 낙담해선 안 된다는 것 서로 간 한마음 한뜻 똘똘 뭉침이니 탁한 물은 언젠가 모진 세상 풍파 겪고 나면 정화되어 맑고 흐름 이루니 원망한 마음 떨쳐 버리고 굳건히 갑시다 진정한 삶 영위 천자와 만남이니 깨달음 진리라 나에겐 미력한 재주이니 귀공께서 원대한 힘을 합세지세 이면 무엇이 두렵습니까? 무슨 할 말 더 있으리오 바로 현덕은 필목을 들고 혈판에 일곱 번째 써 내려가며 혈서 찍더라 우리 목적 달성은 절대로 경거망동해서는 모든 일 그르치니 항상 경계태세 잊으면 안 된다는 것 명심해야 하오 저는 날이 밝기 전에 떠나야 하오니 이만 실례합니다 나중에 서로 밀실 소통 이어가시다 동승은 새벽안개 타고 유유히 사라지더라 어느 날 갑작스런 조조로부터 통보받고 급히 상부로 달려갔더라 상부 후원에서는 주안상 차려놓고 현덕을 맞이하더라 잠시 후원 광경 보니 꽃들 만발 향내음 진동이요 넋이 나간 꽃구경이라 조조와 후원 꽃밭 길 거닐며 담소 나눈지라 그때 하늘은 시커먼 떼구름 지나가며 소낙비가 한차례 쏟아 적시며 뿌리다 잠시 멈춘 소낙비 꽃들 가지는 빗방울 타고 뚝뚝 떨어지더라 현덕은 하늘 바라보니 시커먼 구름에 하늘에 무리 떼 지며 바람결에 지나가더라 마음은 답답함이요

조조가 현덕의 마음 은근슬쩍 넘겨짚다

동구 밖에선 시녀들이 비가 그친 틈타 청매를 부지런히 줍더라 광주리에 한가득 옆구리에 끼고 서로 시기라도 하듯 경쟁하더라 누가 더 많이 주웠나 노닥거리며 조조는 지나가면서 젊은 시녀들 보며 꽃밭이라 착각하며 기뻐 어쩔 줄 모르니 미소만 방긋방긋 짓더라 조조 아름다운 시녀들만 히쭉히쭉 쳐다보며 군침을 질질 흘리더라 으하하 젊은 미인도 한때요 꽃 향음도 잠시 풍기고 나면 그 향은 기류 타고 나면 시들어 꺾어진 썩은 볼품없는 허무라 멀리 앞을 내다보는 선견지명 안다는 것 모든 사물 허무한만 잘싹이요 서로 대화 오고 가며 창의 멀어진 맘이라 자네는 마음속 품고 있는 뜻깊은 이상 관계 속 얻고 나란히 갈 인재 주워 포진인지 저로선 주위 사람 없으며 지금 본분만 조정에 하사받는 임무만 충실할 뿐입니다 자네가 추천할 영웅 있다면 천거해 보게나 조조는 집요하게 묻더라 현덕으로선 얼렁뚱땅할 수 없으니 세상 떠도는 풍문으론 항간에 전함은 세상 떠도는 난발 소리는 회남의 원술 그자가 역대 영웅이라 돌림 소리 세상 울림 퍼져 있습니다 제 생각은 아닌 것 같은데 세상 사람들은 풍족한 자원 물자 넉넉함 넘친다고 칭찬 극찬합니다 그러자 조조는 껄껄 웃으며 그자가 원술인가 자 가소롭도다 그자는 살아있는 삶이 아닌 죽은 시신이라 원술은 불원코 괴멸시켜 저잣거리에 수급 베어 깃대에 꽂으리라 하며 자신 있게 조조가 말하더라 이때 유비가 원술에 대한 자세하게 우려하는 마음 섣불리 보일 인물이라 그는 삼대 사공의 작위 지휘요 주위 인물들은 우수한 관리 둘 작위 태태라 모가 즐비하고 용장들 널려 그런 조건 갖추었으니 기초 튼튼 역대 영웅이라

228

확 트인 정자 위에서 양면 술책이라

건상 확 트인 매라 껄껄 억지웃음 지으며 그는 결단성 무절이요 성격은 우유부단 대대적인 전투격하면 몸뚱이만 사리다 영웅 자격 하질이다 누구를 내보이며 칭찬해도 적이라는 이유로 조조는 그들 하치로 본다네 어느덧 담소 나누면서 정자에 당도하여 앉아보니 풍치가 확 트인 풍아라 관매 절지에는 여러 잔치 붙임 새라 자네와 계급장 내려놓고 편한 동료 마음으로 구속 없는 속절 확 뚫어 자유로이 훨훨 날 듯 취해 보세나 고마움에 감복합니다 지금까지 대화 내용 당세 영웅 말본 나눈 말 재미있는 느낌표 찍어 오늘 밤새도록 담론 풍발 어우러져 대화 꽃 피워보세나 서로 간 흉금 확 털어 자기 모든 것 내놓을 수 있는 숨김 그림자 한 점까지 다 까발려 놓으리라 조조는 그런 말 던지며 현덕의 마음 읽어보며 애쓰는 작태라 현덕 또한 조조 속 참다운 조조 심성인지 아리송하며 나 자신 더욱 조심스러운 표리부동만 짓고 싶다네 자 풍악을 울려라 구슬픈 노랫가락 울려 퍼지니 술 한 잔 두잔 부딪침 소리 기부만 혹 가더라 엉덩이 씰룩 들며 가희들 희희낙락 아니 보아하니 조금 전 소매 걷고 매실 줍던 가희들 중 손 꼽히는 절세미인 아니던가 술 시중 들고 있었다네 취기가 정취 올라오니 괴음이라 근자에 와서 이렇게 기분 혹 가니 술 한 적 없는 나날이었으나 이럴 때 풍유 시 한 구절 지어 보세나 저는 담쌓은 꽉 막힌 벽창호입니다 싱그러움 재미없는 미적선이라 그럼 술이나 한잔 더하게나 저는 이만 실례할까 합니다 더하세 벌써 대화 꽃 피기도 전에 파장한단 말인가 조조는 또 술잔을 권하더라 영웅호걸 말 짓기 끝나지 않았네 그 외 다른 영웅호걸 또 있나

영웅호걸 자칭하더라

자꾸 묻는 조조라 현덕은 눈치 발 낙과라 그 말인즉 자기 본세 이름 불러 달라는 애원인 것을 눈치는 저 멀리 감추어진 그림자나 저는 항간에 풍문 말 음성 소문만 말씀드렸을 뿐입니다 형편없는 속절없는 사내로군 진짜 영웅 대부 표면 수면 위 떠오른 큰 뜻 품은 마음 책략 속 퍼뜨림 간직 만여 가지 술책 어떤 상황 시조 고난도요 마음껏 풀기 증발 우주와 천지를 어루만지는 만민 위에 우뚝 선 지휘하는 자 아닌가 지금 현세 그런 자가 속 열 가열 기지개 핀 일어나려 한다네 그자가 누구입니까? 조조는 갑작스런 술에 고주망태 상태 손가락으로 현덕 가리키며 또한 본인이라고 하며 바로 자네와 나 사이 분간 짱이라 그 말소리들은 현덕 깜짝 놀라움 밖에선 강한 폭우가 들이 부으며 천둥 소리 엄청나더라 어디선가 벼락 때리는 소리까지 동반하더라 마구 갈겨대는 번갯불 부딪친 괴음 깜짝 놀라며 머리를 땅바닥에 처박고 발광하듯 엎어지는 현덕이라 그 모습 본 가희들은 껄껄대며 배꼽 잡고 웃더라 조조는 뭔가 수상해 켕기는 느낌 오는 전율 의심 발동이라 현덕은 뚫어지게 유심히 지켜보며 씁쓸한 표정 지으며 조용한 날씨 잔잔한 하늘 푸르름 어찌하여 아직도 귀 막고 처박아 있냐고 반문하더라 현덕은 그 말 들으니 술이 확 깨버리더라 놀라움에 저는 본시 천둥소리 격멸 소리라 나도 어찌할 도리 없는 병에 걸려 정신 줄 풀리는 병이요 조조는 그 말 들으며 오해를 풀며 이해하더라 조조는 현덕을 추켜세우나 함정이라는 것 벌써 알아버린 현덕이라 조조는 현덕을 얼핏 보기엔 아무짝에 쓸모없어 보이지만 면밀히 보건대 쓰임새 있더라

조조 함정 파놓으려 애쓴다네

그러니 위상 격상 인물이라 칭하니 만만치 않은 상대라고 추켜세우는 가상이라 눈치발 파먹는 현덕이라 표리부동 서로 간 내보이는 웃음만 짓는 모습 보이기만 하지만 그러니 서로 간 경계를 풀어 평안한 대화창이라 현덕 생각 지금 현상 조조 위상 높은 곳 나 자신 그가 같이 격상시킨다는 말 함정 파놓은 것 벌써 알아차린 현덕은 일부러 천둥 소리에 자지러지는 시늉을 해 보였다네 조조는 현덕 만남에 격세지감 바람 한 점 없는 잔잔한 하늘 푸르름 색채 그러나 천둥소리 없으니 마음 푹 놓고 느껴보게나 거절 티 없는 맑고 아름다움 취지 탈바꿈 진미의 술안주 풍족함 가득하니 군침 맴도니 뱃속 한없는 무한정 채우더라 이때 가신이 당도하여 하북 정세 원술 잔영 전역 염탐 골몰하여 모든 정보 수집하여 돌아왔사옵니다 수고많았네 좌석 착석하게나 한잔 받고 하북 흐름 정세 눈여겨봄 결과 어떠냐 원소의 허상 돌직구 다 보았습니다 만총 대답하기를 하북은 조용한 별다른 진전 기미 보이지 않는 관망이옵니다 그러나 북평 쪽에선 공손찬 이란 자 지휘 전투함에 괴멸당함은 원소에게 당함이오 듣고 보니 깜짝 놀란 현덕이라 아니 공손찬이 당하니 그는 세력 기반 탄탄한 자라 칭하리 어찌하여 일조에 망했단 말인가 허망할 뿐 탄식하니 그 모습을 본 조조는 의심하기 시작하더라 자네는 왜 그리 공손찬 죽음을 탄식하던가 공손찬은 연내 친한 은우입니다 황건적 토벌 때 같은 뜻 품고 나의 어려운 시기에 나의 형제들 챙겨주기 일쑤 토벌 전투 참여시켜 도와준 은우입니다 그러니 여러 신세 진 분이 저세상 떠남 말 듣고 어찌 가슴 아프지 않겠습니까 이 보게나 만총 자세한 비보 올려주게나

공손찬 별세라 그 말만을 듣고 자지러지는 현덕이라

그런 연유 듣고 나선 조조 침울하겠구먼 그대와 무명시절 보통 사이 아닌 그에게 많은 신세 받았으니 그럴 만도 하네 공손찬 멸망 이유 자세히 설명하거라 만총은 조목조목 설명해 나가더라 공손찬은 군량 35만석 대대적인 대병 충만하였으나 수차례 오간 전투는 강국 체면 지탱하였으나 실수하는 일 벌어지는 한 일대 부대가 격전 속에서 나 몰라라 모두 몰살시킴 무관심 때문 일어난 일이라 그의 신망 한없이 하질 사기가 꺾어진 낙뢰라 공손찬 사기가 저하되니 군병마저 시무룩 하수하다 그늘진 잡풀일 뿐 이때 틈을 탄 원소 군사가 습격을 하며 휘몰아 붙이니 성안에선 내부 분열 끈 떨어진 갈라 쪼개져 내림 공손찬의 타당하지 못한 행동 판단에 내부 불평불만 가득한 몇몇 부하 장수들이 성문 활짝 열고 부하 이끌고 5천여 명 이상 일시에 적에 투항 흰 깃발 들어 올리니 그들 본 나머지 군사들은 사기 진전 없는 떨어진 쓰려 내린 낙엽이라 그러니 괴멸당함은 뻔한 일이요 공손찬은 이런 상황 해지는 일몰이라 도망 갈길 꽉 막힌 장벽 오고 갈 때 없는 위기촉발 처지를 눈물 머금고 단칼에 베어 버리고 자신은 하늘 우러러보며 여보 나도 당신 따라가리오 하며 배를 가르며 자결하더라 만총은 모든 보고를 마쳤다네 승상께 청할 말씀 있습니다 황숙 갑자기 뜬금없이 청이란 무엇이오 말해보구려 나에게 일군에 군병을 지원해 주십시오 지금 당장 가서 원술이 지니고 있는 전국옥새 빼앗고 원술의 야심 날개를 꺾어 그의 수급을 베고 머리를 받치겠습니다 그 문제는 중요한 사안이지만 자네는 대책강구 있던가

현덕은 공손찬의 복수 갚아 주게 상념 중이라네

원술은 분명 회남 미련 없이 버리고 하북으로 이동 옮김이니 그때 서주로 지나가야만 하는 길이오니 그 길목에서 습격을 가맹하면 승상의 모든 근심 걱정을 한결 덜어드리옵고 원소 자신 오만불손 행동을 응징하며 그들이 바다는 야망을 모두 피기도 전에 짓밟아 버리고 땅을 갈아 엎어버리면 다시는 그런 헛된 꿈 일시에 접어지는 절대로 다시는 일어나지 못하고 괴멸 속 불 바다 속 활활 타들면 재만 남을 뿐입니다 그러한 생각은 한 동기가 있던가 저는 은우 공손찬의 영혼을 달래며 다소나마 위안을 받을 것 같습니다 과연 그대는 은의라는 것 의리가 있는 멋진 사나이일세 그럼 내가 지원군 주겠네 현덕은 허도를 떠나 거대한 군사 데리고 움직임 보이니 그런 말 들은 동승 크게 놀라며 다급히 현덕을 뒤쫓으며 달려오더라 현덕은 아무 걱정하지 마시고 국구 평안한 마음으로 안심하시고 전의 약속 지속이니 허도 떠난 마음은 폐하의 옆에 지킴이니 항시 조조가 눈치채지 못하게 자물쇠 꽉 문단속 잘하시고 신중을 기하고 신중을 기하여 주십시오 서로 당부하면서 헤어졌다네 밤낮 쉬지 않고 행군하여 아우들이 궁금함에 가형이시여 갑작스런 급한 움직임 취하시는데 무슨 이유 있습니까 지금 허도 떠나면서 하는 말이지만 내 마음 편치 않은 맘 철창 속에 갇힌 답답한 만이 엄습 오고 목이 조이는 심정이었다네 언제 조조가 마음 변한다면 우리는 조조에게 죽을지 모르는 도문 멀리 벗어나 갇힌 창살 속에서 훨훨 날아가는 세상이니 자유 만끽하니 기분 또한 한량하다네 진실한 마음으로 대하니 아우들도 현덕 마음 진심 심로에 감동을 받으며 그 뜻 합동 기분입니다

조조는 혈판장 서명 발견한지라

유유히 사라지더라 멀리멀리 잠시 몇 날 지나고 보니 조조는 의심하기 시작하며 동승도 서서히 감히 시작하며 행랑채며 모든 뒤척이며 마침 협조의 어의 옥대와 동지들의 혈판장 서명 발견한지라 그 명부를 보며 조조는 모조리 일가 일문 9백여 명을 모두 참살시켜 버렸다네 조조는 궁궐 쑥대밭이라 아비규환 소리 모두 몰살하니 피바다요 황제 옥대 혈서 따지면 황제부터 단칼에 베어버리며 나머지 명부 기록 서명 한 자들은 구족을 멸하며 철퇴를 휘두르며 모두 비명 이슬의 현장으로 사라지더라 조조 뜻 받들어 궁궐 안 피바다 물든 군사 3천여 명은 어림군이라 칭호 하며 격상시키고 조홍을 군대의 대장장이라 임명했다네 숙청으로 일단락 아직 혈서판 서명한 노무 중에는 거물 중의 거물 서량의 마등과 현덕이 있습니다 그렇군 그놈을 바로 가서 짓밟아 버려라 조조는 명령하니 정병 30만여 명을 집결 지어 일곱 전멸시키거라 이때 정보 알고 있는 손건은 하비성에 곧바로 급보 전하니 현덕은 모든 사실 혈서 비밀 밝혀진 건 모두 몰살당했다는 전갈받으니 지금 현덕은 풍전등화 운명 갈림길이라 그 성 지킴은 불안한 심정 고민하고 있을 때 아우들은 이왕 싸움 부딪침이면 싸움질 마음껏 합시다 자네 말 당연지사이지만 작은 성으로 어찌 30만 대군을 막을 수 있단 말인가 100만이고 올 테면 오라고 하시오 근심걱정 없으니 조조는 성격 오지랖에 오히려 조급하니 허도에서 여기까지 급행군이면 군사들 지쳐 있고 아마 바로 공격할 것이니 한번 격렬하게 격전하고 나면 군사들도 피곤해서 잠시 멈출 것이니 그때 바로 공격 가맹이라

조조 계략에 장비 당할 위기라

조조는 어느덧 소패성 근방까지 접 했다고 전했더라 아우들 준비 완료인가 장비야 병마 대비태세 탄탄 준비 물론입니다 형님 빈틈없습니다 장비는 공격조 편성했습니다 아쉽게도 야습 공격은 타당치 않은 혹시나 적에 들통나니 염려할 걱정거리라 조조 진영에선 오히려 안심하고 있는 것입니다 그러나 그들이 안심하고 있을 때 역습 법 직공 치면 피해주리니 그들 또한 여기까지 행군하느라 피로 겹치고 곯아떨어지는 상태이니 공격 가맹합시다 오랜만에 장비는 독단으로 수병 이끌고 기습 감행한다는 것 한편으로 보면 대단한 거 대군이 어려운 곤경뿐이오 장비 마음은 그런 것 다 필요 없다 불리해도 좋으니 오직 싸움 전투한다는 것에 만족이라 조심스럽게 전진하며 근접하더라 가까이 접근하고 보니 적들 졸고 있더라 내 생각 적중이니 장비는 함성 지르니 공격 소리 울림이니 적을 향한 공격 퍼붓더라 자세히 보니 아무것도 없는 빈 곳 당황하며 쳐다보니 산속 어딘가 숨어 있는 조조 군사들 웃음 한 바가지 쩔쩔거리며 웃더라 이미 늦어진 장비라 순식간에 장비를 포위하며 개 몰이하듯 포위망 확산 짓니 꼼짝 못 하고 상황 큰소리 질러 대며 장비를 사로잡거라 현덕 또한 절대로 놓치지 말라 야간 기습은 오히려 역습당함 위기 상태라 조조는 7만 나눈 각 분담 진형 군사 세력 30만 덮어 버리니 무섭더라 삼십 분의 일도 안 되는 현덕은 포위당하는 위기라 한 놈도 남기지 말고 괴멸시켜라 서서히 휘몰아치며 목을 조이면서 들어오더라 장비는 상황 위기 몰리니 분하다며 분통만 짓더라

조조는 진대부 부자를 이용하더라

좌충우돌 필사적 용맹성으로 적에게 퍼붓듯 하였으나 군사들은 모두 사멸되고 대개는 투항하며 장비 또한 부상을 입고 온몸이 핏물로 젖더라 피로 길 또한 모두 차단되었으니 억지로 뚫고 망탄산 쪽으로 도망갔더라 현덕 어지러운 국면에서 공격받으니 참패하며 거의 떨어져 나간 군사 이끌고 도망치듯 소패성으로 도망갔더라 본성은 조조에게 점멸 지으니 유비는 모든 것 소패성 버리고 원소 있는 쪽으로 도망쳤다네 소패 서주성 일대를 점령하니 조조 세력은 뻗친 힘 떠들며 잔치 벌였다네 웅성웅성 서주에선 부하 간웅과 미축 장수들은 성을 내버리고 어디론가 줄행랑쳤다네 진대부 부자는 약삭빠르게 기다렸다가 조조 군대가 오니 성문은 활짝 열고 맞이하니 조조가 그들을 보고 너희들은 이리저리 붙었다가 나를 잠시 도와준 것에 대하여 참작하여 살려 주겠다 그러니 성심을 다하여 백성들에게 선무 한다면 모든 죄는 사하여 용서해 주겠다 하더라 부자지간 엎드리며 큰절을 하였더니 백성들에게 안심하라 하고 평정을 말하고 평안한 미음 짓게 하라고 명령하더라 서주는 백성들 안정 유지하니 잔잔한 호수라 조조는 서주 안정 실태 보고 그다음 진전 작전 돌입하며 이젠 남은 성은 하비로구나 조조는 곰곰이 생각하며 신중을 기하며 진등에게 하비 내막 사정 풀어보며 말해 보거라 하비성은 관우 장군이 지키고 있으며 현덕은 서주성 무너지면 일비 보호막 가족들은 관우에게 맡겨 신속하게 하비성으로 옮긴 것이옵니다 그 전에 생각하면서 싸움 역전 장기전 짓지 말고 속전속결로 벌써 대군 휘몰며 북방 쪽에서 지키고 있기 때문이라 그러니 속히 마무리 짓거라

하후돈은 약을 바짝 올리더라

관우가 성 진지 구축하며 머물러 있더라 그때 뚜벅뚜벅 성에 가까이 와서는 관우에게 촌놈아 좋은 말 할 때 투항하거라 너희 괴수 현덕과 장비는 벌써 무너졌다 너도 목숨 살고 싶으면 투항하거라 볼품없는 하비성을 지키고 있더냐 투항하면 너희 고향으로 돌아가거라 촌놈아 욕지거리 마구 퍼붓더라 끝까지 듣고 있던 관우는 이 미친 잡놈아 그만 지껄여 그 주둥아리 뭉개 버리리라 하후돈은 약을 바짝 올리면서 유인책 먹잇감 던지더라 관우는 대로하며 머리끝 올라오며 그를 추격해보니 20리쯤 왔더라 관우는 생각해보니 너무 진지 안으로 들어왔더라 관우는 깨닫고 말을 돌리려는 순간 퇴로를 차단하며 적은 큰 산처럼 둘러 포위하니 꼼짝 못 하며 벌떼 날아오듯 화살을 퍼붓듯 하니 화살 우산 속 피하기 힘든 일이요 길을 보아도 도망갈 틈새 없더라 관우를 몰아 구석으로 봉쇄하니 난공불락에 놓인 하비성은 조조에게 넘어갔다네 계략에 크게 당한 관우라 죽음 각오에 임하며 결투라 장료가 나타나며 그 전에 장군께 은혜를 입은 적 있소 그러니 귀공께 도와주려 조조 명령 무시하고 눈속임으로 결투한다면 나온 것이요 지금 현재 현덕과 장비는 사비성 뺏기고 줄행랑했소 그러니 귀공께서도 개죽음당하지 마시고 무조건 목숨 부지하여야만 세 가지 죄가 무죄가 되는 것이요 첫 번째는 귀공께서 전사 한다면 현덕 생사 생존했다면 후일에 고주 배반과 도원 맹세 의형결의 파한 것이요 두 번째는 주군의 일가족을 끝까지 지키지 못함이요 단려불심은 무심한 것이오 세 번째는 천자를 받들어 모셔 지킴 저 버린다면 어찌 충절이라고 말할 수 있겠습니까

목숨 부지 여명 이유 세 가지 예문 하더라

관우는 그 말소리 듣고 고개만 푹 숙이더라 장료는 진정한 친구라 그의 사상 도리가 밝혀지니 이때 관우는 고심하며 목숨을 지키자는 쪽으로 마음을 굳혔더라 그러면서 투항을 결정했다네 조건이 있소 유황숙 생사 모르니 행방 알게 되거든 조조 밑에 머문다는 것 재고해 주십시오 떠날 땐 인사 없이 떠난단 말이오 유황숙의 가족분들 명줄을 보장해주시고 예의를 다하여 대접해 주시오 그렇다면 투항할 생각 있소 세 가지 조건이요 약속만 해주신다면 귀공 말대로 투항할 것이오 만약 그렇지 않다면 결사 항전할 뿐입니다 그 말씀 승상께 귀공 뜻 전하고 다시 돌아오리다 잠시만 쉼하고 계시오 장료는 내 달리면서 조조에게 관우와 협상 내용을 복명 올렸다네 도량 넓고 이해심 많은 조조는 뜻밖에 조건이라 역시 관우 그는 의인이라 한나라엔 항복 깃발 올리지만 조조에게 굴복 아니요 역시 내 마음 쏙 드는 의인이라 결국 내가 한나라 통치권자니 나한테 항복한 것이나 다름없으니 현덕 거처 안다면 바로 떠난다 그것은 난처함이지만 떠난다는 말에 한참을 고민하더라 그때 장료가 안심시키면서 승상 걱정 마소서 현덕과 그동안의 정 때문이니 그동안에 지내면서 애정으로 잘 그를 감복하게 한다면 승상께 양장으로 쓰임에 승상께서 하시기에 달려 있지 않겠습니까? 하며 열변을 토하더라 모든 협상을 받아들이며 관우를 맞이하라고 명령을 내렸다네 장료는 관우가 답변 기다리고 있다는 생각에 숨을 헐떡이며 얼굴에는 환한 표정 귀공 기뻐함이니 제의한 세 가지 조건 무조건 승상께서는 어떠신지 묻더라 아무 걱정 염려하지 마세요

관우는 형수님 만남에 안심시키더라

지금은 미결정이니 두 부인에게 여쭈어보고 묻는 것이 예의인 것 같습니다 지금 확답 듣지 않고서는 지금 움직일 수 없소이다 그러면 승낙받아 오겠으니 진정하시오 군사를 잠시 뒤로 후퇴시켰던 것이라 장료는 황급하게 관우 요구대로 현덕 부인 두 분과 대면하니 만남 가졌다네 도련님 하며 반갑다고 인사하더라 형수님께서는 무사한 모습 뵈오니 감개무량할 따름입니다 한동안 뜸 들이며 어젯밤 그들이 들이닥치니 저희들은 죽이는 줄로만 알고 있었습니다 형수님 잘 들어보세요 형님은 서주성 잃고 행방은 지금 현재로선 알 수가 없습니다 형님 행방 알 수 있을 때까지만 힘드시겠지만 그때까지만이라도 저들이 예의로 성심성의껏 잘 대접해 올릴 것이니 아무 걱정 마시고 잠시만 조조에게 항복했으니 자세한 이야기 말씀드리면서 형수님 지금 조조에게 투항한 것에 의견 묻고자 하니 조건은 형님 행방 찾으면 조조를 떠나기로 했으니 잠시만 저들에게 모든 것 맡기시고 참고 기다려 주시기 바라옵니다 천만다행입니다 관 장군이 계시니 든든할 뿐이니 그렇게 하도록 따르겠습니다 그리고 조조 만난 관우라 승상께서 관대함으로 대접해 주시니 감사할 따름입니다 그렇게 겸손 마시오 평안하게 계시오 하며 조조는 환영 연회를 베풀어주더라 조조는 당당하며 우리 군대 대단한 성과 세웠다 10주성을 우리 손으로 점령했다는 것에 큰 기쁨이요 이것에 대하여 관우 장군 어떤 의견 있는지 말해보게 저는 할 말 없는 아무런 생각 무념이니 죄송할 따름입니다 그런 답변은 패군에 말이오 관 장군은 투항은 명분 타당하리오 또한 협상하고 서로 간 타협 성사요 그러니 너무 쑥스러워하지 마시오

관우는 불편한 없이 형수님을 잘 살피더라

신도 그 약속 꼭 지킬 것이니 걱정 마오 저는 큰 은혜 입었습니다 장료공 설득 통해서 조건 약속 받아주신 승상께 다시 한번 고개 숙여 큰 은혜에 감명이 옵니다 모든 것 걱정 마시오 무인의 약속이니 꼭 지키는 위약은 절대 없으니 다시 한번 다짐하겠소 맹세를 다짐하시며 말씀해 주시니 감복할 따름입니다 현덕 행방 찾으면 곧바로 승상께 말없이 떠남이니 제 뜻 헤아려 주십시오 으하하하 그렇게 하시오 설상가상으로 현덕의 행방 죽은 시신이라 할지라도 저는 떠남입니다 그리 아십시오 그 말에 조조는 너무 기뻐서 웃음바다라 혹시 떠나고 나서 오고 갈 때 없으면 나를 찾아와도 반가워 할 것이니 마음대로 하시오 관우는 성내에 두 형수님 있는 곳에서 기거하게 배려를 해주었다네 두 형수님 거쳐하시는 내 원에서 빗물이 줄줄 새니 불편하더라 수리해달라고 승상께 부탁드리니 곧바로 수리하여 이젠 비가 오더라도 아무런 걱정 없더라 형님들 한탄 소리 흐느껴 울며 남편 행방 궁금하며 미칠 지경이라 두 형수님 앞에 섰더라 형수님 무슨 일이십니까 장군 어찌 아무 소식 없는 무소식이니 답답한 마음입니다 하며 통곡만 짓더라 이 관우가 형수님 보호해 드리니 아무런 걱정 마시옵고 형님 올 때까지 마음 평안히 계시오소서 머지않아서 형님께서 대면 만남 그날 올 것이니 두 형수님께서는 강건한 모습 유지하십시오 어느 날에서 조조가 잠깐 보자며 조정에 동행 하자며 불러들이자 그런데 가는 동행 길에 초라한 말 한 필 말을 타고 뒤뚱거리다 불안한 언제 주저앉을지 허약한 말이라 관우 몸집에 비해 균형이 안 맞네그려 하며 당장 명령 내려 멋진 말 한 필 선사하더라

관우는 적토마 선사 받았다네

전갈 온 털이 수북하게 불 갈색을 띤 채 눈망울엔 초롱초롱한 눈매 넓적다리에는 근육질 육각이더라 귀공 본 기억 있던가 관우 입가에 선 신음하듯 음, 관우는 눈이 휘둥그레져 잠시 넋을 잃은 듯 무릎을 치며 감탄사만 연발하더라 이 명마는 여포가 탔던 적토마가 아닌지요 맞다네 그렇지만 말이 주인 바뀌고 나선 길들이라 힘드네그려 그러니 귀공에게 이 명마를 선사하니 잘 다스려 보게나 관우는 얼굴에는 환한 미소 띤 기뻐서 어쩔 줄 모르더라 절색 미녀들 마무리 선사하여도 무표정인 관우가 한 마리 적토마에 훅 가더라 선물 선사하니 뛸 듯 기뻐하더라 여포는 적토마 받으며 이런 생각 하더라 형님 행방 알았을 땐 단숨에 달려갈 수 있는 적토마가 아니던가 그러니 기쁨이라 적토마를 타고 뚜벅뚜벅 집을 향해 가고 있을 때 그 뒷모습을 바라보며 조조는 씁쓸한 표정을 지으며 아이코 아까워라 후회의 표정을 찡 그리더라 유비는 하북의 수도 기주성 안에 기거하고 있는 거라 꼼짝달싹 없이 처박혀 밤낮없는 침울한 표정만 짓고 있더라 후대를 받는 처지이지만 식객 처지요 모든 연락 두절이요 패망한 몸이지만 원소에게 신세 진 처지라 가족 생각에 불안한 마음 봄기운 살랑살랑 흔들지만 하루하루가 지루한 나날이더라 내 마음 한심한 생각 나라를 받들 수 없는 이 자신 가족들 보존할 길 없는 착잡한 마음뿐 부끄러움 만 마음속 깊이 엄습해 오니 편히 쉴 수도 없는 처지라 나 홀로 등잔불 아래서 나 자신 비굴함이요 계곡물 소리는 흘러가는 물줄기 시원치 흐르지만 나 자신은 어찌 이렇게 답답하리오 아우들 관우 장비 세상에서 숨 쉬고 있기를 바라는 마음 아우들은 어디 있단 말인가?

현덕은 원소 진영에 기대고 있다네

내 말 들리면 대답 좀 하거라 오직 근심 걱정뿐이라 하늘에 정성껏 빌어 무탈하기를 마음 전하더라 하늘은 띄엄띄엄 저 멀리 떠 있더라 원소 부대는 강대국 자랑할 만한 위세등등 기세라 강력한 백마 부대는 강대국 자랑할 만한 위세등등 기세라 강력한 백마 부대는 대단한 기세 어마어마하더라 간혹 국경지대에는 극소수 수비병들이 보이나 원소 대군 순식간에 전멸시켰다네 벌판 끝없는 평야라 안량의 정병은 15만여 깃발 펄럭 철벽 수비 공격 자세라 조조군의 우측을 치며 돌격하더라 조조는 다급하며 전체 전선을 보며 저쪽에서 돋보이며 주름잡고 으스대지 않던가 저놈의 수급을 베거라 하며 송헌에게 명령을 내리더라 단숨에 쫓아갔으나 어디론가 사라졌다네 놓쳤다 하며 맥이 쭉 빠진 표정 지으며 다시 조조에게 왔더라 조조는 깜짝 놀라면서 자네를 속이다니 비호같지 않았던가 참 묘한 일이라 안량이 그렇게 뛰어난단 말인가? 조조는 혼잣말로 중얼거리더라 선진 전역에선 맹장으로 유명한 안량이 기주로 임명장 받았다네 덤으로 선봉대장을 여러 명 임명하여 그에 곁에 두었다 그러자 그자는 오만방자한 자니 경계를 하라고 간언했지만 원소는 들으려 하지 않더라 관우는 이번 싸움은 그동안 신세만 지고 있는지라 조조에게 은혜 갚고자 하니 이번 출전에 선봉 대열에 끼어주소서 하더라 곰곰이 생각하다가 아닐세 이번 싸움판은 가벼운 것이니 귀공이 출전함은 번거로움이니 잠시 쉼하고 있게 나무 자르듯 단숨에 거절하더라 그 소리 들은 관우는 기운 쭉 빠지며 그대로 돌아왔다네

관우는 신세 짐에 은혜 갚고자
출전하려 했으나 거절하더라

조조 대군 20만 백마부대는 서쪽 산기슭에 숲이 우거진 곳에 포진 초석 하여 조조는 지휘본부 안고 명령을 내렸다네 안량은 기세 당당하며 누가 덤빌자 없더라 산천초목 벌벌 떨며 모두 기를 못 펴지니 제압 억눌러 통제함 조조는 한심하다며 안량 저 한 놈 제압 억눌러 통제함 못 하고 헤매고 있구나 저놈 죽일 자 누가 없더냐? 그때 송헌이 제가 저놈의 목을 베어 받치겠습니다. 장하도다 역시 자네밖에 없다네 안량과 몇 번 부딪침 초목 산야에 붉은 피로 물들면서 그만 일몰 지고 말았다네 조조는 얼굴색 하얗게 질리면서 또 누구 없더냐? 그때 서황이 달려나가며 불꽃 튀기며 도끼 휘두르며 안량아 받거라 용맹성 있는 서황 칼과 도끼 격렬할 때 100합 부딪침 무기도 뜨근뜨근하게 달구어졌더라 도저히 승부마저 나지 않더라 안량은 지구력으로 버티며 끝까지 가니 서황은 체력이 떨어지며 당하지 못하더라 용맹성도 무너지더라 도끼는 땅에 떨어지니 서황은 말머리 돌리며 줄행랑이라 이때 조조는 10리 밖으로 후퇴하고 불리함은 이어가고 있더라 조조 진영에선 위속과 송헌 두 장수 잃고 대장급 부하들도 몇십 명 희생당하고 큰 손실을 입었다네 조조는 망신살 뻗치며 창피한 수준이라 무릎을 치면서 안량을 눕힐 자는 관우라 그렇지만 고민하더라 왜냐하면 싸움에서 공을 세우면 그 빌미로 삼아 떠나버릴 수 있다는 것에 그렇지만 위급한 상황 군병들 군사 사기 진전이요 어쩔 수 없어 관우를 불렀더라 뜻밖의 소식들은 기뻐 흐뭇한 표정 관우라 때는 바야흐로 기회가 왔다네 무장 튼튼 갑옷을 착용하고 형수님들께 전투 나감에 사정 보고하고 인사하더라

관우 드디어 출전 준비라

잠시만 다녀오겠습니다 관우 말 들으니 든든함이요 관 장군님 무사히 잘 갔다 오시오 혹시 전장 속에서 황숙 행방 알아보소서 눈물만 훌쩍 흘리더라 이번 싸움 승리만이 이 소굴에서 행방 될 수 있는 빌미입니다 그럼 다녀오겠습니다 형수님 적토마에 올라타며 채찍질 가하니 그 속도 간파할 수 없는 정도로 단숨에 달려와서 구수회의 동참했다네 조조는 관우가 왔다는 소식에 기뻐했다네 부르심 받아 목적 달성 안량이라는 놈 목을 베어서 바치겠습니다 인사하고 단숨에 안량 있는 곳까지 당도하니 그를 맞이하여 서로 눈치 보며 잠시 그 자리 맴돌며 서로 간 빈틈을 노려보고 있을 때라 관우의 청룡도를 번쩍 들면서 안량에게 신속 정확하게 던져지니 금속 소리 터진 소리라 투구도 갑옷은 뚫어 찢어져 분해 쪼개져 툭 소리와 함께 땅바닥에 고꾸라지며 비명 한번 지르더니 유명을 달리했다네 관우는 목을 베어 쥐고 유유히 사라지더라 어찌 된 일이던가 안량 호걸 장수를 가벼이 죽인 전장은 누구이던가 원소는 찹찹한 심정 얼굴 안색 처절해진 그때 저수가 말하길 관우라는 자라고 합니다 그럴 리가 현덕 의제라 현덕은 일신 의탁 우리 진지에서 신세 지고 있거늘 패주로 와서는 안량을 죽여 이 쳐죽일 놈 당장에 현덕을 잡아끌고 오너라 하며 노발대발하며 노기가 발동했더라 군사들이 현덕 기거하는 곳에 떼로 몰려가 현덕을 포박하여 원소 앞에 무릎 끊게 하거라 현덕을 보자마자 원소는 울화통 터지는 호통을 질렀다네 배은망덕 쳐 죽일 놈 어찌하여 우리의 보배 안량을 죽였더냐 네 목을 대신 벨 것이라 여 봐라 저자를 냉큼 목을 베어 버려라

현덕 억울함을 호소하더라

그제야 비로소 너무 억울함에 입을 연 현덕은 이것 보시오 조조로부터 죽임당할 뻔 나일세 망정 어째서 그를 도왔다고 뒤집어씌운단 말인가 혹시 잘못 와전되어 관우와 같은 비슷한 장수를 보고 오해한 것이 아닌가 잘 알아보지도 못하고 졸개들의 말만 듣고 이 목숨을 끊으려 하는 것이오 너무 억울하네 이 말을 들은 원소는 그 말도 일 리가 있군 원소 마음 잠시 수그러지면서 한풀 꺾였더라 서주에서 조조에게 크게 패망하고 이 몸 오고 갈 때 없는 몸이요 어찌 조조 같은 원수를 돕는단 말이오 아우들도 뿔뿔이 흩어져 연락 두절 아무 소식 없는 뜬금없는 억울함이요 자네 말에 공감한다네 저수 부하 말만 듣고 오해를 가짐 안고 있으니 용서를 구함이니 모든 것 잊고 평안히 옆에 있어 주게나 현덕과 긴밀함 유지라 좌상으로 자리 청해 앉힌 권 하더라 곧 모든 회의 소집하여 패전 원인 분석하여 이때 안량 무너짐에 분개한 아우인 문추라 선봉 자청하여 서겠다며 형님 당함 복수하겠다면서 두 손 불끈 쥐며 눈물 한줄기 흘리며 다짐하더라 선발 지원한 것이 자네 이던가 반드시 안량의 원한 속 시원 풀어주게나 자 뭐하고 있나 신속히 나가 승전보 안고 오게나 문추는 두 주먹 쥐며 뛰어나가더라 병마 10만 대군 이끌며 황 하강 너끈히 건너 대안쪽 향하여 진격이라 먼발치에서 보아도 불안함이요 문추의 용병들 아무 생각 없이 나가는 모습 위태로워 보이니 묘책도 없이 나간다는 것 위험한 일이옵니다 저수가 근심 걱정 않고 원소에게 반했다네 현 상태로 보아선 관도와 연진 두 갈림길로 나누어 공격 분신 지켜 싸운다는 생각 골몰이라

문추는 복수의 칼날 같더라

우세 향방에 따라 점차 적으로 우세한 쪽으로 한 방향 집중하여 밀고 나아갈 때 총력전 가라면 승산 본질 보이니 이길 승산 있사옵니다 주군 지금 보이니 이길 승산 있사옵니다 주군 지금 공격 자세는 너무 경솔함 보이니 어찌하여 무턱대고 황 하강 건너서 공격을 하는지 불리하옵니다 진퇴양난이오니 이거 큰일 아니옵니까 주군 그러나 이런 상황 원소는 오늘따라 귀담아듣지 않고 눈 밖에 난 일인가 열변 토하며 답답함이로다 허구한 날 원소에게 설명 지폈지만 헛소리만 나열이라면서 힘 솟을 때 신속히 병을 움직여야만 사기 북돋아 승산 있는 것이지 전투를 혀끝으로 하느냐 함부로 주절주절 대지 말거라 적진 가는 길 사기 진전 떨어지니 주둥아리 꽉 다물어라 저수는 그 말 듣고 답답함에 밖에 나가서 한숨만 푹푹 내쉬더라 현덕은 궁금하며 원소에게 간청하더라 큰 은혜만 입었으니 어찌 지금 전쟁 속 지켜만 보고 있겠습니까? 관우가 안량을 죽였다고 입방아 소리에 이 억울함 진위 여부 밝히고자 확인하려고 하니 허락해 주시오 원소는 바로 승낙하였다네 현덕은 선봉장으로 명받고 나가고자 하더라 그때 조조 진영에선 관우가 안량을 물리쳤다고 그냥 넘길 수 없는 큰 공이니 조조로부터 소중한 보물로 인정하더라 관우의 공을 높이 치하 바로 황제에게 아뢰어 봉후인을 하사하여 수정 후자 인이라 관우는 너무 훌륭한 것이라 받아야 할지는 아닌 듯 사양하며 단호히 거절하더라 이 사실 조조에게 알려지니 곰곰이 고민하며 다시 고쳐 후하게 한수 정후지인 여섯 글자 띄워 보내니 관우 자신은 적인지라 그제야 흔쾌히 인수를 정중히 받더라

가만히 보니 맞불 작전이라

이때 문추는 격발 치듯 10만 대군중 7많은 후방을 치니 조조 치중대는 궤멸지경 군량과 무기들은 내버려두고 줄행랑이라 노획품을 거두어 전부부대 창고로 옮겼다네 조조는 심어 놓은 첩자들 정보 듣고 높은 고지에서 일제히 낮은 곳으로 내려가며 봉화를 올리니 신호 보내며 줄행랑치듯 겉으로 보임은 눈속임이더라 산, 강, 숲, 속에 감추어진 숨긴 발톱 상대방 내려오기만 기다리고 있더라 이때 문추가 대군 이끌며 내려올 때 숨겨진 발톱 드러내며 큰 그물 던지듯 덫을 쳐놓으니 걸려들며 문주를 사로잡았으나 필사적으로 발악하니 장료와 서황은 문추를 뒤쫓아 가니 문추는 잠시 멈추며 뒤돌아서서 활시위를 쏘았다 장료 얼굴에 꽂혔으니 장료는 비명을 지르니 말 위에서 떨어져 바로 단칼에 내려치려는 순간에 나 살려 하며 줄행랑치더라 서황은 백연부라 칭하는 큰 도끼 휘두르며 공격하려는 순간 잽싸게 문추는 철궁으로 맞받아치면 칼과 도끼가 부딪치며 멀리서 보니 춤을 추더라 부딪치는 소리 쩔렁쩔렁 50여 합 불꽃 튀며 격전인가 둘 다 지친 모습 주위 적군들 기세 소리 들리는가 귀가 멍멍하리 인마가 달려올 때 기회가 틈 보이니 황하 쪽으로 내 달려 도망쳐 보지만 먼발치 가까이 보이는 기마 장수라 깃발에는 한수정후 운장관우라 쓰여 있는 글씨체 보며 기겁을 하며 관우 목소리 크게 내 질러 뻗더라 문추야 무엇을 망설이더냐 어서 목을 내놓거라 질세라 우리 형 안양을 죽인 철천지원수 놈 잘 만났다 하며 접전 치며 70여 합 부딪치며 이젠 기력 소진이니 슬슬 틈 보며 피하려는 문추 방심 틈 보며 도망가는

척하며 뒤돌아 철궁을 쏘아 쓰러트리는 술책이지만 관우에겐 그 작전 당하지 않더라

관우 활약 대단하더라

여러 번 화살을 쏘았지만 관우는 청룡도로 다 걸어내다 청령 검은 단숨에 획 하며 바람 가르는 소리 일렁이며 문추의 목을 땡강 소리와 함께 땅바닥에 내동댕이치듯 대굴대굴 굴러가더라 문추 군사들은 오리무중이라 갈팡질팡 곤경에 빠지며 일제히 조조 군사들 빗발치듯 화살을 퍼부어대니 일망타진 무너지더라 적장 문추가 관우에게 당했다는 전갈 조조에게 전하니 모든 군사 환호성 소리 만세만세 만만 세라 굳건한 진용 지키고 있는 현덕이라 패잔병들 일부 도망쳐 온 병사들 문추를 죽인 자는 수염 긴 장수 관우라고 하며 이구동성으로 낱낱이 알리더라 현덕은 다급하게 황하 근처 가서 유심히 살펴보며 조조 섬멸 군들은 아우성치며 잔치 분위기더라 유독히 보이는 어깨에 꽂은 깃발 펄럭이며 적장이 보이더라 현덕은 눈길 놓치지 않고 보아하니 깃발에 글자가 희미할 뿐 그나마 읽을 수 있더라 한수정후 관우라 의제 아우 관우가 틀림없구나 살아있구나 천지시여 감사합니다 하며 빌고 또 빌었다네 그러나 원소 진영에선 날리더라 뭐라고 문추를 죽인 자 또한 관우라 당장에 현덕을 긴급 체포하라 전번에 교언 소리 지껄여 무마하려 무심결에 얼렁뚱땅 이었으나 이번에 용서 없이 당장에 목을 벤다 원소의 장수부하들로부터 결박하여 끌고 왔으나 현덕은 말을 뱉더라 어찌하여 조조 기책에 또 당하려 합니까 네 목을 베는 것이 왜 조조 기책이더냐 조조는 관우를 이용하여 안량과 문추를 제거했지만 결국 이런 상황을 계기로 현덕을 죽이려 하려는 기책이 아니고 무엇이겠소 지금 장군께 은혜를 받고 있는 상황인데 어찌하여 내가 조조를 돕는단 말이요

원소는 현덕의 열변에 녹아나다

다시 한번 재고해 주시기 바랍니다 아! 내가 또 오해를 했구려 만일 내가 분개함에 죽인다면 세상에 조롱거리요 조소를 받을 것이라 서로 간 오해를 풀며 원소는 정중히 현덕에게 용서를 구하며 극진히 대접했다 네 격전할 때마다 패전이라 귀공 의제 관우라 역을 치니 돌아오는 것은 패전이요 아무리 생각 작전 비책 써보아도 방법 없으니 보아도 귀공께서 관우에게 잘 다독이어서 이 전쟁 오랜 장기전 중단해 주시오 내가 여기 있다는 것 소식 듣는다면 아우는 한숨에 날개 달 듯 달려올 것입니다 그런 생각은 왜 이제 한단 말이오 아우와 나 사이 서로 어디 있는지 소식 없으니 이런 사태 벌어졌으니 지금이라도 서로 소식 비밀 관우에게 알린다면 서로 간 상봉 이루어지니 너무 걱정 마시고 진정하시오 그렇게만 해주신다면 안량과 문추 죽었다 해도 관우 장비만 우리 편으로 귀속한다면 모든 것 다 용서요 전투는 장기전 돌입이라 황하강 먼발치 계절은 봄을 타는 기지개 켜는 산들산들 부는 바람 소리 꽃내음 향 코끝 징 하니 풍이라 원소는 하북군 정비하여 요해에서 진을 쳤다네 조조 진영은 낙양에서 승전보 장졸들 사기 북돋기 위해서 위로연을 베풀었으나 그때 파발을 띄어 오는 소식에 급변이라고 알려지니 여남에서 도적놈들의 황건적 잔당들이 살판 치더라 조조는 장하다며 관우 극진하며 이번 전투 큰 공은 관우라 승리로 이끌었던 장수가 있었으니 전투 승리 쉽게 이어 감이라 혹시 관우가 딴 맘 먹고 현덕을 찾아가면 우리는 그동안 공들임 공든 탑 한순간 무너짐 그러니 항상 관우를 섣불리 전투에 내보내선 안 된다 하며 조심하더라

251

관우는 형님 있는 곳 소식 알고 나서 어쩔 줄 모르더라

관우 주위에 맴돌며 기회 보며 서성일 때 붙잡아 보니 현덕 휘하 손건이더라 반갑다며 가형 현덕 소식 알고 있냐고 행방 물어보니 서주에서 위기 사변 이후 뿔뿔이 흩어져 나도 살고자 황건적 무리 속에 한 패거리가 되어 귀속되어 있었소 하지만 하북의 소식 논의하면 현덕 주군께서는 원소 진영에 계시다는 정보 귀동냥으로 들었소 살아 있다는 말에 힘이 솟듯 감추지 못할 기쁨이라 혹시나 거짓으로 숨기는 것 아니요 확실한 원소 부하로부터 들은 말들이니 틀림없는 사실이요 관우는 천지 하늘 우러러보며 감사한다고 절을 하더라 손건은 열변 토하며 말을 잇더라 여남의 적군과 원소 관계는 한 배를 탄 일맥상통 나란히 갈 빛깔이요 내일 전투에선 유벽과 공도는 싸움하는 척하며 줄행랑칠 것이니 잘 헤아려 작전에 손발을 맞추시오 낱낱이 알려 주더라 이튿날 전투는 손건 말대로 이어가며 유벽과 공도 두 사람은 진두에 잠시 나타났다 관우를 보며 몇 번 격치듯 20여 합 불꽃 짓고 바로 퇴각 움직임이라 이때 적을 쫓을 뿐 해하지 않더라 공도가 잠시 뒤돌아 한마디 내뱉으며 충성은 한 조각의 붉은 마음 우리도 통함이요 하늘도 우리 앞길 터주실 것이요 다음에 여남의 성 찾아주시면 성을 통째로 받치겠소 하며 정중히 말하더라 관우는 손쉽게 주군을 점령하였소 바로 낙양으로 개선하였다네 현덕은 하북에서 건재하다고 들려오는 소식 조조는 듣고 나서 마음 불안한지 장료에게 주시하라며 관우 행동거지 일거수일투족 낱낱이 보고하라고 명령하달이라 근래 보고에 의하면 사색에 깊이 빠져 밖에 나올 생각조차 못 하고 술도 끊고 무언가 날마다 독서를 소일합니다

관우는 독서에만 열중하더라

조조는 소식 들으니 마음 마는 초조 하더라 어느 날엔 지나가는 길 장료는 관우를 방문하였으며 무척 반가워하며 장료를 맞이했다네 독서에 열중한 관우를 쳐다보며 무슨 독서 내용인지요 춘추를 읽던 중이옵니다 춘추 내용 중에는 관중과 포숙 의리가 두텁다는 내용에 관우는 더욱 형님을 그리워하더라 관우 마음 하북에 있는 혼이 빠져나간 듯 혼절이더라 하루빨리 달려가고 싶은 심정이라 이 사실 장료는 조조에게 그대로 전하니 골몰하며 고심 속에 한동안 묵상하더라 역시 생각한 대로 의리 있고 충신 중에 상이라 내가 정성껏 베풀고 극찬하며 극진히 대접하여도 소용없단 말인가 조조는 탄식하며 무척 고민하는 모습 가득 하다네 좋아 나에게도 관우를 붙잡아 족쇄 잡듯 계책을 세워야겠다 혼자 말로 중얼중얼하더라 며칠이 지나고 고요함 몰려오는 새벽녘에 누군가 소리 없이 관우에게 편지를 전하고 유유히 바람처럼 사라지더라 관우는 편지를 읽고 난 후 눈물을 하염없이 흘리며 펑펑 쏟아내더라 어디서 낯익은 필적이라 지난날들 생각 스치며 형제 결연 맺었지만 사태 불의 서로 간 잠시 헤어지며 불행히도 그대는 부귀영화 독식함에 내 마음 찢어지는 마음 내 목숨 던져버려 그대에게 목을 보내서 큰 공 세우려 하고 싶은 마음이라 그대가 잘되길 바랄 뿐이라 내용 읽고 관우는 조조에게 청하고 하직인사 청하려 하였으나 방문 사절이라 씌어 있으니 관습이라 어쩌지 못하고 아무런 말 없이 되돌아가고 말았던 것이라 그다음 날 일찍 방문하기 위함 가보았으나 역시나 방문 거절이라 관우는 결심하여 이곳은 속히 떠날 것을 굳게 다짐하더라

조조에게 문안 인사 거절하니 편지로 인사를 하려 한다

심복들에게 명령을 내려 두 부인 모시고 내원을 소리소문없이 빠져 나갈 것이라 눈밖에 띄지 않게 주의하라 명령내려지자 신속히 준비 하더라 조조에게 받은 금덩어리 비록 모든 것을 봉했다 며칠을 가 보 아도 마찬가지 어쩔 수 없이 장료의 사저 찾아가 보았다 그러나 장료 마저 병마에 시달린다며 면회 사절이라 관우는 한숨만 푹 내쉬며 기 회 보아 이곳을 떠난다는 다짐을 다시 한번 하더라 그전에 조조와 언 약한 바 있으니 이행하면 그뿐인 것을 대문을 꼭꼭 굳게 잠겨있으니 아무리 기다려도 열리지 않은 대문이라 이젠 의를 찾아 형님께 가 보 아야 한다는 것 떠날 차비 준비하여 편지 한 장으로 인사를 끝맺을 것 산처럼 수북이 쌓여 있는 재물들 광속 창고에 차곡차곡 쌓아놓았 다 그리고 광문창고 굳게 잠그며 심복들에게 곧 떠날 차비 모두 마치 고 수십여 명 하인들은 수레 뒤를 졸졸 따라나서며 관우는 청룡도를 손에 쥐고 수레바퀴는 서서히 굴러가기 시작하더라 새벽안개는 자 욱하니 짙게 깔려있고 북쪽 성문 밖으로 유유히 빠져나왔다네 상문 을 박차고 열라 게 달려보니 신나는 솔솔바람 파수병들이 수레를 멈 추려 하였으나 관우는 큰소리치며 이 수레 털끝 하나라도 자리 표시 할 경우 너희들 목은 바로 땡강이라 그 소리 듣고 소스라치는 파수꾼 들 모두 흩어지며 줄행랑이라 혹시나 또다시 추격대가 따라올 것이 라 더욱더 박차를 가해 이곳을 벗어나자꾸나 조조는 급보를 듣고 놀 라 경기 나듯 부하 장수들과 의논하기 위한 회합을 가졌다네 그중에 한 장수가 용감히 나서며 저에게 군사 5천만 주신다면 바로 달려가

서 뭉개버리겠습니다 그 말을 지껄인 자는 채양이라 조조는 채양을 꾸짖으며 나무랐다네

두 형수님 봉변당할 뻔했다네

운장은 의리로 똘똘 뭉친 오직 잊지 않는 마음 훌륭한 자라 너희들은 그러한 면을 똑똑히 본받아야 할 것이라 이때 관우는 비탈진 산길 따라 달리고 있었는데 아무리 보아도 수레는 보이지 않을 때 갑자기 어느 소년 장수가 궁사 2백여 명쯤 거느리고 나타나서는 지금 달려오시는 분은 관공이시다 하며 소리를 질렀다 관우는 청령도를 높이 쳐들며 너희들은 누구던가 왜 가는 길을 막는단 말인가 저에 이름은 요화 자는 원검이라고 합니다 뜻을 피워보지 못하고 이렇게 도적 무리에 속해 있었으나 두목 두원이라는 자가 두 부인을 욕보이려는 찰라 그의 목을 베어버리고 장군을 마중 나온 길이옵니다 뭐라고 두 부인은 어디 계시더냐 관우는 초조한 마음으로 큰 소리쳤다 산채에 계십니다 곧바로 모시고 오겠습니다 두 형수를 보자 관우는 울컥 무사하심에 공손하게 대하며 얼마나 놀라셨는지요 저의 불찰 이옵니다 요장군 아니었으면 산적 두목에게 큰 봉변을 당할 뻔했습니다 관우는 모든 사실 내용 알고 요화에게 고맙다고 인사하고 사례를 두둑이 했다네 수레바퀴 쉴 틈 없네 대굴대굴 먼지 일으키며 방향 틀어 북쪽이라 두 형수님 모시고 낙양 길 내 달리며 길을 재촉하며 갈 때쯤 동령관이라는 곳에서 수문장 검문검색에 잠시 머뭇거리니 장군께서는 어딜 그리 급히 가시오 나는 승상께 하직인사 청하고 떠나는 길이요 그러면 통행증을 보여주시오 관우는 열불 나는 소리에 단칼에 수문장 공수를 베어버렸다네 자 내 뒤를 따라오는 자는 단칼에 목을 스쳐 지나가는 바람 소리 없는 저승길로 보내 줄 터이다 그 칼에 모두 기겁을 하며 줄행랑치더라 관우는 다시 내달리기 시작하더라

관우 근 길마다 첩첩산중이라

수문장 목 벤 사실 전해지자 발칵 뒤집혀 날 리가 흔들리는 지진이라 우리가 그를 이대로 모른 척 손 놓고 있으면 분명히 승상께 문책을 받을 것이니 동원령 내려 3천 군사 대동하여 길목마다 배치했다네 지나가는 길목에서 관우가 이르자 관우는 말에서 당장 내려서 죗값을 받거라 절대로 이곳을 지날 수 없는 길이라 맹탄 이라는 자가 쌍칼을 바람 가르듯이 돌리며 접전하려 할 때 동련관 공수도 너 같이 설쳐 까불다가 단칼에 저세상에 뛰어 올라갔다 너도 원하는 소원이라면 기꺼이 보내 주겠다 그러자 순식간에 바람 소리 깨지는 소리 쩍 갈라지면서 맹탕 허리가 두 동강 났다네 이때 한복이란 자가 활시위 당기니 퐁 하고 날아가 관우의 왼쪽 팔뚝에 꽂혀 관우는 고통 수반 박힌 화살촉 입으로 꽉 문 채 뽑아내니 막혀있던 피골 터져 나와 피를 뿌렸다네 눈초리는 활을 쏜 놈 향하며 수비군들 한순간에 때려 부숴버리며 한복의 목을 가감히 베고 말았다네 관우의 팔뚝에선 괴었던 피가 한바탕 쏟아지고 뚝뚝 떨어지니 헝겊으로 칭칭 동여매고 다시 수레를 바퀴 돌림이라 동령관의 낙양의 소식 파다하니 소식 전해지니 유성추라는 자는 계책을 생각해 발 빠른 움직임 도부수 3백여 명을 매복 숨김이라 관우를 절 가까이 유인하여 몰살하려는 상상 해 보며 관우가 다급히 지나려 할 때 미리 마중 나오며 아양을 떨며 장군을 존경해 왔으며 이곳 지나친다는 소식에 잠시 소연을 베풀고자 하오니 잠시만 쉼 하시고 떠나시옵소서 주연석 베풀어지니 그를 맞이하더라 관우는 틈을 주지 않으며 삼엄한 경계를 하며 수상 쩍 풍기는 촉을 세우며 소연장 안을 살기 바람이 일고 있는 느낌이라

유성추라는 자 간계 널리 매복시켰다네

변 장군께 묻겠소 과연 이 자리 과연 극진 대접 다 알기요 이 역한 놈 하자 변희는 눈치챈 것 알고 큰소리로 이놈 괴멸시켜라 소리 버럭 질러 알 리더라 신호탄 전해지니 숨어 감추어진 얼굴 도부수들 일제히 관우 향해 총공격이라 관우는 청룡도를 가르며 번갯불 콩 볶아 먹듯 도부수 20여 명 한번 스쳐 휘두른 청룡도에 요절내니 나머지 그 광경 본 도부수들 까무러치듯 나 살려 하며 줄행랑치더라 놀람 경기 일으킴 살고자 발버둥 도망치니 관우는 청룡도 하늘 흔들 듯 가르는 바람 소리 뚝뚝 떨어지는 도망자들이라 끝까지 추격하여 일망타진하니 지친 몸 이끌면서 다시 두 형수님 모시고 무사히 영양을 향한 전진이라 부지런한 바쁘게 가는 도중 길을 가로막는 자라 큰소리치며 나의 원수 놈 잘 만났다 너를 이곳에서 기다렸다 한복의 원수를 갚고자 오래도록 기다림이라 모두 저놈의 목을 쳐라 내뱉는 자는 왕식이라 저돌적 휘둘러 치니 순간적 옆으로 살짝 피하며 왕식이 허점 빈 공간 머리 쪽 보이니 그대로 한칼에 쪼개지는 소리 퍽 하니 분수처럼 내뿜은 핏줄기 튀어오니 관우는 뒤집어쓰고 말았다네 가는 길 족족마다 힘든 고생길이라 며칠 쉬지 않고 달렸건만 황 하강 근방 다다랐다네 황하 길에선 진기라는 자가 도선장 지키고 관우를 기다리고 있던 것이라 관 장군 오늘 그대는 제삿날 내 가는 길 막는 자는 죽음뿐이라 번개 같은 손놀림 옆구리 허점 보이니 바로 찍었더니 앞으로 고부라져 쓰러지니 바로 수급 베어버렸다네 진기는 껄떡껄떡하며 숨은 끊어진지라 두 형수님 모시고 무사히 황 하강 건너 안도의 한숨 내쉬며 숨소리 고르며 안정감 찾았다네

청룡도 춤추듯 움직이는 생명체 끊어지는 숨결 멈춤

살아서 곧 형님 만남 기대하니 감개무량한 마음이라 관우는 허도를 떠나 무사히 도착할 때까지 다섯 관문 지나면서 장수만 여섯 명 저세상 보낸지라 청룡도 맞고 목이 땡강 굴러간 자는 공수, 맹탄, 한복, 번희, 왕식, 진길라 관우는 울적한 마음 몹시 고통스러움에 눈물만 흘리며 관우 황하강 건너 수레 내 달리고 지나가니 뜻밖에 손건을 만남에 유비 있는 곳 안내하며 동행 길 이때쯤 뒤쫓아 온 하후돈 군사 5백여 명 이끌고 관우야! 어딜 도망치느냐 둘 서로 노려보며 격전 치듯 할 때 어디선가 말 발굽 소리 뿌연 먼지 일으키며 싸움 멈추시오 장료가 소리치며 승상의 군지 받들고 황급히 온 것이요 승상께서는 관우가 지나칠 때마다 수문장들 죽인 사실 묵인이니 운장을 자유로이 보내시오 모든 풍파 이젠 잠잠하리오 관우는 한숨 내쉬며 모든 여정 끝났으니 하며 승상께서 약속 지키심에 감사하는 맘 그지없어라 관우는 다시 수레를 뒤쫓아 산길 굽이굽이 달려가고 있을 때 수백 명 겹겹이 도적 떼들 몰려들며 가는 길을 막고 겁을 주며 이길 지나가는 자는 세금 내놓고 지나가거라 듣고 있던 관우는 코웃음 내며 껄껄 웃으며 이 넋이 나간 놈아 너는 관우라는 이름 들어본 적 없느냐 영웅호걸 내가 왜 모르냐 그자는 붉은 긴 수염 관우장이라는 장수 모르는 자가 어디 있느냐 그런데 그런 말 왜 지껄이더냐 하하하 내가 바로 관운장이라 관우는 수염 주머니 감싸 안은 것 풀어 재끼며 그 수염은 발아래까지 닿으니 괴수는 말에서 내려 큰절을 하며 몰라뵀습니다 장군님 자네 이름이 무엇이더냐 성은 배 이름은 원소입니다

관우는 영웅호걸 모르는 산적 없는 유명세라

장각 두목 죽은 뒤 의지할 길이 없이 무리 지어 떠돌며 이곳 산속에서 지내고 있습니다 그의 내뱉는 말 들어보니 산속에는 호걸들이 있더라 너희들 이런 산속에 있는 것은 녹슨 연장이요 저 넓은 세상 속에 묻혀 착한 백성들 아픈 곳 어루만져 주는 정의를 위해서 정도를 걷도록 하시오 그 말씀 명심하겠습니다 그때 여러 장수들은 소문 듣고 나타나며 관우를 보고 큰절 인사하며 장군님 저희를 버리지 마시옵고 수하로 거두어 주소서 관우는 간곡히 청하는 주창을 수하로 받아들여 장차 추후에 멋진 격전 전장 속에서 다시 불러지는 모임이라 서로 간 약속을 하며 아쉬운 작별이라 다시 발걸음 바쁜 여남을 향하여 수레바퀴 돌림이라 지금 서있는 곳은 고성이라는 곳 이곳 산속 두목은 몇 달 전부터 포악한 장수가 있다는 소문 파다하리오 그는 바로 장비라 그 소리 듣고 관우는 기뻐 어쩔 줄 몰라 곧바로 손건에게 장비에게 알리라고 말하니 손건은 장비에게 이 사실을 알렸다네 지금 저 아랫마을에 운장과 두 부인 모시고 계십니다 그 말을 들은 척도 안 하고 묵묵부답이라 바로 행동 거칠더라 갑옷을 무장하고 장팔사모를 손에 쥔 채 말에 뛰어올라 안좌 관우 있는 곳으로 내 달려가며 죽일 기색이라 관우는 장비가 달려오니 기쁨 한량없도다 아우 그간 무탈 없이 잘 있었나 하고 묻자 장비는 화답 주듯이 사모로 휘둘러 위협을 가하더라 아우 안 보는 사이에 무슨 일이 있던가 도원결의 잊었는가 관우는 놀라 까무러치듯 외치며 정신 차리게 장비는 이 쳐죽일 놈 의리부동한 버러지만도 못한 놈아 네가 무슨 낯짝으로 나를 보러 왔느냐

삼 형제 오해 불씨 잠식

너는 형님을 배신하고 조조와 결탁하여 벼슬 받아 처먹고 무슨 낯짝 뻔뻔하리오 오늘 너를 사생결단으로 단죄 목숨 끊어 버리리라 모두 사실인지 잘 알고 지껄여 오해의 불씨라 세상 사람들 입방아 소리만 듣고 내 말 속사정 안 믿더냐 모든 사실 내 입으로 내뱉기 민망하니 두 분 형수님께 자초지종 여쭈어 보아라 이 사실 알리고자 미 부인, 감 부인 상세 설명 장비에게 그동안 있었던 일 모두 알림이요 장비는 그 말소리 듣고 눈물 흘리며 형님 그동안 두 형수님 모시고 지키심에 고생 많으셨습니다 이 불충한 아우를 용서하시오 소식들 관우와 장비 만남 사실은 유비에게 알리기 위해 손건은 아우 분들 형수님 모두 잘 계시다고 알림이요 이튿날 원소 눈 피하기 위해 간계 짓자 원소에게 말 붙임 조조 세력이 날로 강성하니 장군께서 혼자로선 역부족이니 내가 형주 유표에게 도움 요청 알려 협공함이 부족한 힘 채움 승산 있는 싸움 견줌 좋은 방책입니다 원소는 그 말 듣고 형주로 유비를 보냈다네 유비는 그 틈타 뒤돌아보지 않고 내달려 장비가 있는 고성에 당도하였다네 그들만이 모든 오해 불씨 잠식시키고 예전 같은 기쁨 상봉에 서로 얼싸안으면서 눈물 적시며 그들 의리 더욱 탄탄함 구축이라 산새 소리 산 중턱 장비 산장에서 하루를 편히 쉼 이젠 갈 곳 없는 움직임 없는 낙동강 오리알이라 이젠 이 산장마저 떠나야 할 실정이라 발걸음 형주 쪽 목적지 지표 세워 가기를 며칠 와우산 지나침에 문득 떠오른 배 원소가 생각나니 주창에게 시켜 와우산에 있는 배원소 찾아가 모두에게 알려 산에서 같이 떠나 형주로 가서 그곳에서 군사 일으켜 안정세 짓자고 전하거라

문득 떠오른 배원소라

잠시 후 갔다 온 주창은 온몸이 얻어맞은 상처투성이 자초지종 물어 보니 산채에 낯선 장수가 장악하여 내가 이 산채 주인이라 어느 누가 감히 이 모양 이 꼴 상처투성이 가했나 그 내막 들어보니 산채에선 배원소를 그가 죽이고 와우산 산채 두목질하고 장악했다 삼 형제는 그 소리 듣고 격분하며 당장에 와우산으로 달려가서 보니 건장한 장 수가 창을 들고 나타났지만 서로 간 잠시 멍하니 서 있는 것이 아닌 가 잠시 서로 얼굴 확인하며 삼 형제는 놀라며 그는 공손찬 부하 조 운 자룡이 아니던가 서로 잘 아는 사이라 그 전 전투 불꽃 튀기는 서 주성 굳건히 지켜 잘 아는 사이라 자룡이 어쩐 일이요 여기서 만남이 라니 이게 꿈이요 생시요 옆에 있던 조운은 말에서 뛰어내려 유비에 게 인사를 하더라 서로 간 옛정 그리움 생각에 넋이 나간 듯 너무 반 가움 이 모든 뜻 유사군 만나 뵈오니 이것은 하늘이 내려주신 인연 아니고 무엇이겠소 저희들은 거두어 주소서 일신으로 받들어 모시겠 습니다 현덕은 어안이 벙벙 껄껄 웃으며 주창이 와우산 도적에게 당 하고 화가 머리끝까지 나서 당장 달려왔건만 여기서 조운을 만남에 뜻밖의 일이요 우리 모두 살고자 앞으로 터전 마련하여 군사 중폭 늘 려 세력 확장하여 우리들의 갈길 막는 자들 괴멸시켜 굳건히 종묘시 킴일 뿐이요 진실로 반갑소 우리 뜻을 한번 펴 봅시다 그 말에 조운 은 너무 기뻐 날뛰었다네 이 목숨 주군께 바쳐 뜻 세우는 데 일조하 겠습니다 조운은 큰소리로 뭣들 하는 것이냐 주군께 큰절 올려라 그 말 떨어지자 산채 주변 졸개들 땅바닥에 엎드려 큰절 올리더라 유비 는 조운을 막하 부하로 임명하였다네

조운 만남 뜻밖에 어안이 벙벙하더라

관우, 장비, 조운, 강옹, 주창, 관평, 이방, 미축, 나열이라 모든 장수들과 현주로 발걸음 옮김이라 유비 목숨 부지 형주에 유표 있는 곳 친척이라 한실의 종실이니 형주에서 몇십 리 길 떨어진 두메산골 고을 맡기는 목숨 부지 가까스로 안착이라 유비는 유표에게 감사하는 마음 간직하며 산야에서 세력 힘 키우기 위해 고진감래 역경 다시 일으켜 준비의 세월은 바야흐로 흘러 어느덧 1년이 지나가 버리니 그 세월 속 나라 어지러움은 차츰 안정세라 조조는 잠시 원소를 기주성 촘촘히 포위하여 괴멸시키려 하였으나 그것도 만만치 않은 일이요 그 주위에선 손견의 아들 손책이 강동을 장악하였으나 그도 결국 죽음에 이르니 그 아우 손권이 권력 움켜잡으면서 조조와 손권의 강성 대국세력 틈새 끼어 있는 곳 바로 형주라 형주는 요충지로 거듭나는 곳 유표는 병마에 지친 몸 곧 저물어가는 일몰 지을 몸이라 그 집안 참 복잡하게 얽혀있으니 유표는 답답한 마음 의논할까 하여 유비를 만나 의논하여보니 어찌하면 좋을지 자식 놈들 꼴을 보면 한심하기 짝이 없으니 가슴만 치며 실의에 빠져 허나 장자라는 놈 어리석음 장자 형주 맡기는 것 불행이니 한탄만 하며 둘째 놈은 영특하나 독선만 가하니 어찌할지 고민 속 골몰만 지니 이때 유비는 그래도 장자가 형주 세우는 권력 힘 버팀목이니 가족 간 우애 뭉침 그것이 형주 탄탄하게 지킴이라 급구 장자를 추천하니 이 사실은 몰래 엿들은 애처 채씨 부인 발끈 노발대발하며 형주 주인 둘째 내세움 방해한다면 오라비 채모와 방비책을 의논하더라

현덕 목숨 노리는 잔챙이들이라

채모는 의논한 끝에 결정지으며 결단코 유비를 죽이겠다는 생각 실행 옮기려 하며 그 이튿날 고을 제사 주관하니 유표는 현덕에게 잘 마무리 부탁하니 그곳에 채모는 죽이려는 계획 세우려는 차후 걸림돌이니 치워 버려야 한다는 생각이라 그들은 착각 속에 계획 꾸미려 하나 이미 현덕은 고을에선 덕망 널리 알림이니 그의 명성은 자자하니 그래도 주공의 채모의 명이니 어쩔 수 없는 일 죽이려고 준비태세 음모 숨김 현산 길 따라 채화에게 모든 길 퇴로 차단 막음 또한 채중에게는 5천여 명 병사를 매복시키고 북문에는 채훈의 3천 군사가 촘촘히 지키니 사방팔방 빈틈없는 공격 태세라 지략은 면밀히 보는 채모는 현덕의 호위대장 조운을 무서워하며 현덕과 사이를 벌려놓는 계획까지 처발라 꼼짝 마라 살생 감추어 후원에서 관원 백성들 북적시끌벅적 술과 안주 정성껏 따르며 절을 하며 고을 제사 지내며 잔잔한 틈타 조운에게 가까이 붙어 소곤소곤 잠시 자리 옮겨서 따로 한잔 하자고 계속 권하지만 단호하게 사양 보다 못한 유비는 초청하시는 마음 사양하면 예법 아니니 잠시만 갔다 오는 것이 도리오니 그렇게 하시오 조운은 주군께 목례 인사하고 잠시 자리 비운지라 채모는 그 광경보고 한숨 푹 내쉬며 이젠 모든 계획 뜻대로 다 하며 회심의 미소 지으며 다급히 밖으로 퇴장하더라 이런 사실 계획 채모의 흉책 이적은 벌써 눈치챈 유비에게 이 사실 다급히 고하니 그때서야 현덕은 모든 사실 알고 빠져 나갈 곳까지 이적이 알려주니 오직 나갈 곳은 서문뿐이라 그곳으로 부랴부랴 나 살려 나가기 앞서 고맙다는 인사하며 차일 구름 살아서 만남은 그 은혜 잊지 않으리오

채모 말은 속임수 쓰며 번지레하더라

절대 돌아보지 못함 앞만 보고 줄행랑이라 그 소식 전파 타고 채모는 현덕 달아나고 있다는 소식에 그 뒤를 따라 왔건만 어느덧 현덕은 저 먼발치 언덕 편에서 억울함 큰 소리 빽빽 질러 나에게 무슨 원한 감정 있는지 모르지만 내 목숨 부지 아무 뜻도 없는 개죽음 벗어나 살기 위함은 군자 가르침이니 그리 알거라 채모는 외치며 내가 왜 유사군을 해치려 하는가 말 본새 흐리며 활시위 당기며 쏘았으나 현덕은 도망치듯 하며 줄행랑치기만 저 멀리라 그 화살은 날아가는 못 미치는 건들바람에 밀려 오히려 추풍낙엽에 떨어지더라 조운은 5백여 명 부하 이끌며 주군을 찾아 헤매며 채모에게 우리주군 보았으면 알려주시오 귀공 채모는 시치미 떼며 걱정스런 이내 마음 모르겠소 채모는 얼렁뚱땅 능청 수준급이라 조운은 채모 면상 보니 의심스럽고 거북한 면상이라 조운은 혼잣말로 욕지거리 빌어먹을 잡놈 쥐새끼 같은 섞을 놈 지껄이더라 채모에게 진실 된 말 듣기는 무절이오 변명 둘러대는 것 더 이상 그 자리 있기가 헛일이니 조운은 정중히 인사 예를 갖추며 그 자리 떠나 강을 건너 이곳저곳 샅샅이 주군 찾아 헤매며 목 놓아 불러보며 애를 쓰고 있다네 하늘은 시퍼런 구름 한 점 없는 맑음 저물어가는 일몰들 유비는 먼 산 바라보며 골몰하고 있을 때 어디선가 풀피리 소리 아득하게 들려오더라 어느 누군가 다가와서는 깍듯이 인사하며 전에는 황건적 토벌하시고 지금에는 형주 내서 계신 유예주님이신지요 불쑥 말을 건네더라 현덕은 깜짝 놀라며 정신을 가다듬으며 이곳 허름한 곳에 동자가 어찌 나를 안단 말인가

사마휘는 유유자적의 생애 세상일 한눈에 보더라

다름 아니라 제가 모시고 있는 사부께서 누누이 유예주 분에 대하여 말씀 보따리 귀가 닳도록 들었습니다 자네 사부는 어떤 분이신가 사마휘 자는 덕조 도호를 수경 스승님이십니다 동자 따라 숲 우거진 곳에서 다다를 때 헛기침 소리 나며 거기 누가 왔더냐 물으니 동자는 전에 말씀하신 유현덕이라는 분께서 오셨습니다 사마휘는 밖에 나와 보니 현덕의 옷이 흠뻑 젖어있으니 오늘도 힘든 고비길 재난당하셨소 저는 지금 검은 누더기에 빠져 죽을 투혼 갈망 속 구사일생 목숨 넘나드는 길에서 헤매다 여기까지 줄행랑 처보니 옷이 온통 젖고 말았습니다 단계 길로 건넜다면 힘든 고비 길인 것을 목숨 줄 간신히 지키시니 하며 고개를 몇 번 끄덕이며 장군께서 지금 관직 자리 어느 위치이신지요 좌장군 의성정후 예주 목사 관직입니다 관직 또한 훌륭한 조정제후 실세이신데 어찌하여 쓸데없는 헛손질 허공에 허우적허우적하며 소인배들에게 흉계에 말려 쫓겨 소중한 시간 아깝게 헛되이 보내십니까 사마휘 내뱉는 말 구구절절이 옳은 말 진심 어린 충정 건네는 마음이라 혼잣말로 중얼중얼 애석한 일들이라 현덕은 일과 뜻 얽혀 매여지는 꼬임이라며 한탄하니 그 말소리 듣고 그런 일들은 운명의 탓으로 돌려서는 절대 안 되는 일이오 무엇이 잘못되었는지 잘 반성해 보시면 제가 보기엔 장군 좌우 측면 주위는 인재가 없는 것이 이런 폐단을 불러일으켰던 것이오 그 말들은 현덕 의아하게 조심스럽게 생각해보니 내 주위는 생사를 함께 맹세하여 죽기를 각오하는 뭉침인데 문무를 두루 갖춘 인재 손건, 간옹, 미측, 관우, 장비, 조운이 있지 않은가

사마휘 정국형세 훤히 꿰뚫어 본다네

고개를 갸우뚱하며 고민할 때 그 모든 것은 군신의 정은 아름다워 보이나 주군으로 볼 때는 부족하니 보안 숙지하면 뜨는 해 오름이라 현덕은 아리송하며 골몰 지으며 앗 하며 무릎 치며 선생님 말씀 구구절절이 지당하신 말씀이십니다 불초산야 몸 굽혀 현세 되어 오름 뜻 있으니 어느 시대 펼칠 인물 생성하니 그 인재 등용할 갖춘 표현 지을 때 안간 사열 지필 때는 그 속 얽혀 있는 실타래 한 꺼풀 벗겨내는 충신의 인물 있으니 이 광활한 넓은 세상 준걸 있으니 걱정하지 마소서 그 어찌 인재를 알아볼 수 있겠습니까 여러모로 감사한 마음 그지없으니 깊은 관심 갖도록 애심 잡아 주시니 여러모로 정국지세 가르쳐 주시어 가는 길 펼 수 있게끔 도와주십시오 지 바람 세상 부르짖는 노랫소리 8년 사이 흥망성쇠 쇠퇴하기 침몰 천명 돌아가는 소리 들리는가 진흙 속 뒹굴어 보니 13년에 이르니 혈유 무너지는 반룡이 하늘을 향해 쏘아보리라 이 노랫소리 깊은 뜻 생각해보면 잘 모르는 연막이라 건안 8년에 태수 유표 전부인 세상 떠남에 이때부터 형주의 망조 길 고생 나타남 시작부터 시끄러운 정국이라 13년에 혈유 무너진다는 유표의 사망 무너짐 예언 바라는 바 이 뜻 되새겨보면 바로 당신뿐 천명의 선택 받은 귀한 몸이니 본인 스스로 자각 느낌표 있으시오 현덕은 그 소리에 눈알만 멀뚱멀뚱하더라 어찌하여 나 같은 따위가 그런 엄청난 일을 감당하리오 사마휘 신들린 듯 조용히 다소곳이 누가 들을 새 없는 틈새 지킴이니 정국지세 천하의 영재들 산물이오 주위 포진 보면 양양의 명사 여러 인물들은 장군의 장래에 기대

가슴 한가득 열망하리오 그런 인물들 등용 물살 켜 주위 대업 이루는 기초 든든이라

정국정세 인재 등용에 중요성 각인시키더라

잘 닦도록 하시면 그런 인물들은 누구란 말이오 봉추, 와룡 이들의 마음 얻는다면 천하는 손아귀에 넣는 것은 시간이 문제일 뿐 봉추, 와룡이라 사마휘는 신이 났는지 침까지 꼴딱 넘기며 모든 정국지세 세움 기초 튼튼 내세워 알려 주더라 그때 동자가 저녁상 신경 써서 현덕 앞에 대접하더라 사마휘와 식사를 마친 다음 오늘은 이만 해도 저물고 무척 피곤 몰려오니 이만 쉬어야겠으니 안녕히 주무십시오 현덕은 중요한 옥고 같은 말들 뇌리로 스치며 골몰하며 눈만 멀뚱멀뚱 잠마저 설쳐 오지 않으니 꼬박 날 밤을 새우더라 다짐하듯 불초 현덕이 불민한 몸이오니 선생님 말씀 듣고 꿈 펼쳐볼까 신야로 나아가서 한실을 일으켜 세워 만민백성 구제하여 삶 영위하게끔 정국정세 화란을 잔잔하게 평온 찾게 하겠다는 상념이오니 선생님 모시고 동행 길 하고자 합니다 그 말소리 듣고 사마휘는 껄껄껄 대빵 웃으며 나는 쓸데없는 널브러져 있는 잡풀일 뿐이오 정국정세 등용 인물 따로 있는 법 나는 비교 할 수 없는 노릇이오 나보다 뛰어난 인재들 곳곳에 있으니 잘 고르면 모래 속에서 진주알이오 그런 인물들 등용 찾아 색출하시오 으하하하 천하의 인물 와룡, 봉추, 붕 뜬 기분 좋아라 현덕은 다짐하며 그런 인물 소재 파악 알려고 하였지만 이 어찌 된 일이오 밖에선 수백 명 군사들 집 주위를 에워쌌으나 불행 중 다행 현덕이 마중 왔던 것이라 그가 바로 조운이던가 주군 찾기 위해 분주히 사방팔방 돌아다니며 여기까지 왔습니다 지금 저쪽 편에서도 주군 찾기 위해 분주히 뛰어다니는 관우, 장비도 행방 찾기 위함이옵니다 현덕은 선생님께 하직 인사하고 암자를 떠났더라

현덕은 암자에서 선생께 하직 인사 하더라

떠나는 길 가다보니 저쪽 평에선 군사들이 빽빽이 오고 있지 않은가 그들은 백방으로 찾아 헤매던 장비, 관우 아니던가 서로 반갑다며 얼싸안으며 그들의 의로 뭉친 삼 형제의 결속은 끈끈함이라 성으로 들어가는 길모퉁이 다다를 때쯤에서 훤한 백주 대낮에 소리를 고래고래 시조를 읊으면서 지나치려 할 때 현덕은 귀를 쫑긋 세우며 읊는 소리 자세히 듣고 있더라 천지 혼탁 뒤흔들 불꽃 활 활 태워지니 죽음뿐인가 대하 무너짐이니 주춧돌 못 버팀이요 산골짜기 숨은 보물 있어 명주 지킴 받들거늘 성군은 현인을 지켜준다면서 지나가는 소리 높여 불렀건만 알아보지 못하리오 현덕은 듣다 보니 그 뜻 현덕에게 부르짖는 것처럼 느낌표라 혹시나 사마휘가 말한 인재들 중에 한 인물 아닌가 싶어 현덕은 그들 유심히 뚫어지게 보며 그대 나와 둘 사이는 인연 이어진 끈인 것 같소만 나와 같이 저 성으로 들어가서 차나 한잔하면서 지금 읊었던 시로 시음률 감미로운 깊은 뜻 있으니 밤새도록 이야기 지펴봅시다 으하하하 시음이라 시답잖다 뜻 있는 길 다만 지금 만남은 헤어질 사이가 아니라는 말씀에 감복할 따름입니다 물론 동행합니다 낭인 말 순순히 수용하더라 현덕은 상객의 예로 그를 극진히 맞이하고 주안상으로 대접하며 이름을 물어보니 영상 태생의 단복이라는 삶 영위 도를 하늘 섭리 근접까지 들어옴 득이요 방법 또한 통독하여 여러 곳을 전전하며 방랑자입니다 더 이상 그의 신상에 대해선 묵인 덮고 조금 전 잠시 눈여겨보았을 때 뜰 안쪽에서 말을 한 번만 보고 싶군요 허락을 구합니다 좋을 대로 하시오 현덕과 단복은 말을 보기 위함에 뚜벅뚜벅 걸어가더라

주군으로 모시기로 결행했다네

말을 유심히 보아하니 천하의 준마 아니던가 주인에게 이롭기도 하지만 언젠가는 화를 입힐 말이니 지금까지는 아무 일 없이 무사하게 왔다는 것 천만 다행한 일이지만 머지않아서 주인 목숨 위태롭게 할 준마인 것은 맞소 주위에서도 그런 말들 풍문으로 들었소 얼마 전에는 단계를 건넜을 때 구사일생으로 무탈하게 목숨을 건졌던 일 있었소 그것은 주인 목숨 구했다기보다는 준마가 제 목숨 살려고 자 위함이니 머지않아서 그 재앙 닥쳐오니 사전에 방지하는 것 목숨 지킴 그 말 예지는 화를 피할 수 있다는 사실은 나중에도 계속 준마와 동행할 방법 있으면 알려주시오 물론 있지요 준마를 저에게 화를 입을 때까지 위탁하시면 그 이후에는 화를 면하리오 그때부터는 주인에게 동행하셔도 무탈하니 걱정을 꽉 붙들어 놓으시면 되옵니다 그 말소리 들은 현덕은 표정 언짢다는 불만 터트려지려고 입가에선 투덜대듯이 내가 착각했소 당신은 격이 높은 위인으로 보았으나 지금 그대 말들 말 같지 않은 잔꾀로 둘러대니 실망하였소이다 하하하 과연 듣던 대로 인군이십니다 소문대로입니다 단복은 쾌활한 웃음으로 화답하더라 진정한 인군을 만났다며 무척 기쁨 표정 지으며 절대로 노여워하지 마소서 사실 마음에 없는 말로 지껄여 당신의 마음 위함에 시험해 보았으니 그 일은 잊어주십시오 현덕과 단복은 일약 군사 동행 같은 길이라 지휘권 한자리 주며 병마를 맡아서 그대 마음대로 훈련시키시오 모든 권한 일임하였다네 잔잔한 호수가 분위기 단복은 연병 조마 진두지휘 장난 아니라 네 체계적 과학적 분석 장비 또한 최신무기 갖추었다네

단복 총지휘 유난히도 도두 보였다네

본인 손아귀 자유분방 평안 마음이요 지휘 손질 군대는 수효 자그마한 힘 본산 무게 중심 잡아본다네 그 주위 근접 부근에선 조조는 행동 대장 앞세워 그 휘하 장수들 든든 새우며 현덕 군사들 신야 지킴 불철주야 병마 초강력 조련 든든이라 차후 보아도 강력 힘 발휘할지도 모르는 일 형주 진입은 이곳 방해가 되는 곳 그러니 신야를 당장에 쳐부숴 버리는 것이 훗날 걸림돌 없는 것이니 여광과 여상이 이 구동성 헌책하더라 조인은 허락 내리며 군사 7천 내주었다네 여광과 여상은 뜻 이어 받들며 군대를 신야 근방에 포진 발목 잡으며 전쟁태세 공격준비 촉발이라 현덕은 현실 즉시하며 단복에게 이런 사태 의논하니 아직은 전쟁준비 미미하지만 뜸 들이고 있는 가운데 승산은 없는 것이나 표면으로 보았을 때니 아무 걱정하실 것 없습니다 지금 현재 현실은 승산 없으나 우리 군대 모으면 2천여 명이오니 숫자로 적의 동태 7천이라고 하지만 적절한 전쟁 상대이니 실전에선 진두지휘는 임무 맡았다네 그러나 관우, 장비, 조운은 고군분투하여 유리한 입지 세웠지만 단복의 총지휘는 유난히 더욱 도두하게 보였다네 그들 우습게 본 죗값이라 나 살려라 번성으로 줄행랑 패잔병들 줄지어 풀이 꺾인 결과 보고 받기 위한 기다려도 오질 않는 두 장수 여광과 여상이라 그러나 패잔병들 이끌고 산간 좁은 통로길 가는 도중 매복을 단단히 한 장비와 관우가 화살촉 빗발치듯 퍼붓더니 모두 전사하여 끝막이라 조인은 이 사실 보고 받고 복수의 눈초리 불꽃 지펴지니 가슴 덜컹하며 현덕 군사들에게 당했구나 총 공격하기 위해서 이전과 의논하였지만 극구 반대하더라

단복은 대단한 전략가 전세가 우뚝 솟는 뜨는 해라

현덕이라는 자는 만만치 않은 상대라 이제야 직시하더라 전투에선 작전 전략 없이는 승산 없다는 것 크게 뉘우치더라 조인만은 의논 상의 무시하고 비웃으며 총병력 모아 3만여 명 군사 대동하여 앞전 먼저 골로 간 여광과 여상 병력의 훨씬 많은 병력 투여 총출동이라 그러나 신야에 진문만 두드릴 뿐 이때 단복은 군사들을 진정시키며 현덕과 이런 상황 사태 의논하며 우리가 적은 숫자이나 적들이 넝쿨째로 굴러온 떡이라 기다렸던 것 덫에 걸렸으니 이것은 하늘이 내려주신 행운 손길이라 우리는 당황할 필요조차 없으니 제 정신차려 보면 조인이라는 놈이 총공격 병력 3만여 군사 이끌고 쳐들어오면 분명히 그들의 진지 번성은 텅 빈 껍데기일 뿐 당당하기 짝이 없는 단복이더라 그런 가운데 현덕에게 계책을 귓속말로 속삭이자 현덕은 환한 밝은 표정 지으며 얼마 거리 가까이 조인 병력 투하 밀고 오며 백중지세 조운은 틈새 보며 적진 깊숙한 곳 이전을 추격 뒤쫓으며 진형은 일부 쑥대밭이라 그때 먼발치 높은 곳 언덕 단복은 현덕을 적군들 배정한 곳 진형 편대가 무슨 진형인지 아십니까 전혀 모르겠소 팔문금쇄의 자세입니다 얼핏 보기엔 그럴싸한 포진이지만 허리 쪽에서 수비가 허술합니다 팔문이 무슨 뜻이요 팔문은 후, 생, 상, 두, 경, 사, 경, 개의 팔부와 생문, 경문, 개문 속으로 입관은 길로 이지만 상, 휴, 경, 세문을 알지 못하고 입관은 상처투성이 두문, 사문 대책 없는 것은 사멸의 지름길일 뿐입니다 겉보기엔 완결판으로 보이지만 허리 쪽에선 가벼우니 그쪽을 쳐내면 허점투성이 혈이오니 백만 대군에 맞먹는 힘 전략이오

단복은 그들 작전 꿰뚫어 보며 사멸시켜 버리고 있다네

이때 현덕은 조운을 불러들여 7백기를 주며 동남쪽 일격치고 서쪽에선 적을 괴롭히며 진행 방향 이어지면서 동남쪽으로 다시 지켜 결집하라 하며 명령 내려 일제히 적의 팔진 생문 쳐들어가 적진 한가운데 조운의 7백기가 돌진 진행하자 조인 군병들 어리둥절 혹한 상황에 정신없는 조인은 당황하며 진지 밀리며 조운은 철기군 앞세워 스쳐 지나가는 척하며 대장군 조인은 도망가니 모른척하며 다른 방향 서쪽 경문에서 적을 괴멸시키고 동남쪽으로 돌아 나와서 거듭 발산하며 다시 먼저 방향 쪽으로 역으로 공격을 총공세 하니 그들 판문금쇄의 작전은 허물어져 내리는 아무 소용도 없는 모두 사멸 지었다네 자기들끼리 서로 부딪치며 얽히고설키는 풍비박산이라 어수선한 틈 타 단복이 현덕에게 이때 대어 잡는 격이니 모든 총공격하라고 간청하더라 신야군은 소수 병력에 불과하지만 적의 대병력은 일망타진하는 승전의 기쁨 만끽하며 큰 대어 낚는 짜릿한 맛을 보며 조인 군사들 참패라 북하 강변까지 나 살려라 너도나도 줄행랑이라 조인의 주위는 시산혈해 아비규환 따로 없다네 이때 장비는 매복하며 기다린지 이미 한나절이라 몸이 근질근질하던 차 모두 강을 못 건너가게끔 한 놈도 남김없이 몰살 쳐지니 조인은 갈 곳 없는 꽉 막힌 장벽에서 그만 죽으려 할 때 이전의 도움 간신히 받으면서 저편 강 건너 달아나 그 길 따라 번성까지 당도하여 성문으로 들어갔으나 반겨주는 이는 관우가 아닌가 잘 들어왔구나 조인 이놈 하면서 큰소리치니 겁에 질린 조인은 다급하게 말 엉덩이를 채찍질 가하며 줄행랑치며 산과 강을 건넜지만 온몸은 상처투성이라

현덕은 의기양양 장한 모습이라

그 꼴로 허도로 무사히 돌아갔으나 모든 사람들이 껄껄하며 박장대소 비웃음거리라 이젠 비웃음에 고개 못 들고 다니지도 못함이니 큰 대군 다 잃었으니 그의 질책 또한 기다림이라 현덕군은 3전 3승 오직 승전보 의기양양 장한 모습 아니던가 그때 단복이 귓속말 하니 알아듣고 조운에게 번성을 맡기고 현덕은 신야로 발걸음 옮겼다네 조인과 이전 패배의 고배 마신 상부의 조조 앞에서 무릎 꿇고 엎드려 패했다는 보고 조목조목 상세하게 올리니 조조는 아무 말 없다가 무엇인가 고민하며 입술을 바르르 떨며 승패는 병가지상사라 목숨 부지 살아왔으니 괜찮다 다음 기회에 잘 싸우면 되는 거지 오히려 더욱 부담만 안겨주는 것 아닌가 일단 목숨만은 부지하였으니 천만다행 아니던가 그래도 속마음은 숯 검댕이 한숨을 크게 내쉬며 안도의 평온이라 패한 원인 분석 들어가 보니 혈을 찌른 흔적 역력하더라 전의 전략은 그 전과는 판이한 징조 적군에서도 전략가가 있다는 것 감지하며 분명 이번 전투에선 모사가 관여된 것 누가 모사였던가 아는 이는 누가 있던가 추측 감촉 있더라 단복이란 신야에서 전략가로 활동하고 있다고 합니다 단복이란 자라 전혀 보지도 듣지도 못한 자 아니던가 그에 대하여 상세히 아는 제장들 있나 묻자 정욱이란 자가 껄껄 웃으면서 나오자 조조는 시선 그를 뚫어지게 보며 그대는 단복이라는 자에 대하여 알고 있던가 그럼 자세하게 말해보라 예주군 물론 잘 알고 있습니다 그의 고향은 영상 출신 검을 다루는 솜씨는 수준급이고 잠시 상부와 불미스런 일로 체포령 내려져 한때는 도망자로 전전긍긍하다가 여러 나라를 돌아다니는 방랑자입니다

분명 적군의 전략가 있더라

유랑 생활 속 지나침에 사마휘와 인연 맺는 풍유 연학의 무리 배들과 어울린다고 들었사옵니다 그대가 소상하게 말하는 것 보니 비범한 인물 사실 틀림없다 조인과 이전이 크게 패한 것 당연지사라 한숨을 크게 내쉬며 그런 인물 있다는 사실 전혀 모르는 일 몰랐기 때문 현덕에게 고스란히 이런 패배 돌아온 아픔이라 그러나 이런 계기로 반드시 큰 공을 세움 공공의 적 무섭다 단복이란 자 가족 상황은 어떤가 노모 한 분 있을 뿐입니다 그자는 어릴 적부터 효자로 소문이 자자하고 노모를 위하는 정이 더 할 수 없이 극진합니다 그러면 노모를 이쪽으로 불러들여서 그자를 볼모로 이용해 보자꾸나 잠시 후 노모를 모시고 왔다네 조조는 노모를 어머님 대하듯 깍듯했더라 자제분 단복은 지금 신야에서 유현덕을 섬기며 조정 상부를 위협하고 크게 손해를 끼쳤습니다 모든 것 다 용서할 테니 노모는 묵언이라 서서만 한 훌륭한 인품 인물이 왜 현덕 역적 놈과 결탁하여 나라 혼란만 가중하는 건지 아주머니께서 잘 숙지하시어 단복을 잘 구슬려서 투항하면 남은 삶 호의호식하며 궁궐 같은 집과 넓은 정원 무수히 많은 하인들 거느리는 행복 누릴 테니 잘 구슬려서 투항만 하면 모든 것 용서합니다 노모는 그제야 말을 내뱉더라 승상님이시어 저는 모르는 일 유현덕 그분은 천하가 알아주는 군자요 오직 백성을 위하여 진실된 마음 유현덕은 당대 최고 영웅이시며 정의로운 인군이십니다 그 말소리들은 조조는 껄껄 웃더라 천부당만부당 소문일 뿐 사실은 그렇지가 않소 화적 떼에 지나지 않은 무리요 제가 듣기로는 유현덕 님

은 경제의 현손이시며 덕망이 있으신 스스로 자신을 낮추어 남을 배려하시는 그런 분입니다

조조는 현덕을 몹시 못마땅히 여기더라

세상 사람들 소리 울림 널리 칭찬이 자자하십니다 허긴 촌구석에서 세상 돌아가는 일 알 리 만무한데 그자는 패군 떨어진 기운 가문 촌구석에서 자리를 짜면서 하루를 근근이 살아가는 삶 나라 혼란 틈타 명분도 없는 겉으로는 정의만 부르짖고 속으론 역적질만 일삼는 아주 못된 쳐 죽일 놈이요 순진한 만민들 속여 피골 빨아먹는 흡혈 기화적떼에 불과합니다 승상님이시여 제가 들은 세상 풍문은 확연히 다릅니다 제가 다시 언급하면 한나라 경제의 현손이시고 덕망과 존경은 한 몸에 받으시며 몸소 만민들에게 칭찬만 자자하지요 그런데 어찌하여 현덕 님이 속임수라는 건지 오직 군자이신 당대 영웅호걸이시오 조조는 노파 말 듣고 김이 모락모락 활활 타오르는 머리 뚜껑 당장에 서서에게 편지를 아주머니 의지 상관없이 부르는 대로 쓰시오 지금 버팀은 목숨 꺼지는 사라짐이라 노모는 꿋꿋함 잃지 않고 버티더라 지금 상황 어떨지는 탁월한 선택 마음먹기 달렸지만 할망구 목숨 줄이 몇이더냐 내가 굴복한다는 것 내 자식의 주군 배신이요 암군을 받들게 하는 처사이니 어찌 어미가 된 자로서 나 살자고 자식 인생 망치게 한단 말이오 뭐 시기 할망구 목이 몇 개나 된단 말이오 당장에 목을 베 거라 할망구 말 지금까지 인내로 참고 들어주었지만 이젠 더 이상 묵과할 수 없는 일목을 베어라 조조 명령 내려지자 호령 무사들 일제히 노파의 팔을 꺾었으나 노모는 아랑곳하지 않고 비명 한번 지르지 않고 의젓한 모습이라 조조는 더욱 열만 가열받네 바로 칼을 뽑아 들며 베려는 순간 정욱이 급구 만류하더라

노모는 태연자약 굴하지 않더라

이 노모가 태연자약한 승상을 욕보인 태도는 자멸의 길이라 혹시나 승상께서 피로 묻힌다면 아들 서서는 두 눈에 쌍심지를 키며 곤두세워 원수라 하며 오히려 현덕과 사이는 더욱 친밀한 관계 유지요 그 피해는 고스란히 돌아오면 독화살이요 득이 아닌 실이 옵니다 또한 세상 사람들 입방아 오르내리는 덕망은 땅에 떨어져 짓밟히면 천하를 손아귀에 쥔다 한들 초졸한 졸장부 소리 들으리오 도움이 안 되는 일은 이제 그만 다시 한번 재고해 주십시오 좋다 정욱 생각대로 하게 나 노모는 제가 볼모로 잡아 두겠습니다 이내 마음 갈기갈기 찢어지는 속 신야에서 까마득히 모르는 단복 한가한 날을 보내며 독서만 탐독하고 있다네 누군가 어떤 사나이가 대문을 두드리며 어머니 소식 알려주기 위한 소식통이라 서서는 무슨 일이 있던가 깜짝 놀라며 정신없이 대문 앞마당 나와 정색하는 눈빛 쏟아지는 어머님께서 무슨 변고라도 있는지 소식통은 편지만 건네면서 아무것도 들은 바 없고 이 편지만 전할 뿐 모르는 일이오 그 말 한마디만 내뱉고 유유히 사라지더라 서서는 그 편지 한 통 궁금한 유일한 소식이니 등불 밝히며 훤하게 비치니 글자가 또릿또릿 보이자 어머니 모습 떠 올리며 눈물만 핑 돌더라 서야 서야 사랑하는 아들아 별 탈 없더냐 잘 지내고 있다만 네 아우 강이 저세상으로 홀연히 떠나 이 어미 마음 슬프게 그지없구나 지금 나는 조승상의 명령하에 허도에 감금하였다 아들이 역적 도당과 결속했다는 이유로 볼모로 잡혀있지만 그나마 다행인 것은 정욱의 도움으로 무사히 있지만 이 어미는 하루빨리 아들 얼굴

보고 싶구나 이 편지 읽고 난 뒤 눈물만 하염없이 빗물 흐르듯 흘러 절이더라

어머니께서 꼼짝달싹 구속 당하시니
이내 마음 갈기갈기 찢어지는 속이라

앞 시야마저도 흐릿하게 보이더라 아침 밝아 오름 해님 미소 짓지만 새들도 지지배배 지저귐 소리 밖으로 나와 보니 간밤 새도록 어머니 걱정스런 마음 한잠도 못 잤으니 눈두덩이만 퉁퉁 부어올랐네 현덕을 보자마자 안색이 밝지 못한 모습 표정 보자 근심 걱정 있는 듯 보 아니 안부를 물어보며 주군이시여 지금 저희 어머니께서 조조에게 볼모로 잡혀 모진 고통 받으시니 자식 된 도리로 어찌 가보지 않을 수 있겠습니까 잠시나마 말미를 주시면 허도에 가서 어머님 뵙고 안위하게 해드리고 마지막 임종하시는 자식 된 도리 찾아뵙고 난 후 다시 주군을 찾아뵙겠습니다 현덕은 흔쾌히 승낙했다네 서로 부둥켜안으며 씁쓸한 울음소리 터트리며 단복은 떠날 채비하며 떠나는 뒷모습 보며 현덕은 표정 어두운 그림자 잠시 정원 뜰 앞까지 배웅하며 삼 형제 모든 관료들 일제히 아쉬움에 눈물바다라 이젠 이별할 시간 그대의 책사 우리 목숨을 지켜 줄 수 있는 유일한 버팀목이거늘 떠난다는 말에 우리 속만 터져지는 앞으로 이 난국 헤쳐나감은 걱정이더라 그 말소리 높이 평가해 주니 서서는 눈물 흘리면서 저를 좋게 평가해 주시며 중책을 맡겨주신 주군께 깊은 감사를 드립니다 제가 어찌 고개를 들을 수 있는지요 무재주한 몸으로 주군에게 크나큰 은혜 받고 동행 길에서 불미스러운 어머니 편찮으시니 도중하차 떠남이니 지금으로선 서로 얽혀있는 복잡한 접어드니 이를 어찌하오리까 부디 잘 가시오 주군께서도 안녕히 계십시오 모두 잘 있으시오 잠시 만남은 이별이니 이내 마음 슬픔만 간직하고 떠납니다

단복만 한 쌍두마차 보이더라

무척 아쉬워하니 현덕은 몇십 리 밖까지 배웅하며 떠난다는 말 되새겨 아직도 머리가 얻어맞은 듯 어질어질 그때 홀연히 손을 뿌리치듯 말갈기에 몸을 파묻혀 마구 달리기 시작 먼발치 희미할 뿐 뿌옇게 먼지만 일으키고 사라지더라 아쉬움만 남기니 이별 아픔 뒤돌아서서 도착했을 무렵 누군가 뒤쪽에서 주군 하며 목소리 들리니 헛것이 보이나 하며 뒤돌아보니 서서가 다시 돌아왔던 것이라 주군께 말씀드릴 것 깜빡 잊은 전할 말 있습니다 저편 언덕 넘어가면 몇 고을 지나며 융중이란 고을에 대현인 한 분께서 거처하고 계시니 주군께서는 제가 떠남에 아쉬워하지 마시옵고 꼭 필히 그분을 만나서 결속 다지셔서 천하정국 이루어 주십시오 이것은 제가 주군께 드리는 마지막 선물이옵니다 융중에도 현인이 있다는 말 들어보지 못함인데 그것이 사실이요 서서는 진실 된 말 전하니 그분 아는 이는 극히 드문 일 주군께서 산야에 오신지도 잠시일 뿐 군현의 속리들과 교류하시니 모르는 일은 당연지사이옵니다 서서 자세히 설명 좀 해주게 출생지는 낭야 낭도 제갈풍의 후손이며 지금은 농사짓는 일 하며 마을 어귀에선 와룡 선생이라고 칭호 합니다 그의 이름이 제갈량 자는 공명입니다 당대의 대제이며 현덕은 궁금 하자 숨을 헐떡 몰아쉬며 질문에 갈증 나듯 언젠가 사마휘가 암자에서 잠시 지냈을 때 천하를 얻으려면 봉룡과 봉추 둘 중 한 명의 대제를 얻으면 천하를 다스릴 수 있다고 말씀하신 적 있었소 그래서 몇 번이고 되묻고 물어도 답변은 오직 좋아만 되풀이 하셨단 말이오 제갈공명이란 자가 그분 아니신가 맞습니다 봉룡이란 자가 바로 공명은 두고 한 말씀입니다

인재를 맞아들이려 삼고초려 정성이라

서서는 주군 위하는 진신 어린 맘 도와주고 싶은 생각 정중하게 모든 일들 앞으로 헤쳐 갈 밑바탕 세워주기 위해 훌륭한 책사 제갈공명을 알려주더라 그것이 마지막 인사라는 것 말채를 급히 돌려 허도로 향하였다네 그 말소리 듣고 현덕은 다급한 마음에 공명을 여러 번 찾아갔으나 매번 헛걸음쳤다네 정성 들여 찾아갔음 전함은 공명이라도 많은 생각 고민하리오 현덕은 입춘의 제사까지 정성껏 빌며 복자의 마음 다복하게 마음 건너오기를 결속하는 심정으로 깨끗한 부정 얼씬 못함이요 삼 형제가 다시 공명을 찾아뵙기를 청하였으나 무시하더라 아우들은 이 사실 허무맹랑 기실은 알맹이 없는 텅 빈 학자가 틀림없는 사실 왜 핑곗거리 대면서 피하기만 일쑤라 생떼 부리는 것도 어느 정도껏이지 해도 해도 너무하는 처사가 아닌지 남들의 입방아 소리 울려 널브러지면 비웃음만 한 바가지 맞는 것은 생각 못 하는 위인이요 아니다 하며 현덕은 무릎을 치며 의지로 더욱 굳건히 하며 춘추에서 내용 한 구절 보면 위로 삼는 기다림이요 제의 경공은 제후의 무게감 있지만 동곽의 야인을 만나기 위해선 다섯 번이나 찾아가 삼고초려 하지 않았던가 형님께서 현인을 사모하는 마음 찾아가는 마음 정성은 문왕과 같은 심정이옵니다 와룡에게 마음 전함 지극정성 누가 뭐라던 그이 의중 편하게 하리오 문전박대에도 굴하지 않고 현덕은 아우들에게 헛된 망언 주의시키며 혹시나 현덕이 지극정성 쌓아 놓은 공든 탑 무너질 수 있으니 간곡히 당부하더라 봄바람 살랑살랑 잔설 매섭게도 차가 우리 하늘은 푸르름 구름 한 점 없는

평온한 무풍지대 또 굽히지 않고 와룡의 집 마당까지 당도하여 와룡 선생 계신지요

공명은 찾아온 손님 아랑곳하지 않고
숙면에 빠져있다네

공손히 고개 숙이며 조심스럽게 대문을 두드리며 말을 건넨지라 문을 열어준 그는 공명의 아우였다네 어서 들어오십시오 형님께서는 안에 계십니다 만나 뵙게 되어서 반갑습니다 안뜰을 지나보니 옆에 안문이 보였다네 똑똑 두들겨보니 동자가 나와서 공손하게 선생님께서는 지금 낮잠 중이십니다 그럼 더 주무시게 나둬라 현덕은 아우들에게 안문 뜰 밖에서 기다리게나 잠에서 깨실 때까지 기다려 보게나 조용히 기다릴 뿐 나 또한 졸음 오니 하품만 연거푸 하더라 해는 멈칫거리며 어느덧 일몰이더라 그늘만 지니 시원한 바람이 내 살갗을 스며드는구나 아우들은 답답한지 방안 쪽 창문 통해 들여다보며 공명이 침상에서 자빠져있고 형님은 세 시간째 앉아서 잠 깨기를 기다림이니 저 자식 오만불손한 놈이라 혹시 잠결이라도 들어 조용히 하세나 공명은 잠에서 뒤척이며 다시 옆으로 돌리며 코만 드르릉 도저히 깰 것 같지 않더라 잠시 후에 공명은 눈을 비비면서 유황숙께서 언제 오셨는지요 한참 되었습니다 그럼 왜 잠을 깨우지 않고 손님에게 무슨 실례더냐 동자에게 질책하더라 제 불찰이옵니다 공손하게 손님 앞에서 정중히 사과하더라 현덕은 공들여 기여히 제갈공명과 결속하여 군사 정비 몰두하며 잔잔한 평온함이라 손권은 형 죽음 원수 갚기 위해 군사를 이끌고 황조를 쳐 죽였다네 이 모든 일 이룰 수 있던 것은 오직 손권 휘하 장수들 수십 명 곁에 있어 가능한 일 용맹스러움과 책사의 작전 절묘 모두 하나가 된 일심동체 이런 추세로 가면 형주는 쑥대밭이라 추측하며 유표는 파발을 띄워 이런 상황을 유비에게 전하더라

유표와 현덕은 전쟁 길 결속 다지더라

유비는 앞으로 벌어질 일들 공명에게 의논하더라 조목조목 유표가 전한 이유는 한 마디로 의미 있는 신장 대로라 유표가 나에게 위급한 전함은 무슨 까닭인가? 곰곰이 생각 지어보니 황조가 손건에게 크게 패한 죽음은 당장 주공을 청함 유도하여 나중에 원수를 갚는 힘 합산 이용이라 공명은 주공과 함께 앞으로 벌어질 일들 계책 마련코자 작전을 세워 계획 본산이라 공명은 계획 자세한 작전 알려 주더라 유비는 형주성에 당도하여 유표와 유비 만남을 앞으로 전쟁 길로 결속하여 뜻하는바 서로 간 이득 취할 따름이라 삼켜 먹으려 뜸 들이며 현제를 만나고자 함은 의논할 것이니 황조 죽음으로 강하를 내준 것을 다시 찾기 위함 보복할 계책을 의논하고자 하오니 한번 기탄없이 말씀해 주시오 원수를 갚는 것 우선이겠지만 걸림돌 우려가 되오니 그 틈새를 이용해서 조조가 호시탐탐 쳐들어올 경우는 큰 낭패를 입으니 그것이 걱정이라 움직일 수 없는 일 아니겠소 유표는 일리가 있는 말씀이오 솔직히 유표 마음은 유비에게 감동을 쳐 달라고 하고 다른 속셈까지 곁들여 유비 세력까지도 눌러버릴 심산이었다는 것 유비는 신야에서 매일 군사들을 강훈련시키며 강행하며 있다는 사실 조조 귀에 들리는 풍문 더욱 강성해지면 걸림돌이라네 지금 그 싹을 잘라 버리자면서 조조는 하후돈에게 군사 10만을 내주며 유비를 칠 기세 역력하더라 전진 신야에 거의 당도하여 그들 군사 훈련 보아하니 수백 명 안 되는 적은 수로 10만 대군을 대적한다는 것 우스운 일 아니던가 껄껄 웃으면서 배꼽 잡더라

조조 세력 10만 대군
유비를 삼켜 먹으려 기회를 엿보더라

적진에서 한 장수가 불쑥 나와 꾸짖어 말하는 조운 너희들은 한심한 것들 어디 유비 진영까지 쳐들어 뭐 주워 먹을 것 있다고 무엇이 두려워서 쳐들어 왔단 말인가? 조운은 하후돈과 접전 서너 번 창 부딪침 조운 말 머리 획 돌리면서 도망치니 하후돈은 그 뒤를 바짝 쫓아가니 조운은 다시 멈칫하면서 접전 이어지는 다시 도망치기를 반복 여러 번이라 조운이 쉽게 도망칠 놈이 아니거늘 아무래도 유인책이 아닌가 싶은 고작 수백 명에 불과한 것 어찌 10만 대군을 상대할까? 숨어서 매복한다 한들 무의미한 것 어서 저놈을 잡아 죽여 버리자 내가 산야 점령하지 않으면 이곳에서 뼈를 묻히리라 기필코 점령할 거라 조운은 말머리 획 돌리며 줄행랑치더라 저물어 가는 일몰 지으며 달빛은 쉼 하려는지 점점 어두워지려 할 때 아랑곳 하지 않고 하후돈은 계속 추격하며 어느덧 깊은 곳까지 당도하니 좁아지는 길 가파른 언덕 어귀 지나보니 갈대밭 초원 우려하는 우금은 걱정하며 혹시나 적들의 화공 날아오면 꼼짝없이 당하는 길인 것을 우금은 화급히 말을 몰아 하후돈에게 다가와서 대장군 혹시나 울창한 갈대밭에서 적의 화공 주의하여야 합니다 말소리 끝나기도 전에 적군의 고함 울려 퍼지며 불길 활활 타오르듯 월하둘레 춤추듯 갈대밭은 불바다 순식간이라 하후돈 군사들 불길 속에서 살려고 발버둥 쳤지만 서로 얽히면서 밟혀 죽는 자만 뒷동산을 이루더라 하후돈은 수하들 불길 속에 타오르는 어떻게야 할 도리 없는 상황 가슴만 아픈 발을 동동 구르며 불길 속 뚫고 줄행랑이라 빠져나올 때쯤 하후돈 구하기 위한 수하 부하 후군대기 나서서 보필하며 나올 때쯤 가는 길 막아선 자 관우더라

하후돈 군사 10만 대군 모두 불 바다 속
훨훨 타오르는 잿더미라

언월도 휘둘러 이전은 잠시나마 접전했지만 당하지 못하고 그만 나 살려라 간신히 도망치며 온몸은 상처투성이라 갈대밭에선 불길 치솟음 잡으려고 하후란과 수하들 왔지만 이때 장비들 만났으니 장팔사모로 들어 올려 내리치니 하후란은 그 자리에서 고꾸라지니 그 광경 지켜본 수하 장수들 기겁을 하며 줄행랑치고 한밤중에 일어난 모든 일들 날이 밝아오자 뒤엉킨 전투는 하후돈의 군사 10만 대군 큰 패배 쓴잔을 마시며 시체들은 갈대밭 들판에 널브러져 있으니 해는 씁쓸한 심정 감추지 못하고 동녘에선 솟아오르니 비참함은 슬픔이오 산천초목은 핏물만 고여 땅바닥에선 시체들이 여기저기 널브러져 썩은 냄새가 진동하더라 현덕의 군사들은 하늘 높이 긴 장대에 깃발 꽂아 올려보니 펄럭거리더라 하후돈 그 늘진 패군 물에 빠진 생쥐 꼴 지푸라기라도 잡는 심정이라 허도에 도착하니 조조는 화를 버럭 내며 어찌하여 10만 대군을 허무하게 잃었단 말인가 제갈공명에게 크게 당함은 갈대밭 유인에 말려 화공으로… 하후돈은 말을 흐리며 허망 울분 토하며 엉엉 피를 입에서 터졌는지 흘리며 졸도하더라 조조는 내뱉는 말 한 번에 기회를 더 주겠다 이를 뿌드득 갈며 주먹 쥔 손에서 바르르 떨며 기필코 유비와 강동바닥은 불바다 쳐 모두 도륙낼 것이라 바로 즉각적인 명령내 리며 전 군령 내려 50만 대군 제1대까지 장수들에게 분담 나누며 책임 맡으며 무작정 출정이라 때마침 형주에선 유표병세에 있으니 모든 것 유비에게 맡겨 어린 자식 놈들 그러는 사이에 날벼락 아닌가

조조는 성난 김에 50만 대군으로 밀어붙이려 한다네

엄청난 대군 조조군 벌떼 형주에 벌써 진을 치고 있을 때 유비한테 급보가 날아왔단다 유비는 다급한 나머지 신야로 부리나케 돌아왔다네 유표는 조조군 쳐들어 왔다는 소식에 다급하게 현덕에게 부탁하려 장자 유기를 잘 부탁한다는 유촉을 내리려 하였다 그런 모든 사실 눈치챈 부인 눈 뜨고 못 보네 채 부인은 유포 근처 누구도 얼씬 못하게 출입을 금한 측근 장수에게 당부하였다네 유기는 아버님 위중하다는 소식 듣고 현주로 문안 인사차 왔으나 채모가 성문 출입 못 함이라 공자께서는 어찌하여 강하를 지키지 않고 소임 무시하시고 이곳에 왔단 말이오 당장 돌아가소서 유기는 아무리 통사정하여도 출입금지 어쩔 수 없이 강하로 되돌아 가 이런 사실 전혀 모르는 유표라 기다려도 헛된 생각뿐 유표는 저 머나먼 길 세상을 훌쩍 떠나 버려지니 유표가 세상 떠나자 채씨 부인은 거짓 유서로 공표하고 산고의 고통으로 낳은 자식 유종을 형주의 주인으로 내세워 유종의 나이는 15세 어린 나이 모든 행정 실권은 채 부인과 채모가 좌지우지라 이들은 유기와 유비를 두려워하니 항서를 조조에게 전해달라고 송충에게 건네니 유종은 형주태수를 자리매김 지킴 보장 한다는 허락을 내려보니 변질된 마음 오래 가지 못하는 세상 이치인 것을 송충이 돌아오는 길가에서 우연히 운장은 만나 모든 사실 알고 있는 관우는 송충을 사로잡고 현덕 앞에서 무릎 꿇게 하며 문초하니 모든 사실 낱낱이 나열하더라 유표가 이미 죽은 뒤에 항복한 사실 실토하더라 쳐 죽일 채모 일당들은 응징할 시간적 여유가 없는지라 조조 대군은 새까맣게 밀고 들어오는 중이라

유표가 세상 떠남 거짓 유서 공표하더라

50만 대군을 어찌 대적한단 말인가 현덕은 번성으로 옮겨 모든 사실 만민들에게 알림 공표하더라 신야 백성들이요 조조 군이 급습하니 살고자 하는 백성으로 가서 이 난국 피하여 방을 곳곳마다 붙였다네 곳곳에서 방을 붙여보니 모여드는 백성들 짐을 자기 등에 짊어지는 일제히 나오는 백성들 남녀 노유 막론이라 손건은 강변 어귀에 보내 백성들 안전하게 배를 타게끔 인도하더라 각 고을 관원들 가족들 안전하게 번성으로 인도하더라 부서마다 장수들에게 영을 내렸다네 조조는 선봉을 허저에게 3천 정병 먼저 보냈더라 허저는 아무리 찾아보아도 유비 군사가 어디로 사라졌는지 알 수 없는 일 허저는 군대 재정비하여 샅샅이 수색해 보았지만 무의미한 일이라 그때 어디선가 피리 소리가 울려 퍼지니 가까이 가서 들어보니 산마루 터에 자리를 깔고 현덕과 공명이 서로 이야기꽃 피우며 술을 퍼마시고 있던 것이 아닌가 이를 본 허저는 크게 대로하였다네 이때 기회를 엿보려는 허저는 중턱 가파른 길 올라가 보려 하였지만 바윗덩어리 큰놈 작은놈 굴러 내려오는 것이 아니던가 무수히 빗발치는 화살 날아오는 이때 산마루 터 다시 보니 현덕과 공명은 간데없고는 허깨비 보았는지 아리송 혹시 귀신에 홀린 기분 얼떨떨한 기분이 묘하리오 신야성은 조조 군사로 겹겹이 에워싸여 쥐새끼 한 마리 빠져나갈 수 없는 상황이라 텅텅 빈 성 아니던가 무엇이 두려우랴 유비와 공명은 형세가 처지는 것 미리 알고 백성들 모두 데리고 줄행랑이라 그러니 이왕지사 성안에서 편히 쉼하고 결정하였더라 그때쯤 초경 지날 무렵에 거센 바람 풍 몰아치며 기와가 날아가는 표출이라

공명은 일사천리 책략 착착 진행 중이라

깃발대가 꺾여지는 거센 바람 일고 있으며 그와 중에 어디선가 불이 거센 폭약 터지는 소리 굉장한 괴음 소리 군사들 불에 타 잿더미로 거의 잃어버린 겨우 살아남은 잔병들 동문만은 유일하게 불이 붙지 않은지라 피난할 수 있는 여기는 유비 군사들 개미 새끼 한 마리도 얼씬 못하는 곳이거늘 어찌 당했다는 말인가 또 알 수 없는 일이라 다행히 강물은 깊지 않으니 천만 다행한 일이라 여기에서 군사 제정비하고 있는 공명의 귀신같은 책략을 그 누가 알 것인가 이미 작전 들어갔던 공명이라 백하 상류에 모래를 높이 쌓아 강물을 막아 놓은지라 이때 관우가 기회 보며 막은 강물 일제히 무너뜨리니 강물 쏟아져 덮듯 삼켜 먹는 미친놈 날뛰는 무서운 기세 가속 붙으며 토해내는 강물 조인의 군사들 넋을 놓고 바라볼 뿐 갑자기 들이닥친 거센 물살에 잠겨 죽은 자는 태반 그나마 간신히 목숨 줄 건져 헉헉대며 기진맥진 올라온 군사들 싸울 여력 없어 그대로 눕고 지니 미리 대기하고 있던 장비 군사들에게 얻어맞자 죽은 군사들 모두 목숨 잃어 모두 패배라 어찌하랴 이 사실을 조조에게 알린 전갈 전함 시작부터 끝맺음까지 공명에게 속은 것 조조는 보통 터지는 골몰이라 공명이란 놈 촌부 주제인 걸 어찌 이런 일이 있단 말인가 조조는 머리끝까지 뻗쳐 언제 폭발 직전인 것을 당장 대군 이끌고 번성 쪽으로 몰려가니 그 세력은 엄청 강성하더라 이때 공명이 하는 말 이젠 번성은 과감히 버리고 양양으로 피하는 것이 좋은 시점 그러나 여기까지 따라온 백성들은 어찌할까 어쩔 수 없는 일 영양까지 따라온 백성들 어찌한단 말인가 동행자라

다시 양양으로 밟는 심정 씁쓸한 맘이라

신야와 번성마저 고을 백성들 일제히 따라나섰다네 이젠 단적으로 앞으로 나아갈 길은 잠시나마 지는 일몰인 것을 참 안타깝다는 생각 여기서 쓰러진다는 감촉 느낌 백성과 동행 길 간다는 것 조조에게 발목 잡혀 결국 백성들 지킴은 유사군들 승산 없는 결국 떠나야 하는 심정이라 백성들은 그런 사실 모르고 하는 말들 죽는다 할지라도 유사군을 따라가겠다고 백성들 이구동성 목소리 울려 퍼지니 어느덧 영양에 도착하여 보니 채모와 장윤은 성문을 열어 줄 생각조차 없다네 그 광경보고 울화통 터진 한 장수가 수백 명 군사들 대동하여 매국놈 채모, 장윤, 이 쳐 죽일 놈들 유사군은 성군이시다 어찌하여 성문을 닫고 열지 않느냐 고래고래 호통 소리 요란하더라 이자는 신장이 8척이요 칼을 잘 다루는 달인 아니던가 바로 천하장사 성은 위 이름은 연이라 그 말소리에 풀이 꺾인 채모, 장윤은 고개만 푹 꺼진 나락인 것을 그나마 양심이 조금 남아있는지 성문을 활짝 열어서 반성하는 기미가 조금 살짝 보이는 그렇지만 그들은 유비군을 무척 싫어하니 굳이 그자들을 죽일 일 없다는 생각에 여기를 당장 떠날 유사군들은 길을 재촉하더라 유사군 가는 길 뒤 따르는 군사와 백성 무려 20여 만이 줄을 이루는 발걸음이라 지나가는 길 앞 바로 유표 무덤이라 현덕은 수하 장수들과 일제히 묘 앞에서 큰절하고 엎드려서 무릎 꿇고 곡을 하니 제가 부덕하여 보살필 살피지 못함에 송구스런 마음 가슴 시린 심정입니다 형님께서 억울함에 구천 아래 잠시 왔다 가시더라도 형양 백성들 안정 평온의 길 구원으로 보살펴 주소서

길을 떠나다 문득 생각난 운장이 무소식이라

그 말소리 간절한 마음 전하니 장수와 모든 백성들 일제히 눈물만 펑펑 흘러내리는 다시 길을 재촉하며 길 떠남은 무수히 많은 백성들 하루길 10리밖에 못 가리오 이거 큰일 아니던가 공명이 말하기를 운장이 강하로 간 후 무소식이니 궁금함과 걱정이 앞서서 공명과 유봉은 군사 5백여 명 군사 이끌고 강하로 마구 달려 원병 청하려 힘차게 달려갔더라 현덕은 부하 장수들과 길을 재촉하며 발걸음 다시 옮기며 갑자기 정신없이 몰아친 거센 바람 일어나니 현덕은 깜짝 놀라며 이것이 무슨 징조란 말인가 점술 뛰어난 간옹 점괘 일가견 있는 이괘 풀어보니 길흉은 대흉 지조라 주공께서 어쩔 수 없는 선택의 기로 백성들 과감히 버리시고 앞으로 불어 닥쳐올 화근 피하시는 것이 앞날을 다시 재기 할 수 있는 유일한 길 밖이 옵니다 아니야 현덕은 고개를 살래살래 흔들며 지금까지 나를 믿고 따라온 백성들 나 살자고 어찌 저버릴 수 있단 말인가 잠시 경산이란 곳에서 진을 쳐 조조의 추병들이 들이 닥쳐지니 현덕은 군마 3천으로 죽을 각오로 그들과 맞서 싸웠다네 하지만 조조 군사 대군인 것을 어찌 감당하리오 백성들의 울부짖음 소리 들리는가 들판에서 땅을 치며 통곡 소리 현덕 죽기 각오 싸움에 목숨 위태로움 촉발할 때면 장비가 나타나 도와 혈로를 헤쳐 뚫어가며 현덕을 지킴 보호하는 안간힘 쏟아부으며 형님은 굳건히 보살피며 정신없이 줄행랑했다네 조 조 대군 멀찌감치 떨어지니 비로소 한숨 소리 차분히 잔잔해지니 그 뒤를 따르는 군사들은 5백 명뿐이라 부하 장수들은 생사조차 알 수 없는 이르는 지경이라 현덕은 울음만 펑펑 쏟아지는 맘 심정 눈물이라

조운이 배신했다고 소식 들었으나 절대 그런 일 만무라

나 때문에 몇 십만 생명 끈끈하거늘 무의미하게 억울함 당하고 형편 없는 지경 이르렀다는 것 울부짖는 슬픈 젖고 있는데 저편에서 절뚝절뚝하며 걸어오는 자 자세히 보니 미방 아니던가 다리에 화살 맞은 부상 입고 오는 모습 처량히 그 모습 보고 더욱 슬픔만 적적이라 주공 큰일이옵니다 조운이 주공을 배신하고 조운에게 항복하였습니다 현덕은 믿기지 않는 말 자룡이 나를 배반하다니 그럴 리 만무 우리 꼴 이 모양 일몰 지니 그놈 부귀 탐나 배신자임이 틀림없을 것이요 형님하며 장비가 내뱉더라 도저히 믿을 수 없는 사실에 장비가 직접 수하 이끌고 알아보기 위해 장판교에 이르러 주위 살펴보니 수목 수풀 무성하니 잔꾀 부려 군사들에게 나뭇가지 꺾어 말꼬리에 얽어 매어 수풀 길 내달리게 하여 먼지 일어남 자욱하니 적으로부터 알 수 없는 은폐 시키려는 잔꾀더라 이에 앞선 미방이 말한 배신자는 아니라는 사실이라 조운은 오직 필사적으로 조조 군사와 맞서 싸우다가 다음날에서야 주광과 처자도 난군 중에서 모두 뿔뿔이 헤어졌음은 그제야 알았다는 사실 조운은 낙담하니 주공께서 잘 보호하며 지키라고 명하셨지만 제가 방심하는 사이에 감, 미 두 부인과 작은 주인 아두를 맡기셨지만 모두 행방불명 큰 죄 지은 놈이오 어찌 주인을 뵙는단 말인가 기필코 행방 찾으면 살아서 찾아뵐 것이라 조운은 조조 50만 대군 겁 없이 정중앙부터 뚫고 쑤시며 들어가 주위에선 칼에 쓰러지고 화살 맞은 백성들 수도 없이 죽어가니 울부짖는 소리 쩔렁쩔렁 퍼지는 조운은 얼마쯤일까 가보니 길가에서 쓰러진 이를 보니 간옹이었다네

조운 활약에 두 분인 찾으니 반가움이라

혹시 두 분 주모 소식 아는지 간옹은 힘겨운 목소리 내며 두 분 주모께서는 수레에서 내려서 공자를 품에 꼭 안고 저 멀리 가시는 것 보았지만 그 이후로 정신을 잃고 잘 모르겠소 조운은 그 소식 듣고 적병의 말 한 필에 간옹을 태워 주공 있는 곳으로 보내기 위해서 꼭 가서 전하시오 내가 기필코 주모님과 공자님 찾아 모시고 찾아뵙는다고 전하시오 말 엉덩이를 인정사정없이 내리쳐버리니 말은 알았다며 쏜살같이 내달리기 시작하더라 조운이 지침 가다 보니 누군가 부르는 조장군 어디로 가고 있는 중이오 자넨 누구인가 소인은 두 부인 수레 모시던 군사이옵니다 화살 맞고 부상하여 꼼짝 못 하고 있습니다 조운은 답답함이라 그럼 두 분 주모께서는 어디 계신다 말인가 조금 전 미 부인께서 변장하기 위해 머리를 풀어 내리시고 신을 벗은 채 피난 길 가는 백성들 속으로 끼여 남쪽으로 발걸음 옮기는 듣자마자 조운은 남쪽으로 달리기 시작하더라 어느덧 수백 명쯤 무리 속 틈새 끼여 걷고 있는 혹시나 하는 생각에 조운은 소리 질러 보며 여기에 미 부인 계신지요 그때 마침 미 부인은 조운에게 달려오며 목 놓아 울음 반가움이라 조운은 말에서 급히 뛰어내리면서 주모께선 이런 고생하신 것 모두 제 불찰이옵니다 큰 죄를 지었습니다 그런데 감 부인과 공자는 어디 계신지요 같이 오는 길에서 서로 사람들 틈에 섞여서 헤어져 행방 묘연입니다 그때 조조 군사들은 괴성을 지르며 조운 발견하니 창과 칼을 휘두르며 달려드니 조운은 재빨리 말 위에 뛰어올라 창으로 적장을 찔러 보니 그대로 쓰러지니 순우도에서 감금되어 미축과 미 부인을 구출하더라

감 부인은 아들을 부탁한다며
우물가 속으로 몸을 던져 자결하더라

다리 위에서 있던 장비가 조운을 보자마자 자룡아 잘 만났다 우리 형님을 어찌하여 배반했단 말이더냐 조운은 부탁한다며 미 부인과 미축을 장비에게 맡기며 급하게 말머리 적진 속으로 뛰어들더라 장비는 큰 소리로 격려하며 자룡아 이미 간웅에게 모든 사실 들어서 알고 있단다 조운 기세 거센 바람 일으키며 적장 하후은과 격전 벌이며 조은은 창으로 찔러 쓰러트리니 벌떼처럼 띠 두르며 달려드는 조조 군사들 추풍낙엽 떨어지는 듯 창 휘두를 때마다 우수수 쓰러지더라 지나가는 피난 백성들에게 수소문하며 행방 찾으며 헤매고 있을 때 천만다행 지나가던 백성이 자세히 알려 주더라 부인께서는 다리에 부상하시어 꼼짝달싹 못 하시며 아기는 품속에 꼭 안으시며 토담 안에 계십니다 듣자마자 뛰어가는 조운 드디어 찾았다네 내 책임 의무 돌아온 기쁨 감 부인은 아두를 품속 꼭 안으시고 슬피 우는 것이 아니던가 조운은 그 모습 보고 안도하는 마음 말에서 뛰어 내려 땅바닥에 엎드려 사죄하며 감 부인은 조운 보자 장군을 뵈오니 이젠 목숨 지킴이니 이 애를 일점혈육 지켜 꼭 무사히 데려가 주시오 저는 다쳤으니 가는 도중 나로 인하여 모두 위험 지경이오니 여기서 자결하겠습니다 부인 그러시면 안 되는 목숨 소중한 것 부디 말에 오르소서 제가 꼭 지켜 이곳에서 벗어나서 나가겠으니 저를 믿으시고 그때 감 부인 아두를 바로 순간 우물 속에 몸을 던져 그만 죽음이라 조운은 땅바닥 치며 통곡하며 울더라 어디선가 조조군의 함성 가까이 들려오니 조운은 다시 벌떡 일어나 담벼락을 무너뜨리며 우물은 감쪽같이 덮어지는 끝막이라

조조는 경상 위에서 독무대 관망하더라

갑옷 풀어 느슨하게 아두를 품속에 잘 보호하며 말 위에 뛰어올라 무장하여 나오니 조조 군사들 겹겹이 에워싸며 조조 군사의 장수 안명이라는 자와 격돌하려는 듯 가볍게 한창에 허리 찔러 말 아래로 뒹굴어 가더라 에워싸 있는 것 거추장스럽다는 듯 추풍낙엽 떨어지듯 흩어 나가며 나아갈 길 뚫어 터보니 두 장수가 뒤 쫓으며 조은아 어딜 바삐 도망하려 하느냐며 큰 소리 질러 보니 어디선가 우르르 네 명의 장수가 조운을 에워싸며 창과 칼춤사위 몇 번 폼 잡고 춤추며 멋진 춤 몇 수이던가 조조 대병이 밀고 들어오니 조운은 네명 장수들을 한 손에서 창을 깊게 찌르며 다른 한 손은 청홍 검을 순식간 번개 치듯 몇 번 획획 놀리니 네 장수 욱욱 소리 내며 힘없이 쓰러지며 땅바닥에 거꾸려져 이때 경산 위에서 격전 모습 관망하는 조조라 한 장수가 50만 대군 속을 휘저으며 춤추듯 무아지경 독무대라 휩쓸어 버리며 뚫고 나가는 진행 민첩한 굉장함 대단한 장수라 누구란 말인가 조홍이 답변하며 상산 조자룡입니다 감탄하는 조조 입 딱 벌어지며 침만 꼴깍 삼키며 자기 부하를 삼으려는 속셈 맹수 같은 장수로다 과연 대단하리 저자를 생포하라 절대로 몸 일체 상하게 하지 말며 활도 쏘지 말거라 담양 장판 파 격전은 싸움판으로 전환 조운을 생포하기 위해서 겹겹하게 에워싸 좁혀 갔지만 그것은 통하지 않는 조운이라 창과 칼 휘두르기만 해도 우수수 땅바닥에 내동댕이 쓰러 떨어지는 것 큰 깃발이 셋이오 골로 보낸 조조 막하의 70여 명 이르렀다네 조운은 겹겹이 인간 쌍벽들 태로 확보하며 진행 드디어 뚫고 나왔다네

50만 대군을 홀로 흔들어보는 조운이라

조운은 장 판교를 겨우 나왔지만 또 발목 잡는 장수가 있으니 종진, 종신의 두 형제가 버티고 큰 도끼 휘두르는 놈과 화극을 자유자재 다루는 놈이 내뱉는 말 조운아 이젠 항복하라 어림없는 소리 지껄이지 말거라 말소리 끝맺기 전에 이미 한창으로 단숨에 목표점 목을 찔러 목숨 끊고 앞으로 내달렸지만 뒤따라오는 것 아닌가 말머리 획 돌리며 청홍 검으로 종신의 몸 두 쪽으로 갈라치니 조운은 이젠 지푸라기라도 잡는 심정 기력 소진이요 갑옷은 피로 온통 피로 물들여 얼룩져 말도 지쳐버렸는지 콧김 헉헉 소리 내며 비틀비틀하더라 불행 중 다행 아니던가 마침 구원자가 장비 아니던가 장 판교 앞에서 기다리고 있던 것이라 이젠 지친 쓰러질 것 같은 온몸 기운 빠져나가는 바닥난 소진이라 눈에 선하게 보이는 구원 군 이젠 교대하자며 부르짖는 조운 장비는 염려 말라며 끝마무리 내가 종지부라 그동안 잘 싸웠다 이젠 푹 평안함 쉼 하게나 조운은 고맙다며 묵례 하며 지친 말과 함께 장 판교를 무사히 건넜다는 안도감이라 조조군은 장 판교까지 추격해 왔지만 첩첩난관이라 아니 이게 누구이던가 산천초목이 벌벌 떠는 장비 아닌가 길목에서 버티며 누구도 섣불리 나서지 못하고 우물쭈물 눈치만 보는 것이라 그때 조조가 여러 장수들과 등장하며 장비는 조조가 왔다는 것 눈치채고 더욱 큰 소리로 산울림 쩔렁쩔렁 어느 누가 나와 맞설 것이더냐 우렁차게 울리는 대포 터지는 호통 소리 조조는 간담이 녹아 뒤집혀지는 경기 나더라

장비 화통 소리 내 질러대니 모두 기겁을 하는 그늘이라

이런 상황 싸울 것인가 후퇴할 것인가 고민하며 관망하고 있을 때 조조마저 말머리 획 돌리는 판에 어느 누가 적극적으로 나서리 까 서로 눈치만 건네보며 주시하고 있을 때 종지부를 찍는 큰소리로 호통 질러대며 너희들 싸울 의향 있으면 싸우면 될 것이고 그럴 생각 전혀 없거든 당장 사라지거라 쩔렁쩔렁 대포 터지는 소리에 그만 조조 곁에 멍하니 있던 하후걸이란 장수는 기겁하며 말 위에서 땅바닥에서 거꾸로 쳐박혀 죽었으니 이 모습 본 모든 조조 대군들 일제히 경기 일으키며 푹 꺼진 고개 이십 리 밖으로 줄행랑쳤다네 장비는 배꼽 움켜잡고 껄껄껄 장 판교 다리를 저들이 넘나들지 못하게 끊어버리고 뒤돌아서서 본 진영으로 달려가는 조운 도착하니 온몸이 성한 데가 없으니 지쳐 쓰러지는 정신 가다듬으며 현덕을 보며 땅바닥 엎드려 죄를 안은 만사유경하오니 면목 없습니다 감 부인께서 이미 뵈올 때 중상입고 꼭 아들 무사히 가는 길은 나 자신 걸림돌로 인하여 역지사지 모두 곤경에 처할 수 있으니 나는 여기서 자결할 것이오 하며 우물 속으로 순식간 뛰어들어 자결하였습니다 급속한 상황에 통곡 소리만 울먹여 그곳에서 공자님을 갑옷 속 품에 안고 이곳까지 왔으나 울음도 없으시니 온전하신지 걱정만 돼옵니다 급히 갑옷을 풀어보니 아두는 품속에서 평안하다는 쌔근쌔근 잠만 자고 있다네 조운은 안도에 한숨 내쉬며 아두를 건네 드리니 유비는 아두를 땅바닥으로 밀어 던지며 오히려 조운 살아왔다는 것에 위로를 했다네 이런 자식으로 인해 내 아끼던 일월대장 목숨 위태롭게 할뻔하였구나

감 부인 중상입고 나로 인하여곤경에 처한 것 같으니
목숨 끊어버려 맘 괴로운 심정이라

조운은 황망함 인정해주는 따뜻한 주군 마음 어쩔 줄 모르며 아두를 안아 들며 속마음 주군의 자상한 정의 마음 감복하더라 부하를 안위하는 전해지니 모두 일제히 감격의 눈시울 흘리더라 조조 진영에선 분주히 움직이며 말로만 천자의 명이라 하며 조조는 기세등등하며 백만 대군을 거느리며 강동의 웅 손권에게 으름장 놓으며 서신 보내 항복을 권하더라 형세 분석해 보아도 도저히 대적할 수 없는 상황이니 항복하여 목숨 부지 연장하여 다음 기회 도모하는 것이 어떨지요 그 소리에 손권은 고개만 푹 숙인 채 축 처지는 어깨 푹 꺼지는 지푸라기라도 잡고 싶은 심정이라 때마침 강하에서 제갈공명이 사자로 제 발로 와서 문을 두들기는 전갈이 왔다네 화전양론 갈망만 골몰하고 있는 처지라 손권은 다급하게 그를 맞아들였다네 공명은 차분히 들어오는 시점 강동에서 내로라하는 모사들과 장수들은 와룡 선생의 공명함은 일찍부터 널리 알려진 대단한 유명인사라는 것은 모두들 여기 왔다는 것에 궁금함 눈초리 집중 한 곳에 모아지는 그들은 대충 여기 온 것 직감함은 유비가 패한 것 구원해 달라는 부탁 아닐까 공명이 자리 앉자마자 대뜸 큰소리를 조조 백만 대군 거느리며 여기를 쑥대밭으로 만든다며 으름장 온갖 협박에 대해서 선생은 어찌 생각하시오 공명은 껄껄 웃으며 여유로운 표정 지으며 조조대군 이름은 원소와 유표의 패잔병들 모아 모아서 백만이라는 오합지졸들 인 것을 무엇이 두렵단 말이오 여유 있는 편한 답변 하니 모두들 웅성웅성 장내에선 냉기가 쭉 흐르더라

제갈공명 의기양양하더라

선생은 단양을 내주고 크게 패하였는데 그런 말이 나온단 말이오 무슨 말씀 하는 것이오 공명 얼굴에선 엄정함 눈빛 나타내며 근엄하게 유예 주께서는 몇천 안 되는 군사와 그 와중에도 몇십 만 넘는 백성들 지키는 것이 어찌 부끄럽단 말이고 실전이었다면 그것은 패한 것입니다 그래도 모든 것 포기하는 것 있더라도 백성들 지키신 것이 패착 원인이겠지만 정정당당히 격전 벌였다면 조조군 백만 아닌 몇백만이 온들 그들은 모조리 괴멸시킬 수 있던 것 그들이 운이 좋았을 뿐이오 그렇지만 누가 진정 겁쟁이인가 귀국께서는 장강의 거센 힘 앞세움 불과하고 수십만 군사 보유하면서 조조에게 항복할까 고민 중인 것이 겁쟁이 아니겠소 그 말에 할 말 없는 우번이라 곁에서 듣고 있던 보즐 이 옆구리 한번 쿡 찔러보듯 말을 잇더라 조조는 천자 어명 받든 명분 있는 관군인데 우리가 대적하면 역적질 아니겠소 으하하하 조조는 도적놈 한실을 유린하고 천자는 허수아비 진정 조조가 천군 신하란 말이오 그자가 한실을 떡 주무르듯 좌지우지하지 않소 그런 사실은 온 백성들 삼척동자가 다 아는 사실 아닙니까 보즐은 대꾸도 못 하고 얼굴을 붉히며 입마저 꽉 다물고 묵언할 뿐이라 서로 간 설전 주고받는 것 곰곰이 골몰하던 손권이 그제야 말을 하더라 조조가 강동을 독차지한다는 견해 좀 말해 보시오 그들은 강동을 도모하고자 하는 것 아님이고 연강하체 전선 다지며 준비할 뿐 어느 곳을 넘본다고 생각하시오 손권은 고민하며 마음이 살짝 움직여 아직도 결단을 관망할 뿐 어느 곳을 넘본다고 생각하시오

제갈공명 말솜씨 일목요연 하더라

손권은 고민하며 마음이 살짝 움직여 아직도 결단을 관망할 뿐 손권도 답답한지 측근 책사 주유를 불러보니 단숨에 달려와 견해를 묻더라 대답하기를 조조는 천자 들쳐 엎고 명분 내세워 우리를 침공하려고 하니 그런 면에선 손해요 항복하는 것이 유리한 입지입니다 그 옆에 듣고 있던 노숙은 깜짝 놀라며 기겁을 하더라 장군 말 같지 않은 말 하지 마시오 강동의 대업 유지 지킴 삼대째 이어온 깊이 있는 뿌리이거늘 어찌하여 도적놈들에게 내어준다는 말입니까 운명하신 선객께서 외사를 장군께 모든 간섭 일임하였거늘 지금 시기에선 나라 위하여 목숨 버릴 각오 적극적으로 그들과 맞서 싸워 지켜야 하는 것이 아닙니까 앞일 남들보다 앞서 보니 선견지명 강동의 중신의 초석입니다 장군께서는 지혜와 용맹성 투철함 발휘하여 조조 무리가 우리를 만만하게 못 보게 본때를 보여 줘야 하지 않았을까요 노숙은 열변을 토하더라 지금까지 묵언하고 있던 공명 선생은 터져 나오는 웃음 참다못해 어이없는 표정 지으며 하늘 쳐다보며 껄껄 크게 웃는 주유가 이상한 행동 보며 공명 선생은 왜 갑자기 웃는 거요 공명은 가느다란 목소리 말하니 모두들 귀를 쫑긋 세워 내가 웃음 터지니 그 말소리들은 노숙은 눈알 뒤집어 까리 듯 따져 묻더라 이것은 예의 벗어나는 행동이지만 공명은 모른 채 시치미라 아무리 노숙께서 지키고자 좋은 말씀하셨지만 이에 공근께서 조조에게 항복하기로 결론지은 마당에 더 이상 무슨 말이 필요하겠소 옳은 말씀에 상충하는 말 우습지 않습니까 주유는 그 말뜻 모르리오 한심하기 짝이 없다네

일목요연 뚜렷하게 설명하는 공명이라

공명이 웃으니 덩달아 웃더라 계속 말이 어감 줄줄이 나열하니 조조에게 항복한다는 이치 맞으리오 그자는 용병술 뛰어난 천하가 인정하는 증거 제시하면 여포, 원술, 원소, 유표 모두 조조에게 멸하고 있다는 사실은 모두 인정하지 않소 그러나 강도도 멸망을 자인하는 것 타당한 말 결정이라 노숙은 대로하며 입김만 씩씩 나는 소리 주유는 아직도 그 말뜻 이해 못 하니 당당함이오 공명은 다시 주유에게 한심하다는 듯 느낌 주며 말 이어가며 조조에게 백기 드는 것 간단하니 고기와 술 금은보화도 다 필요 없을 것이요 장군께서 직접 강 건너 사람 둘만 보낸다면 조조는 기뻐 어쩔 줄 모르며 위로 모든 군사를 철수할 것이오 그러니 평온함만 찾아오리 오 도대체 두 사람은 누굴 지칭하는 것이오 공명은 미소 엷게 띄우며 소곤소곤하듯 말소리 낮추며 제가 듣기로는 원소가 괴멸당하여 장하게 큰 누대 대궐만 한 집채 짓고 그 이름은 동작대라 부르리오 그곳이 바로 조조의 별장이오 그 안에는 절색 미녀들로 엄선하여 수백 명에 이르며 잠시 들러 아침저녁으로 출근 도장 찍어 흥취가 돌며 시도 읊었다고 합니다 군사들 여러 대대 나누어 제각기 본연 임무 지키기 위함 1대대부터 제5대대까지 주어진 임무 목적달성 명령만 기다린다고 모두들 고영 재주에 눈여겨보며 신기하지만 주유만은 딴 마음 차후에는 걸림돌이니 큰 화를 입을 위인이니 현덕과 공명을 죽여 없애버려야 걸림돌 제거라 주유가 거대한 배 한 척 병선 선보이더라 배 안에는 종인 30여 명 이런 배를 20여 척 있더라

주유가 암살하려는 계획 주도면밀 세워지는 숨은 그늘

주유 속마음 유비를 시해하려는 계획 세워 현덕 온다는 말에 장막 뒤에 도부수를 매복하고 현덕이 오니 영접하며 현덕에게 상좌에 앉으라고 권하며 재촉하지만 현덕은 극구 사양하더라 천하 대명하신 장군께서 상좌에 앉으시는 것이 도리인 줄 아옵니다 하며 아양 떨더라 주유는 미소 띠며 두 얼굴 변함 감추며 주연을 성대하게 베풀며 도부수들의 움직임 신호는 술잔을 던지는 것 조용히 숨죽이며 기다리는 도부수들이라 마침 공명은 현덕이 주유와 만나고 있다는 사실 소식 듣고 기겁을 하며 다급히 중군으로 가보았다네 주유를 쳐다보니 얼굴색 살기가 가득 차 보이고 양편 뒤쪽에선 도부수들이 매복하고 있더라 공명은 경기 나듯 소스라치듯 하였으나 현덕 가까이에서 관운장이 매서운 눈초리를 호위하고 있으니 천만다행 마음을 한시름 놓더라 공명 안도의 한숨 내쉬며 걸어 나올 때쯤 주유가 계속 집요하게 붙들며 무척 애썼지만 급구 사양하며 강변 밖으로 나왔다네 주유는 술이 확 올라올 때쯤 거사를 처질러 보려는 찰라 가만히 주시해보니 운장의 모습에 겁이 잔뜩 질려 있으니 현숙에게 저 긴 수염 장수는 누구십니까? 묻더라 내 의제 관운장이라고 하오 주유는 깜짝 놀라며 가슴이 덜컹 내려앉으며 혹시 관우라는 인물은 내로라하는 장수들 목을 순식간에 벤 천하의 호걸 아니던가 주유는 온몸에 식은땀으로 흠뻑 적시며 다리는 후들후들 떨며 오줌 찔끔 지리더라 하마터면 일 저질렀으면 내 목은 땡강 달아난 저세상 길 상상만 해도 끔찍 주유는 거사 실패 내려놓고 현덕 일행을 무사하게 원문 밖으로 배웅하더라

현덕은 강변 밖에서 공명을 만나 서로 간 반가움에 어쩔 줄 몰라 하더라

주유는 거사를 실패하고 고양이 간 꼴에

쥐 죽은 듯 물러나는 생쥐 꼴이라
공명이 말을 건네며 주공께서 조금 전 위태로움 상황 직면 알고 계신 지요? 전혀 모르오 무슨 일 있었소 조금 전 주유 행동 일거수일투족 지켜보았는데 시해할 계획 있던 것 모든 면모를 보았으나 주공 옆에 운장이 지키니 안심한다는 생각에 안도의 한숨을 쉬었습니다 이젠 호구에 들어섰으니 안심이옵니다 주공께서는 돌아가시어 배와 군마를 잘 정비하시어 사전에 준비를 철저히 하여 11월 25일 갑자일 기약하셨으니 날짜를 엄히 지키셔야 합니다 조조 군영에서도 견줄세라 채모와 장윤을 수군 대장으로 임명하며 수군 훈련 철저하게 시키더라 연강 부근에서 각각 수문을 개간해 놓으며 큰 배 한 척 안치해 놓고 소형선만 그 안에서 자유로이 왕래하며 분주하더라 컴컴한 어두운 밤 배마다 불을 밝혀 훤하게 눈부실 정도다 그 안에 군막이 즐비하게 5백여 리쯤 길게 뻗친 굉장함이라 주유는 이런 거대한 힘 위상 보며 속마음은 근심 걱정 태산이라 조조는 수전에는 능수능란한 자 채모와 장윤을 수군대장으로 임명하였으니 저자들을 자멸시킬 계책이 도저히 떠오르지 않으니 걱정은 첩첩난관이라 어느 날 갑자기 조조 진영에서 배 한 척이 주유 진영으로 건너 왔다네 배의 수장들 장간이라 장간과 주유는 어릴 적 동문수학한 절친한 사이였다네 서로 안사하며 강을 건너 유세객 오시니 수고가 많소이다 장간은 은근살짝 시치미를 떼며 그대와 오랜만에 만남은 서로 간 다른 길을 가다 보니 이런 불편한 신정 만든 것이니 옛정을 얽혀 있는 것 풀고 자 왔

을 뿐이네 반겨주지 않으니 섭섭한 마음에 골이 났는지 되돌아 갈려는 찰라 현상 일몰이라

장간과 주유는 막역한 사이였다네

주유는 분위기 반전하여 웃음 껄껄껄 하며 형이 세객이 아닌 것 지금 알았으니 마음 푸시오 어렵게 만남은 어떻게 그냥 보낼 수 있겠소 주안상을 거하게 차리며 대접하더라 주유는 군중의 장수들을 장간을 소개하고 서로 간 예를 갖추며 주유의 위상을 보여 주었다 강동의 장수와 군사들 사기가 충만함은 뜻밖일 사기 진전 높은 거상 몹시 불편한 심중이라 서로 간 그동안 못 만남 풀고자 술통은 몇 동 들이마시며 시도 읊고 풍악 소리에 떠들며 시끌벅적 사람 풍미 냄새 진짜 술맛 나는구만 술에 곤드레만드레 되니 장간과 함께 잠에 곯아떨어졌던 것이라 장간은 자는 척 코만 드르렁 연기하며 눈만 감고 있는 척 지켜보니 그때 주유는 곯아떨어져 어디선가 북소리 요란하게 들려오지만 그대로 아랑곳하지 않고 여전히 잠만 자는 주유라 장간은 일어나서 주위 탁자를 보니 문서가 수북이 놓여 있는 것 보니 기밀문서가 아니던가 하여 보고 읽던 중 한 통의 글을 보고 깜짝 놀라며 장윤, 채모 글자가 눈에 선하게 보이니 내용을 낱낱이 읽어 내려가 보니 조조에게 항복하는 것은 기회를 보아서 조조를 시해하여 목을 베어 버리겠다는 글귀가 역력히 또렷이 쓰여 있는 그때 주유가 침상에서 뒤척이는 소리에 놀라 재빨리 침상에 누워 자는 척해 보니 어느덧 날이 밝아 온 밖에서 도독님 주무십니까? 하는 소리가 나니 주유는 잠에서 깨어 일어나보니 어제 일은 생각나지 않는 듯 내 옆에서 잠을 자는 누구냐? 도독님께서 장 선생님과 밤새도록 이야기 나누시며 같이 주무셨습니다 어제 과음 폭음 혹시 실수하지 않았나

장윤과 채모는 형장의 이슬로 소리소문없이 사라졌다네

걱정들만 앞서더라 여태껏 과음은 처음인 것을 큰 소리로 중얼중얼 자는 척하는 장간이라 장간을 불러보아도 코만 드르렁드르렁 주유는 소곤소곤 대며 속닥속닥 장간은 귀를 쫑긋 세우며 엿들어보니 장윤과 채모 이름을 거론하는 말소리 흘러나와 또렷이 들리니 목소리 점점 작아지니 통 무슨 말소리 알아들을 수 없더라 헤어짐 아쉬워하며 주유는 장간 황송해 주는 척 연기 일품이더라 이는 곧바로 조조에게 모든 사실 낱낱이 고 할 것이라는 것 짐작하더라 조조는 대로하며 노발대발 그놈들 당장에 잡아다가 내 앞에 대령하라고 호통쳤다네 채모와 장윤은 부름을 받고 급히 달려왔습니다 주군 지금 당장 진병하라는 명령 내려지니 아직 진병은 준비가 미흡한 상황이라 군사들 아직은 능숙하지 못해 훈련시간 더 필요하니 지금은 진병하기가 어려운 봉착 속이니 헤아려 주십시오 군사들 능수능란하면 결국 내 목에 칼을 들이 될 텐데 그때까지 어찌 기다리더냐 이 쳐 죽일 놈들아 말소리들은 채모와 장윤 무슨 말 씨부렁거리는지 알 수 없는 말만 나열함 답답하더라 소인들은 무슨 뜻인지 모릅니다 그 말에 조조는 더욱 격분하며 내가 입으로 너희들 주유와 내통했다고 말 까발려보니 입만 더러울 뿐이라 어서 저자들의 목을 베어 버려라 채모와 장윤은 무사들에 잡혀 끌려가 형장의 이슬로 소리 없이 사라졌다네 이마를 딱 치며 어리석은 짓을 이미 때는 늦었으니 다급한 마음에 달려갔으나 채모와 장윤은 아무런 이유 없이 채모와 장윤을 죽인 꼴이라 조조 마음 찢어 내리는 슬픔만 안고 넋 나간 아찔하더라 수군에선 내로라하는 장수 수장이거늘

채중과 채화 거짓 항복 다 알고 있는 주유라

수군 이끌 장수마저 저세상 떠났으니 이 어찌 격전 치를 수 있단 말인가 강동 공격은 지금 수월치가 않다는 봉착 속 직면이라 조조는 채모의 아우 채중, 채화를 불러 주유 꾀에 억울하게 자네 형이 저세상으로 보낸 큰 실수 범했으니 주유 놈 복수하라며 복수할 기회를 채모 아우들에게 강동에 가서 거짓 항복하여 간계를 꾸미는 채중과 채화는 주유 앞에 거짓 항복하며 주유에게 억울함 호소하며 저희 형 죽음 억울하게 조조에게 죽임당함 분하고 격분한 마음에 그 원수를 꼭 갚고자 이렇게 항복하였으니 저희들을 거두어 주십시오 주유는 반갑게 그들을 받아들여 감녕의 부대에 귀속시켜 주유 진영에 황개가 찾아와 늦은 야심한 밤에 무슨 급한 일이라도 있소 묻자 조조 군사 대군들 상대한다는 것 우리가 장기전으로 간다면 불리 속전속결 화공으로 대적하소서 주유 진영에 황개가 찾아와 늦은 야심한 밤에 무슨 급한 일이라도 있소 묻자 조조 군사 대군들 상대한다는 것 우리가 장기전으로 간다면 불리 속전속결 화공으로 대적하소서 주유는 그 말소리에 정색을 하더라 사실 같은 생각 동감하고 있소 지금 채중과 채화가 거짓 항복한 것 다 알고 모른 척 군중에서 조조에게 소식을 통함 다 알고 그런 작전 취한 것이요 나의 걱정은 거짓으로 항복한 그들 눈속임 굳혀야 그들이 안심하고 조조에게 여기 상황 낱낱이 고맙지만 내가 고통받는 모습을 저들에게 보여야만 조조의 눈을 속일 수 있으니 이대로 진행 하겠소 일찍이 손견 주공으로부터 은혜 은공 받은 몸이라 그 은혜 잊지 않는 목숨을 바칠 각오입니다 주유는 그의 진실된 마음 안지라 황개를 공손하게 절하며 예의를 표했다네

주유와 황개는 세작들 속이기 위해 연기
명연기에 모두를 속았다네

공께서는 전체 지지의 흐름 기반만 세워주신다면 강동은 큰 영광 천만다행한 일 생길 것입니다 그다음 날 주유는 모든 장수들 결집시켜 한마디 하더라 조조 백만 대군 앞에서 공격은 무리 오니 모든 장수들 일제히 3개월 양초 준비태세 말을 준비하시오 그 말소리 명령 내려지자 황개가 나서서 3개월 고사 지내며 삼년 양초 준비태세라 하여도 잘못하여 일을 그릇 되니 조조를 빠른 시일 내에 괴멸치 못하면 제가 조조에게 항복하는 내 계획 주공 명받은 것에 이행 불복종이오 조조를 공경하는 기로인데 어찌 맞붙어 보지도 않고 항복한단 말인가 말소리에 분개하며 성을 발끈 연기 한번 기가 막히게 모두들 감쪽같이 속고 있더라 주공 명받아 조조를 공격하는 진행인데 항복을 하자마자 초를 쳐 무슨 개수작이냐 저 늙은 놈을 군율로 다스림에 당장 목을 쳐 죽이고 싶다만 지금은 전시 중이니 곤장 백 대로 다스리겠다 명령 내려지니 여러 장수들 극구 말렸으나 주유 아랑곳하지 않은 무표정 진지한 적막 곤장 소리 철퍼덕 떡 치는 소리 울려 퍼지니 고통 비명 이것 장난 아닌 엉덩이 살갗은 터져 피멍 피가 흘러 온몸 적시며 고통스런 황개 업혀 군막까지 옮겼으나 여러 차례 피를 토하며 졸도를 한 황개는 장중에 엎드려 시음 소리 안쓰럽다네 모든 장수들 찾아와서 위로하지만 묵언하며 한숨만 푹푹 내쉬더라 어두컴컴한 야심한 밤에 심복 부장 감택이 들어와서 물어보더라 장군께서는 도독과 무슨 언짢은 감정이라도 있으신지요 황개는 든든한 심복인지라

거짓 항변 변명만 나열하더라

대강 귓속말로 속닥속닥하며 자네 할 일은 서항서를 조조에게 전해 주거라 감택은 흔연 수긍하며 이날 따라 밤하늘엔 촘촘히 박힌 별들이 유난히도 반짝일 뿐 수를 놓았더라 야심한 밤에 몰래 자취를 감추듯 3경쯤 한 척 돛단배가 몸을 싣고 조조 진영에 도착한 감택은 진지한 마음 가다듬으면서 조조 진영에 성문을 두드리니 벌써 조조는 채중과 채화로부터 황개가 곤장 맞아 초주검에 직면 이르니 곤욕 거친 거라는 것 벌써 알고 환한 미소 띤 표정 감택을 맞이하더라 조조는 황개의 편지를 읽어내려 보니 소인은 손씨의 은공을 받았으나 오늘날까지 주야장천 주유의 간섭과 이번에는 굴욕까지 당하여 여기까지 이르게 된 경위는 천자의 조착은 어가는 것 또한 승상대군 어마어마하니 달걀로 거대 바윗덩어리 치는 것은 어리석은 무모한 짓인 것 우리 모두 개죽음이라 명분도 없는 싸움 항복하는 것이 오히려 여러 병사 목숨 구함입니다 앞날 축복이오니 제 진심 받아 주시오면 더 자세한 내용 감택에게 문답 주시오면 모든 제 의도 심정 아실 것입니다 그러니 항서를 바칩니다 조조는 무척 흡족하게 하며 감택에게 후한 상을 내려주고 감택을 돌려 보내주었다네 항복 오는 것 기다린다는 조조로부터 답장 왔더라 강동 바닥에선 소문들 무성하리오 조만간 조조 백만 대군 몰려가 괴멸될 거라는 소문 파다하더라 그때 조조 진영 찾은 위인은 봉추 선생이라 조조는 그를 정중히 맞아들이며 선생의 대명함을 널리 소문 들어 알고 있소 이렇게 저를 찾아주니 기쁨 이루 말할 수 없소이다 선생께 한 수 가르침 받고 싶소 승상께서 용병하심 세상 사람들 다 알고 있습니다 군용을 한번 견학을 청합니다

주야장천 조조를 속이는 변명만 나열

조조는 끝자락 한층 누각을 오르며 내다보니 진영 일대가 역력히 보이더라 탄성 소리 내며 감탄하더라 조조의 명성은 뜬소문 아닌 이름 드높은 까닭 있다는 것 이제야 비로소 확실히 알았다네 이 광경 지켜보며 한마디 내뱉더라 주유 놈 이젠 곧 멸망 머지않았다 언성 높이 비웃듯 하니 조조는 그 소리 듣고 더욱 기뻐하며 시찰 끝마치고 장중으로 정중히 모시며 주연까지 베풀어 주었다네 술이 여러 잔이 돌자 방통은 한마디 묻더라 군중에 뛰어난 의원 있는지요 갑자기 의원은 왜 찾는지요 어디 불편하신지요 수군 전투 병사들 부상이 잦아지니 명의원 꼭 필요합니다 조조는 무엇인가 느끼며 반성하는 듯 군사들 뱃멀미 무척이나 혹사 고통 환자들 자주 속출 일어난다는 것 이제야 이해하며 혹시 무슨 묘한 방법 없는지요 물어보니 강상에 지날 때면 조수 간만의 차가 심하니 풍랑이 억새 쉴 틈 없는 어지러움 시달리니 병사들 거기다 배 타는 것 서툴러서 북방 군사들 잔병 나는 것 당연한 일이오니 50척씩 연달아 널빤지로 이어놓으면 줄줄이 연결 병사들과 말도 자유로이 별로 흔들림 없이 다닐 수 있는 인정함은 풍랑이 온들 견딜 수 있는 안전책이옵니다 이말 소리 듣자 귀가 쫑긋 세워지니 즉각 적인 조치 내려 쇠고리를 이어 배들을 붙들어 매기 시작했더라 방통은 며칠을 묻고 유유히 진문을 나오려는 순간 누군가 방통을 잡으며 속임수 연발 질러 하며 큰 소리로 외치더라 큰 소리 외친 사람은 얼마 전 현덕의 군사로 있다가 배신하고 조조 진영으로 항복한 서원직이라 모든 것 다 까발리며 너희 놈을 대단한 속임수 연발 짓고 있네 황개 놈은 고육계 감택은 사항서를 들고 온 속임수 잔치라

서로 간 신뢰 의지하며 비밀 지키는 함지 속이라

너는 여기 와서 연환계 짓고 주야장천 조조를 농락하여 속였을지는 모르지만 나는 절대 속이지 못한다 이놈 자네 서원직 아니던가 설상가상 조조에게 밀고하려 하는가 나는 유황숙의 높은 은공 받았으나 빈껍데기 조조 막사에 있을지언정 조조에게는 고자질하지 않으리라 맹세하니 이곳 만남 같이 죽는 한 맺힌 근심 걱정 하지 말거라 자네는 고견달식 그런 일로 근심 걱정 한단 말인가 내가 조조에게 고견 올려 북방에 오랑캐 염려하니 군사 5천만 내달라고 고견하겠으니 그 핑곗거리로 허도로 돌아가게나 서서는 감사하다며 모든 근심 걱정 해결되니 내 마음 안심 즉각적 조조에게 승낙받고 허도로 갔다네 새 아침 떠오르는 동틀 무렵 조조는 높은 그곳 걸터앉아 수군들 강훈련 지켜보며 모사들에게 자기 심정 토로하며 흐뭇 하늘은 나를 저버리지 않고 어려운 시기 봉착할 때 때마침 홀연히 나타난 봉추 선생 그에게 묘책 받아 풍랑에 배들은 비실비실하다는 지적 하며 약점 보완하니 내 마음 어리기 설설하게 풀리며 배들끼리 줄줄이 연결고리 이어놓으니 해결책 하늘이 주신 천신만고 끝에 행운이 아니던가 풍랑을 헤쳐나갈 수 있는 방책이 있으니 고민거리 해결한지라 내 마음 흡족하구나 정욱은 말하기를 배들 꼬리 물고 연결고리 불편하기는 하지만 혹시 강동에서 이 사실 알고 화공을 퍼붓는다면 큰일 모두 몰살이옵니다 껄껄껄 그것쯤은 벌써 계산 확률 따져 전산처리 끝났다네 순유가 듣고 있다 정욱의 말 옳은 말인 것을 어찌하여 승상께서는 웃기만 하시는지요 조조는 벌써 계산된 뇌리를 스쳐 가는 필름처럼 술술 부는 바람 쉬워지는 답변이라

조조는 일목요연하게 바람 풍 아는 척하더라

화공이란 풍력 이용하여야 발휘하는 것 자 보아라 겨울에는 서풍 북풍이 있을 뿐 동풍, 남풍은 없지 않느냐 지금 우리가 있는 곳은 서분간인 것을 주유는 남쪽에서 눈을 부라리고 있으니 저들이 화공을 쓴다면 불길은 어디로 뛸 것이더냐? 그 말들은 모든 장수 탄복하며 감탄사 연발하더라 말소리 들리는 노숙 어안이 벙벙 그 말뜻 사실이요 그렇다면 천만 다행한 일 공명은 미소 띤 표정 여유롭다네 어디 한번 도독의 병문안 갑시다 노숙은 기뻐하며 다급히 공명 뒤를 졸졸 따라 나섰다네 가는 발길 걸음 가벼운 마음 평안함 여유로움이라 공명은 노숙에게 숙제 주듯 가는 길 나지막한 구릉 넘고 강 건너 끝자락 겨울 들바람 매서운 칼바람이요 지독한 찬 기운 냉기가 그 와중에 도독께서 위중하시다니 큰 걱정거리요 공명 말에 걱정스런 마음 노숙은 슬픈 심정 엄습 몰려오더라 공명과 노숙은 병 문안차 왔는데 누워있는 주유를 보며 몸은 어떠신지요 노숙의 말에 주유는 배꼽을 쥐어뜯는 듯 머리가 무거우며 정신 못 차리겠소 처방 내려 약을 드리오리라 공명은 한마디 말 툭 던지며 잠시 뵙지 못하여 갑작스런 병환에 얼마나 심려가 크신지요 주유가 말하기를 짧은 시간 회복 나타났음 내 어찌 스스로 보존하겠소 그 말소리에 공명은 껄껄 웃으며 말했다네 세상사 일어나는 자연현상 인간이 어찌 예측을 가늠할 수 있겠소 그 말들 널브러져 들리니 주유는 얼굴빛 붉은 홍조요 끙끙 앓는 소리만 더욱 연발하더라 혹시나 가슴이 먹먹하지 않소 약을 드시면 어떨지 모든 처방 약 다 써 보았지만 소용없는 것 먼저 기분전환 순환시키면 화창한 기운 몸 안으로 들어옵니다

기문둔갑 전서 통달 호풍환우
움직임 방향전환 꿰뚫는 관점

주유는 마음속 꿰뚫고 있다는 것 눈치챈 공명 아니던가 기운 상기 북돋우며 어떤 약을 써야 좋을지 하고 물으니 공명은 껄껄 웃으며 씻은 듯 완치 비방 한 가지 써 드리지요 가슴에 미리 품고 있던 글귀 주유에게 건네주었다네 주유는 내용 읽어보자 얼굴빛 훤하게 밝아졌다네 글귀 내용인즉 조조 괴멸시킴 화공 처 당연지사 만사형통인 것을 동풍 기운 김 빠졌더라라는 글귀가 선명 눈알이 초롱초롱하더라 공명은 기신 같은 명언 벌써 모든 관점 꿰뚫어버린 신통함이라 이런 숨긴 사실 감추어진 것은 낱낱이 알고 있는 공명 모든 것 털어놓더라 선생은 내 마음 벌써 내 병원인 다 알고 계셨으니 약 처방 알려 주시오 공명은 대답하며 저는 일찍 기문둔갑 전서 통달하여 호풍환우 움직임 방향전환을 꿰뚫을 수 있었습니다 가능성 돌출기대 원대 희망 안고 도독이 동남풍 이용하면 남병산 높이 아홉 자 높이 쌓아 150명의 동지 기로 각각 푸른 기와 붉은 기 들고 늘어서면 동남풍 잠시 돌개바람 일어날 때 도독 지원할까요 도독 의견은 명약 처방이라 주유는 대희 하며 3일은 바라지 않소 하룻밤 동안만이라도 동남풍 불어 준다면 모든 역발산 힘 본산 세워 짐이오 그 불어지는 어느 방향만 잘 살펴보면 높은 지대 세워 이행 발산 지면 가능성 간곡히 간청하니 공명은 수락하며 문득 뇌리 스치며 11월 20일 갑자 바람 일구어 20일 병인 끝 바람 멈춤이요 그제야 바라는 마음 주유 생각하며 공명이란 자는 내 속마음 훤히 다 알고 있다는 것 기뻐 어쩔 줄 모르며 자리에서 벌떡 일어나더라 주유는 정보 신호만 떨어지

면 노숙과 더불어 모든 장수 병사들 혼연일체 하여 동남풍 일어나는 즉시 모든 작전 개시라

동남풍 불기 시작 모든 병사들 곤두세우며 준비태세

총공격 황개는 쾌선 30여 척 재정비하며 배 안에는 유황 기름 가득 실었다네 모든 총공격전 준비태세 주유의 명령만 기다릴 뿐이라 그러나 하늘 맑은 구름 한 점 없더라 주유는 노숙 쳐다보며 공명의 말 헛소리 한 겨울에 어찌하여 동남풍이 분단 말이오 그 말 떨어지기가 무섭게 장막 앞이 바람 술렁거리는 깃발 펄럭 갑자기 일제히 동남풍이 불기 시작하더라 동남풍 강풍 불어오니 주유는 깜짝 놀라며 공명이 천지조화 다 읽고 도술 부리듯 세상을 좌지우지 떡 주무르듯 하니 지금 살려두면 나중 화근이니 미리 칼 바람 지어 백여 명 군사 대동하여 남병상으로 황급히 달려가 공명의 목숨 끊어 버려 걸림돌 싹 제거라 급물살 타듯 남 병산 도착하여 칠성단 샅샅이 뒤지며 단상으로 올라갔으나 오고 간데없는 공명이라 이미 이런 사태 올 줄 알고 자취를 감추었다네 계속 추격군들 산 아래 내려와 강가에 이르자 저쪽에서 벌써 쾌선 한 척이 닻을 올리니 바람 타고 서서히 강물 흐름 거슬러 올라가는 모습이라 선생이시여 도독께서 모시고 오라고 하셨습니다 그때 공명은 모습 드러내며 웃음으로 화답하며 답변 주더라 장군어서 가서 보고하시오 쓸데없는 일에 나대지 말고 도독께 이번 기회 확실히 조조를 치시오 공명은 점점 멀리 사라지더라 되돌아가 보고 하더라 주유는 또 한 번 놀라며 공명의 꾀는 걷잡을 수 없는 신출귀몰이라 그자가 있는 한 마음 불안 한시도 편할 날 없다는 것 즉시 하더라 옆에 있던 노숙은 우선 지금 기회 남동풍 이용하여 조조를 치자며 우선 전군에 영 내려 진발 전투명령 내려졌다네

현덕은 부대마다 임무 각인 배치하더라

하구 물줄기 타고 물 흐를 류 안전하게 무사하게 공명은 현덕 있는 곳 진영으로 귀착하여 극진한 영접 받고 부대마다 군사 진발 내려지니 자룡 듣거라 5천 군마 움직여 강을 건너 좁은 길로 들어서 굽잇길 나무숲 우거진 곳 은폐 매복하기 적합하니 조조가 새벽쯤 이곳 지나는 길목이니 적군 군마 지나칠 때쯤 중간에 차단하여 불을 질러 허둥지둥 정신 못 차릴 때 아마 태반은 괴멸시킬 수 있으니 꼭 명심하거라 장비는 4천 군마 이끌고 강을 건너 호로 곡 어귀쯤 매복하여 조조는 분명 북쪽 길 택할 것이며 이 길목에서 조조는 잠시 쉼 하며 허기를 채울 테니 그때 공격하여 섬멸하거라 미축, 미방, 유봉은 듣거라 배를 타고 강가를 순찰하며 패군들 널브러져 혼비백산이니 때려잡고 무기들을 회수하거라 공명은 현덕에게 높은 전망대에서 오늘 밤 주유가 큰 공 세워 승승장구 구경이나 합시다 관우에게 아무 명령 지시 없더라 참다못해 한마디 하더라 나는 전쟁터에서 한번도 패한 적 없는데 왜 나를 배제시킨 겁니까 고명은 크게 웃으며 대답하더라 전전에 조조가 극진한 대접하고 목숨까지 살려 주었던 일 분명히 장군께서도 조조가 위험에 처하게 되면 은혜를 갚아 살려줄 것이니 장군을 작전에서 제외한 것이니 너무 섭섭하지 마십시오 할 말 있소 조조가 나에게 목숨 지켜 배려했지만 두 형수님 모심에 어쩔 수 없이 더 이상 대항 못 하고 잠시 숨죽일 뿐 구사일생 탈출하는 과정 속 안량과 문추 두 장수 수급을 베 버리고 무사히 두 형수님 안전하게 형님의 보금자리 안착하였소 서운하게 생각하신다면 보내드릴 테니 조조의 목을 가지고 오시겠소

운장에게 결초보은 기회를 안겨주었다네

나에게 그런 기회만 주어진다면 목을 베어오겠소 결국 조조는 도망치는 지점은 화용도 당도하니 그곳에서 생포하시오 만약 조조가 행선지 다른 쪽이면 군사는 어찌하시겠소 나를 군법대로 처리하시오 하며 답변하더라 운장은 화용도 샛길 부근 매복하기 위해서 출발했다네 현덕은 아우를 보내는 마음 근심 걱정 불안하니 공명에게 묻더라 내 아우는 의기 심중하여 화용도에서 조조와 만남은 그를 살려줄 것 명백 자행한 일 염려가 되는구료 그때 양이 천문을 들여다보니 조조의 명줄 운명 아직 끝나기 이른 명줄 연장이더라 운장에게는 인정만 안겨준 꼴이라 그 말소리들은 현덕은 감탄하더라 선생의 선견지명은 천하제일이요 공명은 모든 전투계획 임무 풀어놓으니 이젠 성과만 기다릴 뿐이요 현덕과 주유의 용병술 경합을 지켜보도록 했다네 현실 상황 까만빛 아득한 깊이를 모르는 조조는 수하 병사들과 함께 즐기고 있다네 그런데 갑작스런 동남풍이 서서히 불기 시작하니 정욱은 근심 걱정하며 동남풍 피어오르고 있으니 대책을 강구하시는 것 예절 하시옵소서 조조는 껄껄 웃으며 동지일 양생 잠시 쉬어갈 뿐이라 걱정할 일 아니로라 대책 속수무책이니 이때 홀연히 황개로부터 밀서가 한 통 날아왔다네 조조는 급한 마음 개봉하여 읽어보니 주유의 엄한 단속으로 피하여 때마침 파양호로부터 군량 오는 배에 주유가 저에게 순초 임무 주어 탈출할 기회가 엿보이니 강동의 내로라하는 장수 수급 베어 오늘 밤 3경 시점 항복 자행할 것이니 그 신호를 배 위에 청룡기가 꽂혀있거든 유량선 20척은 모두 항복이니 그리 아십시오

조조는 속고 험한 꼴 보려 하네

조조는 눈알이 빠지도록 황개의 배오개만 학수고대 기다림이라 3경이 되는 시점 쏜살같은 20여 척의 배가 오는 것이 보이더라 저기 황개의 황복선이구나 조조는 한 점 의심 없는 반가워할 때 정욱은 나서면서 저 배는 어딘가 의심스러우니 가까이 오는 것 막아야 하옵니다 왜 그러는가 정욱 말해보게 군량 잔뜩 실은 배라면 뱃전 깊이 주저앉아 보임은 너무 가벼이 수면에 뜨고 있으니 수상 쩍으며 동남풍이 크게 불어오니 적의 흉계 꾸밈이면 대책 없이 당함이니 조심하셔야 합니다 조조는 그 말소리 일리가 있는 말 다급함 배를 가까이 접근 못 하게 문빙이 배에 올라타 뱃머리에서 큰 소리로 외치며 승상 명령이니 지금 당장 멈춤이니 그 말끝 메아리 흐르는 기류 지나쳐 버리며 배에 숨어 있던 황개가 실체를 드러내며 활을 쏘아 보니 첫 신호라 황개의 군호 명령 내려지니 불화살 부어대니 정신없는 상황 조조 배들은 쇠고리에 묶여 꼼짝 못 하고 서로 엉키며 부딪침 순식간에 조조의 전선들 불길 옮겨 붙들며 타들어 가더라 조조 군사들 어쩔 수 없는 상황전개 형세 다급하지만 쇠고리에 꼼짝 이것이 한마디로 다 속임수에 걸려들었다는 사실 알고 나니 땅을 치며 후회한들 이미 때는 늦었으니 불길 치솟아 오르며 활활 타들어 가더라 조조 군사들 갈팡질팡 불바다 따로 없는 위기라 이때 장료가 작은 배로 조조 구출하여 군사 10여 명이 조조 호위하며 강기슭 쪽으로 움직여 그 도망치는 배 지켜본 황개라 소리 고래고래 질러대며 겁 집어먹은 도망가는 조조 보고 도적놈 어딜 가느냐 너도 살고자 발버둥 치느냐?

조조 100만 대군 방심하는 사이 거의 몰살

외쳐보니 쩔렁쩔렁 울려지는 장료는 시끄러운 짓 활시위 당겨 쏘아보니 활 시위 소리 듣지 못한 황개는 그만 화살 왼쪽 어깨 맞고 물속으로 처박혀 버렸다네 그 틈새 조조를 호위하여 강 언덕 기슭 가까이 올라보니 헉헉 숨소리 연발 지쳐버린 한숨 내뱉는 소리 적벽강을 불로 이불 덮는 불길 아비규환 혼동 뒤엉켜 고통으로 얼룩진 천기가 뒤흔들며 혼란스러운 만 가중하니 이 틈새 공격 가맹하는 서편, 동편 둘로 나누어 방향 전격 총공세 펼치니 조조 100만 대군 무너져 내린 강물은 피로 얼룩진 핏물이라 꿈틀대는 자는 칼에 베이고 불에 타 죽은 자 헤아릴 수 없다네 조조 100만 대군 순식간에 저녁 일몰 지을 때 모두 몰살되어 괴멸당했다네 조조는 지 한 몸뚱어리 몰래 은폐시키려 도망하려 할 때 조자룡이 발견하고 너희들 여기 올 줄 알고 기다렸다 마침 잘 만났다 조조는 경기 난 듯 자라 보고 놀란 가슴 솥뚜껑 보고 놀라더라 말에서 고꾸라질 뻔했더라 조조 부하 장수 서황과 장합 두 장수가 조운과 상대하는 사이 조조는 내뺐다네 조운은 쫓아가지 않고 조조 패군 무기와 마필을 수거하는 데만 열중 새 아침 동틀 무렵까지 동남풍 그치지 않고 계속 휘몰아쳤다네 조조 패장 병들 피로한 기색 역력하더라 조조는 어느 촌락 들어가 양식을 도적질하고 허기 채우려고 안간힘을 쏟고 있더라 조조 한숨 돌리고 있을 때 어디선가 부하 장수 허저가 몇 천여 명 이끌고 쫓아왔으나 조조 마음 한결 든든한 믿음이라 잠시 쉼하고 자리 일어나 계속 길을 얼마쯤 행군해 보니 두 갈래 큰길 나오니 어느 길로 진행 옮겨야 할지 이곳 길 잘 아는 자는 설명해 보거라

내 생각이면 이곳에 매복시켰을 것이라

어떤 자 대답하기를 왼쪽은 남이릉이옵고 바른 큰길은 북이릉으로 험한 산자락 길이옵니다 남군으로 가려 하니 지름 길 있느냐 남이릉 직선 빠른 길은 호로곡 이옵니다 그 말 참고하여 남이릉 쪽 택하여 호로곡으로 길을 나섰다네 그곳 당도하자 군사들 널브러지듯 쓰러지더라 허기가 지고 먹는 것조차 없이 걷기만 했으니 몸은 허약함만 늘어지는구나 조조는 명령을 내려 이곳에서 쉬러 가기로 하자며 군사들은 밥을 짓기 시작하더라 지금까지 행군에 옷은 흠뻑 젖어있으니 옷을 훌훌 벗어 바람결에 말리고 말들도 여기까지 오느라 무척 기운 빠졌을 테니 연장을 벗겨주고 자유로이 돌아다니게끔 조치를 치했다네 조조는 정자나무 그늘에서 자기 자신 돌아보며 하늘을 쳐다보며 하늘을 쳐다보며 실성한 듯 이 와중에 껄껄 웃더라 부하 장수들이 승상께서는 지금 무슨 연유로 웃으시는지요 물어보니 생각해 보아라 제갈량이나 주유도 별수 없는 애송이에 불과하니 웃을 수밖에 없지 않느냐 진짜 고수라면 지금 여기 우리가 있는 곳 벌써 쑥밭 불바다인 것을 이곳 지나침 벌써 알고 지략가라면 이곳에 매복시켜 우리 모두 죽을 목숨이거늘 이곳은 조용하니 적군 쥐새끼 한 놈도 없으니 어찌 웃지 않을 수 있겠느냐 그 말소리 끝나게 무섭게 천지가 뒤흔들릴 듯 함성이 일제히 일어났다네 조조는 깜짝 놀라며 군장도 잊은 채 말에 뛰어 올라보니 군사들 나 살려 허둥대며 줄행랑 조조 이놈 어딜 도망치더냐 조조는 경기 나듯 혼비백산 안장도 없이 말에 올라타고 내뺐더라 한없이 앞만 보고 달렸건만 두 갈래의 길이 나오니 어느 길이 수월하더냐

연기 피어오름 눈 가리고 아웅이라

물으니 큰길은 평탄하고 적에 발각될 것이니 소로산을 택하시는 것이 화용도 와도 근접하니 빠른 길이 옵니다 허나 산길 굽이길 험한 산중 협착은 이루 말할 수 없고 조조는 먼저 산을 탐색하라며 미리 앞서 정찰하도록 명령 내렸다네 소로산 가는 길에는 군데군데 연기가 피어오르고 있으나 대로에는 조용할 뿐 잔잔하다고 낱낱이 보고하더라 조조는 명령 내려 화용도로 나가자며 말하니 수하 장수들이 의문 있어 물어보니 연기가 피어오르며 분명 군마가 있다는 것 군사들이 매복 있다는 것인데 일부로 그쪽에 가시려는 까닭은 무엇인지요 조조는 웃으면서 병서에서 허측 실지 하고 실측 허지라는 말 있듯이 제갈량 꾀가 고단수라 사실 적 군사들 없는 허실 눈 가리고 아옹이라 모든 부하 장수들 승상의 깊은 상념에 안심 탄복 하더라 험한 굽이 가파른 높낮이 올망졸망 뒤따르며 가는 길목에서 산사태로 막힌 길 다시 터놓고 가보니 천신만고 끝에 산 고갯길 넘고 넘어 내려오니 한빛 줄 평지 순탄하더라 조조는 안도의 한숨 내쉬며 산 고갯길 떠나오면서 무기와 갑옷 모두 내려앉음 이오 군사들 피로에 지쳐 여기저기 쓰러지며 추위마저 강추위 벌벌 떨며 허기진 배고픔 움켜잡으며 이런 고초 난생처음이야 조조는 말을 타고 가다가 크게 소리 내며 껄껄 웃으니 부하 장수들은 궁금하여 승상께 무슨 좋은 일 있으신지요 왜 웃으십니까? 모든 세상 사람들 제갈량을 높이 평가한다는 것 다 허실 내가 보기엔 그도 별 볼 일 없는 무능한 자라 지금 가는 길목에 몇 명만 무장한 병사들 매복해 두었더라도 우리는 모두 살아남지 못하였을 것을

지나가는 길 무마해 달라며 통사정하더라

그 말 끝나기 무섭게 몇 명도 아니고 무려 천여 명의 도부수가 갑자기 일사불란 출연하여 행렬로 벌려 공격 태세 하며 죽일 기세더라 이 앞서 말을 타고 뚜벅뚜벅 나타난 이는 관우장이라 청룡언월도를 움켜잡고 적토마 위에 탄 채로 길을 가로막아선 모습 보고 조조와 막하 장수들 놀란 가슴 속 타내려가니 오금이 저려오는 떨림이라 누가 나서서 싸우랴 감히 나설 엄두도 못 내더라 조조 얼굴 새파랗게 질린 기색이 역력하더라 나약한 목소리로 장군은 그동안 별래무양하시오 운장은 답례하며 장령 받들어 승상을 기다린 지 오래 되었소 조조는 고개를 낮추며 간곡히 간청하더라 지금 현재 군사 모두 잃고 형세가 내려앉아 위태로 울뿐 부디 지난날을 정리하시어 지나침 무마해 주십시오 운장은 말하기를 지난날 후은 받아 목숨 건졌으나 안량과 문추를 베고 후은 갚아 드린 것인데 어찌하여 덤으로 더 바라시어 하늘을 뒤 덮으시려 하십니까 그래도 목숨 부지가 더 중요하니 나의 목숨은 한 생명이오니 조조는 애걸복걸하더라 어찌 장군께서는 춘추를 읽으셨으면 유공지사가 자탁 유자들 쫓던 사적을 헤아려 주십시오 관운장은 의기가 충 하기를 태산과 같은 사람인지라 허창 몰림은 받은 은혜 뒤로 모른 체할 수도 없는 일 오관참관 일들을 상념하며 마음이 서서히 움직이기 시작하더라 운장은 조조 군사를 쳐다보며 한심하기 짝이 없이 처량도 하구나 차마 죽일 수 없는 노릇 조조에게 눈치를 주며 귓속말로 속닥속닥하며 모른 척 말 머리를 획 뒤로 돌리며 외면하고 지나치더라 그 즉시 발 빠른 혹시나 생각 흐름 바뀌

는 변수 상황 발생하면 모든 것이 끝장 조조는 황급히 장수들과 함께 말을 힘껏 채찍질 가하더라

모른 척 말머리를 돌리니 무심코 지나침이라

그곳을 벗어나기 위한 발버둥 안간힘을 쓰며 앞만 보고 한참을 내 달렸다네 관우는 조조를 무심코 돌려보내고 모른 척 시치미 떼기 일관하더라 일 거사 모든 것 망쳐놓았으니 화근 덩어리 마음 한구석엔 자책감만 떠안고 있더라 보내고 난 뒤 후회한들 무슨 소용 있겠나 싹을 없애야 되는 것을 살려주었으니 조조를 비롯하여 모든 그의 부하들까지 화근 자르지 않고 모두 살려 보냈으니 이것은 군법으로 처리할 수밖에 없다고 공명은 초지일관 밀어붙이며 현덕은 황망히 만류하며 사정 수탁하더라 공명은 주위 구명 소리 간곡하니 어쩔 수 없이 관우를 용서하여 주었다네 원격 지역 할당 좁았던 유비는 공명의 드높은 작전으로 큰 공 세워 조조를 괴멸시켰으니 다시 얻은 형주, 양양, 남군의 세성 이젠 지역 할당 넓혀 펼쳐보니 계기가 되었다네 조운은 계양 지킴 장비는 영릉탄탄 덤으로 무릉을 무혈점령까지 얻었다네 나온 것들 모두 싹쓸이 이젠 형주 7군 중에 장사뿐이라 현덕은 관우 아우에게 편지를 띄워 전하니 운장은 답변을 받은 즉시 장사가 아직 남아있으니 형님께서 저에게 그 일을 맡겨 주신다면 공을 이루게 하여 근심 걱정거리 싹 해결 하겠사옵니다 현덕은 작전 모드 쳐보며 저울질 골몰하며 현덕은 장비에게 형주를 잠시만 지키게 하고 운장에게 장사를 점령토록 임무를 주었다네 이 소식들 전해지자 장사 태수 한현은 막하 장수들과 의논하며 수렴결과 황충이란 자가 태우께서는 아무 걱정 마소서 제가 칼과 활을 수천 명이 몰려온다 한들 다 죽음 목숨뿐이니 상념 마소서 옆에 듣고 있던 양령이란 장수는 한술 더 뜨

며 노 장군께서 나가실 것까지 없으니 가벼이 제가 관우를 생포하여 돌아오겠습니다

지역 범위 확대 승승장구 뻗어 나가는 희망이라

저를 내보내주십시오 모두 큰 소리 뻥뻥 치더라 고민 끝에 양녕을 내보냈다네 양령은 창을 움켜잡고 관우와 몇 합 어우러지는 순간 불꽃 뛰기 도전에 몸뚱어리가 두 동강 나 땅으로 주저하지 않은 처박아 버렸다네 관우장 여세 몰아 성 아래까지 와 보니 황충이 냉큼 달려들어 바람 가르며 백발 수염 휘날리며 큰칼 움켜잡고 천명 군사 이끌며 행렬 세워 놓고 관운장과 단둘이 맞짱 뜨려는 기 싸움 노려보며 허점 눈여겨보아도 도저히 서로 간 빈틈없는 당신이 황충 아니시오 외쳐보니 황충은 큰소리로 어찌 나를 알면서 겁 없이 남의 땅 금 밟았느냐 운장은 껄껄 대수롭지 않다는 듯 웃고만 있더라 순순히 항복하거라 그렇지 않을 경우 그대 목숨은 저 땅바닥에 묻힐 것이다 황충은 그 소리 듣고 진노하며 관우와 한판 어우러져 불꽃 튀기는 춤사위 굉장한 접전이라 무려 3백여 합 불꽃 튀기는 운장은 지금까지 싸움 상대 중 가장 강적이라 느꼈다네 뜨거운 열기 대단하더라 도저히 승부라 날 기색 없어 보이니 한현은 걱정하는 마음에 황충이 혹시나 실수라도 하면 어찌 나 하는 불안한 심정으로 제금을 울렸더니 황충은 곧 군사들을 뒤로 후퇴시키며 성안으로 입성 하더라 운장은 곰곰이 생각해보니 노장 황충이 소싯적에 전설 명불허전 탄복하더라 아무리 격전 끝이 없더라 다시 골몰하며 대책 마련하며 다짐하더라 운장은 성 가까이 가서 싸움 청하니 황충은 곧 성 밖으로 나와 운장과 다시 한번 격돌해보니 200여 합 아직도 승부가 나지 않은 대단한 노장이더라 양쪽 진영에서는 그 멋진 광경 보며 박수갈채가 쏟아져 나왔다네

황충 활 솜씨는 백발백중 달인이라

운장은 갑자기 말머리 휙 돌리며 줄행랑치니 황충이 그 뒤를 바짝 쫓아갔다네 관우가 계책 세워 놓은 지점까지 도달하자 느닷없이 쿵 하는 소리가 들렸다네 뒤돌아보니 황충이 탄 말이 앞다리가 돌부리에 걸려 땅바닥으로 곤두박질 자빠져있는 것 보고 관우는 청룡도 높이 치켜 올리며 큰 목소리로 내 그대의 목숨만은 살려줄 터 지금 당장 되돌아가서 말을 갈아타고 오너라 황충은 재빨리 말굽을 일으켜 세워 몸을 사뿐히 뛰어 안착하고 급하게 성중 문으로 달려 들어갔다네 깜짝 놀란 한현은 이게 무슨 일인가 말이 실수로 그만 일을 그르쳤습니다 왜 주특기 활을 쏘지 않았는가 내일쯤 다시 싸울 때쯤 격전 벌이다 일부러 후퇴하여 성문에서 쏘려 하옵니다 한현은 알았다며 아끼던 명 준마를 황충에게 선사했다네 황충은 그다음 날 싸울 전략 세워 군막에서 쉼하고 있을 때 관우는 형님 생각하며 의기투합 잊지 않고 있더라 이튿날 관우와 황충은 불붙듯 100여 합 연발 튀길 때 황충의 작전상 도망쳐 달려갈 때 운장은 그 뒤를 바짝 추격하였다네 황충은 기회 엿보며 판단 느낌 촉 바로 이때다 하며 활을 쏘지 않고 포기하며 운장을 죽이지 않고 은혜 저버리지 않았던 의리에 돌쇠라 할 쏘는 흉내만 낼뿐 시위만 힘껏 울림만 주었다네 운장은 시위 소리 듣고 다급히 피했지만 화살은 날아오지 않았다네 저자는 활을 쏠 의사가 없구나 운장은 마음 푹 놓고 성문 가까이 왔을 때 갑자기 시위 소리가 요란하더라 화살이 빗발치듯 날아와 운장 투구 끈 맞았을 뿐 운장 깜짝 놀람에 진영으로 돌아갔다네 그제야 운장은 오늘 있었던 황

충이 활 쏠 의사는 전혀 없던 것 마음만 먹고 쏘았으면 백발백중 신궁이라는 것 알아차렸다네

황충은 은혜받고 싸울 의사 전혀 없었다네

아마 내 목숨은 지금쯤 여기 없었을 것이라 황충이 어제 은혜 도운 일 보고 다시 은혜로 베풀어 주었다는 사실 깨달았다네 황충이 성안으로 들어오자 한현은 큰소리 호령 질책하며 내가 며칠 동안 성 위에서 싸움 치르는 것 보았으나 날 속이려 들어 첫날엔 싸움 어디 간데 없고 두 놈이 짜고 얼렁뚱땅 구렁이 담 넘어가듯 하는 짓거리 다 보았느니라 이놈을 당장에 끌고 가 목을 베어버려라 황충은 꼼짝없이 형장으로 도부수들에게 끌려가고 있을 때쯤 한 장수가 칼을 마구 휘두르며 도부수들 단칼에 모두 베어버려 피바다 황충을 구출하며 황충이 무슨 잘못했단 말이냐 보다 못해 불만이 터진 한 장수는 말하기를 한현이란 놈은 천성이 잔인무도한 막무가내 덕이 없이 충실한 자를 죽이려 들다니 내가 너를 죽이리라 그 장수는 발 벗고 나서는 힘찬 기선 제압하려 하는 바로 유연이라 한현에게 그동안 홀대받고 이제야 불만 터진 도화선이라 황충은 말리려 하지만 모두 옳은 말뿐 이미 엎질러진 물이라 주워 담을 수 없는 일 여기서 멈춘다면 그대와 내 목숨 온전할 것 같소 어차피 벌어진 일 수습 불가하니 저놈 쳐 죽이고 우리가 여기 접수합시다 위연은 성 위 단상에 단숨에 뛰어 올라가 한현을 단칼에 휘둘러보니 날카로운 것 목을 땡강 저세상 떠난지라 성역 아래로 시신 내 던져 버렸다네 운장은 손 한번 안 대고 알로 먹고 꿩으로 먹으니 마음속 편하리오 장사를 손쉽게 차지하게 되었다네 까마귀 한 마리 소식 알리려 북쪽에서 날아들며 세 번 울며 남쪽으로 유유히 사라졌다네 현덕은 공덕에게 무슨 징조의 울음소리요

공명은 점을 풀어보니 잠시 후 장사는 주공 차지요 대단한 장수가 투항하니 굴러온 복덩어리요

일등공신 위연 올랐으나 공명은 그를 죽이려 한다네

호박이 넝쿨째 굴러떨어졌더라 현덕은 그 말소리에 미소 띠며 대희하며 놀라움을 감추지 못했다네 과연 그 말끝 떨어지기 전에 어디선가 파발이 날아왔다네 관우가 장사를 접수하였다는 소식과 적장 황충과 위연을 수하로 맞이했다는 뜻깊은 낭보가 들어왔다네 현덕은 숨 가쁘게 뛰어갔다네 장사에 입성하여 축하해주며 감축이라 그때 황충은 현덕에게 엎드리며 간곡한 청을 올려 제가 모시던 주인 어찌 죽음 모른 척 지나칠 수 있겠습니까 시신을 수습하여 성대히 장사를 지내줄 것 간곡한 청이옵니다 성대히 장사를 치러 주었다네 그래도 잘났든 못났든 주군을 극진 충성 역시 의리가 있는 황충이라 현덕은 알현한 자리에서 관우가 장사 본진 쉽게 얻음은 위연의 공로라 현덕에게 소개하니 공명은 그의 관상 보며 도부수에게 명령을 내려 위연을 즉시 참수하라고 명을 내리니 깜짝 놀란 현덕은 의연은 공으로 장사를 쉽게 얻은 것인데 어찌하여 죽인단 말이오 공명 말하기를 그의 주인 녹 먹고 살던 땅 다른 이에게 고스란히 받치고 그 주인 죽인 자 불충스러움 수상함에 위연의 관상 쳐다보니 훗날 모반 일으킬 것 여실히 보이니 이자를 당장 죽여야만 화근 끊어버리는 것 나중 불미스러운 일 싹을 자르는 것이오 허나 이자를 모든 사람들 보는 앞에서 항복한다는 것 우대하지 않으면 어느 누가 항복을 마음 편히 하겠소 이들 마음 정 붙일 곳 보장하여야만 떠난 마음 사로잡아야 통솔하기 쉬우니 항복의미 대우 푸짐하게 대접만이 이들을 끌어안는 것이 어느 것이 우리에게 유리한지 잘 헤아려 군사는 넓은 아량으로 저자를 용서해 주시오

배신자는 밟아버려야 나중 뒤탈 없다네

공명은 어쩔 수 없는 주위 시선 청 모아지니 혼자 버티는 독불장군 무너짐 어쩔 수 없이 살려주었다네 이때 강동에선 주유가 조조를 괴멸시키고 적벽선 승리하였으나 아무것도 얻은 득이 없고 오히려 전투로 많은 병력 손실 있을 뿐 그전 유표의 땅 형주 7군만 모두 공명의 잔꾀로 유비 손아귀에 차지할 뿐 이것 같은 공동성과 올리고 불공평한 처사 아니던가 주유는 불만을 토로하더라 손권은 유비에게 사자를 보내 같은 시기 항전하여 전쟁 치렀건만 그대만 모든 것 독차지하고 우린 얻은 바가 없으니 불공평한 것 아니겠소 그러니 형주 땅을 내놓으라 으름장 각인시키더라 현덕은 답변 주며 형주는 엄연한 유표의 장자가 생존하여 있건만 그럴 수 없는 이유라며 확고부동 자리매김이라 그러나 얼마 못 가서 유기가 병사하고 말았으니 이것 빌미로 동호는 물 때 맞은 기회라며 노숙을 현주로 보내 일을 진행하더라 유기 공자께서 세상 떠나셔서 문상하라는 주공의 본부 받자와 알려 드립니다 현덕은 그 뜻 진심으로 생각해주시니 감사할 따름 입니다 말을 이어가며 본색 발동하더라 전에 황숙 말씀하신 공자가 안 계시면 형주를 돌려준다고 호언장담하셨는데 공자는 안 계시니 약속대로 언제쯤 돌려보내주실 건지 그때 듣고 있다 공명이 한마디 하더라 노공이시여 갑작스런 일에 시간적 여유로움 주시지 않고 들이대니 너무 야박한 처사 아니신지요 형주를 돌려드릴 것은 틀림없는 사실이지만 유황숙께서는 지금 당장 어디로 가란 말씀인지요 그러니 너무 보채지 마시고 잠시 말미를 주셔야 우리도 어떤 방도 찾을 것 아니겠소

계속 연발탄 맞은 주유라

제 생각엔 서쪽으로 도모하여 그 땅을 취할 계획이니 그때까지만 기다려 달라고 전해 주시오 노숙은 가만히 그들의 사정 들어보니 일리가 있는 말 모든 말씀 잘 정리하여 시상구에 있는 주유에게 달려가 그런 사실 속사정 말하였더니 대뜸 주유는 또 공명에게 속았구려 땅을 빌린다는 것 말뿐 얼렁뚱땅 개수작인 것을 그들이 언제 서천을 취한단 말이오 그때까지 기다린다는 것 말이 안 된다네 말뜻 들어보니 공명에게 모두 속았다고 생각이 들었다네 그때 세작이 들어와 전보로 알리니 형주의 소식 보따리 풀어보니 현덕의 미 부인이 절명했다는 소식이었다네 그 소식에 잔꾀가 발동하는 주유라 유비가 상처 당함에 이 기회 틈새 비집고 들어간 잔꾀 떠올리며 유비는 곧 후처를 맞이할 것 분명한 사실 유비를 후처 맞춤 작전 세우려 안간힘을 주유라 잔꾀 부려 볼모로 이용하리라 미인계 써보면 어떨지요 혹시 압니까 젊은 부인에 훅 가버릴지 정사를 혼탁하게 하여 나머지 잔챙이들 혼비백산 뿔뿔이 제각기 찢어질지 계산 발동 혼잣말로 중얼중얼 주유는 잔꾀 상황 손권에게 의논하며 혼인 연결 잔꾀 부려 본을 결정하더라 현덕은 미 부인 잃음에 가슴 저려 먹먹함 정사도 잠시 맡기고 자리에 눕더라 이 소식들은 동오에서 여범이라는 자가 사자로 와서 전 하더라 여범이란 자는 현덕과 대면하며 여공은 무슨 일로 여기까지 찾아왔소 근자에 황숙께서 상배하셨다는 소식 듣고 안쓰러운 마음에 위로 차 적적하실 텐데 후처 문제로 맵싸한 분을 가연 맺고자 찾음이오 현덕은 얼떨떨하며 지금 말씀은 오후께서도 아시는지요 먼저 품 없이 어찌 이 말씀을 먼저 드리겠습니까?

현덕은 가연 맺는다는 말에 불덩이더라

나는 백발이 무성하리오 오후의 매씨는 묘령의 나이인 것을 어찌 가연 맺는 것이 가당키나 하단 말이오 그 말씀 난처함만이 몰려드는 화끈한 불덩어리라 오후의 매씨는 비록 아름다움 그 자태지만 생각 이상 관념은 거상의 상념 뜻 뒤지지 않은 천하영웅 눈높이오 대담 그 자체이십니다 천하영웅 대루장수 그 속함 장석이라 황숙께서 우뚝 솟음이시여 깊은 생각 심원 정숙 숙녀는 군자의 좋은 배필이요 현덕은 말씀 잘 들었다며 내일쯤 답보 드리겠습니다 연석 배석 잘 대접 베풀고 난 뒤 헤어짐이라 공명에게 청하니 이런 사실 의논하니 그들 잔꾀 뻔히 들여다본 뜻 짐작 감지 안지라 주공께서는 이 사실 그대로 받아들이시고 절대로 의심 내색 마시고 승낙 내리십시오 이 일들 모든 상황 결집 모은 현덕은 주유 잔꾀 미리 짐작하며 공명에게 따지듯 묻더라 이일 잔꾀 속임수 분명하거늘 위태로움 뻔한 사실 불구덩이 속으로 밀어 넣는 것은 무슨 까닭이요 공명은 껄껄 웃으면서 주유 잔머리 잘 쓴다지만 이미 여러 가지 수순 방안 대책 마련하였으니 걱정하지 마소서 바야흐로 건안 13년 3월쯤 현덕은 형주 모든 행정 관리 공명에게 잠시 위임하고 조운, 손건과 쾌선 20여 척 부하 병력 천여 명과 함께 출항하였다네 그에 앞서 미리 공명은 조운에게 비단 주머니 세 개를 건 내며 도착 즉시 한 개를 꺼내어 시행하라고 신신당부하였다네 도착지 다가오면 계책 주머니 하나씩 꺼내 펴보아라 절대 미리 보면 잊을 수 있으니 보는 즉시 행동 발발 지펴 꼭 당부라 확실하게 꼼꼼히 일러두었다네 배는 어느덧 동호에 도착하여 조운은 주공을 호위하며 적진 안으로 깊숙이 들어갔더라

혼인이라는 인륜대사 혼자 결정에 피눈물 흘리더라

첫날 도착하여 금낭 주머니 열어 확인 지시대로 행동 개시라 군사 천여 명에게 신속하게 배속 지시 내렸다네 또한 바로 교국로라는 자를 만남 가져라 글귀가 선명 또렷이 씌어 있더라 교국로는 이교의 부친이라 죽은 손책과 주유 장인이라 현덕은 푸짐한 한 상 차려 교국로 찾아갔더라 여범 중매로 결혼 맺은 사실 말했다네 뒷일 답습하여 조운은 영을 내려 군사 천여 명에게 방방곡곡 소리 소문 뚱딴지같은 소리 뇌까리며 교국로는 그 소식 들으니 깜짝 놀라며 기쁨을 감추지 못했다네 그다음 날엔 오국태를 찾아뵈옵고 인사하며 장인 어르신 딸 결혼 듣지도 못한 섭섭함에 아들 손건을 불러 꾸짖으며 딸 결혼 아비가 모른다는 것 우습게 개 코로 보았으니 내 심정 죽고 싶으니 난 허수아비일 뿐이라 오국태는 대로하며 주유에게 쌍욕 하더라 그때 무슨 오해이오니 잠시만 조용한 곳에서 말씀드리오니 고정하시옵소서 사실 잔꾀 부려 유비를 이쪽으로 유인하여 감금 형주와 맞바꾸려는 의도였습니다 이런 계획 아무도 모르게 비밀히 진행된 것이니 아버님 용서하여 주십시오 자네는 대독 자리 지킴 자격 없는 떨어져 나갈 잡놈이라 무슨 개수작으로 옹졸한 능력 없으면 자리 내놓고 여러 사람들 힘들게 하지 밀지어다 아니면 처발라 죽든지 내 딸 혼인 미끼로 이용하면 내 딸 인생 생과부 될 텐데 교주는 옆에서 듣고 있다 한마디 거들며 설상가상 그런 잔꾀로 형주만 얻는다면 천하 웃음거리요 어떻소 유황숙은 한실 종친이니 가연이라 생각하시오 그렇지만 연치가 너무 차이 나니 거친 파도 소리 잔잔한 호수라 마음 진정이 찾아오니 오국태는 말을 꺼내며 유황숙을 감로사에서 대면하자고 하여라

현덕 아리따운 젊은 처자 신방으로 들어가더라

그자를 한번 만나보는 것이 도리인 것을 손권 어쩔 수 없는 상황 그 다음 날 오태국과 교국로가 감로사 내정하여 좌정하며 손권은 모사를 주위 거느리며 위세 자랑하며 현덕은 금포 걸치고 조용한 분위기 이어가니 교국조는 현덕을 눈 뚫어지게 쳐다보며 풍채가 늠름한 모습 귀공자 마음에 쏙 드니 내 사윗감이라 마음 훔쳐지니 현덕은 덕망이 흘러넘치듯 인물 중에 명물 날 택일 당장 하자며 보채더라 현덕은 젊은 아리따운 미모 여인 손 부인에게 장가들며 날은 저물어간 빈객 모두 떠난 잔잔한 조용한 분위기 시녀들 안내받으며 신방으로 들어간 현덕이라 설레발 들어가보니 촛불에서 광채 빛이나 눈이 부시더라 시녀들은 허리에 칼 무장하고 있으니 섬뜩한 느낌 촉오더라 놀라지 마소서 부인께서 무술을 연마 중이십니다 비로소 안도의 한숨을 내쉬며 안심이라 이날 밤 한 쌍의 원앙 정 무르익는 백년가약 아니던가 손권은 주유에게 의논하며 잔꾀 거짓 혼사 하려 하였으나 진짜 혼사가 되어버렸으니 어찌하면 좋을지 주유는 분통 연발 치며 오히려 우리가 잔꾀에 넘어간 꼴 아니던가 또 잔꾀를 부려 밀서를 손견에게 보내니 작전 돌입 다시 물 꼬리 흔들더라 유비를 꼼짝 못 하게 미색 꽃밭에서 헤어나지 못하게 합시다 유비는 소박한 형편에 태어나 어려운 생활 끼니 걱정하며 숱하게 삶의 터전 본지라 이번에 함정 파놓은 결과 미녀들 품속에서 헤어나지 못하게 허우적거리게 탈락 속 저 밑바닥으로 추락시켜 버립시다 손권은 의논한 결과 동부에 큰 대궐 중축하여 유비 부부가 그곳에서 생활터전 안겨 줍시다

태평연월 허송세월이라

유비는 그들 속임수 알지 못하고 그곳 생활에 젖어 들었다네 젊고 아리따운 손 부인에 홀려 세월은 유수같이 흘러가는구나 이런 일들 걱정만 산적 답답한 심정 조운은 안절부절못하더라 동오에 벌써 정착한 지도 6개월째더라 현덕은 속임수에 말려 감겨 헤어나지 못함 형주로 돌아갈 생각조차 없더라 답답함 조운은 두 번째 금낭을 풀어보았다네 조운은 계교 쓰인 대로 현덕을 만나서 형주 일에 대하여 걱정이 안 되시는지요 어쩌다 손을 아예 놓으셨는지요 현덕이 이제야 가다듬으며 부끄러움 감추지 못하더라 깊이 반성하며 깨달은 현덕은 손 부인과 단둘이 마주 보며 눈만 하염없이 흘려 보이니 묵언하며 눈물만 펑펑 흘리더라 손 부인이 답답함에 물어보니 그제야 말을 내뱉더라 내 일찍이 부모를 여의고 성묘 한번 못 찾았으니 불효 저질렀소 벌써 몇 해 넘겨도 못 찾아뵈오니 내 가슴 찢어 내리는 답답함이 금할 길 없소이다 눈물만 펑펑 쏟다 붓더라 그런 일로 고뇌하십니까 제가 부모님께 청하여 승낙 얻을 테니 너무 심려 마십시오 그날이 바로 건안 15년 정월 초하룻날이라 장인어른께 새해 문안 인사 올렸다네 그날 손 부인이 청하여 지아비께서 부모 묘소에 신년을 맞으려 강변 북쪽을 바라보며 절을 올리고자 합니다 국태는 그렇게 하라고 허락했다네 효성 지극함이로다 손 부인도 국태께 큰절 올리고 모처럼 성 밖으로 나갔다네 조운은 호위 철저하게 하며 길을 나섰다네 손권은 정초부터 술이 곤드레만드레 헬렐레 하며 널브러져 있더라 해는 가물가물 일몰 지며 점점 어두워지는 세작들 다급한 소식 알림 현덕과 손 부인은 사라졌다는 소식 알림 손권 깜짝 놀라며 노발대발하더라

유비 줄행랑치니 추노들 쫓아오더라

부하 장수들에게 총동원령 내려 추포하라며 정병 천여 명 지원하며 강령한 명령 내렸다네 정보가 한마디 조언하더라 부하 장수들 둘 정도론 유비를 잡는 것은 어불성설이옵니다 또한 손 부인 무예가 출중하니 모든 장수들 벌벌 떨며 사지가 후들후들 기를 못 펴는 내려지는 푹 꺼진 자신감 없는 나락이옵니다 손권은 부하 장수 장흠과 주태에게 지금 당장 가서 유비의 목을 베어 오거라 명령 내려지자 황급히 달려가는 군사들 현덕 일행 이곳 벗어나려 안간힘 쓰며 일사천리 신속함만이 목숨 연장선이라 어두컴컴한 밤 더 나아갈 길 멈춤이니 잠시 쉼하고 날이 밝기 전 다시 떠나보니 가는 길 첩첩난관이더라 어느덧 시상구 부문 당도하니 뒤쪽에선 먼지 구름 크게 일구며 쫓아온 추병 모습이 보이더라 주유가 현덕 줄행랑친 것 예상하고 배치했던 정봉부대라 현덕은 말을 멈추고 조운에게 묻더라 안쪽 길과 뒷길 꽉 막힌 벽이라 오고 갈 때 없는 길 어찌하면 좋단 말인가 주공께서는 겁내지 마소서 이미 대책강구 발동 걸어 놓겠습니다 금낭 주머니 남은 것 현덕에게 건네니 꺼내 읽어보고 나서 손 부인 수레 앞에 가서 눈물 글썽이며 눈물 머금으며 훌쩍훌쩍하더라 그동안 오후와 주유가 잔꾀 속여서 부인과 거짓 장가 미끼로 유비 감금하고 죽여 보려는 수작이지만 유비는 부인에게 홀딱 반해 목숨까지 버릴 각오로 부인 그리워하며 여기까지 왔소만 이젠 이 자리에서 죽은 목숨이니 부인은 돌아가시고 유비는 여기서 목숨 끊을까 하오 그동안 고마웠소 진정으로 부인을 사랑했소 잘 가시오 하며 눈물을 진정 흘리듯 하니 마음 전해지더라

적진에서 애걸복걸 빌 듯하니 부딪침 피하더라

손부인 그 모습 진실한 모든 것 속내 털어놓으니 감격했다네 오라버니는 동기간 정마저 단절 짓밟은 상황에 내가 무슨 면목으로 되돌아 간다는 것 무의미한 일이옵니다 첩이 군사들 혼꾸멍내 되돌아가게끔 발길 쫓아 보낼 터이니 너무 상심하지 마세요 손 부인은 수레에서 내려 보니 저쪽에서 마구 달려온 정봉과 서성을 질책하며 여길 왜 왔더냐 지금 모반하던 것이더냐 장수들에게 나무라자 무서운 벌벌 떨며 손에 들고 있던 무기들 땅에 던져 버리며 아니 옵니다 도독께서 명령 받고자 유비를 함께 모시고 가려고 왔을 뿐이옵니다 손부인은 큰 소리로 꾸중을 연발하며 유사군께서는 나의 지아비이신 분 감히 가는 길을 막는 것은 나를 모욕하는 것이다 주유 역적 놈 아니던가 오라비를 마구 쌍욕까지 하니 손 부인 앞에서 감히 미동 움직임 없는 아무런 대꾸도 못 하더라 유비 옆에 있던 조운마저 눈을 부라리며 지켜보고 있으니 그대로 무사통과 가는 길 뻥 뚫린 대로라 얼마쯤 가고 있을 때 벌떼같이 쫓아온 적군들 빠른 후다닥 벌써 도착하며 지친 모습들 진무, 반장, 정봉, 서성 네 장수가 왔다네 버럭 화를 내는 손 부인 너희들 왜 가는 길 막더냐 나는 황숙께 시집간 것 부군 따라가는 것 당연지사 모친께서 부부 형주로 가는 길 허락 내리신 일인데 네 놈은 왜 왔다 갔다 정신 사납게 하느냐 그 소리에 어안이 벙벙하며 할 말 잃은 대꾸도 못 하리오 어쩔 수 없는 유비를 보내주는 길 터주는 20리쯤 되돌아오는 길 휘몰아치듯 날아오르는 뿌연 먼지 날리며 마주치며 유비 추포했소 급히 묻자 답변 이길 지나친지 한참 됐소 그냥 보냈단 말이오

추격병들 진퇴 무로 정신없더라

네 장수들은 주눅 들었던 손 부인 화통 삶아 먹은 질책에 꼼짝달싹 못하는 일 전후 사정 듣고 나서야 장흠이 말하며 오후께서 손 부인마저 반항하면 모두 베어버리라는 명령 내렸으니 지금 당장 쫓아가서 모두 도륙 냅시다 그들 모두 유비를 다시 쫓기 시작 마구 먼지 바람 일으키며 뒤범벅 나도록 달려가더라 유비는 드디어 유랑포에 당도하여 포구 주위 살펴보니 강을 건너야 하는데 배가 안 보이더라 이러는 사이에 추격병들 가까이 오고 있지 않은가 그때 하늘에서 뚝 떨어졌는지 어디선가 20여 척의 배가 갈대밭 헤치며 슬그머니 그 모습 드러내더라 20여 척 중에서 가장 우뚝 선 뱃머리 위에 공명 손을 흔들며 주공 제가 왔으니 안전지대 구축 걱정 놓으시며 평안한 발걸음 옮겨주소서 벌써 추격병들 도착하여 소리를 버럭 질러 떠나는 배 멈춰라 오후 분부 있으니 유황숙과 부인 모셔오라는 명령받고 왔으니 돌아오십시오 공명은 그 소리 듣고 어이가 없다는 듯 껄껄 웃음에 배꼽 하품하더라 너희들 당장 돌아가 주유에게 전하거라 미인계 속임수 쓰지 말라 으하하하 여기서 어물전 개 망신살 뻗친다 당장 사라지거라 배는 점점 멀어져가니 장흠은 배를 향하여 활을 쏘았으나 미치지 못함에 바람 역풍이라 더욱더 망신살이라 현덕 일행 배 타고 흘러갔을 무렵 오군의 수군 새까맣게 개미 떼 몰려오는 주유 막하 수군들 쏜살같이 쫓아오고 있을 때 공명은 미리 준비하듯 명령 직격탄 내리니 이미 강 건너 언덕 저편 뭍에 일제히 올랐다네 질세라 주유 수군도 뭍에 오르니 느닷없이 일포군마 포진 막아서니 오군들 멈칫 관운장 아니던가

강 건너간 먼발치에서 바라볼 뿐 어찌할 도리가 없더라

청룡도 휘두르니 바람 가르는 소리 주랑아 살고 싶거든 우리 형님 추격 멈추고 되돌아가거라 운장이 여기서 버팀 지키고 있으니 꼼짝없이 움직임 없더라 운장 호통 질러보니 주유는 경기 일으키며 말에서 거꾸러지고 말았다네 주유 얼굴 붉어진 홍조 빛 내비치니 추격전 끝이로구나 우리가 잔꾀 부려 보았지만 결국 속임 당함 우리인 것을 제풀에 꺾여 나가떨어진 절실한 느낌이라 현덕은 공명과 관우 조운과 더불어 형주로 무사안일로 지나가더라 주유는 이를 바득바득 갈면서 볼수록 다짐했더라 그 즉시 움직임 촉발 명령 내려지니 수륙 양군 10만 이끌고 형주 삼켜 먹으려 도착하였지만 현덕 군사 성문 꽉 잠김 눈길 한번 없는 살얼음 주유는 답답함에 형주 사정 알아보려 세작들 내보내 탐문하고 돌아와 보고 하더라 형주성에는 온통 백기만 꽂혀 있을 뿐 사람 그림자조차 보이질 않습니다 주유는 이상야릇함 차가운 냉기만 느끼며 무슨 꿍꿍이속인가 고민하더라 부하 장수 몇 명 데리고 형주 성 둘러보니 성문은 굳게 잠겨 있을 뿐 아무런 미동이 없는 주유가 군사를 보고 소리 함성 지르라고 명령 내리자 함성을 듣고 있던 한 장수가 성 위에서 얼굴을 내밀고 쳐다보기만 하니 누군가 자세히 보니 조운이었다 주유는 깜짝 놀라고 있을 때 저편 언덕에서 한 군사가 영자기 들고 달려와서 보고하니 형주에 모든 군사들은 우리 진영 비운 틈타 전부 때려 부숴버리고 있습니다 이때 어디선가 명령 소리 우렁찬 큰 울림 들리며 관운장 강릉 쪽 포진 장비는 자귀 모퉁이 공격 황충은 공안 탄탄 방어태세 위연은 이릉 줄기 뻗친 도망갈 곳 차단해 놓은 포석 명령 촉발 내려지더라

천거 책사 바로 봉추 선생이더라

전력군 펴 주랑 잡아 생포하라 함성 우렁찬 이런 소리들은 주유는 공명에게 또 당했다며 스스로 자각하더라 그 충격으로 말 위에서 졸도하며 땅바닥에 거꾸러지니 부하 장수들이 부축하며 후퇴하고 있는데 어디선가 풍악 소리 울려 퍼진 소리 듣고 그제야 정신 차리고 일어서서 저 산 저 고갯마루 나란히 앉아 풍악 소리에 큰 잔치 벌이는 현덕과 공명은 술 마시고 있더라 주유는 크게 노하며 다급히 진영으로 돌아갔다네 그날 크게 당한 주유는 이를 갈며 주먹으로 땅을 치며 하늘 쳐다보며 원망하며 크게 외치다 피를 토하며 목숨 끊어진지라 죽음에 이른 서른다섯 나이에 유명을 달리하여 손권이 장사지내고 노숙이 그 자리 차지하며 대도독 임명받아 삼아병마 통솔하였다네 동오의 빛 받은 병마 도독 차지 올라선 노숙은 말 한마디 내뱉더라 아무 재주 능력 없는 나 자신이 천거 받아 대사를 맡았으니 감당키 어렵사오니 한 사람만 천거하여 책사 추천하니 그 사람이 바로 봉추 선생이더라 방통 늠름한 모습 자신감 솟구치며 활기차게 보이더라 그러나 자세히 보니 눈썹 진한 콧구멍 벌렁벌렁 피부는 거무죽죽 수염은 짧고 생김새 괴상한 모습에 손권은 실망한 눈빛 어두컴컴한 일몰이라 두어 마디의 수작에 그만 손권은 자리에서 일어나 추후에 공을 부르리라 방통은 자리를 물러나고 말았다네 노숙이 천거했거늘 손권에게 물어보니 주공은 어찌하여 봉추 선생을 등용하지 않는 이유가 무엇이오 어찌 그 괴상한 용모에서 무슨 재주가 있겠소 노숙은 천거 거절 받자 방통을 위로하며 너무 실망하지 마소 그때 낙심한 나머지 말을 툭 던지며 아니면 조조에게 갈까 하오 그런 절대로 안 될 말이오

겉 모습으로 보고 판단 절대 금물

옥구슬이 캄캄한 속 걷는 낭떠러지요 그럼 오히려 형주에 유황숙에게 천거할 터이니 서찰을 써서 드릴 테니 공께서는 현덕에게 손, 유 양가 전쟁 없는 평온 길 합세하여 조조를 치는 뜻이오니 함께 평화 형정 공조하자고 전해 주시오 방통은 형주에 도착하여 그가 여기 온 뜻 전하며 현덕과 만남 이루어졌다네 그래도 현덕 시야 방통 얼굴 보니 추한 모습에 현덕 마음에 썩 내키지 않으니 대수롭지 않게 생각하고 핑계 대듯 멀리서 오신 발걸음 수고하셨소 방통은 노숙의 편지 전해주며 황숙께서는 선비를 용중하게 여기신다는 말에 이렇게 찾아 왔습니다 지금 마땅한 자리 없으니 저 누추한 시골 마을 현령 자리 부임하시오 현덕 또한 나를 매정스럽게 대접하더라 방통은 임지로 부임하자마자 술만 퍼마시더라 행정 사안들 무시오 이 소식들 현덕에게 전해지자 몹시 노하여 감히 나를 능멸하다니 법도를 혼란 가중시켜 장비에게 각 고을 순시 보내 공사 게을리 한 관료들 문책하려 암행 출장 장비와 손건을 함께 길을 떠나보냈다네 고을에 이르자 관원들 백성들이 모두 출영하였지만 현령 방통이 보이지 않는 겁 없는 위인이라 방 현령 부임한 날로부터 지금껏 고을 일 무관심이요 술만 퍼질러 아직도 술독에 빠져 비몽사몽 산이라 상비는 화가 머리끝까지 올라 화난 호령 소리 지금 당장 잡아 들이거라 손건은 손을 잡으며 만류하더라 방사원은 고명한 인물이요 가벼이 대하면 절대로 안 됩니다 현에서 추궁 따져 묻고 난 연후에 문책하여도 늦지 않으니 기다려봅시다 이때 현령을 불러들여 도착하니 공무현안처리 그동안 쌓여 있던 것 따져 묻더라

술독에 빠진 생쥐 꼴이라

자네에게 현령 자리 관리 맡겼거늘 어찌하여 일은 돌보지 않고 술독에 빠져있더냐 소현의 일들은 사소한 것들인 것을 어찌 행정이라 볼 수 있겠소 백여 일 관한 일들 소상히 보고 하여라 공리들 모든 안건 낱낱이 가져오니 피고인들 뜰 아래 꿇어 앉혀 놓고 방통은 즉석에서 송사 듣고 결정지으니 사사의 곡직 사리의 옳고 그름 판단 내려 결정지으며 추호도 어긋남 없는 잔잔한 바람인 것을 백성들 모두 엎드려 복종하여 반나절도 못 돼서 백여 일 모든 사안들 일사천리 되자 방통은 붓을 휙 던져버렸다네 내가 어찌하여 정사를 소홀히 한 것이 무엇이란 말이오 내 능력으론 조조와 손권 손바닥 훤히 보이는데 이런 소현에서 소일거리 어찌 연연하리오 장비는 크게 놀라며 자리에서 내려와 정중하게 예의를 표하더라 선생의 큰 재주 미처 알지 못했으니 결례를 범했으니 용서하시오 지금 당장 형님께 선생을 극력 천거하겠소 방통의 능력 이제야 알았던 장비라 노숙의 서신을 건네주니 장비는 그 서신을 현덕에게 드리니 모든 있었던 일화 낱낱이 보고 하더라 내가 대현을 푸대접했으니 이것이 나의 허물이라 드디어 방통은 날개 달아 훨훨 현덕은 쌍 날개 달아 측성 오름이라 부군사 중랑장으로 자리매김 안착 방통은 공명과 함께 돕는 역할 공조편성 날 새 조가 되어 군사를 교련하는데 일조 하였다네 조조 진영에선 적벽전 휴유 대패한 허창으로 돌직구 잠시 병사들 원기 회복시켜 세력 왕성하게 과시 반열에 일어섰다네 북진하여 북방의 서량태구 마등 격퇴시켰다네 조조 세력은 눈덩이 불어나듯 커지는 세력 확장 한중을 호시탐탐 노리고 있으니 한중에서도 그에 반해 대책강구라

일목요연하게 설명하더라

염포는 한중 역사 나열하며 만민이 15만이요 양식은 풍족하며 사방팔방 험한 산줄기 둘러싼 천하요해지라 지금 시점에서 서천을 짓밟아버리고 차지하여 힘을 더욱 강성이 구축하고 조조와 맞서 대적하는 것이 순서라 그것이 우리에게 유리한 시점이요 너무 성급함에 패를 미리 까발리면 우리 의사 결정 생각 망각 속에 스며들면 패배의 아픔의 고배 마신다는 일몰이니 차분하게 진행합시다 그 말소리에 계책 의논 성과 불 지펴지니 장로는 기뻐하며 자세히 조목조목 대책 논의 세워가니 시작하더라 적 분석 깊이 들여다보니 서천에 익주 태수는 유장이라는 자라 성격 심성 어리석음 당돌한 면이 없는 맹물이라 서천에도 발빠른 행보 정보 들추어보며 한중에서 서천을 넘본다는 소식 듣고 중관들 모여 의논 모색하기 위함이라 그때 저 구석 모퉁이에서 나서서 주공 아무 걱정 마소서 제가 무재주이오나 세 치 혀는 살아있으니 장조 정도는 우리 진영 넘보지 못하게 역발짓 눌러 버리겠습니다 자신만만 나서는 자는 장송 자는 영년이었다 그의 생김새 모습 짱구 골격 코는 납작 이는 고르지 못한 뻐드렁니라 체구는 짜리 몽땅 목청은 은쟁반에 옥구슬 구르는 소리 그가 바로 장송이더라 제가 조조에게 한중 장로에게 속내를 낱낱이 고하여 조조 세력 이용하여 장로를 쳐부숴 버리면 그뿐 복잡한 생각 없으니 안심 놓으소서 유장 그 말소리 듣고 기뻐하며 금은보화 듬뿍 챙겨주며 곧바로 허도로 떠났다네 장송은 서천의 지리 머릿속에 화폭의 그림 담아 은밀하게 숨겨 길을 떠난지라 허도에 당도하자 관역에서 잠시 대기하며 조조 만나기 위해 무척 애썼지만 그러나 만나기를 꺼리는 조조라

막힘 없는 대답에
조조 열불 나서 머릿속 푹 꺼진 빈 깡통

장송이 뇌물세례 공세 펼쳐보며 조조 만남 이루어졌다네 조조는 말끝 흐리며 말본새 무례하더라 너희 주인 유장 너무 건방지다 여러 해 동안 진공치 않고 배 째고 있는 연유는 무엇인고 장송은 공손하게 말을 올리더라 그동안 진공하려 정성 쏟으려 하였으나 깊은 산중 요새라 도적들 성화 그들과 격돌하느라 진공하지 못하였습니다 조조는 벌컥 화가 치밀어 오르는 소리 무슨 헛소리더냐 마구 질책하더라 내가 중원 땅 토평 성대 이루었거늘 도적은 씨자가 없을 텐데 웬 도적이란 말이더냐 남쪽에는 손건 북로 쳐다보면 장로 서쪽 바라보니 유비가 있으니 어찌 평안하게 마음을 내려놓을 수 있겠습니까 조조는 장송 인물 또한 우습게 보며 또한 하는 말마다 대꾸하니 더 듣지 않고 자리를 박차고 후당으로 들어가 버렸다네 곁에 있던 시중들이 장송에게 꾸짖으며 어찌하여 사신 예의범절 모르고 주둥이 함부로 놀리더냐 그나마 먼 곳에서 왔다는 이유로 불쌍히 여겨 목숨만은 살려 보낼 터이니 어서 사라지거라 그 말소리 표출일 뿐 장송은 껄껄 웃으며 앙천대소하며 격동 짓더라 밖으로 퇴장하는 순간 어느 누가 가는 길 잡으며 말을 걸더라 내가 그대 말소리 들어보니 말속 깊이 뼈가 숨겨 있는 것을 보았소 그대와 잠시나마 담론 나누고 싶소 바로 양수가 대로 지나 서원으로 나란히 걸으며 토론을 하기 시작했다네 서재 들어가서 서로 대화 통하고 있는 시점 책상 위에 맹덕신서라는 책이 보이더라 이 책 내용 흩어보며 무슨 내용이오 병법에 관한 기록물이요 맹덕은 조승상의 자가 아닙니까 승상께서 낱낱이 격전 오자병법보다 훨씬 뛰어난 병의 모책들은 서술한 것이오

병법 책 터득 줄줄이 사탕이라

장송은 그 책 내용 잠시 몇 장만 들어보고 양천대소하며 크게 껄껄 웃더라 장공은 왜 웃는 것이오 이 책이 누구 책이라고요 이 책 내용은 삼척동자도 외우는 것인데 어찌 신서라고 하십니까 이 책은 전국시대의 무명이 지은 것이거늘 양수는 그 말 믿지 못하고 있더라 이 책 세상 속에서 잠자고 여기서만 이 병법서 이용이라 장송은 이 병법서 줄줄 외우기 시작하더라 시작부터 끝마무리까지 시냇물 졸졸 흐르듯 암송 음률 타는 양수는 크게 놀라 하며 장송을 존경하는 눈초리 병법서 줄줄이 입가 맴도는 음률 쏟아져 놀라움 금치 못한 양수 이런 사실 그대로 조조에게 낱낱이 고하니 즉각적인 반응 촉발 그가 우리를 깔보듯 여긴다는 것 그를 우리의 군용 시찰 보여 군용 힘 무서운 강력한 모습 보여주어 기가 푹 꺼지게 하라 이튿날 양수는 장송과 서교장 안내받으며 호위병 10만 명 점고 중 강도 높아지는 위세 당당함 호위병 자랑하며 위세 떨더라 너의 천중에서 호위병 위세 보았더냐 장송 대답하길 우리나라에선 이런 어마어마한 병력은 없지만 인의로 다스릴 뿐이옵니다 천하 움켜쥠 대군 어느 상대 무서울 것 없는 뭐든지 다 얻는 광영인 것을 순 오자는 삶 보장, 역 오자는 죽음만 기다릴 뿐이라 너는 이 뜻 잘 알고 있는가 말씀 잘 알고 있습니다 지난 날 복양, 여포 잠재우신 적벽에서 주랑 부딪쳐 화용도에서 관우와 잠시 두터운 삶 영위 보장 끈끈 그 소리 듣고 또 노발대발하더라 네 이놈 주둥이 조잘조잘 나의 단서를 꿰뚫어 말 던지듯 하느냐 호통 지르며 저놈을 당장 쫓아내거라

장송 말, 말, 말 막힘없는 줄줄 이라

장송은 그 길로 바로 허도로 갔다네 나는 어찌할꼬 떠날 때는 유장에게 호언장담하며 왔거늘 오는 길 빈손으로 오면 웃음거리 동네방네 입방아 소리 짖을 터 차라리 유비에게 붙어서 유비 능력 진단도 해볼 겸 나중 대사 도모하리라 이런 마음 굳게 다짐하며 형주로 향하여 다다르자 홀연 군마가 나오며 정중히 맞이하더라 반갑게 대하여 준 이는 조자룡이었다네 주공 명 받자와 대부를 마중하는 길이오 장송은 감격했더라 대우 대접 받으니 느낌 좋더라 떠도는 소문 아닌 진실로 모든 이들 대하여 준다는 것 관인애용 떠도는 소문 아닌 진실이었다는 것 유비는 덕망이 높은 자이로다 속으로 감탄하더라 30리 길 깊숙이 진영 들어가 보니 일월 대장들이 청룡도 내리며 공손히 인사하더라 모든 이들 반갑게 평안하게 대하며 그날 밤 아무것도 묻지도 따지지도 않는 평안한 하룻밤 늦도록 술 마시며 이튿날 동틀 무렵 일찍 형주에 이르니 현덕과 공명 방통과 몸소 나오며 영접까지 하더라 장용은 감격의 눈물이 날 지경이라 서로 인사 나누며 주연을 베풀고 서천 일은 일절 묻지도 않으니 장송이 먼저 입을 열기 시작하더라 황숙께서는 형주 다스림 몇 고을이나 되는지요 그 답변 공명이 대신 공손하게 답변하더라 형주도 동오조 임시 받은 것이라 지금은 다시 되돌려 주어야 할 형편이오 동호는 6군 81주에 줄기 뻗침이오 이때 방통이 다시 설명을 이어 가더라 우리 주공 황숙 땅이 없는 형편 오히려 도적들이 날 파리 떼가 기승을 부리듯이 땅을 넘보려 날뛰고 있소이다 이때 듣고 있다 현덕이 말을 하더라 두 분 그런 말씀 하지 마시오 내가 무슨 아지랑이 꽃피우는 덕망이 있겠소

절묘한 한 수 던지더라

장송 듣고 있다 명공께서는 한실 종친이시고 정통 이어 제위에 오르실 분이십니다 현덕은 구구절절 오른 말소리에 손을 꼭 잡으며 진정 생각해주시니 감사하오 열사흘 동안 술만 대접하고 보니 장송이 마침 속내 꺼내며 서천을 도모 계책 기발한 묘수 한 수 알려주더라 익주는 옥야 쪽 우거진 천리 요 지능 지사들도 황숙의 덕망 존경하고 있소 서천을 병 앞세워 밀어붙이시면 본뜻 패업 성대하리오 제가 나라 팔자고 입바른 소리 아니요 사실 그 내막 사정이 그러하니 움직이는 대세는 서천이 거듭 날 수 있는 것이라 패도 덤으로 던진 것이오 서천은 이대로 가면 곧 멸할 것이니 그 이유는 유장이 어리바리하니 능력 있는 인재 등용 쓸 줄 모르니 나라 꼴 개꼴이요 이때 한중의 장로가 서천을 호시탐탐 엿보며 삼켜 먹으려 하고 있소 하며 머릿속에 담아 두었던 지도를 화선지 위에 펼쳐 붓으로 그려 내리는 상세 하더라 순식간 한편의 지도가 그려지더라 지도에는 인구, 전량 길이 넓이 폭 자세히 그려져 있더라 너무나 귀하고 상세하더라 현덕은 엄청난 정보에 대희 하였다네 장송은 줄줄이 이어지는 말 만약 유사군께서 서천 도모하면 지능 자사들도 협력할 인사들 우후죽순처럼 싹트는 뻗어난 손길들이니 마다하지 마소서 모든 것 털어놓은 그에게 현덕은 손을 꼭 잡으며 큰 사례 하였다네 주인 자리 얻어진 녹여 내린 물 오래 머물러 남을 지라 반드시 도모 성공하면 후한 대접 꼭 갚아 안기겠소 하며 서로 헤어짐이라 서촉으로 들어간 장송 유장을 뵈었다네 소간사 어떤 결과물 얻음 있더냐고 묻더라

장송은 나라 꿋꿋하게 지킴에
유장 내치려 유사군에게 모든 것 맡기더라

조조와 대면해보니 서천을 도모하려고 호시탐탐 엿보고 있습니다 어찌하면 이 문제 해결한단 말인가 형주 유황숙과 결탁하여 구원 요청하는 것이 옳은 줄 압니다 주공하고 동종이니 그 길만이 지킬 수 있는 안전끈인 줄 압니다 나도 그런 생각 잠시 가져보았지만 이런 날이 올 줄을 몰랐다네 사신으로 누굴 보낼 것인가 법정, 맹달이 알맞은 주요 인물이옵니다 이때 큰소리 버럭 지르며 주공께서는 장송의 속임수에 넘어가시면 우리 서천은 주인 없는 떨거지요 그런 소리 하는 자는 누구이던가 황권이라 이때 유장이 그 말소리에 질책하며 현덕과 나 사이는 같은 동종이거늘 무슨 까닭으로 헛소리 지껄이더냐 정사로는 법정 맹달에게 부사로 책무 안고 서신 미리 받고 서신에 대한 공명과 방통에게 의논을 하였다네 하늘 우러러보니 서천 지간 가까우니 우리의 요새 어떤 악재 쏟아지듯 꼭 지켜야 한다는 요지라 현덕은 공명의 깊은 뜻 헤아려 서행 길 발족 촉발이라 방통, 황충, 위연과 서행 길이요 공명은 관우, 장비, 조운과 현주 지킴 탄탄하리오 용이 승천하는 하늘길 치고 오르는 듯 현덕과 황충은 선봉대 고지 점령하기 위함이라 후군 뒷길잡이 위연, 유봉, 관평 어우러지니 나란히 중군 속 방통 이끌 10만으로 장도에 높이 치솟아 깃발들 촘촘히 앞세우며 뒤따르는 군사들 기세 울림 꿈틀 산이 녹아 자빠질 바다라 요동치듯 그 위세 위풍당당하리 바람 소리 들리는가 깃발 펄럭 힘찬 모습 따그닥 따그닥 말굽 달리는 소리 군사들 내질러대는 함성 천지가 혼쭐 빠지는 소리 황야를 거침없이 달려가는 대군의 행렬 대단 웅장함이더라

서천 삼켜 먹으려 요동치듯 움직이더라

주공 잠시 쉼 하여 군사들 사기 진전 북돋고 말에게 목을 축여 안정 취하는 것 어떨지요 황충이 말하자 그렇게 하시오 현덕의 승낙 내려지니 황충 목소리 가다듬고 큰 소리로 여기서 잠시나마 쉼 할 것이라 일제히 행군 소리 멈춤 모두 길바닥 늘어져 눕더라 휴식 실시라 내리쬐는 땡볕 아래 눈부시니 까마귀 떼라 몰려들며 몹시 짖더라 이 신호에 발맞추기 모두 일제히 진군이라 황충의 소리 질러대니 군사들 날쌔게 일사천리라 넓은 들판 낯익은 말굽 소리 진동 파동치니 천근만근 무게 울림이요 한층 더 울리는 지표라 현덕 서천 진격하며 장로군과 가맹관 바라보며 격전하며 장로군과 가맹관 넓이 파다하게 울려 퍼지듯 소문 일파만파라 손권은 문무백관들과 대책 강구하며 모사 고옹이 말하며 유비는 군사들 일제히 촉국혐로 굴절 속으로 들어감은 나오는 길 쉽지 않은 험한 산속 난관 함정 속 미로라 이때 틈새 보이니 우리는 형주를 일제히 공격 요하면 손해 불이익 없는 계산이오니 이때 손건이 무릎 치며 좋은 작전이로다 칭찬하자 병풍 뒤에서 기어 나와 계교 부리는 놈이 어떤 망가질 놈이냐 내 딸을 죽일 생각이더냐 하며 큰소리로 외치며 질책하더라 노발대발 야단치는 이는 오국태이더라 좋은 계책 세웠지만 그날 모임은 흩어져 날려 뿌려지는 해산이라 손권은 이런 착상 발언 계책인 것을 좋은 기회 어찌 놓친단 말인가 고민하더라 모사가 손권의 심중 읽어내려 고민 접어 두시고 한 명의 장수에게 군사 천여 명 형주로 보내 일봉 밀서를 손 부인께 건네면서 국태께서 병세가 위중하니 따님 보고 싶어 하니 부인

을 모셔오라고 현덕의 일점혈육 아들도 데리고 올 때 이젠 밖으로 못 나가게 일시적 감금하더라

일점혈육 미끼로 이용하더라

미끼는 협박을 집어삼켜 먹듯 아마 현덕도 어쩌지 못하고 아두와 형주를 맞바꾸자고 사정할 터이니 이 싸움판 우리가 이긴 싸움이오 손권은 그 말소리 대희 하며 훌륭한 책략에 극찬을 아끼지 않더라 바로 즉결 움직임 군사 천여 명을 객상으로 위장하여 열 척의 배로 나누어 형주로 향하였다네 형주에 다다르자 여러 물길 강변 어귀 잠입 숨김 분산 나누어 배를 묶어 두고 주선이란 자가 감쪽 날쌔게 아무도 몰래 조심스럽게 손 부인을 만나 편지 받치니 읽어 내려가는 손 부인 눈물만 하염없이 흘러내리며 어머니 병세 위독하다는 소식 그동안 하루도 빠짐없이 어머니 그리워 지새웠던 나날들이라 위중하다는 말 가슴 속 스며들며 슬퍼하고 있을 때 주선이 다그치며 지금 뵙지 못하면 살아 다시는 뵙지 못하시니 바로 움직이셔야 하옵니다 아기도 보고 싶어하니 서둘러야 하옵니다 지금으로선 갈 수 없는 상황 황숙께서 군사 거느리고 진군한지라 내가 떠남은 공명에게 알리지도 못하고 어찌할 수 있단 말이오 회신 띄우면 되는 일이오니 걱정 마시고 급한 길 가시옵소서 손 부인을 일곱 살 아두 데리고 수레에 올라탔다네 힘차게 달려가는 수레 소리 덜컹덜컹 요란하리오 마구 달려가는 길 어느덧 강가에 도착 묶어 두었던 배에 올랐다네 주신이 분주하게 군사들 재촉하며 배를 떠나려는데 질풍 같은 뒷바람 휘날리며 달려오는 장수 자세히 보니 조운이 아니던가 그 배를 당장 멈추시오 부인께 전송 전하리오 조운은 모든 소식 듣고 다급함이라 주선이 창을 움켜잡으며 외쳤다네 누구더냐 감히 가는 길 막느냐 그러나 배 안 깃발 일제히 올리니 실바람 타고 서서히 움직이며 점점 빨라지더라

손부인 어머니 위중하시니 다급하게 달려가더라

조운은 강줄기 따라 쫓아오더라 주모님께 한마디 드릴 말씀 있사옵니다 주선은 묵묵히 배를 급하게 저을 뿐 달아나기만 급구하더라 조운은 십여 리 쫓다가 강가에서 한척의 어선 발견 말에서 사뿐히 뛰어내려 배 위에 올라탔다네 주선은 저쪽에서 조운 끈질긴 사투 따라오니 못 오게 방해 군사들 일제히 활을 쏘아대니 조운은 날아오는 활을 창으로 휘둘러 추풍낙엽 떨어지듯 뚝뚝 튕겨 나가더라 배와의 간격 거의 좁혀졌다네 이때다 창을 내던지며 허리에 차고 있던 청홍검을 송에 움켜잡으며 큰 배 위로 사뿐히 뛰어올랐다네 대단한 초인 능력자의 발 빠른 몸놀림이더라 군사들 그 모습 보며 기겁을 하더라 조운이 배 칸 안으로 들어가 보니 부인이 아두를 무릎에 앉아 있는 모습 보며 갑작스럽게 들이닥친 행동거지에 부인은 깜짝 놀라며 무슨 짓이란 말인가 조운은 상냥하게 말하더라 주모께서는 어디를 가시오면 군사에게 알림 하셔야지요 다급함에 모친 병환 위중하시다는 전갈받고 알림 틈새 없었다네 어찌하여 문병 가시는 길에 하필 아두 공자를 데리고 가시는지요 아두는 내 아들 아닌가 형주에 혼자 두고 발길이 떨어지겠는가 아두는 주인의 한 점 혈육이오니 소장이 당양장판 피어오르는 백만 군속을 단신으로 뚫고 구해냈습니다 주모님께서는 데리고 가실 수 없는 길이 옵니다 말끝 내려지니 조운은 아두를 순식간 빼앗아 뱃머리 발 빠르게 날아가듯 하니 나와서 보니 망망 장강이라 손 부인이 쫓아 나와서 오나라 군사들 호령하며 아두를 뺏으라 명령하니 조운은 한 손에 아두를 안으며 다른 한 손 청홍검 들고 있으니 누구도 감히 덤비지 못하는 무서움 벌벌 떨림이라

아두 뺏으려 결사 대립이라

이때다 20여 척의 배가 하류에서 불쑥 나타나며 깃발 펄럭 펄럭이며 북소리 둥 둥 둥 요란하게 울리니 조운은 잠시 허탈감 김빠지는 허공 속 맴도는 어지러움이라 만사휴의로구나 하며 실의에 빠질 때 형수님 조카를 돌려주소서 하며 장비의 우렁찬 내질러대는 소리가 아니던가 뱃머리 우뚝 서 있는 모습 장비가 아니던가 순초 근무할 때 급보 전해 듣고 유강협구 다급하게 날아오르듯 황급히 왔던 것이라 장비는 칼을 뽑아 들며 오선 배 위에 뛰쳐 오르며 주선을 단칼에 쳐 죽여 목을 베어 손 부인 앞에 툭 던졌다네 손 부인은 몹시 까무러치듯 놀라며 얼굴빛이 하얗게 질리더라 아주머님 무슨 몰상식한 행패이시오 소리를 버럭 내지르더라 형수씨는 지금 격전 상황 중인데 촌각을 다투는 시점에서 형님 생각은 아랑곳 묻어두고 집으로 돌아가시는 일 무례함 아니오 어머님 위중하시다는 기별 듣고 급히 가는 길인 것을 지금 나를 못 가게 할 경우 이곳 강물에 몸을 던져 죽을 것이니 그리 아시오 장비는 깜짝 놀라며 고민하며 만일 부인 죽였다는 것 신하 된 도리 아니라는 것 손 부인만 보내주기로 하였다네 우리 뜻 펼치는 면모 황숙 모심 가는 길이지 부인에게 욕보여서 안 된다는 것 형수께서 황숙 은의 염두해 주시고 그럼 바삐 다녀오십시오 인사하며 아두 안고 배를 옮겨 형수는 보냈다네 저쪽 저편에서 오는 배 마음 졸이며 눈 뚫어지게 보는 공명 초조하게 기다리니 도착하여 확인하니 아두가 무사함에 무척 기뻐하며 안도의 한숨을 푹 내쉬었다네 곧바로 이 사실 가맹관에 있는 현덕에게 보고하더라

아두만은 무사하니 태평성대 이루리라

가맹관 사천과 서먹함 찝찝하더라 이곳엔 한중 장로 군사와 촉나라 안으로 깊숙이 들어간 현덕의 군사와 서로 대치 국면에 이르렀다네 그러나 촉의 내부 분열 조짐으로 현덕을 배척하는 서서히 움직임 보이더라 현덕이 군사 지원과 군량을 요구하니 과감하게 내놓고 지원 동격 새 발의 피라 지원 눈높이 한참 못 미치는 맛의 간만 처발랐다네 지원이라고 하는 것이 격에 맞는 손길 성의 없는 노후병력 5천 명과 곡식 그 만석뿐 지원하나 마나 오히려 고심만 더 늘어난 혹 떼려다 혹 하나를 더 붙여 버린 상황 안고 속절없는 것인 줄 뼈 사무치도록 현덕은 대로하며 화 분노 끊어 오름 차올랐다네 분노 잠재울 이루어질 계책 있나요 선생 계책은 세 가지 방법론입니다 첫 번째는 지금 당장 밤과 낮 가리지 않고 일신 길 재촉하여 성도 총공격 둘째는 일파만파 거짓 소문 퍼뜨려 모든 것 다 포기요 퇴각한다는 형주로 되뜨려 간다 하며 군사들 재정비하는 연기 장면 보여주면 양회와 고패는 기쁨 감추지 못하고 인사차 방문 관문 입질이 오니 그 자리 보는 즉시 쳐 죽이고 병마 움직여 촉중으로 보내 부수관을 삼켜 먹으면 그것이 중책이옵니다 세 번째는 군사들 일시적 퇴각 백재성에서 잠시 한숨 돌리고 형주의 수비 탄탄 견고하고 잔잔할 때쯤 도모 진전하면 하책에 지나지 않으니 세 번째는 없던 것이요 그러나 이 시점 적절한 방법은 중책이나 조심 우려 단점이 있으니 지나침 성급할 땐 단차 단계 물 흐르듯 흘러간 중심 못 잡으면 우리가 패착 할 수 있는 위험 부담 깔려 있습니다 며칠 지나자 현덕은 일서를 유장에게 전달했다네

지원 원조 없으니 겁주고 있다네

서한 내용인즉 오나라 국경 전란 속 기다림 갈증 타들어 가니 즉시 구원군 원조 없는 상황 형주 절망 나락 고립이오니 촉나라에서 더 이상 지킴 못하니 퇴각 발동 명령 움직임이오 모든 책임 가맹관 질책이오 그대들 무게만큼 짊어진 일 산 넘어 산 자신들 지켜 보존하시오 우리는 퇴각 하여 형주로 돌아갑니다 또렷이 적혀 읽어 본 유창 이 내용 현덕 곧바로 퇴각한다는 내용 아니던가 모든 신하들 원망 섞인 슬픔이라 가맹관 떠나 일시적 모든 군사들 부성 성화 숨김이라 부수관은 고패와 양희가 지키는 길목이라 그들에게 내일 관문 지나려 하니 그리 알고 있으라 통보하니 기뻐 날뛰더라 양희는 절호의 기회 찾아 왔으니 내일 이곳 유비가 지나간다는 통보 소리 무척 반갑다네 주연을 베풀고 즉시 유비의 목을 베어 버리세 그렇게 합시다 날이 새는 동틀 무렵 초조한 긴장감 밀려드는 마음 한구석 기다려 보니 현덕과 방통은 나란히 부수관을 당도하고 있었다네 도착해보니 된바람 세차게 불어 깃대가 뚝 부러졌다네 현덕은 언짢은 표정 찡그리며 이게 무슨 징조인가 잠시 멈칫하니 방통은 껄껄 웃으며 하늘에서 친절히 흉사 앞으로 일어난다고 신호 보냄이니 흉조가 아닌 바른길 안내하는 길조입니다 간자들 미리 보내 알아보니 양희와 고패가 음모 주군을 죽이려 대기하고 있다는 것입니다 주군께서는 정신 줄 바짝 긴장하셔야 합니다 그 말에 현덕은 갑옷 몇 겹 촘촘히 걸쳤더라 보검까지 허리에 차고 어떤 놈이고 잡히면 요절을 낼 것이라

주살하려는 작전 들통났다네

무게 중심 싣고 전진 전투태세 앞으로 진행 저편 언덕 관문이 보이더라 풍악 소리 음률 타는 위장 숨김 잔악한 냄새 진동 일군들 오고 있더라 어떤 장수라 슬그머니 다가와 말을 붙이며 유황숙 아니 신지요 형주로 귀한 하시는지요 여기까지 오시느라 고생하셨습니다 소연 베풀고자 잔칫상 준비했사옵니다 편히 잠시 쉼 하시고 되돌아가십시오 고맙다며 방통이 인사를 하더라 참 고맙습니다 과분한 대접에 황숙께서 무척 기뻐하시며 감사하게 생각하고 있습니다 자리를 마련해 주안상을 차려 대접하며 술독째 퍼마시며 은근슬쩍 곁눈질해보니 저쪽에서 고패와 양희가 군사 5백여 명 숨겨 은폐하더라 저희들이 손님 대접 너무 소홀했지요 이 자리 변변치 못하오니 죄송합니다 말본새는 그럴싸하더라 술좌석 불붙듯 오늘따라 현덕은 술을 퍼마시더라 방통은 걱정스런 눈빛으로 조심스럽게 주시하며 이때 눈짓으로 관평과 유봉에게 지시 내려지니 자리에서 일어나 유유히 빠져나가더라 고패와 양희의 군사들 5백여 명 인근 가까이 눈 가리고 아옹 은폐 곳곳에 숨바꼭질이라 그들 암수 숨김 드러난 즉각적인 조치 발동 양희를 마구 구타하며 고패의 가슴팍을 걷어차 밧줄로 칭칭 묶어 버렸다네 이놈들 어디서 감히 겁대가리 없이 주살을 하려 했더냐 두 놈 꽁꽁 묶어 버림에 발버둥 치니 발까지 묶어 버렸다네 이게 무슨 짓이냐 너의 진영 지나침 잠시 대접한다기에 예방한 것뿐 우리를 왜 쳐 없애 버리려 하느냐 마음 한구석 그늘 저 내린 불 싸지르는 질책만 가증하더라 양희가 우리에게 왜 갑자기 포박하며 구타를 하는 것이오

무인의 떳떳한 모습 행동으로 보여 주더라

몰라서 묻더냐 하며 관평은 그들의 몸수색해보니 가슴 안팎에 품고 있던 단검 한 자루 발견 또한 고패의 품속에서도 검은 암수가 드러난 단검인 것을 무슨 짓거리 나열하려 했더냐 힐문하며 칼이란 무인이라면 의관과 나란히 동행 떳떳한 모습인 것을 변명만 늘어놓으니 관평과 유봉이 본인 허리에 찬칼을 뽑으며 이 쳐 죽일 놈들아 무인의 방패 지킴 칼이란 정정당당한 바로 이 모습 개념 의미 칼인 것을 그러니 너희들에게 칼맛이 얼마나 진묘한 음미 감상해 보거라 밖으로 끌고 나가 한칼에 두 놈 수급을 베어 버렸다네 그러나 고패와 양희가 몰래 밖에 5백여 명 관문병들 어떻게 했냐고 물어보는 유비라 모든 관문병들 술독에 풍덩 빠뜨리니 너무 좋아 두리둥실 얼씨구나 모두 기분 하늘 끝 올라탄 즐겨보니 그들 모두 우리 진영으로 항복 의사 밝혀 편입 대열 합류하였습니다 방통이 또한 관문 병사들 이용하기 위한 계책을 궁리 세워 현덕 귀에 속삭이니 현덕은 고개만 끄덕끄덕하더라 방통 소리 높여 울림이니 군사들 일제히 한 곳으로 일사천리 일렬종대로 모여지더라 서서히 스며들 듯 이용하려 앞장선 5백여 명의 관문 병사들 부수관 당도하여 보니 절벽 높이 탄탄히 잠겨진 철문 밑에 관문병들 소리 질러 우렁찬 당당함 알리며 양장군 오셨으니 철문을 열거라 소리 듣고 신호음 알았다는 듯 답하는 철문 활짝 열더라 부수관 안에선 밖에 일 전혀 알지 못하니 문을 열 수밖에 일 전혀 알지 못하니 이제야 돌아오시는지요 이때다 크게 함성 지르며 돌격이라 현덕 군사들 일제히 관문 안으로 순식간 깊숙이 들어가니 적들 경황이 없는지 무기를 잡을 겨를조차 없이 꼼짝달싹 못 하더라

부수관 안팎 상황 모르는 산자 뜨락이라

두 손 번쩍 올리며 항복의사 밝혀 피 한 점 흘리지 않고 부수관을 유비 손아귀에 삼켜 먹었더라 현덕은 점령하여 잠시 머물다가 어귀 떠도는 소문 파다하니 촉나라 잠자는 사자 코털 건드렸으니 이들이 가만히 있을 리 만무라 바로 명령 내려 네 장수 사인방 유궤, 냉포, 등현, 장임 나서면서 우리 사인방이 군사 10만 거느리고 황급히 가서 그들 침입할 거리 미리 가서 차단 거미줄 칭칭 감아 막아 보겠으니 아무 걱정하지 마시오며 명령만 내려주소서 그렇게 하거라 명령촉발 벼락 치듯 내려지니 이런 소식들 척후병을 미리 보낸 현덕에게 전해져 촉나라 명장 사인방 군사 10만 두 갈래 길 나누어 낙성 방향 산봉 우리 든든하게 구축하려 합니다 현덕 모든 장수들과 작전 모의 의논 방비책 세우며 적들 선봉대장 냉표와 등현 두 장수 어느 부하 장수가 상대할 것인가 그때 늙은 호랑이 장수 황충 나서며 큰소리로 저에게 기회를 주신다면 적들 괴멸시킬 것입니다 아니오 전혀 얼토당토않은 말이오 노 장군께서 상대할 적은 강한 자이오니 이번 성봉 분수령은 저에게 싸울 기회 양보해 주십시오 젊은 장수 위연이 당당하게 말하더라 적진의 승패는 전쟁터 속 오랜 경험 토대로 이루어지는 것이라 늙은 저에게 선봉 주시옵소서 현덕이 말하기를 두 장수에게 작전 명령 내렸다네 두 장수는 낙산 산등성 둘레 기점 좌측과 우측 두길 나누어 서로 동시다발적 한곳에 만나는 끝점이니 적군 진지 깃발은 높이 세우는 자가 일등 공으로 드리겠소 황충과 위연은 용기가 하늘 찌를 기백 열망 활력 서로 간 긴장 초조함으로 출발 격전 전초전이더라

잿밥에만 관심뿐 적군의 동태는
까마득한 어둠 속 긴 터널이라

위연 혹여 뒤처질세라 궁금함에 속이 타들어 가니 파수병에게 황충 군대 준비태세 보이던가 보는 관점 질서 정연 탄탄한 움직임입니다 석양 잔잔히 내려앉은 모습 일몰 지니 선선한 저녁 식음 하기 위한 연기가 뿌옇게 올라오니 야밤에 군사 움직임 예상 직감하였다네 우리도 가만히 있을 수만은 없는 것 질세라 마음 놓음은 황충에게 선봉자리 밀리니 나 또한 먼저 선수를 쳐 공을 세우리라 다시 다짐하는 위연이라 적군의 동태는 아랑곳하지 않고 까마득하게 잊고 오직 황충 움직임만 주시하더라 출발할 때 황충은 적장 냉포를 겨냥하고 위연은 등현 무찌르기로 서로 간 약속하였지만 그 둘을 무찌른다고 선봉 공이라 할 수 있던가 위연은 혼잣말로 중얼중얼 욕심 한 자루 한 가득 잔머리 굴리더라 이번 참에 나 홀로 적장 냉포와 등현 먼저 목을 베 버리면 선봉자리 내 차지인 것을 꼭 먼저 선수를 쳐 저 늙은 황충의 머리 꼭대기 위에 앉고 말리라 갑작스런 돌풍 예고 없이 출전 빠른 진행 너무 성급함이오 어느덧 산을 넘고 강 건너 도착한 적진지 근방 가까이 와보니 적들이 태평하리 아직까지도 잠속에 빠져있더라 위연 생각에 이것이 웬 횡재수냐 하며 이때다 적진지 들이닥치며 인정사정 볼 것 없이 함성 지르며 밀어붙여 적진 돌진했다네 뜻밖의 일 아니 적장이 기다렸다며 반갑게 맞이하더라 위연아 여기까지 먼 길 오느라 밤새도록 고생 많았구나 하며 갑작스런 돌출행동 일사천리 착착 움직이는 민첩한 벌써 계산된 속임수 덫에 걸린 것 적들은 진문을 닫아 버리니 독 안에 든 쥐 꼴 신세 아니던가

위연 도망치는 곳마다 적군들 구름 떼 출연이더라

일제히 활과 철포 마구 쏘며 구속 막힌 곳 몰아가서는 냉포가 위연 가까이 오며 한번 맞짱 까자며 위연아 우리 한번 멋들어지게 칼춤사 위 쳐보자꾸나 하며 질세라 냉포야 위연이 칼춤 한 수 가르쳐 주마 그러나 위연 군사들은 뒤태부터 와르르 무너져 내리는 도미노 현상 마지노선 없더라 위연은 깜짝 놀라며 어찌 된 일이던가 벌써 뒤쪽은 적군 매복 나타난 모습 위연 병사를 앞뒤 꽉 막힌 나갈 곳 없는 진퇴양난이라 그 상황 다급하리오 위연 냉포와 격전 내팽개쳐 버리고 말머리 돌리며 달아나기 시작 험난한 길이니 포기 평탄한 길로 내달리기 시작하니 80리 길까지 멀리 달아나 한숨 돌리기 위해 허허벌판 위에 잡풀 속에 숨어 산모퉁이 돌리려 할 때 구름 떼 몰려오는 군사들 위연은 경기 난 듯 깜짝 놀라 소스라치더라 위연 어디를 계속 삼십육계더냐 너는 겁쟁이 아닌가 으하하하 위연아 항복하면 목숨만은 살려주겠노라 여기저기서는 북소리 요란하고 함성소리 울려 퍼지는 땅에선 지진 소리 흔들림이라 앞뒤를 둘러보아도 등현의 군사들뿐 위연 까무러치듯 놀라며 험난한 길을 다시 택하여 도망가려 할 때 비호같은 움직임 큰 창 높이 쳐올려 허리를 웅크렸다가 일으켜 세우며 내리꽂아 찌르려는 순간 어디선가 화살 날쌔게 날아와 피용 소리 나는 쪽 바라보니 말에서 곤두박질 떨어진 장수는 등현 이었다네 냉포가 동료 장수가 죽은 모습 보며 미친 듯이 발광하며 위연 향하여 공격을 가맹하려 갈 때 더 이상 오고 갈 때 더 이상 오고 갈 때 없는 막힘이라 주위 돌아보아도 아군 병사들 한 명도 안 보이더라

그 기백 소리 대단한 황충이더라

이제 모든 것 포기요 그때 어디선가 징 소리 요란하게 들리니 여기저기 화통 터지는 고함 내질러지며 그 소리에 나무들이 몸살을 앓듯 미친 듯이 흔들리더니 그 기백 소리 대단한 바로 황충 목소리 울림이라 위연아 겁내지 말거라 노 맹장 황충이 여기 당도했단다 맨앞머리 우뚝 솟은 장수가 바로 황충이더라 황충의 손에는 활을 쥐고 있던 것 가만 보니 등현 죽음 이르게 한 것 우연 아닌 활을 쏘아 위연 목숨 구한 것 아닌가 그 모습 기세등등 쏜살같은 역습에 놀란 냉포는 군사들 이끌고 패배 인정하고 유궤의 진지로 삼십육계라 진지 도착하니 낯선 깃발들 여기저기 나부끼는 펄럭펄럭 이상하다 여겨 자세히 살펴보니 이미 점령당한 진지더라 현덕 군사들 늠름한 말 한마디 던지며 너희들 여긴 어쩐 일이던가 이젠 냉포 돌아갈 곳 없는 떠돌이 신세 싸울 기력조차 없는 황당한 시무룩한 표정 말머리 휙 돌려 뛰어들어가는 곳 깊은 산속이라 들어가 보니 순식간 벌어진 일 밧줄 올가미 사방팔방 힐끗 보며 힘차게 던져지니 꼼짝없이 걸려들어 생포 당하며 큰 월척 잡아보니 발버둥 치고 냉포는 소리 지르며 맹수의 울음소리 이미 관평들이 냉포가 크게 패하여 갈 곳 없는 결국 산속으로 은신할 것이라 벌써 파악 마음 훔치듯 꿰뚫고 있더라 그러니 도처에 올가미 감으려 깔려놓은 덫에 걸려든 것이라 그동안 위연은 긴 가민가 느낌 촉 감각 본능 넘겨잡는 통밥 우연 일치라 위연은 큰소리 지르며 그대로 용서하겠노라 그대에게 지금 바로 임무 맡길 일 있으니 말 한 필 건네줄 터 신속히 낙성으로 도착 즉시 모든 이들 설득 항복 선언 받아 성문을 활짝 열거라

선객 마루에 벌렁 누워 있더라

이 싸움판 끝나는 종점이요 약속대로 진행하면 그대 목숨뿐 아니라 부귀영화 출셋길 꼭 약속하겠다 냉포는 자유분방 날개 붙여 임무 수행 길 나섰더라 냉포는 활짝 미소 띠며 방긋하며 말 엉덩이를 힘차게 책찍질 가하였더라 마구 달려가는 뒷모습 보니 먼지만 뿌옇게 일으키며 유유히 사라지더라 저놈 분명 돌아올 놈 아니라며 위연이 호언장담 넘겨잡더라 만약 돌아오지 않는 먼 강 흐름은 그자가 신의 저버린 것이니 나의 마음 진심으로 아끼는 전달 후회 없는 강물 흐르는 마음 뜻 전함이라고 현덕은 말하더라 공략 전선 두 갈래 길 각각 임무 수행 임하는 자세 멋진 모습 황충과 위연은 자신감 끓어 오름이라 마음 한구석 머물러 우뚝 솟은 과업 전선 방비 철저히 해놓는 것은 마음 푹 놓는 평안함이라 현덕은 부성으로 되돌아와 태평연월 쉬려고 할 때쯤 문지기가 황급히 뛰어들어와 급보라 하며 어느 지나가는 선객이 찾아 왔사옵니다 선객이란 대체 누구란 말인가 키가 무려 7척 반이라 특이한 모습 머리는 바싹 밀어버린 삭발에 용모는 웅장한 영웅다운 사내였습니다 이미 선객은 소리소문없이 현관에 들어와 마루에 뻐젓이 벌렁 누워 있지 않던가 막무가내 자네가 이 집 주인인가 이것 보시오 당신은 어디서 여기 왜 온 것이오 손님 대접 없이 자꾸 묻기만 하더냐 우선적 예의 갖추어지면 천하의 대사 의논 맞아들이겠노라 이보시오 머리꼬리 없이 무슨 소리요 무엇이 너무하단 말이요 방통 껄껄 웃으며 상차림 푸짐하게 차려 들어오니 상다리 펴 보세나 말로만 천하 논하자고 말뿐 입가에 걸식 들린 술과 음식 쉬지 않는 식음이라 먹어대는 먹보더라

느닷없이 찾아온 일면식 없는 선객
어이없는 행동에 소스라치다

그는 체면이고 뭐고 땅바닥에 내동이 쳐 그만 먹음 가득 배는 부른 상황 그대로 곯아떨어져 코만 드르렁 코 골고 있을 때 다급히 통보받고 법정이 들어오더라 방통이 객과 술을 주고받을 때 여기 어떤 괴짜가 와있으니 한번 와서 알아보라고 전했던 것이라 법정이라는 인물은 촉나라 사정 훤히 꿰뚫고 인사들 서로 잘 아는 용의주도한 전략가라 법정은 그자 유심히 얼굴 자세히 쳐다보니 이자는 영년 아닌가 하며 기쁨 마음 어쩔 줄 모르며 잠속에서 눈이 번뜩 뜬 영년은 기지개 펴가며 하품하며 눈 비비면서 법정 얼굴 보며 법정 자네가 여기 웬일인가 서로 마주 보며 웃음만 껄껄 웃으며 서로 간 간담상조 친한 벗이라 그들 모습 행동 지켜본 방통은 어이없다는 표정이라 법정은 신이 났는지 발가락 꿈틀 친구에 대한 자랑스러움 기쁨 감추지 못하고 영년을 소개하더라 이름은 팽의 자는 영년입니다 촉나라에서는 저명인사 중 가장 으뜸가는 촉나라 주군 유상에게 옳고 그른 것에 관하여 자신이 생각하는 바를 기탄없이 올바른 말을 너무 자주 간언하기에 유장은 무척 분노까지 끓어 오름에 관직 사직 박탈하여 머리까지 확 밀어버려 내쫓아 버리며 계급마저 상놈 신분으로 몰락한 위인이요 하며 함께 나란히 껄껄 웃더라 영년 선생님께서는 여기까지 어려움 발걸음 하셨으니 유황숙께 인사 여쭐까 하오 그때 법정이 나서면서 영년 우리같이 부성까지 동행하세 묻자 영년은 그러세 내 의견 전할 말 있으니 그리하여 현덕을 만나러 발걸음 옮겼다네

저쪽 두 군데 위험수위 경고음
들림 지적하는 영년이더라

즉각적인 움직임 세 사람은 부성으로 향하며 현덕 앞에 당도하자 영년 말하기를 자기 본인 색깔 흉금 없는 모든 것 진심으로 속에 있는 생각 모두 끄집어내어 덧붙여 책략까지 간언하더라 내가 보기엔 모두 부수의 전선 배치 군데군데 위태로움 한눈에 훤하게 보이니 죽음 사지 속 갇혀있는 꽉 막힌 장벽 혹시 일부러 모든 것 아시면서 그대로 노출 방지하는 척하시는지요 저쪽 황충과 위연 두 군데 진지를 말하는 것입니다 어찌하여 위태롭다는 것인지 말씀해 보시오 저 넓은 벌판 황야 눈에는 평온 안전함 보이는 것 든든한 요새 같지만 자세히 면밀히 살펴보시면 넓은 호수가 수면 깊이 밑바닥 훤하게 들여다보이는 위험수위요 이런 허허벌판에 무슨 호수란 뚱딴지같은 말이오 자 보십시오 부강강 물은 가득 차 수십 리 물길이오 그것은 제방 가로막고 있지요 그러니 만일에 그 뚝 제방 무너뜨리면 엄청난 물고 모여진 쏜살같이 저 벌판은 순식간에 호숫물로 가득 넘쳐 깊은 바다 수면 잠김 돌변하오니 이곳 살아있는 생명체는 없는 싹쓸이요 그 말소리에 가슴이 덜컹 내려앉은 소름 끼치는 일 아니던가 방통은 우려했던 것 확실히 발견한 영년이라 초나라 사정실정 지형지세 훤하게 안지라 영년의 지략에 놀라움에 금치 못하더라 과연 명사로다 이 충고에 무척 감사 하더라 다시 한번 몇 번이고 감사하며 절을 하며 영년을 영채로 모시게 하였다네 부강제방 쪽에 촘촘하게 수비 병력집중 몇 겹 지킴이라 명령 즉각적 발동 내렸다네 그때 염탐하며 낙석에서 만여 명의 군사들이 밤낮으로 제방만 눈여겨보고 있더라

모든 전력 제방 집중 지킴이라

그러나 삼엄한 경계에 어쩌지 못하고 손만 놓고 있으니 그래도 초긴장 끈 늦추지 않고 기회 틈만 엿보고 있더라 그런데 하룻밤 사이에 폭우와 강풍까지 동반하며 내리쏟아져 내린 폭우라 이 틈새 겨냥하며 오늘 밤 만여 명 이끌고 공격 태세라 손마다 삽과 곡괭이 들고 비바람과 울림소리 뒤섞임 분간하기 어려운 만여 명 팽이부대는 서로 어두컴컴한 삽과 곡괭이 휘두르며 칼로 내리치고 얽히고설키다 뒤엉켜버린 혹시 도망친다 하여도 어두워서 방향 감각 잃고 자기들끼리 서로 죽이는 칼부림이라 아군인지 적군인지 모르고 무턱대고 칼로 찔러 죽이는 그 속은 아비규환 현장 팽이부대는 어두컴컴할 때면 팽이 돌 듯 제자리만 맴돌더라 그리고 북소리에 적군 몰려오는지 착각 서로 그 사실 알지 못하고 골육상쟁으로 다 쓰러져버린 팽이부대원들 일대 혼란 속 봉착이라 이들 지휘 장수들 냉포의 행방이 묘연하더라 냉포는 정신없이 도망치고 있더라 가는 길목마다 덫을 쳐 놓은 상태 냉포 지나침에 바로 위연이 생포하였다네 촉나라에선 냉포가 생포 당함에 급보 받고 촉나라 장수들 뇌동과 오란 두 장수가 나서서 냉포 구출 작전 돌입하기 위해서 군사들 이끌고 황급히 왔다네 그러나 그것들 모두 예견하고 거리 길목마다 기다리고 있던 참이라 군데군데 매복 은밀히 숨겨 기다리며 나타나기만 하면 칭칭 감으려 함정 속 쳐났던 것이라 여지없이 황충의 군사들에 의해 모두 패배의 뜨거운 맛을 뜨끔 보았던 것이라 현덕은 날 밝은 날에 포로 생포한 냉포를 보며 꾸짖더라 너에게 무사의 대접 예의 갖추어 주었거늘 은혜도 모르는 잡것이라

장송과 법정이 건네준 지도 대조 비교하니 일치하더라

너에게 인의로 살려 주었거늘 너는 어찌하여 나에게 다시 칼을 들이 댔더냐 너는 진정 무사답지 못한 행동 불신자라 화가 치밀어 올라오며 즉각적 명령 내려 목을 효수하였다네 이곳 낙성의 요새는 촉나라에선 험난한 지역 이런 요새 함락하기가 쉬운 일 아닌 것을 이렇게 쉽게 믿을 수 있던 것은 영년이 갑작스런 어디서 뚝 하고 나타난 충언 해준 책략 덕분 아니던가 현덕은 기쁨을 감추지 못하더라 그전에 장송이 서촉 41주의 지도라 전해주었던 펼쳐보니 작전구상 계획 낙산의 북쪽을 유심히 보니 비밀 뚫고 나아갈 길이 보이더라 길을 쭉 따라가다 보면 낙성 쪽 동문에 당도할 수 있더라 저 거대한 산맥들 남쪽 바라보니 빠른 지름길이 보이더라 그 길을 쭉 따라가다 보면 서문에 이르더라 이 지도 낱낱이 분석 살펴보니 보물지도 따로 없더라 자세히 면밀히 보니 장송과 법정이 준 지도를 비교 대조해보니 일치하더라 군사들은 두 편대로 나누어 방통 선생은 북로 쪽 진군 또 다른 편대는 남쪽 산맥 등선 타고 서문 쪽 진군이라 그러나 또 살펴보아도 어딘가 방비책 허술한 면모가 보이는 방통이더라 북쪽과 남쪽 면밀히 처음부터 다시 분석해보니 북쪽은 길목이 넓은 광활함이라 진군은 평안한 길이나 남쪽 산맥 등선 좁은 험난한 길 넘어가기가 힘든 고비길이라 고민 가득 안고 골몰 고심 몫이라 현덕은 방통의 심중 꿰뚫고 있더라 남쪽 길 험난 군사들의 고통 수반이라 내 마음 편치 않다네 남쪽은 어려운 봉착 산 높으니 군사께서 부성으로 돌아가서 후방 철통 수비 지킴이 오히려 더 나올지 어떻게 생각하오 현덕 말에 동감 일소에 부치고 아침 일찍 동틀 무렵 진지 모든 작전 옮김이라

해괴망측한 나쁜 징조라 일소에 부치고 지나감이라

출발하려 할 때 방통 말이 미친 듯 나무기둥 걷어차며 발광하니 뒷다리가 꺾여 부러져 출전 앞두고 무슨 해괴망측한 나쁜 징조 흐름이니 현덕은 자기가 아끼던 본인 백마를 방통에게 너그러움 맘 턱 내놓더라 방통은 주군의 진실 된 아끼는 마음에 감복했더라 방통은 눈물을 글썽이며 백마 타고 현덕과 가는 길이라 두 갈래 갈라지니 서로 작전 움직임 각자 임무 신속하게 발길 옮김이라 바야흐로 촉나라에선 용맹한 장수 장임, 오의 유궤 세 장수들은 적군에게 냉포가 죽음을 당함에 앙갚음 그들 세 장수들 낙성에 걸터앉아 복수의 칼날만 갈고 있더라 전방에는 세작들 미리 보내 정보 탐색 현덕의 대군 몰려오고 있는데 남쪽과 북쪽 두 길로 진격이라고 알림이라 바로 이때 각 세 장수에게 작전을 조목조목 지시 내려지더라 현덕군 진격 온다는 것 지옥 불구덩이 따끈따끈 곧 격하게 들어온 지금 바로 그들 괴멸시킬 절호의 기회라 장임은 모든 부하 장수들에게 명령 작전 내려 잠시 생각 골몰하며 번뜩이는 계책 생각이나 신궁들 5천여 명 즉시 명령 시행 험준한 산 길목마다 매복시켰다네 잠시 후 길목 지나가는 것 보이는 무리 적들 포착 척후병 다급하게 달려오며 지친 기색 완연했다 숨소리 헐떡헐떡하며 장군이시여 지금 저쪽 길목에서 진격해 오고 있는 듯하옵니다 이 소식 들자마자 장임은 바로 우리에게 기회가 왔더라 하며 무척 기뻐하는 표정 백마 탄 자는 분명코 유현덕임이 틀림없는 것 산길 넘고 넘어오는 무리 중 백마 탄 장수 신궁들에게 오직 저 백마 탄 흰색만 명확히 보이는 것이 맞힐 표적이라 모두 활시위 당겨 보며 조준 쏘아라

세상 등지고 훨훨 날아가 버린 봉추 선생

5천여 명 신궁들 신호 명령 소리 내려지니 무섭게 석포와 화살촉 폭우 붓듯 일시적 5천여 발 쏟아져 날아가는 어디 숨을 곳 없는 사이 날아오는 화살촉 백마에게 만 집중 표적이라 백마의 몸에는 순식간 화살 무사히 촘촘하게 박혀 붉은 피에 젖어 물들어지는 봉추 선생 방통 세상 큰 뜻 더 이상 펼쳐보지도 못하고 재주 더 이상 발휘 못 하는 안타까운 낙봉파 산 고갯마루 언덕에서 백마와 함께 절명하고 세상 등지고 훨훨 날아버린 한순간 삼켜 먹힌 봉추 선생 나이 36세의 젊은 나이 아 슬픔이로구나 우연치 않은 그곳 방통의 호 봉추 죽음에 이르게 한 곳 낙봉파 불길한 곳 우연 일치라 이미 절명했건만 이젠 명령내릴 수뇌부 무너져 내림 모든 병사들 패잔병들이라 장임은 백마 탄 현덕이 빗발치는 화살 세례 무수히 맞고 목숨 끊어졌다는 현실 현장 눈에 선하게 보이니 무척 기뻐 날뛰며 발광하더라 다른 갈림길을 앞서서 행군했던 위연은 이런 사실 전혀 모르고 진군하고 있을 때 연락병이 다급한 알림 소식 전하니 방통 중군 후속 부대 전투 속수무책 당하며 모두 당했다는 소식 알림이라 작전 적진 돌입 중단이라 전군 퇴각 명령 내려 위연은 오던 길 되돌아가던 중 장임의 군사들 미리 숨어있던 매복 드러내며 바윗덩어리와 짱돌 화살 마구 쏘아대니 밀리는 상황이라 의연은 속수무책에 이곳 뚫고 낙성까지 진군하여 나가는 길 대로라 남쪽 길 능안길 타고 오시는 황숙의 본군 연락 만남 합제 할 도리밖에 없다고 판단 다시 전군에게 명령 내려 예정대로 전군 앞으로 나가 뚫어 모진 고생길 위연은 낙산을 넘고 넘어 서쪽 길 내려가기를 정신없이 나가더라

목숨 다할 때까지 장렬히 싸우다 전사하리라

그때 위연군 발견하자마자 북소리 요란하게 울려 퍼져 떼구름 몰리듯 군졸들 밀고 들어오며 모두 보는 족족 괴멸시키더라 위연 부대를 포위망 좁혀 에워싸니 궁지에 몰림 당함이라 기세를 몰아 명령 내리는 촉군의 지휘 장수 오란과 뇌동이라 이런 상황 위연은 목숨 내놓을 각오라 병사들에게 작렬하게 여기서 죽음 헛되게 하지 말라 어차피 죽음 목숨 혼자서 적군 열 명 죽인다는 신념 멋지게 싸우다가 전사하리라 굳건함 모든 군사들 두려움 없는 오직 죽을 각오 다짐하며 작렬하게 싸우더라 이때 뒷동산에서 요란한 북소리 둥둥 울리며 함성 널리 퍼져 창과 칼을 마구 휘두르며 밀어붙이며 오더라 바로 우리 아군 유황숙의 군대라 의연 부대는 기쁨을 감추지 못하며 눈물 글썽 흘러내리는 안도의 한숨 감정 북받쳐 있을 때 바로 위연 부대 뒤쫓아온 장임의 군대가 아니던가 어찌 이런 일이 빼도 박도 못하는 심정 죽을 각오라 위연은 주저앉으며 모든 것 단념할 때 꺼지는 불씨의 마음이라 이때 황충의 불쑥 나타나 위연 장군 내가 여기 왔노라 마음 푹 놓거라 남쪽 산 쪽에서 큰 우렁찬 소리 내지르며 외치더라 현덕의 선봉대라 진짜 왔던 것이라 현덕의 중군 지금 당도한 것이라 양쪽 병력 뭉침 백중지세 위세 등등 힘의 기울임 없는 쌍 날개 이젠 달아났다네 주위를 살펴보는 현덕은 방통이 안 보이니 무엇인가 이상한 생각에 암흑과 같은 적막 흐를 뿐 즉각적인 적군 퇴각이라 후퇴 명령 내려졌다네 나가는 길을 좁은 길 아닌 대로 택하여 순식간 부성으로 당도하였다네 방통 선생 화살촉 촘촘히 박혀 처참하게 전사 하였다네

하늘에 촘촘히 박혀있는 별들도
선생 죽음을 애도하더라

소식을 접하니 현덕 눈물로 밤을 지새우는 나날들 가슴 찢겨 고통만 안고 그곳을 벗어났던 것이라 모든 병사들 방통 죽음 애도하며 고개 숙여 묵념 슬퍼했다네 전투 임하기까지 모든 과정 면밀히 따져보니 방통 죽음은 하늘의 뜻 예견된 것이라 밤하늘 총총히 빛나는 하늘 아래는 제단 탑 쌓으며 방통 죽음은 모든 병사들 혼을 달래며 눈물로 적셔보더라 칠월칠석날 일몰 가라앉은 자리 거리마다 청홍색 물든 등불 훤히 비친 채색 홍조 살짝 띠며 형주의 성중에서는 제사 정성 다하여 주연 베풀고 모든 군사가 위로하는 진심 어린 마음 전달이라 깊어가는 밤하늘 촘촘한 별들 사이에도 슬픈 감정 큰 성채별 하나가 괴음 요란하리 빛 발하며 서쪽 하늘 방향으로 빠른 속도로 지나가며 번쩍 몇 번 광채를 발산하더라 큰 별은 하늘 아래 땅으로 떨어지며 사멸되더라 그 광경 지켜본 공명은 파군성 쪽 아니던가 모든 장수는 술잔을 내려놓으며 왜 그리 슬피 우시는 것입니까 모든 장수들에 엄중한 명령 내려 오늘부터 자신 세움 움직임 자중하시오 곧 슬픈 소식 당도할 것이오 바로 직설적인 예언이라 군사 방통 선생 죽음 소식 듣고 모든 군사들 애도의 눈물 파도 물결 타듯 적의 공격 관망이오 움직임 없이 진퇴양난 속에 갇혀 있는 멈춤이라 공명은 서한 들고 읽다 말고 눈물만 펑펑 흘러 서한을 흠뻑 적시며 땅을 치며 통곡을 하더라 이 원통함 방통 선생 원혼 달래기 위해서 즉시 구원 병사들 이끌고 출정했다네 이곳 형주 떠나면 비어 있을 테니 누구에게 철통같이 맡긴단 말인가 고민만 산적이라 관우 장군께 형주 지킴 방어 굳건하게 또한 기회 보아 적들 공격까지 서슴없더라

공명은 방통 죽음 소식 듣고 까무러치듯 졸도하는 심정이라

용맹성 출정할 믿음이라 동, 서에서 침공 우려되오며 도적들 때 침범할 수 없게 형주 지켜주시오 나는 지금 당장 촉으로 뛰어들어가 공세 우는 것보다 이곳 지킴 장군에게 맡김 믿음 든든함 더욱 큰 공이오 마음 평안하게 떠날 수 있어서 믿음직하오 저에게 형주 맡겨주신 명령 받들어 꼭 승리 이끌고 오시오 관우와 공명 간 서로 인사 주고받으며 형주를 떠난 공명이라 형주 굳건 지키는 관우 부하 장수들 관평, 요화, 주창, 미방 든든함 감추지 못하는 마음 평안하리 그러나 공명은 군사들 2만여 명 이끌고 떠나갔던 것이라 조운은 선봉장으로 내세워 장비에게 헤어질 때쯤 충언을 하며 촉나라에서도 그대와 같은 영웅호걸들 무수히 많으니 결코 그들을 가소롭게 보아선 큰 낭패 볼 수 있으니 꼭 명심하고 그곳 지형은 험준한 곳 이루 말할 수 없으니 항상 조심히 살피고 꼼꼼히 대처를 하셔야 할 것이오 장비는 공명 말 한마디가 쏠쏠히 바람 내리치듯 가슴에 와 닿으며 감격했다네 앞길 빠른 행동 움직임 재촉하며 장비는 어느덧 파군성에 다다랐다네 그 성 지키며 눈을 부라리며 촉각을 곤두세우는 장수 엄안이라 이 자는 활쏘기로 이름 자자한 명장이라 장비는 성 밖에서 조금 떨어진 곳에서 사자를 엄안에게 보냈다네 엄안 보아라 나 장비를 보고도 무서움 바람에 날려버렸더냐 목숨 살고자 하려거든 투항하거라 그렇지 않을 경우 당장에 성곽을 짓밟아 때려 부숴 버리리라 무어라고 지껄이더라 이 한심한 놈아 국적도 없는 땅 한 점도 없는 빈대 미아 같은 놈들 어디 말라 삐뚤어진 육신 개뼈다귀 같은 소리 지저귀더냐

장비와 엄안 사이 격돌 치니
그사이 틈새 사자로 간 자 목만 날아갔더라

분통 표출 사자로 온 자를 수급을 베어 성 밖으로 내 던졌더라 장비는 분노 폭발 이놈 어디 두고 보자꾸나 내가 결단코 오늘 일 잊지 않으리라 네 목숨을 결단낼 것이라 말끝 떨어지기가 무섭게 전국 공격 명령 내렸다네 일몰 지기까지 격전 치고 다시 휴식을 취하니 동틀 무렵에 다시 격전했지만 성 아래는 죽어 나간 군사들 피로 물든 범벅이라 장비는 뾰족한 수 없이 성곽 하나 못 넘으니 화가 치밀어 올랐다 네 얼굴색 홍당무 얼마나 격분진 성곽을 향하며 내뱉는 말 내 기어이 너를 사로잡아 사지를 틀어 찢어버리리라 그 말 끝맺기가 무섭게 엄안 활시위 당겨 쏜 화살 날아왔지만 앗 소리와 함께 장비는 깜짝 놀란 촉 감으며 살짝 피했지만 그 화살촉은 투구에 땡 소리와 부딪치는 튕겨 나가는 투구 쇠는 변성하리 화살촉 맞은 충격에 울림 뇌수 흔들림 어지러움 현기를 일시에 일어나니 어질어질 도저히 오늘 격전은 중단이라 일단 적군은 본진 퇴각 명령 내려졌다네 인생무상이라 한 가지 계책 탄생은 수백 가지 계책 세운 시행착오 겪어 나오는 원조 발견이라 얼마나 작전 묘책 바른 우뚝 솟은 올라감은 모진 고초 거센 바람 풍이라 장비는 성곽 아무리 공격 진행한들 오히려 피해 보는 것 성곽 아래 우리 군사들뿐이라 속히 천여 명 군사들 다시 결집시켜 묘책 떠오름 병사들에게 일제히 낫을 들고 말이 먹는 풀을 베어 싹쓸이 가지고 오라는 명령 모든 군사들 성 밖 뒷산에서 풀을 베기 시작하기만 며칠간 계속 반복 그 뜯은 풀 모아서 본진 운반 계속 또 반복만 하더라

장비 군사들 풀만 베니 궁금함에 염탐꾼 내보냈더라

성곽에서 모든 행동거지 바라보며 장비란 놈 무슨 꿍꿍이일까 엉뚱한 놈이라 왜 풀만 베고 있을까 아무리 생각해도 동분서주하는 모습 곰곰이 고민만 산적이라 격전할 생각은 없고 오직 오늘도 내일도 풀만 베더라 너무 궁금하여 미치고 환장할 지경이로다 너무 궁금함에 무슨 작전인지 알아볼 겸 20여 명의 염탐꾼 선출하여 명령 내려 내부사정 알아보려 또 오늘도 다른 날과 마찬가지로 성곽 뒷산에 들어가 장비 군사들 또 풀을 베러 오면 그 속에 은근살짝 끼여 들어가 그 내막 알아보려 염탐꾼을 내보낸지라 그리고 20여 명 중 가장 먼저 선착순 보고 하는 자에게 푸짐한 상을 내리는 경합까지 붙였다네 그 중에 장비의 부하 장수가 며칠을 지켜보며 계속 반복되지요 하며 풀만 베니 하도 답답하여 장비에게 건의하더라 우리가 가고자 하는 길 낙성이라 왜 하필이면 깊은 산중에 길도 없는 곳곳에서 허구한 날 풀만 베고 나무를 찍어내어 새로운 길을 내는 것인지요 제가 보기엔 파성 뒷문 서쪽에 보아하니 좁은 샛길 있으니 그곳을 이용하면 어떨지요 하며 건의를 하더라 장비는 그 말뜻 알았다는 듯 눈망울 초롱초롱 하더라 뭐라고 샛길 통로가 있다고 했더냐 이 바보 등신아 그런 길 있다는 것 알았으면 급히 알렸어야지 지금까지 왜 입 딱 다물고 있더냐 개고생만 했지 않았더냐 장비의 울화통 터지는 소리 외치니 풀을 베고 있던 군사들 모두 잠시 졸도해 버렸더라 지금 이러고 있는 시간적 여유 없으니 전군 출정이라 이런 곳 파성 거들떠보지 않고 곧바로 낙성 향해 출발이라 우리의 목표는 가야 할 곳 낙성이라

장비 명품 연기 감쪽같이 염탐꾼들 속임 먹히더라

갑작스런 출발 명령 밤낮 가리지 않고 가는 바람에 군사들 지친 기색에 대혼란 일어나며 장비 본진에서 탈영하여 삼십육계라 흩어짐 쪼개짐 모습 내막 낱낱이 염탐꾼들이 일각을 다투며 엄안에게 보고하더라 엄안은 그것 쌤통이라 하며 소리 없이 물개 박수로 열나게 치고 좋아하며 웃음만 껄껄 하더라 그놈 장비 임기응변 응전 대응 상대 무시해 버리니 어찌할 도리 방법 없으니 파성 지나침 샛길 이용하여 낙성으로 간다는 계산 아니던가 장비 이 멍청한 놈 어리석은 자로다 내 잔꾀 입질 덫을 쳐 놓으니 걸려드는 먹잇감 고마울 뿐이라 내가 깔아 놓은 덫 함정 익일 착착 진행이라 엄안은 이러한 샛길 너무 잘 알기에 미리 샛길 험한 곳에 군사들 군데군데 매복시켰다네 깊은 밤 자정쯤 지나서 장비는 산을 넘고 넘어가는 길이라 이때 지나감 발견 어디선가 북소리 요란하더라 바로 엄안의 신호 울림 소리라 엄안은 신호 울림 소리라 엄안은 명령내리며 저놈들 일시에 전멸시켜 버리리라 다시 한번 북소리 신호 울림이라 매복했던 군사들 그 북소리 떨어지자 와 하는 함성과 함께 양쪽으로 겨 나와 선명히 보이는 이때 장비 군사들 알았다는 듯 엄안 이놈 너는 절대로 도망 못 친다 우렁찬 갈라지는 천둥소리 버럭 질러대면 조금 전에 중군과 지나갔던 장비를 보았는데 느닷없이 갑자기 나타난 장비 아니던가 깜짝 놀란 엄안이라 장비의 잔꾀에 오히려 속은 엄안 장비는 치중대 속 군사 틈 사이에 끼여 속임수 눈 가리고 아웅 진행했던 것이라 엄안은 장비 이놈 내 칼을 받아라 하며 칼을 마구 휘둘러대더라 장비는 가소롭다는 듯

껄껄 웃음 한번 짓고 장팔사모로 엄안에게 휙 돌려치며 휙 소리와 함께 내던졌다네

엄안 장군은 진정한 무사요

그러나 엄안도 대단한 무예 뛰어난 경지라 아직도 버텨 내면서 장비 군사들 덤벼드는 것 한순간에 거꾸러지더라 엄안은 고령인지라 장비 군사들에게 당해낼 재간이 없이 기운은 쭉 빠져나가니 병사들에게 생포되고 말았다네 이에 앞서 엄안은 착각 속임수 중군 거느림 장비인 듯 지나간 것을 부하 장수들 위장 눈속임 일뿐 그때 중군들은 일제히 파성을 포위하며 큰 목소리로 환호성 떨림 내뱉으며 너희 장수 엄안 은 군사들에게 사로잡혔다 그러니 모두 투항하는 자는 목숨만은 살려 주리라 이길 반하는 자는 수급 베어 교수할 것이라 그 소리 무서움에 성중 군사들 서로 다투어 경쟁하듯 항복하더라 엄안은 단상에 꿇어 앉으려 했으나 버젓이 버티며 서 있더라 장비는 호통치며 너는 장수라 는 자가 예법도 모르더라 엄안은 같잖다면서 나는 절대로 적들 앞에선 예의 같은 것 모른다 장비는 화를 버럭 내며 칼을 번쩍 빼 들며 네 목을 쳐내리며 후회한들 소용없으니 지금이라도 목숨 살려 달라고 애걸복걸하거라 그러면 살려 주리라 자 서슴지 말고 어서 내 목을 베거라 그때 장비는 엄안을 향하여 칼을 내리쳤다네 목이 아닌 결박한 밧줄을 끊었던 것이라 그러면서 엄안의 손을 잡으면서 무릎 꿇으면서 엄안 장군은 진정한 무사요 내 그대에게 의절 모욕함 불의 아니니 이 무례함 용서해 주시오 장군 우리 손 잡고 함께 촉나라 백성 행복 지킴에 동참합시다 좋소 그대의 멋진 말 백성을 생각하는 그 속뜻에 깊은 감명 받았소 그때 마침 엄안은 정식으로 항복을 하였다네 흩어진 나날들 세월 속 문득 황충이 현덕에게 찾아와서는 절묘한 포석 알림이요

황충의 건의 받아들이니 성세 적중이라

촉군들 동태 파악해보니 부성 버팀은 지쳐 처지는 그늘이라 모두 막 빠진 거품 없는 맥락관통 무절이라 사태 해진 정신상태 혼미 나사 풀린 군율 군기 땅에 떨어진 개판이라 지금 그들에게 공격 가맹 적기이니 이때 기회를 놓치면 공명의 원군지원 오게 되면 저렇게 처진 적군 사기 살아난 왕성 물결이니 지금 바로 적 총공격 가맹하여야 할 것입니다 그것이 바로 성도 입몰입니다 그 말이 귓가에 솔깃한 분별력 명석한 현덕은 일리가 있는 말이오 마음 움직임 동요하여 결단 내려지니 그동안 관망하였던 백일의 폭포수 쏟아지듯 부성문 활짝 열고 일제히 나와 때를 맞추어 야심한 시각에 총공격 기습 가맹하였다네 황충의 절묘한 한 수 적중이라 적들 혼란 속 서로 얽히고설키며 어마어마한 군량과 병기들을 내팽개치고 모두 나 살려 줄행랑이더라 현덕은 승세 이루어 그 즉시 낙성에 다다르며 방금 도착해보니 남쪽에는 두 줄기 갈림길이라 북쪽은 큰 강물 끼고 줄기 타올라 가는 전망 현덕 본인 직접 서문을 맡아 공격촉발 황충과 위연은 동쪽의 성문을 공격 설레발 움직임이라 양쪽 두 갈림길 나누어 공격 가맹했지만 성에서는 꿈쩍도 없는 미동이라 일주일 동안 총공격 쳤지만 아군의 병사들 몸들만 축 처질 뿐이라 적에게는 아무런 피해 없으니 난감하더라 현덕군 지친 그늘진 멈춤 길바닥에 자지러지더라 이때 촉장 장임은 오란과 뇌동 두 장수에게 의견 물어보며 우리가 지금껏 조용히 잠자고 있었으니 이젠 잠에서 깨어 벌떡 일어나 현덕군들 지금 상황 격전 속에서 정신없는 지쳐있으니 이때 총공격 가맹하고자 의견 물어보니 두 장수 찬성에 동의하더라

383

현덕군 격전 속 어두운 그늘막이라

작전전개 펼쳐보니 남산의 샛길 이용하여 촉병 깊은 산속 들어가 매복하고 또 한편은 현덕 진지 후방에서 대적하고 북문 쪽 강줄기 따라 혹시나 현덕이 퇴각하여 올 것 예상 주시하며 기다림이라 모든 길목마다 막아선 삼엄한 경계 대기라 일몰 지고 초저녁 무렵 극도에 피로가 엄습해 몰려올 무렵 현덕의 진지에 갑작스런 공격 들어오니 모두 당황할 때 촉병들 더 가세 맹공 퍼부으며 현덕 군사 앞, 뒤쪽 포위하며 무서운 기세로 쳐들어오는 장임의 두 부하 장수 오란과 뇌동은 그동안 굶주렸던 배 움켜잡으며 마구 흡입하려고 입을 크게 딱 벌려 삼켜 먹으려는 몸짓 무섭게 덤벼들더라 한순간에 현덕군은 무너져 버리는 전멸이라 현덕은 그동안 방심했던 것 몹시 후회하지만 이미 때는 지나갔으니 정신없이 줄행랑쳤다네 어두컴컴한 밤 멀리 도망 왔지만 주위 살펴보아도 현덕은 따라온 군사들 한 명도 없을 뿐이라 가을밤 하늘이 나를 발각 못 하게 한 것은 천만 다행한 일이라 말 엉덩이 채찍질 가하며 산길 줄기 따라 달려왔건만 바로 뒤쪽에서 쫓아오는 촉병들의 짖어대는 고함이라 어느 방향 전환 돌려도 쫓아오는 촉병 고함 진동 뒤따라오니 환장하더라 뒤쪽에서 고함치며 한마디 내뱉더라 앞에 도망치는 자는 분명 장수일 것이니 죽이지 말고 생포하거라 그러나 벌써 군졸들 거의 가까이 와서 내뱉는 소리 어디서 귀익은 목소리더라 그를 확인해보니 현덕의 아우 장비 아니던가 형님 이 무슨 변고라도 당하셨습니까 여긴 웬일이십니까 장비는 단숨에 말에서 뛰어내려서 현덕과 포옹하며 눈물만 흐르더라

엄안은 내부사정 훤하니 작전에 도움 주더라

그러나 이렇게 한가할 때가 아닌 듯 촉병들의 추격은 저 산 밑에 다다르며 위급한 사태 직면했더라 지금 상황 자세함은 나중에 토로하리라 장비는 알았다는 듯 뒤쫓아오는 촉군들에게 반격에 나섰다네 주군 원수 꼭 갚기 위함에 장비 군사들은 눈에 빛이 나며 더욱더 맹렬히 장임의 촉병들을 날 파리 죽이듯 마구 획획 소리 나며 칼바람 일으켰다네 놀라움 예상 못 했던 장임은 어디선가 갑자기 나타난 군대를 보자 기겁을 하며 저돌적으로 돌진해오니 질서가 흔들리는 장임 군사들 오리무중 낙동강 오리 알 신세라 모두 목숨아 나 살려라 하며 줄행랑쳤다네 현덕은 무사안일 부성으로 안전하게 돌아왔다네 장비가 여기까지 왔던 것 형님 구할 수 있던 것은 엄안의 공로로 내 아우가 잘 헤아려 내가 위태로움 처한 상황 급전으로 여기 도착하여 내 목숨 구해주니 감사할 따름이오 엄밀히 따져보면 엄안은 격전 승리로 이끈 것 군사들 한명도 잃지 않은 내부지리 훤히 꿰뚫고 엄안 움직임 일거수일투족 들여다보는 원점 관망 승리에 기쁨 얻은 것이라 장비 군사들 몇 배로 늘어남 적군들 항복하니 손 안 대고 코 풀기라 부성의 사기 진전 자신감 넘쳐남이라 며칠 후에는 낙성 성문 활짝 열고 부성 쪽으로 진격하여 촉장 오란과 뇌동 두 장수들 장비에게 잔꾀에 걸려들어 사로잡혀 두 장수 현덕의 어짊과 의로움에 감동하여 충성할 것을 맹세했다네 장임은 부하 장수들 투항한 것 전혀 모르고 성문 밖으로 나와 장비와 겁대가리 없이 대적하려 한다네 장비야 이 칼맛을 보아라 하며 말로만 외치더라 으하하하 장임이란 자 바로 너로구나

엄안 움직임 엎친 데 덮친 격 진퇴양난이라

장비는 말끝 맺기 무섭게 장팔사모 휘두르니 바람 가르는 소리 격전 부딪침 30여 합 장임은 힘에 부쳐 속마음은 도망치려는 눈치 보며 비명 지르니 줄행랑치더라 장비는 급히 그 뒤를 쫓아가려 말 엉덩이 채찍질 끊어질 정도로 내려치니 말은 성난 기세로 쏜살같이 날아가듯 갔지만 험하고 복잡한 굽잇길이라 그만 장임을 놓치고 말았다네 주위 살펴보아도 온통 사방팔방은 산봉우리라 그런데 어디선가 북소리 요란한지라 둥둥둥 신호 울림 촉병들 물밀 듯이 밀고 오니 장비는 혼비백산 혼쭐 빠지듯 혈로로 간신히 뚫고 부장 쪽으로 구사일생으로 살아 나왔지만 장비 부하들 모두 몰살 당하고 말았다네 그 뒤를 바짝 따라오는 촉나라 장수 오의라 장비 앞에서 말을 멈추어서며 가만 보니 느닷없이 강 언덕 어귀에서 뛰쳐나와서 그 앞길 가로막음이라 알 수 없는 정체불명의 그림자 갑자기 내뱉는 말본새 장비 나란 말일세 다시 적 있는 곳으로 돌진해 보세나 그 말소리 어디서 귀에 익은 음성 아닌가 그전에 형주에서 공명과 함께 배에 탄 상산 조자룡 아니던가 장강 출발 시점에서 협수로 깊숙이 들어온 상산 조자룡이라 천리 뱃길 마다하지 않고 따라온 공명의 진지 구축이라 아! 천만다행이라 군사 공명 선생이시여 드디어 부성으로 당도하셨단 말인가 깜짝 놀라며 기뻐하는 표정 훤하게 북받쳐 오르는 기쁨이라 북성으로 모두 함께 든든한 움직임 안고 입성했다네 조운은 오는 길에 촉장 오의를 생포하여 현덕에게 보이며 선물을 선사하였다네 현덕이 오의에게 한마디 하더라 나와 함께 한배 타세나

오의는 모든 정보 다 털어놓더라

 오의는 현덕의 인자하신 덕망 스며들 듯 마음 흠뻑 취해 항복하며 주군으로 모시기 마음 굳혀 맹세하였다네 오의가 모든 정보 알림 털어놓더라 장임이란 자는 만만치 않은 잔머리 능통 통달 일가견이 있는 촉나라에선 가장 지략이 뛰어난 자라 명장 중 가장 으뜸이요 낙성 뛰어넘는 정복 쉽사리 함락하기 힘든 상황이요 모든 사실 있는 대로 털어 알림이라 무엇보다 올바른 순서 가장 먼저 장임은 생포한 연후에 낙성 총공격 돌직구라 하며 누워서 떡 먹듯 말하는 공명이라 이러한 자신감 있는 말을 들은 오의는 공명을 눈 뚫어지기 바라보더라 공명은 오의에게 조목조목 길을 물어보며 부근 지세 자세히 살펴보며 엮어가더라 공명은 작전 교시 전달 황충과 위연에게 저쪽 넘어 금안교 금방 70리 드넓은 강변에서 억새가 우거져 있으니 은폐하기 적절한 곳 군사들 매복 장소요 싸울 격전 치면 위연 장군 2천여 명 군사 지휘체계 맞추어 저 넓은 곳에서 왼쪽에서 매복 주둔하시오 만약 적군들 거의 가까이 오거든 그것이 공격 신호이니 맹공 퍼부어 저 강물 속으로 밀어쳐 넣으시오 그리고 황충 장군은 오른쪽에서 매복하여 날카로운 긴 낫으로 가릴 것 없이 사람, 말 다리만 후려갈겨 치시오 장임은 결전 불리함 감 잡으며 분명코 산속으로 장임 처지니 인지하여 대처하리라 전체 정황 살펴보듯 바둑판 위에서 포석 양단수 쪼개며 나누어준 계책이라 장비와 조운에게 건네준 작전 일러두더라 망루에 우두커니 멀뚱멀뚱 골몰하며 서 있는 적의 진행 탐색 초읽기라 장임 진영에 몰려온 공격군들 움직임 살펴보니 후방과 연락 두절 허점 보았던 장임은 껄껄 웃으면서 공명은 병법도 모르는 초짜라

장임은 공명 보기를 병법도 모르는 초짜라고 우습게 보더라

괜스레 겁만 잔뜩 집어먹었던 것 이젠 안심이라 이러한 층흐름 장임은 적들을 더 가까운 곳까지 유인 유도하면서 모두 몰살시킬 각오 단단히 엿보더라 거의 가까이 근방 왔을 때쯤 장임의 목소리 목청 찢어지듯 고함 소리 모두 총공격 적들을 모조리 몰살시켜라 성문을 활짝 열어지니 군사들 회오리바람 일으키듯 일시적으로 물밀 듯 쏟아져 나오는 봇물이라 이때 기다렸다는 듯 남쪽과 북쪽 산모퉁이 어귀에선 이미 매복 숨겨놓은 장임 군사들 신호탄 터지는 고함 듣고 양쪽에서 뛰쳐나와 흩어진 양 떼들 몰 듯 한 곳으로 적을 가둬 놓으면 맹공 퍼부으니 어질어질 뒤죽박죽 엉킨 부딪침이라 혼전 속에 불리함 이어지는 현덕군 무참하게 짓밟히고 정신 줄 빠지는 혼절 상태 직면하면 바로 퇴각했다네 한 놈도 남기지 말고 끝까지 쫓아가서 모두 몰살시켜라 큰소리치는 장임이라 현덕군 몰살시키려 가장 앞장선 채 진격하더라 촉군들 의기양양 기세는 저 하늘 높이 치솟더라 형주의 적병들 일몰 치듯 모두 내쫓을 기회 바로 지금이라 그 소리에 모두 일제히 온 힘 기울이며 적병들 쫓아가더라 가만히 어디선가 뒤쪽 후미에서 어수선한 기색이 역력히 촉 있더라 그때 장임은 잠시 멈춤이요 아차 이런 실수라 적들 움직임 촉 느낌이요 금안교는 쑥대밭으로 파괴했으니 모두 정신 바짝 차려서 뒤에는 형구의 대장 조자룡이라 안심이요 경계를 곤두선 긴장감 갈대밭 속에서 좌우 양 진영에서 불쑥 뛰쳐나와 창 끝 휘두르고 찌르고 적군과 말, 다리를 긴 낫으로 후려치고 베었다네 한순간에 무너지는 장임 군사들 모두 남쪽으로 퇴각이라

장임은 상대방을 우습게 보다가 결국 큰코다치는 변이라

 남쪽 향방 도착해보니 이미 형주 병사들 점령이라 어쩔 수 없는 선택뿐 갈 곳 없는 갈망하며 이젠 부수의 지류 흘러 동쪽 향방으로 줄행랑이라 산 넘고 강 건너 들판에 이르러 쳐다보니 군사들의 깃발 소리 펄럭펄럭 힘차게 휘날리더라 현덕군의 공명 병사들 꿋꿋이 버팀이라 공명은 사륜차 둘러싸고 있는 군사들은 노병들이라 장임 생각에 공명을 우습게 보며 별거 아니네 딴판 개판이로구나 소문난 잔칫상 먹을 것 없는 허망하리오 장임을 우습게 보며 군사들에게 명령내리며 모두 도륙 내거라 그대로 아직은 몇천 명 군사들 일제히 덤벼뛰어드니 사륜차에 있던 노병들은 겁먹은 듯 뒤뚱 허둥대며 분주하게 줄행랑치더라 큰소리치는 장임은 공명아 어딜 도망치느냐 쫓아가더라 금방 잡힐 듯 장임은 말을 힘차게 몰며 공명을 잡으려는 순간 달려온 말을 통째로 들어 올린 천하장사가 있었으니 장임은 기겁을 하며 말에서 떨어져 땅바닥에 곤두박질 거꾸러지더라 장임 오기를 눈여겨 지켜보니 기다림에 그늘진 그림자 밑동 숨어있는 자는 장비와 위연이라 미리 각본 짜인 이쪽으로 유인하기 위함에 앞서 적군인 듯 허약한 노인들 앞세워 속여 밑간 치니 우습게 보고 마구 덤벼들더라 바로 이것이 노림수 덫에 걸린 장임 사륜차를 둘러치는 듯 산골짜기 몰아가듯 하니 촉병들 거의 멸하고 그나마 살아있던 자들은 모두 두 손 들어 항복하였다네 장임을 생포하니 포로가 되어 부성으로 호송 현덕 앞에 도착하였다네 현덕 말하기를 촉의 여러 장수들은 모두 일제히 항복 선언하였거늘 그대는 어찌하여 상황 판단 흐릿하던가

항복은 선언하지 않는 것이요 당신 목숨은 두 갈래요 더 이상 버티지 말고 항복하시오

장임 전장 속 패하였으나 굴하지 않고
오히려 목을 베라며 큰소리치더라

이 몸은 촉의 충신으로서 당당한 자부하는 목숨 줄인 것을 어찌하여 패군이 되었다고 촉을 저버릴 수가 있겠소 단호하게 거부하겠소 현덕은 여러 방도 모색하며 이해도와 설복해 봤으나 도무지 수긍하려 들지 않고 오히려 큰소리로 내 목숨을 어서 베어라 구질구질하게 목숨을 구걸하지 않겠다 멋지게 장엄하게 촉나라 위해 한목숨 바치리라 하며 말을 내뱉더라 공명이 말하기를 지나침 권장하는 것은 충신에게 예법 어긋나는 대우이니 대자비심이니 속절없이 단칼에 목을 베어 그에게 충절 세워 주십시오 현덕에게 간청하더라 장임 한목숨 촉나라 위하는 충심 불태워 죽음 선택 목을 베어지니 그의 충성심 탄복하여 장임을 추모하는 충혼비를 세워 영혼을 달래주었다네 비석 주위에 배석하는 까마귀 떼들 슬피 우는 전율 소리 지저귀더라 공명은 궁리하며 성도를 쳐들어갈 작전 모색 중 항복한 장수들에게 조언 낱낱이 학습하더라 낙성에서 성도까지 가는 길목 해를 끼치는 요해가 있으면 뱉어놓으시오 난관은 면죽관이오 여러 가지 대책 논의 열중이더라 어떤 위급한 상황 발생하면 방어벽 또한 몇 배 힘든 고초 길이거늘 관민일치 어려운 현실 다가오며 극복 없이는 적군 태로 짓눌린 승세 장악하였으나 한들 점령당한 촉민 민심을 얻어야만 그것이 진정한 승세가 아니겠소 천만 다행한 일은 유장은 민심 잃고 그나마 병사들마저 저버리니 성을 탈영하는 일은 헤아릴 수 없더라 덕망 높은 현덕에게 투항하는 병사들 저 뒷동산 줄지어 늘어섰더라

장임 죽음 달래며 충혼비 세웠다네

이런 상황 사태 파악 일몰 지는 유장은 주위 부하 장수마저 성을 버리고 투항하니 유장은 땅을 치며 통곡하는 목소리 진동하더라 결국 유장은 현덕에게 백기를 들어 항복할 의사를 표명하니 현덕은 극진히 유장을 반가이 맞이하며 손을 꼭 잡으며 한마디 친근하게 말하더라 만남 늦은 감 있지만 서로 대적한 상황에 자기 본분을 다하려 하였지만 이제야 이해하는 목적 지향하는 바이다 이런 상황 처함은 현덕을 원망하지 않기를 바라오며 말끝 맺기를 하니 현덕 눈가에선 감정 폭 터지니 흐르는 눈물 뜨겁더라 유장은 그런 현덕의 마음에 감복함을 늦게나마 항복한 것을 자신의 큰 죄라며 자책감에 깊은 반성 하더라 촉의 장수들과 문관들 거의 모두 일제히 현덕에게 충성할 것을 모두 맹세하였지만 황권과 유파 마는 한 짓거리가 마음에 무거운 죄를 한 아름이니 투항 못 함에 성문 단단히 닫고 묵묵부답으로 일관하더라 가증한 반골 물들임 야심만 가득 안고 있다는 것 틀림없다는 인증이라 이런 말들 두 사람의 표적 비난 쏟아지니 이런 상황 흐름 암흑 같은 공기 내음 미리 알아차린 현덕은 한 마디 내뱉기를 만일 두 사람에 대하여 해코지 얼싸안은 정 불사르면 그 냉랭한 기류가 결국 우리 자신을 더욱 무거움 짓누르는 가슴팍 스며드니 두 사람에 대하여 따뜻하게 받아 안아주는 것이 그들 또한 충성심 우러나올 것이니 당부하고자 그들에게 해를 가할 경우 대죄로 단죄할 것이니 명심하기 바란다는 말 다시 한번 되새기를 표명 공표하더라

현덕 나라다운 나라 세웠다네

현덕은 친히 어우러지기 위함 화합 둘레 끓어오르는 혼돈 안기 위함에 유파와 황건에게 친히 방문 내방하여 시대 정국 흐름 대세 변천의 예찬 인정한다는 것 논의하고자 명 핵심 언사 전하니 대세 가고자 하는 길 소의 희생 정국 안정 지키는 일인 것이니 역행하는 것 용납 못 하는 모두 명심하기 바라오 그러나 황건이 현덕 앞에 다가와서 정중히 고개를 푹 숙이며 항복 의사 밝히더라 그러니 유파와 황권은 앞으로 나아가고자 한뜻 모아지니 어우러졌다네 이들 각각에게 직위 각인 책임 무게감 실음 유장은 촉나라 떠나 저 멀리 있는 곳 형주 땅 옮김은 현덕과 자리매김 바뀌는 일이라 그러면서 현덕은 은공에 대한 시상식을 거행하여 모든 이들에게 공을 인정하여 봉 하였다네 현덕은 고생 끝 이제야 나라다운 나라의 주인 됨에 무척 기뻐하더라 현덕 주위 거대하니 든든한 인물 인사들 포진하니 역대 최대라 군사에게 공명이요 탕구 장군 수정후 관우 정려 장군 신정후 장비 진원 장군 조운 정서 장군 황충 양무 장군 위연 평서 장군 도정후 마초 임명하였다네 모든 부하 장수들에게 직책 무게감 실어주었다네 어마어마한 거대 구축 세워진 현덕이라 유능한 인재들 등용 포진하니 마음 든든 나라 든든이라 나라가 세워지니 모든 장수 부하들에게 직위에 적합한 대우 포상이라 논과 집을 나누어 그 처자들 행복 누릴 수 있는 삶 영위하는 기틀을 마련하여 주더라 이 시국 희희낙락한다는 것 망하는 지름길이니 명시 장중하라고 조운이 말하며 이런 대우 시기상조라 오히려 나라 어지럽게 하는 실태이오니 지금 상황 속에서 주위 살펴보면 천하는 어지러운 난국이오니

어즈버 태평연월 꿈 아직은 시기상조라

흉악한 도적들 각처에서 득실 만민들 괴롭히는 이때 조그만 공 세웠다고 논과 지을 하사 받음 천하 평정 시기에 태평연월 시대 돌입하면 백성들의 피고름 빨아먹는 격이니 그들과 어우러져 농사짓는 일 동참하여 즐거움 원함 진실된 마음이 무사의 근본 뿌리 살아 숨 쉬는 자리라고 생각하옵니다 그러니 잘 헤아려 주시옵소서 오! 나의 조운 근본 뿌리 말의 심지 꽂힌 기류라 공명이 깊은 감동하였다네 이때쯤 조조 질세라 조직 규범 세우려 문무제도 설치하여 각처마다 구락부 형성하여 배움의 길 교학의 진흥 설치라 속뜻은 위상 세워 위왕 노림 수라 조조 움직임 하찮은 일만 하려 해도 주위에선 과찬 칭찬하는 무리 아첨 아부하는 자들 주위 깔려 있더라 아부 떨며 벌써 조 승상께서는 위왕 오르실 인물이라며 위왕 오르심 시기 늦어 기회를 놓쳤음을 매우 안타까워하는 기류라 부추기며 마구 웅성웅성 떠들어 대더라 문무제도 이용하여 위왕 이라며 소문 일파만파 나팔 불더라 이때 이 소문들 막고자 나선 순유가 간곡히 만류하며 조조를 진정으로 생각하는 신하라 아첨하는 무리 모아 한곳에서 타 이르며 위왕 운운하는 것은 조 승상 욕보이며 역적 덤터기 씌우는 처사이며 저 낭떠러지 밀어 떨어뜨리러는 일몰 막물태라 그러니 모두들 그런 입바른 소리 자세하기 바란다 만약 명분 없이 위왕 오름은 민심의 소리 부딪쳐 정국 혼란만 부추기는 민심 떠나는 호령 소리 높은 곳에서 추락하는 처지는 나락의 길이라 이런 말들 조조 귀에 스며드니 아부하는 간신배들 온갖 다 끌어모아 없는 말 부풀려 중상 모략하여 조조에게 이간질 쳐지니 조조는 몹시 언짢은 기색 역력하더라

조조 위왕 자리 노림수 가꾸어 가더라

조조는 노하여 순유 이놈 바보짓만 일삼는 아주 어리석은 자로다 이 말 또한 순유 귓가에 전해지니 마음의 상처 받아 집구석에 틀어박혀 바깥출입 금하며 자각하는 맘 끙끙 골몰하다가 병석에 눕고 시름시름 앓다가 운명의 존망 처지는 그늘 속 목숨 끊어짐이라 조조는 안쓰러워하는 순유 죽음 공신 반열 한 사람 중 극명 준덕 내 사람인 것을 장례식만은 성대히 치러 순유 혼령 달래주었다네 이때 전체 흐름 조조 행실 보아온 황제와 황후는 두려움 속 나날들 눈물로 지새우며 눈물 마르질 않더라 조조 권세 강대함 위상이라 하지만 조정 권위는 나락의 쇠락이라 또한 관민들 모두 천하 헌제 존재 잊고 있으니 통탄할 노릇이로다 가시방석 앉아있음 삶 죽음 만 못하리오 아버지 복완에게 말씀드려 조조를 제거하자는 계책 세워 보려 의논해 볼 참에 전달하려 한다네 헌제의 마음속은 시커먼 숯검댕이 원한 물결 파도 내려치듯 찰싹찰싹 억센 물결 오랜 세월 동안 헌제 반하는 것 제거하려 그림 화폭에 담아오지 않았던가 황제는 감시의 눈을 띄지 않게 그림자 속 그늘 꼭꼭 숨듯 마음에 담겨둔 그림 화폭 펼쳐 들면 칙서를 써서 복 황후의 부친 복완에게 전했다네 은밀하게 상투 밑 숨긴 칙서를 전달한 이는 조신의 오직 한 사람 목순이라 전함은 유유히 어두컴컴한 밤이슬 방울 맺힌 살며시 업힌 방문 사실은 이미 조조의 첩자들이 사실을 조조에게 밀고하였더라 소문은 일파만파 전하는 시끌벅적 웅성웅성 대는 소리 목순이 궁정 잠시 밖으로 나가 복완의 집에 심부름 간 사실 있더라 촉 느낌 무엇인가 음모 공작 의심 뇌리 스친 조조라

목순 눈 가리고 아웅하려다 그만 들통 나버렸네

그리하여 수십 명의 무사 이끌고 공문 입구에서 목순을 눈이 빠지도록 돌아오기만 학수고대 기다리고 있는 지금이라 어두컴컴한 깊은 밤 목순은 이런 사실을 까마득히 전혀 모르고 돌아왔던 것이라 갑작스러운 큰 목소리 멈추거라 조조가 기다림 버티고 있더라 목순은 섬찟한 무서움에 덜덜 떨더라 이 깊은 야밤에 어딜 급히 갔단 말이냐 저어… 얼버무리지 말고 얼른 대답하렸다 사실 급한 부름 받고 달려간 이유는 복 황후께서 복통 진통으로 몹시 고통스러움에 떨고 계신다는 전갈 받고 의원을 데리고 동행 급히 나갔던 것입니다 거짓말로 지금 상황 모면하려느냐 궁중에는 전의가 항상 대기 중인 것을 어찌하여 의원을 밖에서 찾는단 말인가 네가 찾고자 하는 의원은 다른 꿍꿍이 있더냐 이놈의 몸을 샅샅이 수색해 보아라 무사들은 명령 내려지자 목순 의복을 벗겨 발끝까지 샅샅이 수색하였으나 아무 물증 없는 백지라 증거 없으니 어쩔 수 없이 풀어주어야 할 상황이라 목순은 의복을 다시 입고 있을 때 흔들바람이 휭 하고 지나가니 머리에 쓴 상투가 그만 벗겨져 땅에 떨어지니 그것을 황급히 줍는 것이 수상히 여겨 이봐 잠시 동작 그만 의심스런 땅에 떨어진 상투 급하게 줍는 것 수상쩍어 그 상투 자세히 보았지만 내부 속 아무것도 없는 결백이라 이젠 가거라 상투를 건네주니 두 손으로 받아 표정 겁에 질린 어정쩡하게 상투를 썼는데 어딘가 어색한 모습 다시 상투를 뺏어 다시 구석구석 잡아당겨도 보고 샅샅이 살펴보았을 때 무엇인가 표출 조조 동공이 번득이며 한 통의 편지를 발견했기 때문이라

황제의 도모 다 드러났다네

조그만 글씨들이 빼곡하게 깨알같이 쓴 편지내용이라 오늘날 눈물로 써 주신 칙서를 봉독하였다는 내용과 답신으로 나의 기대고 든든함 은 촉의 현덕과 논의 한다면 한중의 장로를 잘 설득한다면 조조를 멸 할 수 있는 중압감 무게의 짐 싣고 허우적거리는 중량이 주는 압박 을 가한다면 조조는 보나 마나 국외 출정하면 모든 병력 움직이면 이 곳 비워지니 마음 통하는 동지들과 규합하여 대의를 앞세워 보면 틀 림없는 승리의 깃발 휘날려 펄럭펄럭 힘찬 소리 귓가에 좋은 소식 들 려올 것입니다 조조는 미소 띤 표정 감추며 복완의 답서를 소매 속에 쏙 집어넣으며 저놈을 당장에 결박하여 문초하거라 밤새도록 고문 화롯불 달구어진 인두 지지며 가랑이 찢기는 정강이를 사정없이 구 타질 하여도 목순은 날이 새어도 한마디 없는 묵묵부답 오히려 고문 가한 자가 지쳐지더라 조조는 부하 장수들에게 명하여 황후의 새수 를 거두어들여 평민으로 강등하여 죄를 온 천하에 알리리라 조조는 황제가 된 듯 혼자 좌지우지 명령내리니 세상 속 뒤집어진 개판이라 심지어 황제께서 있는 곳까지 쳐들어와서는 아주 무례한 조조의 명 령이라며 한마디 툭 던진 말투로 황후의 새수를 거두어들이니 그리 알고 계십시오 이때 황제는 목순이 체포당한 것을 알고 깊이 깨달았 더라 궁전 안은 난장판 따로 없다네 궁녀들 비명 후궁들을 함부로 마 구 짓밟고 돌아다니며 폭군들 따로 없는 군졸들 그러면서 황후를 찾 더라 복 황후는 벌써 이 사실 알고 내전 주고 속에 숨어있더라 이곳 은 비밀스런 이중벽으로 되어 있어 몸을 꼭꼭 숨어버린 것이라

모순 모진 고문에도 한마디 없더라

그러나 상서령이라는 자는 직무상 이곳 구조를 잘 아는 자라 그만 들켜버리자 황후의 머리채를 잡고 개 끌고 가듯 하더라 애절함 살려달라고 애원하는 황후 애달프게 희미한 목소리 기운 없이 축 처지는 끌고 가는 놈들 상대도 대꾸하지 않는 오직 기계적 명령뿐 맨발로 끌려온 조조 앞에 내던져진 조조는 무시무시한 눈초리로 황후를 잡아먹듯 노려보며 나는 아직껏 죽일 생각조차 하지 않았는데 너는 어찌하여 나를 해하려는 암살 계획을 세웠더냐 너의 선택한 결과가 어떤 대가를 얻는지 똑똑히 보여주리라 조조는 무사들에게 명령 내려지니 회초리를 무사들 열 명쯤 각각 부분별로 매를 가하니 황후는 몸부림 출렁출렁 몹시 괴로움에 그만 숨이 끊어졌다네 황제는 자기 자신 머리채를 쥐어뜯으며 온몸을 바들바들 떨며 하늘 저 멀리 먹구름 울음 몸짓 보며 분노의 울부짖는 통곡하며 그만 졸도하고 말았더라 이런 일들이 어찌하여 하늘 아래에 있단 말인가 이 세상이 바로 금수들의 세상인가 하늘도 무심하시지 또한 부르짖으며 피를 토하며 또 졸도하니 무사들 황제를 끌어안고 비궁 안에 가두고 말았다네 이때가 바로 바야흐로 건안 19년 11월쯤이라 무시무시한 강추위 겨울 하늘도 자지러질 무척이나 슬퍼 하는지 먹구름만 둥둥 떠다니며 허도 하늘 아래를 검은 암흑같이 떼구름 뒤덮어놓은 어둠이라 민둥산 벌겋게 벗겨진 부근에서도 슬피 우는 바람 소리 부딪쳐 통곡하듯 며칠 동안 우는 소리만 들리더라 조조는 이런 무정한 일들이 일어남은 싫은 맘이지만 이 기회를 이용하여 황제를 무시하고 자기 자신의 딸을 황후로 천거하여 위에 올렸다네

촉보다는 맨 먼저 한중을 손보자는 결의라

그 이유는 딸이 왕비로 책봉되면서 조조가 결국 국구가 된 격상 신분이더라 조조는 즉 근들 불러 상의하자고 조인과 하후돈을 앉은 자리에서 용건부터 말을 하더라 내가 곰곰이 생각해보니 촉을 그냥 두어선 앞으로 가는 길에 걸림돌이니 장래의 우환거리는 즉결 처분하여야 탈이 없는 것이니 거기에 대한 대책 강구하기 바라는 말 떨어지자 하후돈은 대답하더라 촉 해결보다 먼저 앞서 한중부터 처단하고 난 다음 차후 문제 해결입니다 왜냐하면 한중은 홀로 어떤 나라와 접촉 없는 외톨이오니 지금 즉시 시행에 옮겨 대군단을 결성 집결하여 장로부터 처단하는 것이 급선무이옵니다 기어코 한중을 무너뜨려 우리 손아귀에 들어오면 촉의 운명은 저 나락 속 운명이더라 한중에서는 벌써 전쟁 침략한다는 소식 듣고 어수선한 허둥지둥하더라 조조 대군 세 갈래 길로 나누어진 총공격 땅 진동 소리 들리는가 하후돈과 조인 그리고 하후연 장합 부대들 속속들이 내 달려오는 힘찬 모습 조조가 총지휘하며 기세등등 쳐들어온다네 이때 장로는 회의를 주도하며 대책강구에 몰입하며 지휘본부 역발산 짓더라 장위에게 총대장 맡으며 양양, 양임 등 한중의 장수들 내세우며 포진 깔아 놓더라 양편관은 험한 산맥 울창한 숲 풀림 우거진 산 밑쪽 내려 보니 전쟁터 벌어지기 위의 대군에 선봉들이 진지 구축하며 전쟁 준비 중이라 양쪽 진영끼리 충돌 전쟁 터지니 이쪽 지리 훤한 자가 승세 주도권 지고 한중군의 기습작전 이어지는 조조군 선봉대는 참패당하니 원인 공세는 전의 연락 체계 흔들어 놓으며 끊어 고립시켜버리니 전멸이라

조조 부하들 초장부터 선봉대 무너져 내리더라

조조는 뿔다귀 단단히 난지라 너희들 싸우는 모습 어린아이들 병정놀이 같구나 하후연과 장합에게 호되게 꾸짖었다네 꾸짖음에 불만을 표출하듯 표정 관리 지으며 결과 조조 진지에서는 아침 햇살 내리쬐는 동틀 무렵 대군은 흔적도 없이 행방 묘연 이때 한중 진지에서는 눈치 채고 조조 군대 퇴각하는 모습이오니 쫓아가 모두 도륙시킬 절호의 기회라 하며 추격하여 일몰 짓자는 양앙의 의견이었으나 강력하게 주장하더라 그러나 조조라는 자는 잔꾀가 고단수라 또 무슨 꿍꿍이일지 모르는 일 함부로 쫓아갔다간 큰 낭패 볼 수 있는 일이라 주위에선 반문하더라 그래도 양앙은 굽히지 않고 자기주장이 옳다며 마무리 짓자며 재촉하더라 결국 어쩔 수 없이 5채 군마로 위군 추격하며 무섭게 달려가더라 그러나 전쟁은 이미 약속된 잔꾀에 넘어가 버린 양앙은 거의 병사들 잃고 큰 치명타로 맞았던 것이라 양평 관문 밑에선 문 열라는 소리 질러보며 들리는 함성 확인할 수 없는 자욱하게 낀 짙은 안개 속 양앙이 추격하다 말고 다시 진지로 돌아온 줄 알고 관문을 그만 활짝 열었다네 소리 질렀던 군사들은 아군이 아닌 적군 위의 대장 하후연이 정병 5천여 명 물밀 듯이 성문 안으로 들이닥쳐 들어와 기습하면 둘째가라 하면 서러울 정도인 한중의 군사들은 그만 역습을 당하며 혼란 속에 봉착하여 아비규환 살려 달라는 비명 닥치는 대로 불을 질러 보이는 족족 도륙하니 피바다로 얼룩진 성안이라 어느덧 양평관의 성두엔 위나라의 깃발이 바람에 펄럭펄럭 힘차게 휘날리더라 위태로움 속 살아남은 자양임은 남정관으로 발걸음 향했더라

장로는 목숨보다도 자존심을 더욱 소중히 여기더라

한중의 장로는 크게 패하고 한순간의 선택이 패가망신 실속 없는 나락이라 이젠 더 이상 물러설 수 없는 실정 죽을 각오로 임하는 자세 군사들에게 정신일도하사불성이라 각인시켜주었다네 양임은 양평관으로 향하고 있을 때 뒤에서 맹공격 퍼붓는 하후연 군대 무서운 기습에 모두 전멸당하고 목숨마저 절명하였더라 조조의 대군은 거세게 휘몰아치는 초절정 강풍의 힘으로 기세 몰아 양평관을 뚫고 들어가 순식간에 남정성을 함락하여 곧바로 한중성은 둘레마다 촘촘하게 포위하여 며칠 동안 지켜보니 군졸들이 나 살려 하며 사방으로 흩어져 줄행랑치기 시작하더라 군졸들 일부가 도망쳤다는 소식들은 장로의 아우 장위는 분개하며 성내의 전 시가에 불을 질러 태워 훨훨 타오르더라 이젠 초토 전술로 펴 보자며 주장하더라 지금 시기 늦었으니 모든 것 포기하고 항복하자며 부르짖는 자 양송이라 이런 와중에 장로는 나라의 재산은 백성의 고혈이니 어찌하여 불로 태워 없앤단 말인가 백성의 노고들은 소중하게 지켜야지 그것은 큰 죄 짓는 것이니 명령 내려 창고마다 단단하게 봉인하고 어두컴컴한 밤에 남문으로 몰래 빠져나와 파중으로 줄행랑쳤다네 이때 조조는 한중성을 점령하고 주위 살펴보니 창고마다 가득 찬 식량과 무기들 그대로 보존 약탈하지 못하게 봉인했던 점 모두 불에 태우지 않고 지켰다는 것에 조조는 장로를 실로 진정한 애국자라며 적이지만 칭찬하며 장로에게 사자를 보내 항복을 한다면 목숨만은 살려주겠노라 전했다네 장로는 더 이상 맞설 힘조차 없는 모든 기반 한순간 무너져 내린 이대로 간다면 모두 전멸당할 것이라

장비는 성난 맹수 본성 드러내다

더 이상 저항할 수 없는 조조 앞에 매복하였다네 위나라 군사들 이런 사실 알고 모두 긴장하며 군사 10만 촉나라 국경 접전 지역에서 험준한 산속 구릉 지대에 대거 운집하여 촉병들 모두 덤벼라 하며 만반의 준비태세 갖추고 있을 때 정면의 맞부딪침 적은 마초였다네 파서 방향에선 장비가 물밀 듯 쳐들어오니 그러나 위의 총대장 조홍이 부하 장수 장합에게 5만의 군대를 지휘봉 권한 주어 파서로 향하는 옮김이다 파서 쪽 방향 험준하고 계곡은 깊은 난관 숲속 울창하여 어디든 숨어 매복할 곳이 지천이더라 장합은 군사들 3갈래로 나누어 진지 구축하여 적들 지나감 기다리고 있더라 탕석채 구축 포진이라 이때 장비는 부하들과 상의하며 지금 저쪽 진지 포진은 장합이라는 자라 정보 입수하며 공격할까 골몰하고 있는 장비라 험준한 곳이니 나가서 공격 또한 흥미로운 일이라 그럼 모두 출정이라 장비는 만여 명의 군사 이끌고 파서로 돌진이라 그때 장합 군졸들과 낭중의 북쪽 산간 쪽에서 맞부닥치는 순간이라 장비는 성난 맹수의 본성 드러내며 날뛰듯 산간의 계곡을 휩쓸면서 뚫고 들어오니 장합은 뜻하지 않는 공격에 당황하며 주위 살펴보더라 벌써 여기저기 깃발 펄럭거림 장합 군사들 모두 뿔뿔이 흩어지니 무너지고 말았더라 장합은 줄행랑치려 뒤로 돌아보지 않고 내달리니 장비는 고함 지르며 내빼는 장합을 추격하더라 장합은 부하들에게 퇴각하라며 외치며 달아났다네 가는 곳곳마다 촉군의 깃발들 난발하듯 보이는 족족 깃발이더라 이미 일진 무너진 이때 다시 군사 정비는 때늦은 감이 있어 험준한 산악지대라 난관이라

장합의 잔꾀 누구도 속으려 들지 않더라

겨우 목숨 부지하며 탕거채로 군사들 집결하며 돌문을 닫은 꽉 내려 막은 더 이상 밖에서 싸울 생각조차 없는 겁먹은 졸장부라 혹시나 밖에 나갔다간 목숨마저 위협 느끼니 무척이나 혼난지라 장비는 더 이상 공격 없는 기다릴 수밖에 없는 맞은편에 진지 구축하여 나올 때까지 기다림이라 마주 보고 있는 처지 장비는 답답한 마음 편안하지 않더라 직접 밖으로 나가서 욕지거리 마구 퍼부었으나 적들은 나 몰라라 들은 척도 없는 며칠 지나도 꼼짝달싹도 안 하니 어쩔 수 없이 퇴각할 수밖에 없더라 며칠이 지나자 어쩐 일이던가 장함이 밖으로 나와서 촉군을 바라보며 온갖 욕설 읊어 붓더라 그 소리 듣던 뇌동은 울화가 치밀어 참지 못하고 폭발 직전에 이르자 장비가 나서서 제지하며 적의 잔꾀가 엿보이니 말려들 우려 있으니 자제해라 거들더라 서로 쌍 도끼 곁눈질 흘기며 대립각 세운 지도 벌써 60여 일이 지나도록 별다를 수 없는 차디찬 냉랭한 골바람 풍만 기류 지나침이라 이젠 도저히 참을 수 없는 장비는 잔꾀를 발동시켜 산 아래에 내려가 적의 영채 바로 앞에서 돗자리 깔고 천막치고 주연 베풀며 술에 고주망태 적을 향하여 마구 욕지거리 퍼붓더라 장합이 유심히 지켜보다가 장비라는 놈도 별수가 없구나 이젠 망가졌으니 그래도 절대로 밖에 나가지는 말아라 하며 명령 통제령을 내렸더라 산중 텃세 없는 요새 텃밭 같은 잔잔함만이 태평연월 품새로다 장비의 태도 술독에 빠진 사실이 현덕의 귓가에 알려지자 깜짝 놀라 걱정되는 마음에 공명을 불러 상의하더라 장비의 행태를 낱낱이 전하며 걱정스런 눈빛으로 묻더라

난공불락 내려지니 답답한 마음이라

공명은 껄껄 웃으면서 오히려 난중에는 술도 없을 터 미주를 50통 만 차에 실려 보내어 장비에게 강건한 힘을 실어 보내주십시오 하며 말하니 군사께서도 지금 한 말 농담을 하시는 겁니까 그러다간 장비는 제 명에 못 살 길이요 공명은 미소 띤 얼굴을 보이며 여유 있게 주공께서는 장비 아우와 오랫동안 동고동락하셨으면서도 아직도 그를 모르시옵니까 그 깊고 깊은 계략 그는 무용할 뿐 아니라 지금 난중에서 하고 있는 표출은 깊은 뜻 있는 지략이오니 그의 계략을 도와주시는 신호를 보내주심이 올을 줄 아옵니다 군사의 뜻대로 따르리라 그러나 마음 한 구석에선 불안한 걱정되는 마음 졸이며 그대로 명령 내렸더라 위연은 미주 50여 동을 분주하게 마련하려 실행에 옮김이라 한편으로 의아한 생각 지금 접전 중에 술통이 웬 말이던가 알쏭달쏭 결자해지 승기하사 미주 세 마차마다 글귀 또렷하게 붙여 50여 동을 실어 장비에게 전해주려 위연 통솔하에 난중으로 떠났다네 길목마다 지날 때면 사람들 웅성웅성 멍하니 바라만 보더라 무슨 경사스런 일 열렸나 하며 수군수군 위연이 장비에게 전해준 선물 마차 장비는 벌떡 일어나 큰절을 하면서 이젠 확실한 승기 잡았다며 무척 기뻐 날뛰더라 이젠 촉발 불사를 때라 위연 우측 뇌동은 좌측 적의 눈에 띄지 않는 진 치고 잠시 대기 중 신호 붉은 깃발 힘껏 올리면 일시적 촉발 적을 향해 총공격이라 명령 내리고는 진중에선 술잔치 대연회 열렸다네 모든 군사들 간만에 술을 마셔보나 혓바닥 놀림 까무러치듯 입맛 다진 흥겨운 모두 신이 절로 나니 어깨춤 두리둥실 흠뻑 취하는 만감이 교차하더라

장비 뜻대로 일사천리 딱 들어맞는 전술

이 모습을 적의 파수병들에 의해 낱낱이 보고 받은 장합은 이상히 여겨 몸소 나아가 적군 바라보니 장비는 곤드레만드레 모든 군사들 술독에 빠져 휘청휘청 널브러져 있는 것 아니던가 장비란 놈 이젠 군사들까지 접전 중에 술을 먹여 망가뜨려 이놈들 어디 두고 보자꾸나 하며 부하 장수들에게 전투 명령을 내렸다네 어두컴컴한 틈을 타 장합은 부하 장수들 거느리고 산을 조심스레 내려와 장비의 진영에 다다르며 장비 있는 곳 가까운 발치에서 보니 아직도 술독에 빠져 퍼마시더라 장합 목청소리 울려 퍼지니 그것이 신호 소리요 일제히 공격이라 북소리 요란하리 둥 둥둥 적진 돌격이라 장합은 무조건 장비만 표적이니 그쪽으로 달려가더라 그대로 아랑곳하지 않고 장비는 아직도 꼼짝없는 미동 없는 이때 장비 이놈 내 창을 받거라 온 힘을 모아 말 위에서 뛰어내리며 내리꽂아 찔렀다네 그러나 반응 없는 이게 어찌 된 일인가 장합 뇌리에서는 움찔하며 온몸에 식은땀만 주르륵 속았구나 이는 장비가 아닌 허수아비 장비의 형상 꾸며 놓은 것 이미 때는 늦으리라 꽈 광꽝 하며 철포 소리 장합은 달아나기 바쁘더라 길목에서 장수가 길을 막고 서 있지 않았던가 긴 수염 범의 수염 아니던가 천둥 으깨는 소리 같은 장팔사모 몇 번 땅을 치니 지진 나더라 다시 뒤로 한발 물러서서 도망가려 할 때 장합아 여기 장비가 너를 맞고 있다 우리 한판 붙어 보자꾸나 장합도 맞서며 불붙는 튀는 소리 칭칭칭 70여 합을 치고받았으나 주위 돌아보니 온통 적병뿐이라 이대로 계속 접전은 불가 퇴로마저 막히니 이때 하며 말 머리를 획 돌리며 달아나기 시작하더라

장합 창으로 힘껏 내리꽂으니 알아보니 허수아비더라

장비는 저놈 놓치면 안 되니 계속 추격전이라 적을 무너뜨리며 돌진이라 장비 군사들 기세 역발산 기개세 힘 본새 끓어올라 적들 닥치는 대로 추풍낙엽 떨어지듯 우수수 위연과 뇌동 양쪽 날개 포진하며 흩어진 적들 순식간 내리쳐진 칼에 스쳐지니 쓰러져 피바다 이루며 아비규환 울림이라 드높이 울리는 소리 퍼지며 현덕 귓가에 들려오는 기쁨 소식에 승전 보고에 고개를 절레절레 젓는 역시 공명의 꿰뚫어 보는 통찰력에 혀를 내두르며 감복하더라 낭중의 승전보 예상치 못한 뜻밖의 일이로구나 내 아우 장비 장하도다 하며 연거푸 음성 소리 높임 주체 못 하고 저 높이 질러대더라 장합은 줄행랑쳐 온 것이 외구관 조홍에게 병사 지원해달라며 애걸복걸하더라 조홍은 요새를 빼앗겼다는 보고받고 노발대발하며 대로하였다네 내 명령 듣지 않고 꼴 좋다 자신만만하며 승세 장담하다가 요새까지 잃어버린 여기까지 목숨 살자고 무슨 낯짝으로 왔더냐 너에게 내줄 지원 군사 없으니 지금 그나마 남은 군사로 역습 가하여 빼앗긴 요새 되찾아와야 할 것이다 엄준한 명령 내려졌더라 조홍이 화가 머리끝까지 올라왔다는 말에 장합은 무서움에 벌벌 떨면서 다시 몸을 추스르며 새로운 전략 세워 적과 격전 치고자 남은 병사들 두 갈래로 나누어 잔잔한 숲속에 길목에 매복시켜 기다림 짓고 본진은 겉모습 보이며 도망가는 척하니 장비는 그것도 모르고 마냥 신이나 추격을 하더라 무엇인가 불안한 촉발 느낌 온 장비는 쫓는 길 멈춤이요 뒤돌아 왔으나 장합은 작전 1단계 실패로 그늘진 장비가 능수능란한 꾀돌이라

장합 잔꾀 속출하니 걸려든 뇌동 목숨 줄 끊어지더라

절대로 속아주지 않으니 다시 잔꾀 발동시켜 장합은 군사들 대동하고 적의 진지 가까이 코앞까지 다가오며 살랑살랑 꼬리 치며 두리번 할 때 무엇인가 덫에 걸려든 척 곤두세우며 연기를 몰입할 때 촉장 뇌동이 말을 타고 장합 있는 곳 나타나며 이놈 장합 여기가 어디라고 겁 없이 나타났단 말인가 눈을 무섭게 흘기며 칼을 뽑아 들며 공격하니 장합은 어슬렁거리며 겁먹은 표정 지으며 몇 합 부딪치니 일부러 밀리는 척하며 유인하기 위한 꼼수 치며 말머리를 획 돌리며 도망치니 뇌동은 신이 났는지 장합을 뒤쫓으며 가더라 장합은 속으로 이것이 웬 횡재더냐 하며 중얼중얼하더라 예상했던 대로 함정 파놓은 지점 이르자 신호를 보내는 장합 칼을 높이 쳐들어 움직임 보이니 어디선가 매복하고 있던 군사들 일제히 나타나며 뇌동의 퇴로 길 앞뒤 쪽 막아버리니 꽉 막힌 차단이요 어디 갈 곳 없는 멈춤이라 이젠 꼼짝달싹 못 하는 장합의 잔꾀에 당해버린 이미 늦은 후회한 들 무슨 소용 있겠는가 장합은 재빨리 속사포 치듯 칼을 내리치니 그만 뇌동의 머리는 땅바닥 떨어져 대굴대굴 굴러가더라 이런 끔찍한 장면 목격한 장비는 크게 대로하며 끓어오르는 분노를 억제하지 못하고 황급히 말을 몰고 장합 있는 곳으로 달려갔더라 장합은 몇 번 부딪침 칭칭 소리 울리고 또다시 획 돌아서며 도망가니 장비는 쫓아가더라 멈추고 다시 본 진영으로 되돌아 왔다네 당하여 뇌동 죽음 이르니 분하고 원통하도다 장합이란 놈 잔꾀 고단수라 섣불리 쫓아갔다가 나 또한 당할 뻔한 것 그러나 그자의 잔꾀 촉 느끼고 넘어갈 리 만무라

장합과 정면 승부 뛰어드는 척 표면 속 감추어진 덫이라

장합이란 놈 잔꾀는 잔꾀로 대응하여야만 승산 있는 것 위연 마음속 그늘 친구 잃음에 분노 끓어오르더라 나는 내일 동틀 무렵에 장합과 정면승부 뛰어들 테니 위연 그대는 정병 이끌고 여러 부분적 나누어 적을 주시하다가 어느 쪽 표면 보았을 때 그들 퇴로 끊으려 할 때 숲 속 은폐하다가 군데군데 적에게 발각 무질 없는 마른 풀들 끌어모아 적에 발각 없이 풀을 덮어 숨어있다가 적병들이 이쪽 좁은 길로 지나침 기다렸다가 불을 질러 버리면 바로 장합을 사로잡을 기회 틈 잔꾀 눌러 버린 뇌동의 원수 갚을 수 있는 절호의 기회 발동 우리의 승기 붙임이라 장비는 다음 날 동틀 무렵에 부하들 거느리고 자신만만 풍채 세우며 위군 한복판 뛰어들어 정면 공격이라 장합 눈알 휘둥그레 다급하게 말에 올라 장비 있는 곳 공격 발동치더라 교전 30여 합 칭칭 장합 잔꾀 발동 또 획 돌리며 도망치더라 장비는 끝까지 쫓아가더라 장합 표정 기쁨 한가득 속으로 미소 띠며 억 주로 내색 감추려 억제하더라 군사들 매복시킨 곳 이르렀더라 이곳 산 험준한 가파른 절벽 아래쪽은 계곡 수려하더라 그러나 이곳 지나가야만 할 곳 오직 이 길뿐이요 장합은 어찌 된 일인지 도망 멈추고 말머리 다시 돌려 장비 군에게 역습을 가하더라 장합은 장비를 잡으려고 그동안 철통 방비 태세 겹겹이라 바로 이때 장비의 대로 끊으려 할 때 그 복병들 앞에 가로막은 것 촉병들은 어디 간데없고 뜻밖에 일 장합은 아군 군사들 당연히 있어야 하거늘 이때 본군 장합 군사들 어리둥절하며 당황하면서 모두 뿔뿔이 흩어져 달아나더라

장합은 우리 군사들이 태로 굽는 줄 알았지만
알고 보니 적군 텃밭이라

도망가는 길은 오직 좁은 길로 지나감 이미 대비한 마른 풀 가득 쌓아 놓은 것 지나감 기다릴 뿐이라 도망가는 군사 떼들 몰이하듯 지나갈 때 불을 질렀더라 연기는 하늘을 뿌옇게 덮으며 불꽃은 춤을 추듯 하늘을 찌를 기세더라 불 화산 타오르듯 활활 눈 깜빡할 사이 어느새 삽시간 불길 치솟더라 앗 뜨거워하며 산속으로 내뺀 위병들 모두 다 타 버린 잿더미라 경련을 일으키며 군졸들 겁에 질려 그만 산 가파른 곳에서 굴러 대굴대굴 떨어져 즉사하고 말았더라 장합 겨우살이 하듯 목숨 부지 그러나 패장 병에 불과한 쪽수 재빨리 수습하여 외구관 쪽으로 도망쳐 다급한 마음에 성문을 굳게 닫아 버렸더라 그나마 이곳 지킴 보존이라 한숨 내몰아쉬며 헐떡헐떡하더라 한편 마음은 평안하리요 이곳 요새는 그전에 한 차례 아무리 공격을 가하여도 꼼짝도 않던 요새이기 때문이라 하지만 지금 군졸들 몇십 명 안되니 싸울 수 없는 현실 혹시나 구원병 오기만을 기다림 어디선가 북적대며 몰려오는 소리 혹시나 하는 생각에 지원군들인가 부하에게 묻자 아닌 것 같습니다 자세히 보니 위연의 군졸들이 휘몰림 오든 이곳 요새는 탄탄하리 그러니 너희들은 겁먹지 말고 꼼짝 말고 자리만 지키거라 하며 성문을 박차고 위연과 격전하러 나왔더라 그러나 잠깐 나온 사이 외구관에 무슨 일이 있다며 연락병 보고라 외구관 사방팔방 불꽃 치솟으니 군졸들 여기저기 널브러져 있더라 장합 다급한 맘 안고 외구관으로 왔으나 적이 누군가 자세히 살펴보니 그만 그의 얼굴 보며 겁에 잔뜩 질린 가슴 덜컹 내려앉은 사지 떨림이라

장합 무엇을 위하여 이 짓거리 했단 말인가

나사 살려라 하며 도망쳤더라 그는 바로 장비였던 것이라 뒤쫓아오는 장비 고함 듣기 싫은 귓가 찢어지는 그러나 싸울 의사 없는 맥빠지다 기운 처지는 목숨 줄 연장하려 무척이나 애쓰려 장합은 관문 지나치다 옆길 쪽으로 방향 틀며 도망가는 길 워낙 좁은 가파른 길이라 내 달릴 수 없는 길 오직 채찍만 내리칠 뿐 장비 역시 꼭 사로잡아야겠다는 일념뿐 계속 추격이라 장합은 오직 말 궁둥이만 채찍 가하니 말도 혼쭐을 놓으며 모든 게 귀찮다며 이렇게 달려가다간 내 엉덩이 살 찢어져 없을 거라면서 자결하려 껑충 뛰며 선택한 길은 낭떠러지 말은 그만 떨어져 즉사하였지만 장합은 가까스로 나무뿌리 움켜잡으며 간신히 목숨 줄 건졌으나 온몸 상처투성이 그런 상태에도 오직 달아나더라 그곳은 생지옥이요 그곳 벗어난 장합은 부하들은 겨우 20여 명뿐 이더라 면목도 없는 절하상태 가우는 내려앉은 상태 속마음 밀려오는 나락 속 남정으로 돌아왔지만 내 마음 그동안 개고생의 모습 개 같은 인생이라 뭘 위해서 아등바등 이 짓거리 했단 말인가 투덜투덜 중얼거릴 때 조홍은 그러한 장합 모습 보고 울화가 치밀어 내가 누차 성 밖으론 절대로 나가지 말라고 신신당부하였건만 명령 불복종 그 꼴이 무슨 상거지 꼴이더냐 무수한 병력 그대에게 믿고 지원해 줬건만 모두 몰살하고 진지마저 지킴 구축하지 못한 저 멀리 날려 보내고 너만 혼자 살자고 여길 무슨 낯짝으로 왔다는 것이냐 뻔뻔스러운 행동 아니더냐 이런 쳐 죽일 놈 당장에 저놈의 목을 베어버려라 분통 터지는 울부짖는 고함이라 조홍의 대로한 모습을 본 행군사마의 곽회자는 백제라는 자가 급한 불부터 끄려는 의지로 간하였더라

흩어진 군사들 모여듦

상군을 얻는 일 한 모음 단박이나 장군 얻기는 모래 속에 진주 알 찾기이니 장합의 죄는 죽음 당연지사 장합의 격상 뛰어난 위왕께서도 극진한 대우 아꼈던 장수별이오니 한번 실수로 그도 크게 뉘우치고 있으니 목숨만은 잠시 유보하여 넓으신 아량으로 다시 한번 기회를 주셔서 만여 명 기의 병력을 내주어 다시금 가맹관을 공약하는 기회를 주시오면 그는 주로 면밀한 여기저기 흩어진 군사들도 가맹관으로 다시 모여들 것이옵니다 지금 말로만 된다면 한중은 물 흐르듯이 자연스럽게 평정될 것은 기정사실이옵니다 간곡히 간청하여 진심 어린 마음으로 이 모든 말들을 정리해서 올려보니 조홍도 머리끝까지 올라온 화도 내려가라 앉은 듯 간청을 받아들여 장합에게 만여 명 천기를 내주니 촉의 관문인 가맹관 총공격 진두지휘 명령 내렸다네 가맹관 든든 자태 보인 촉나라의 장수 두 장수 공격에 대한 서로 옥신각신 의논 결정 엇갈린 언사 곽준 장수는 성 밖 나아감 싸우는 것 멍청한 짓거리라 이대로 가만 움직임 없는 지킴은 적들만 공격 아무리 한들 골병만 든다는 것 이것이 좋은 작전이라 맹달 장수는 적의 움직임 보고 허점 보이면 바로 적군과 맞서 싸우는 것 합당한 작전이거늘 현실 즉시 하여야 상황 장합 군졸들에게 대패당하고 도망쳐 들어온 맹달이라 날 리가 보통 나락 아닌 듯 현덕에게 보고 올리며 군사 요청 지원받는 다급함이라 공명과 이런 상황 대책 하며 작전 모색하더라 장합은 지금 기세등등 하나 장비 앞에선 크게 망하였던 고양이 앞에 생쥐 꼴이라 이번에 확실히 제압하려 다시 한번 장비를 내보낼 것 결정하더라 장합이란 지는 그 이름 드높은 명장 중에 장수라

고집불통 자신만만하다 장합에게 당하다

그와 대적 맞설 수 있는 장수는 장비뿐이오 그런 말소리 가만 듣고 있던 노기 발동 났는지 자리 박차며 벌떡 일어선 늙은 장수 말소리 거칠다 못해 내뱉으며 군사이시여 그대께서는 어찌하여 우리를 업신여겨 우습게 본단 말이오 우리들이 아무리 무능할지라도 장합 한 놈을 대적 못 한단 말이오 준엄한 명령 하달 저희에게 맡겨만 주신다면 장합 목숨 줄 끊어 목을 바치겠소 그 말소리에 모든 이들 웅성웅성 일제히 지금 하신 말들 불합리한 언사요 꼬치꼬치 따져 묻는 노장에게 시선 집중이라 그가 바로 황충 장군이라 공명은 한탄 내뱉는 말 귓가에 꽂혀 들으며 고개를 설레설레 갸우뚱하며 장군의 말씀 극렬한 의지 높은 사기충천이오 그러나 마음만 충전은 이해하나 몸이 따라주지 않는 현실 아니겠소 그러니 장합과 상대가 되겠소 그 말소리 듣고 노장 황충 장군은 머리끝까지 치밀어 올라오는 뚜껑이라 나 자신 많이 늙었다 하지만 그것은 표면 일각일 뿐 나 자신은 젊은 혈기 몇십 명은 맨주먹으로 때려눕힐 기력이오 아직도 힘만은 펄펄하오 장군께서는 나이를 생각하셔야 합니다 늙은 나이 70년에 육박함이니 이젠 내려놓으셔야 합니다 장수 한 분마저 잃기가 싫습니다 황충은 무엇인가 보여주려는 힘 자랑 한판 벌여보려 큰 칼 무게만도 장난 아닌 젊은 장정들이 몇 명이 끙끙하며 앞에 내놓은 칼 큰 칼 양손에 쥐며 가벼이 번쩍 들며 물레방아 돌 듯 휘둘러 보이는 바람 일구는 소리 획획 그뿐이던가 강력한 활 한 개도 아닌 두 개를 겹쳐 놓고 가벼이 잡아당겨 부러뜨리니 공명은 깜짝 놀라며 황충의 자신만만함 이제야 깨닫고 인정하더라

황충 연로함 착각 녹슬지 않은 날카로움이라

황충 의기양양 횃불도 무시 못 하는 엄청난 괴력 70대라고 누가 믿겠는가 힘의 철철 넘침 젊은 혈기 몇 곱절이라 공명은 놀람을 금치 못하고 비로소 황충 장군을 구원군 인솔 대장으로 임명하여 부장수로 덤으로 딸려 보냈더라 황충 속마음 인정해주니 기쁨을 감추지 못하였더라 늙었다는 것 살 만큼 산 삶이라 무엇이 두렵단 말인가 기필코 죽을 각오를 내 목을 받치겠소 황충과 엄안 두 장수 우뚝 선 서열이라 구원군 지휘하며 가맹관 도착하여 진지 구축할 때 그곳 수비 맡고 있던 맹달과 곽준 두 장수 노장군들 보며 불만스럽다는 듯 한마디 내뱉으며 공명도 이젠 망령 들었는지 이 중요한 격전지에 늙은 장수를 보냈단 말인가 전쟁에 퇴역할 일몰 질 노인들을 보냈단 말인가 단숨에 군사 몰고 달려가더라 이놈 늙은 수장 두 놈 들거라 늙음 소중히 여겨야 장수이거늘 어찌하여 무서움 모르고 전장에 격발치려 나왔더냐 죽음을 재촉하더냐 정말 한심한 나락이라 장합은 가소롭게 보며 입가 난발 황충에게 욕지거리 퍼붓더라 황충은 어이없다는 표정 지으며 네 이놈 장합 너는 내가 늙었다고 뭐 보태준 것 있더냐 이 늙은 칼맛이 어떤지 똑똑히 보여주마 그러니 그 주둥아리는 그만 잠그거라 황충은 말 위를 사뿐히 안착하여 장합 있는 곳 단숨에 달려가서 서로 부딪침 30여 합 칭칭 소리 요란할 때쯤 엄안이 군사 이끌고 들이닥쳐 장합의 배후를 습격하니 적군들 널브러지며 흩어지더라 갈팡질팡 어리둥절 흩어지니 장합은 100리쯤 밖으로 퇴각 연장이라 조홍은 날아온 정보 받으니 장합이 불리한 지경에 봉착했다는 소식에

다급하게 하후상과 하현의 아우 한호를 지원 보내 7천 기를 이끌고 장합 구원 출정이라

늙은이의 칼맛 매섭더라

장합은 한숨을 돌리며 흩어진 장수들 한곳으로 집결 모의 작전계획 진행 중이라 분석결과 황충은 겉은 늙어 보이나 움직이는 용맹성은 살아있는 용의 발톱 생각 이념 깊고 깊은 자라 그를 하찮게 보았다간 큰코다치니 경솔함은 금물이라 이때 황충은 낮과 밤 가리지 않고 적지지 근방 지리 탐문하며 지세를 꿰뚫은 묘책을 강구 중이라 엄안은 문득 생각 떠오른 지 이 부근에 조조의 군량 창고가 있다는 곳입니다 저 뒷동산만 접수만 한다면 위군 식량 보급 차단이니 위군은 아마 당장 한중에서 떠나게 될 것이니 그곳은 점령하는 것이 오른 줄 아옵니다 천탕산 공략 계책은 황충과 의논이라 엄안은 지감 느낌 끌어 합체 지으려 계책 두루 잘 세워 군사 거느리고 그곳 떠나버린 어디론가 사라지더라 그곳 남아서 지킴 황충이라 갑자기 나타난 적들 무리 떼 몰고 오니 황충에 대한 욕지거리 내뱉으며 이 늙은 이빨 빠진 놈아 나와 격전 한번 진행해 보자꾸나 창을 움켜잡으면서 칼과 창이 춤을 추듯 휘두르며 바람 소리 획획 요란하더라 싸움 격하니 작전상 황충은 달아나더라 쫓아오는 적들 다시 도망감 멈춤 반복이라 다시 격하게 칭칭 소리 요란하더라 황충이 계획 작전대로 척척 들어맞는 유도 발상 이끌더라 하후상은 환호성 지르며 계속 추적하며 쫓아오더라 황충은 밀리는 척하면서 진지까지 내주면서 황충은 30여 리쯤 후퇴하더라 어떤 줄도 모르는 하후상은 위세 등등하며 의기충천이요 환호성 힘 본새 쩔렁쩔렁하더라 뺏은 진지를 장합에게 굳건히 지켜달라고 당부하고 계속 추적하더라 쫓으면서 한편으로 의심하더라

황충 작전 모색 척척 진행 중이라

황충은 용감무쌍한 무사인데 어찌하여 쉽게 도망만 치는 것 의심은 잠시 어리비치더라 의심 아랑곳하지 않고 적진 향해 진격이라 역시나 황충은 30리쯤 후퇴 다음 날에도 후퇴하다 보니 자 맹관에 다다르며 쑥 들어가 버린 이젠 나올 생각조차 하지 않는 것이라 자신감 앞세운 하후상은 가맹관 바로 앞에서 진지 구축하며 밤낮을 기다리며 도전장 발송해도 나올 생각을 안 하더라 며칠 동안 미동 없는 무반응이라 그동안 적과 대치하며 긴장 늦추지 않기에 몸도 마음도 지칠 때쯤 마음 편안하니 안심하고 모두 일제히 고요한 밤 깊은 잠속에 빠졌더라 그런데 어디선가 난데없는 함성 소리 명령을 내린 황충 총공격 가맹하니 공격받은 적들 혼줄 타고 나간 무기를 챙길 겨를 없는 어두컴컴한 밤에 대역전 혼비백산 이어지니 격전지 아수라장이라 하후상도 어쩔 수 없는 어리둥절 말을 타려 해도 얽히고 섞여 내 말은 어디에 있는지 난장판 따로 없더라 하후상은 일격 당하며 큰 혼란 속 뒤엉킨 곳에서 간신히 몸만 빠져나와 도망가더라 그동안 빼앗은 진지 모두 잃고 병력은 남김없이 목숨 거의 전멸 한마디로 대패당했더라 황충은 작전 성공이요 가맹관 앞 적들이 버리고 간 군량과 무기 일체를 맹달에 옮기라고 명령을 내렸다네 황충은 이 기세 몰아붙이듯 추격에 추격을 거듭하며 보이는 족족 적을 무찔렀더라 적들 당황하며 초토화라 위군들은 목숨 부지하며 초토화라 위군 들은 목숨 부지하며 가까스로 한숨을 내뱉으며 안도의 한숨을 지웠더라 장합이 본질을 말하기를 천탕산은 아군의 군량 저장 창고가 아닌 그곳 지리는 미창산과 이어지는 젖줄기 생명줄이라

황충 작전 성공 미끼 깔아놓은 적들 일망타진

한중에 지원 나온 군사들의 생명 선위 선상이라 그러니 적들이 천탕산을 점령한다면 우리는 꼼짝없이 죽은 목숨이오 하며 하후상과 한호에게 낱낱이 설명하더라 하후상은 안심하라며 미창산에서 숙부이신 하후연 장군께서 숙부이신 하후연 장군께서 숙부이신 하후연 장군께서 대군으로 굳건히 지키고 있으니 천만 다행한 일이오 그러니 전혀 걱정하실 생각 마시오 그리고 천탕산에서 하후덕 장군이 진을 치고 탄탄하게 지킴이니 우리 또한 그쪽에서 합세하여 있는 것이 옳은 줄 아오 하후상 의견에 동감하면서 천탕산으로 발걸음 옮기더라 그곳에 다다르자 하후덕에게 패전 소식 낱낱이 고하였다네 하후덕은 모든 사실 듣고 방비 태세 지으려 전산에 13만의 군사가 있으니 자네는 둘로 나누어 적진을 공격 지세 펼쳐 탈환하거라 요란한 소리 귓가 쫑긋 들어보니 밖에선 물밀 듯 황충의 군사가 쳐들어온다고 모든 군사들에게 알림이라 하후덕은 아랑곳하지 않는 작전 병법도 모르는 무지렁이 잠시 승리에 만끽 착각 속 객기라며 무시하는 발바닥 보듯 하더라 한호는 군사 5천 기만 내달리며 바로 뛰어나가 저 늙은 수장 놈 목을 베어 바치겠사옵니다 하후덕은 바로 허락 명령 내려지니 한호는 신이 났는지 단숨에 5천 명의 군사 거느리며 황충이 있는 산 아래로 내려왔더라 황충은 아랑곳하지 않고 오직 진격뿐이라 이미 해는 서산에 내려앉은 일몰이라 천탕산 길 험하고 좁은 길이라 그래도 황충은 자신만만이로세 앞만 보고 달리기만 하더라 한호는 언덕길 중턱 샛길에서 턱이 빠져라 방어하며 기다리고 있다가 황충에게 덥석 몸을 던지듯 달려들었지만

황충의 용맹성 가상하다

번갯불에 콩 구워 먹듯 황충이 휘두른 칼에 대적할 틈도 없는 칼도 빼 들지도 못한 채 그만 목이 댕그랑 땅바닥에 떨어지고 말았더라 하후상은 급보 받은 한호가 죽음 저물어간 어두운 그림자 속 삼켜 먹었다는 소식에 분개하며 모든 군사 이끌고 황충을 치려고 달려갔을 때 갑작스런 산꼭대기에서 진동 소리 요란한 고함 뒤섞인 천지가 흔들리는 진지에서 자리매김한 하후덕은 이런 사태에 깜짝 놀라며 당황하더라 부하들에게 명령 내려 빨리 저 불을 끄거라 이때 큰 소리 외치는 쪽 돌아보니 촉장 엄안이 칼을 높이 쳐들어 힘껏 내리치니 목이 그만 댕강 잘려 땅바닥에 굴러가더라 그러는 사이에 온통 불길 불바다 시커먼 연기 뒤덮으니 비참 처참 아비규환 따로 없더라 한중 위세 약세라 현덕 기세등등 세워진 촉군 수습하여 지방 우뚝 솟은 군림이라 현덕의 위세 세력은 영토 확장 사천 한천의 광활한 지역까지 손길 뻗친 위세 탄탄대로라 촉나라는 강남의 오와 북방의 위와 견줄 만한 어깨를 나란히 할 정도의 강대국 반열에 올랐더라 이때를 기다렸던 공명은 다음 단계 오르니 모든 장수와 이견 조율하기 위함에 모두 모인 자리라 지금 백성들은 주군의 덕망을 존경하고 은근살짝 살펴보며 황숙께서 왕위에 오르심 바라는 열망의 마음들이라 우리가 지금 백성들에게 삶의 걱정 없는 평안케 영위할 수 있는 자리매김이라 밖으로는 도적무리 떼들 일망타진하여 백성들 안정 도모라 이 구절 의견 내놓은 건의안은 모든 장수들 만장일치로 반대하는 자 한 명도 없는 일심동체 움직임이라 이 땅 군림을 우여곡절 끝에 이룩한 일이라

광활한 지역 손길 뻗친 위세 세움이라

한 개인의 뜻으로 이룩한 것이 아닌 모든 이들 단합과 피와 땀이 서려 있는 하늘의 뜻에 부합한 것이라 이젠 하늘 뜻 받들어 천운 내림 순응하시어 왕위 오름 나라제국 통치 우뚝 선 나라 안정이옵니다 간곡히 말씀 올리더라 현덕은 가만 듣고 있다 뜻밖의 일이라 깜짝 놀라면서 고개를 설레설레 흔들며 군사께서 이게 무슨 경거망동한 언사요 나는 한실의 일족이나 허도에 천자가 계시온데 역적 발언하시오 나는 신하일 뿐이오 만일 그대들 재잘거리는 낮은 비파소리 권하는 정성스레 진언 왕위 오른다면 조조와 같은 무리 속물들과 무엇이 다를 것이오 왕위 참칭한 덧없는 만민들의 비난 화살 쏟아지면 힘 나라 어두운 굴속으로 빠져 스스로 자멸할 뿐 명분 없이 국적 농단한 무리들과 어찌 전쟁 투쟁을 한단 말이오 그렇지 않습니다 천하 먹 움직임 현실은 이분화 나누어진 갈팡질팡 남쪽 지리 패권 잡은 북쪽에서 난풍 물결 어지러운 정국 분화구 활활 타오르는 이때 주공께서 덕망 높은 지지 받으며 한중과 서촉을 다스려 겸손 어르고 다지는 덕망으로 만민 다스려 주시는 진실한 마음 통함이니 혹시나 병사들이 주공의 다른 뜻 대기하심은 의심한들 그 가운데 삼군 동요 반란 일어날지언정 천지가 당연지사 용서하니 땅들 마다 허락 요망하며 만연 인심 원하고 바라옵니다 그러니 이런 좋은 기회를 놓칠 수 있겠소 성운의 운계 오르시여 평안 타 위막의 삼군 장졸들과 성과 성고 나누시면 군자의 가는 뜻 길이오 국가 위상 높이 융성하게 하는 황숙께서는 결백한 짓 뻘건 벽 막혀 있는 곳에서 머물지 마시옵고 큰 뜻 원대하게 하시어 천지의 인심을 잘 헤아리시어 순응하심이 옳은 줄 아옵니다

현덕 왕위 계승 잇는 뜻 이어받더라

세상 정국 흐름 이치 합당함을 간곡히 청하여 말씀 올리니 모든 신하들이 진언하는 바람 일으키니 현덕은 마지못함에 생각함 겨를 없이 허락을 하고 현덕은 한중 왕위 오름 정식으로 세상 표방 공표하여 발언하였다네 그 표문을 작문하여 급사를 허도로 띄워 보내 천자에게 이를 상주 했더라 건안 24년 7월 중순쯤 면양에서 식전발화 높이 쌓아 펄럭이는 오색의 기지 세우며 모든 역대 군신들 모여들며 엄숙한 즉위식 거행하며 현덕은 장자 유선에게 왕태자임을 공표 선언하였다네 삼고 법정 상서령 임명하며 군사 공명은 병부의 총지휘관 이오 오호 장군 임명 승급 관우, 장비, 마초, 황충, 조운의 오선 장군이라 칭하며 위연은 한중태수의 봉함이요 이런 모든 사실 낱낱이 알아버린 조조는 뭐라고 옛적 돗자리를 짜서 연명했던 천한 필부가 한중왕의 올랐다고 참칭 했다네 천하가 배꼽 잡고 웃을 일이라 불손 방자한 놈 현덕이 놈이 조조와 어디까지 견줄 것인지 그전에 싹을 싹둑 절단 냈어야 하는 것을 충격을 받으니 뒤늦은 후회 하며 뒷골이 땡기더라 모두 발악하듯 일어섰거라 자 가자 백만의 칼과 창을 번쩍 올리며 촉의 방약무인한 현덕 애송이를 한중왕 이름 찬탈한 참칭 그대로 내버려 둘 수 없으니 멸하자며 한 말은 지금 현재 금문을 지키고 있는 조조는 쌍심지 훨훨 타오르는 불길이니 촉을 지금 당장에 토벌하러 가자 절대 아니옵니다 그들에 대한 아무런 대책 없이 일시적 흥분의 도가니 병마 움직임 한순간에 모두 우리가 자멸 자초할 수 있으니 기다림을 가지며 촉의 내부 분란 쇠약할 때를 기다렸다가 일시에 쳐 내려오는 것이 옳은 줄 아옵니다

내부 분란 기다림은 월척이라

간한 자가 있더라 만좌에서 시선이 온통 집중 상황이요 독특한 재주
를 조조가 인정한 자 그 말에 조조도 곁눈질하며 쳐다보는 자 그것도
그럴듯하지만 그렇다고 중달이 촉의 쇠퇴하기를 마냥 기다릴 수는
없는 일 그대여 무슨 뾰족한 계책 촉발 있던가 질문하니 사마라는 자
말하기를 신이 주도면밀하게 분석한 얻음은 오나라 손권은 그전 누
이를 현덕에게 출가시켜 그를 빼앗아간 이후부터는 철천지원수지간
이옵니다 이때 지금 바로 위왕의 이름으로 오나라에 사자를 보내 형
주를 공격한다면 위나라는 이때 동조하여 양면 공격 현덕의 측면까
지 친다면 서로 이해관계를 명확히 나누어 선을 긋는 이해 설명한다
면 손권은 병마 일으켜 움직임 틀림없는 사실 타율 눈요기 보임이요
그의 견 토설함에 격찬을 아끼지 않더라 이 싸움판 형주가 위험 나락
봉착 속이면 한천이 위태위태하며 멸하면 촉나라 질식사 꼼짝달싹
먹통입니다 이런 움직임 정신없는 나락 속에 깊이 빠져 정신 줄 어리
둥절 현덕은 어지러운 정국에 마음 힘든 고락에 낙지의 뱃속 검은 물
갇힌 어두운 그림자 헤맬 것입니다 양천의 병력 일시의 움직임 이동
하면 급한 마음에 구축하러 병사를 보낼 촉각 일으킬 것입니다 상태
진열 양 떼 몰 듯 정리 정돈하면 우리 위군 대군 총동원 시킨다면 병
법의 일관 짓는 대필승 대승리요 싸움 이기는 것 틀림없는 사실이옵
니다 그 말에 조조는 환희에 찬 기쁨이라 좋다 중달의 계책 만찬이라
오나라에 즉시 촉발 사신을 보냈더라 조조의 서한을 읽어보며 환한
미소 지으며 손권은 매우 기뻐했더라 사신으로 온 만총에게 환영한
다며 대우 극찬 속 만찬 베풀어주니 만총은 기쁨 만복감이라

관우는 그들 속셈 알아버리니 꺼림칙하더라

관망 잠시 지세 펴본다며 늦지 않은 생각 하며 만총에게 답서를 주어 돌려보내니 제갈근은 타고 갈 배에 올라타며 바람 돛배 휘몰아오니 벌써 형주에 도착하여 오의 사자로 왔다며 전해오는 관우 귓가 그렇지만 아랑곳하지 않은 마중 나오지 않은 개 무시라 발로 직접 찾아온 그가 들어오니 가까스로 거북스런 대면에 용건이 무엇이오 하며 무뚝뚝한 말투 그래도 제갈근은 불쾌한 내색 없이 관우의 가식 없는 정직한 성품을 존경하였더라 장군의 따님을 묘령의 꽃다운 저희 주인이신 손권에게도 아드님이 한 분 계시온데 따님을 오의 세자에게 출가에 대한 말씀 올리러 왔습니다 그 말 듣자 관우는 없는 인상 가중 짜듯 찡그리며 경멸하듯 제갈근의 면상을 노려보듯 쳐다보니 절대 그럴 생각조차 없소이다 어째서 그렇습니까 관우는 껄쩍지근 강한 힘을 저 먼발치요 툭 치면 쓰러질 듯 허수아비인 것을 어느 누가 강력한 힘 본새 무서울 것 없는 우리 자태 줄기 어느 누가 딸을 준단 말이오 사자로 전할 소식 안고 갔었지만 얻는 것 없는 일시적 실망이라 작전 초벌 친 것 실패라 이 사실은 손권에게 복명했더라 손권은 모든 말 듣고 나서 그놈들 나를 업신여기는 내가 형주를 겁탈할 기력 없다고 여전히 깔보며 같잖은 허수아비 보듯 하더라 형주 공략 대군 일으켜 건업성 대각 군신의 참집을 요청하여 회합을 가질 때 반대 의사 하는 자 참모 보즐이 진술하더라 형주 공격은 이 시점 필요 없는 빈 껍데기입니다 그것이 바로 위의 계략 잔꾀에 빠지는 진흙탕 결국 우리 오의 병마가 조조의 군사로 이용될 뿐 우리에게 얻어지는 것 없는 것입니다

작전 형세 유리한 쪽 방향 전환이라

참모 보즐은 말을 이으며 현실 보면 조조의 아우 조인이란 자는 호시탐탐 같잖은 양양의 번천 지방 근방에 진을 치고 틈만 있으면 쳐들어오려고 하고 있는 그들인데 무슨 합동작전이 옵니까 결국 그들은 형주를 꿀꺽 삼켜 먹으려는 속셈 널브러져 깔려 있는 것 지금의 기회 명색 줄 그어야 위에 대한 방비책 세워 그들 의도대로 동맹을 맺으면서 조인의 군사로써 형주를 친다는 조건 그들도 목적 의도 그 마음이라 싫다고 할 말 없는 그러면 우리 생각 형세 이끌 수 있습니다 하며 열변은 토하더라 손권은 보즐의 계책 만장일치라 그 말대로 대번에 성사되리라 이런 결심 얻고자 조조에게 사자 보내어 불가침조약 및 군사 동맹은 결맹 체결하더라 촉 움직임 없는 동조라 오직 방어 현 모습 형태 밀리지 않는 지킴 전략이라 한중왕 현덕은 궁실 세워 자리매김 발판 허도의 터전 역사의 진원이라 곡식 창고 거대한 국정 쇄신의 필요한 교통의 역리 위합 맞음이라 치민 경세의 방비책 작전 발전 방향은 공명의 계획 건설이라 분주히 움직임 속에서도 조인의 형주를 공격하기 위한 전투태세라는 소식 들으며 전해 왔더라 관우가 있는 한 굳건함 수비 태세는 두려움 없는 지킴이니 한중왕께서는 정사 운영 잠시 쉼 하셔도 놀란 없는 평상시 하시는 일 처리 휴몰이라 이때 공명의 주도면밀 마비시는 형주로 급파했더라 관우와 화합하며 노고에 위로하며 형주의 운명 지세는 관우라 좌지우지 사방팔방 구석까지 위태로움 없이 지킴이니 모든 것 마음 평안한 염려하실 것 없는 것이라 오직 관우의 방어 구축은 때에 따라선 공격하는 자의 지중까지 삼켜 먹은 듯 촉을 세우더라

쌍방 주도선 잡으려 하더라

이미 번성 둘레 포위당함에 관우 군사들 철통같은 포석으로 대응하려 원군 7인조 장수 날개 달 듯 몰려오는 폭풍우 지나가듯 휩쓸어 버리듯 진군하여 오더라 선봉 장수 방덕은 다시 한번 다짐하며 기필코 관우의 목을 베어 받치겠다며 눈요깃거리 노려보고 있더라 적들 본새 세우듯 군졸들 이미 관우 관짝 짊어 메고 필살 관우라 관 위에다가 글자 뚜렷하게 새겨놓았더라 격전지에서 거의 가까운 곳 이르러 진을 구축하며 서로 간 발동 소리 요란하더라 언제 터져지는 격발일지 무서운 맹수들에 발톱 보이려는 듯 그때 관우의 안색 열이 타올라왔는지 방덕 필부 놈이 겁대가리 없는 나를 모욕 짓밟는 언사라 관짝까지 준비하며 내 목에 칼을 들이대고 있다고 내가 그놈 관짝 짊어진 곳 속으로 확실하게 그놈 소원대로 집어 넣어주마 내가 격전발 칠 때 너는 번성을 공격 발 치거라 하며 관평에게 넌지시 말하더라 관평은 부친의 말 가로막으며 방덕이 허무맹랑한 언사 난발하며 심기를 흐려 놓을 뿐 그 말에 말려들어 가시오면 아니 되옵니다 필부의 허세이니 돌팔매질로 참새 새끼 치는 격이니 창검으로 파리 꽂아 파멸시키는 어리석은 작전이니 그들에게 말려서는 아니 되옵니다 방덕 참새 새끼 잡아 쳐 죽임은 제가 나서서 해결하겠사옵니다 저를 저 들판 격발 치려니 보내주옵소서 일리 있는 말이라 그러면 네가 멋진 시점 찍어라 다녀오겠사옵니다 꼭 좋은 소식 안겨드리겠습니다 마구 달려오는 뿌연 먼지 일으키며 격전 지으러 오는 놈은 젊은 애송이는 누구던가 묻자 그를 아는 자 없더라

어리다고 우습게 보더라

헐레벌떡 다가오니 네 이놈 애송이 젖이나 빨 것이지 여기가 어디라고 왔더냐 방덕은 우습게 가소롭게 여기며 말을 내뱉더라 너는 나를 몰랐더냐! 한심한 놈이구나 나는 오호 대장군의 수석장 관우의 아들 관평이다 쓴 미소 고개를 떨구며 어쩐지 애송이 젖비린내난다고 여겼지만 역시입니다 어서 네 집으로 돌아가거라 여기 온 나는 위왕 명령받고 네 아비 목을 베러 왔지 너 같은 애송이 목 자르려고 여기 온 것이 아니다 어서 사라지거라 어서 가서 네 아비한테 전하거라 뭐라고 이 오랑캐 발꼬랑 놈아 칼을 높이 쳐들며 방덕에게 덤벼드는 것이라 불꽃 튀기는 접전 쩔렁쩔렁 좀처럼 승부가 나지 않는 격전이라 잠시 휴식을 취하려 진지로 돌아와서 젊은 혈기 힘센 관평도 숨을 헐떡헐떡 온몸을 땀으로 뒤범벅이라 이때 본 모습을 본 관우는 주먹을 불끈 쥐며 불현듯 나타난 한마디 내뱉는 방덕 어디 있더냐 하며 적진 앞에서 내뱉는 관우라 적진에서 얼굴 모습 보인 방덕은 여기 있다며 외치더라 둘이 서로 격상 세우며 서 있는 찬 냉기 바람 휘몰아치듯 날카로운 눈초리 노려보며 격전 치지만 두 영웅 싸우는 모습 멋진 칼춤사위라 양쪽 진영에선 서로의 진수 한 수를 보며 어디서도 볼 수 없는 장면에 감탄연발 손에 땀을 쥐는 넋을 잃고 바라볼 뿐이라 쩔렁쩔렁 이백여 합 부딪친 소리 얼마나 춤사위 너울너울 추니 칼날이 무뎌지더라 뜨거운 열기 식을 줄 모를 때 촉의 영에서 쇠북 소리 둥둥 울리자 위군에서도 회군 북소리 울리니 관우와 방덕 싸움 일시 멈춤이오 각기 각 진영으로 돌아가고 왔더라

관우 위기 직면 봉착 뚫고 살아난 불씨

걱정되는 마음에 황급히 울린 북소리 관우는 영걸이지만 노령에 접어들었으니 체력도 지구전에서 뒤처지는 격이니 회군 불을 울렸던 것이라 다시 격전 치려 나선 관우 서로 어울리는 한 쌍의 백조 춤추듯 대단한 예술적 벌써 부딪침 100여 합 소리 칭 칭칭 이때 방덕은 갑자기 말머리를 획 돌리며 달아나기 시작 관우는 포석 읽었지만 알면서도 모른척하며 쫓아가더라 갑자기 나타난 관평이 부주께서 그놈 함정에 덫 쳐놓은 것이니 말끝 떨어지자마자 방덕이 활시위 당길 때 부친의 위기에 깜짝 놀라 소리를 고래고래 질렀더라 방덕이 쏜 화살 피옹 하며 관우 얼굴에 날아올 때 관우는 팔을 높이 쳐들어 활을 내리치며 막았더라 하지만 화살은 튕겨 나가며 팔에 꽂히고 팔에 핏물이 고이듯 옷에 배여 흐르더라 관평이 이때다 하며 활을 버리고 칼을 뽑아 들며 달려들더라 양쪽 진영 이 모습 보자 서로 달려들어 뒤엉킨 난군 상태 직면 그사이 뚫고 무사안일 부친 부축하며 안전하게 아군 진영에 당도하였더라 부친 상처 쾌차 모습 보이니 안심이라 저들 꺾으려 작전구상 중에 갑작스런 위군 진용형태 바꾸더라 뒤로 10리 지점으로 옮겼더라 이런 사실 관우에게 알리니 관우는 높은 고지에서 멀리 있는 위진을 바라보며 사기 진전없는 적은 외부 차단에 구원군 연락 없는 두절이라는 것을 알 수 있는 눈치 성 밖 10리 북방 바라보니 강가 가로막은 뒤를 보니 성중과 아군과 연락 통함 하려고 7인조 색조 색 여러 갈래 진 나누어서 진을 치는 모습 또렷하게 보이더라 이곳 지리 잘 아는 삶 터전 이어온 자를 데리고 와 면밀하게 자세히 이곳 지리 낱낱이 깨알같이 적어가며 사전 탐문하더라

적 요새 가는 길 험준하더라

안내자 말을 이어 갈 때 적의 7군 나래 쭉 뻗어 갈래 친 위치는 어느 곳인가 중구천이라 합니다 근방에는 백강, 양강 비를 퍼붓는 날에는 여러 갈래 수없이 뻗는 갈래 줄기 골짜기에서 내려오는 계곡물이 모여 어마어마한 물이 불어납니다 골짜기는 좁은 골이요 험준한 곳 이곳 근방 평지는 없는가 예 저 산 너머에는 번성 후문 쪽에 요새가 있으니 그리 쉽게 넘지 못하는 험준한 길목입니다 관우 머릿속에는 적을 읽어나가 멋진 작전구상 일구더라 강물은 점점 모여지니 주워 담듯 저장한 어마어마한 방축 물길 모임이라 이제 이만하면 대만족이라 두 갈래 상류 강둑 끊어 버리는 시점이라 명령 내려지니 일사천리 빠른 움직임 강물 방축 탄탄히 쌓은 공든 탑이라 1개월 전부터 미리 다져놓은 계획 그동안 빗물 퍼부은 물때마다 방축 한 곳이라 이젠 마음 평강이요 고생은 끝이라 껄껄 웃음소리 유쾌하리라 비는 줄기차게 내리며 울적함이요 방덕은 취기가 돌며 걱정거리 모두 잊고 태평하더라 이때 갑작스런 비바람이 들이닥치며 어디선가 들려오는 북소리 둥 둥둥 비바람에 뒤섞여 알 수 없는 분간 못 하는 소리라 천지를 뒤흔드는 덮는 듯 방덕은 깜짝 놀라움에 밖으로 뛰쳐나가 보니 탁류의 급물살 휘몰아쳐 진지를 삼켜 먹듯 밀고 오더라 우금 깜짝 놀란 동공 바삐 움직이며 경기 나듯 홍수다 외치며 꼼짝달싹 못 하고 있을 때 저 언덕 진영에 물살이 휩쓸고 갈 뿐이라 저쪽에서 무엇인가 오는 자세히 보니 뗏목 줄지어 타고 나타난 군졸들이라 깜짝 놀라움에 소스라칠 때 활과 창을 흔들며 합성 소리라 물살에 휩쓸리며 뗏목에 매

달려 살려 달라며 애걸복걸하는 자는 항복하는 것이니 모두 살려주 거라

방덕은 죽음 앞에 두려움 없는 오직 위왕 신하로 남는지라

뗏목에 매달리지 못하고 격류가 되어 모든 언덕과 산을 휩쓸려 가니 떠내려가는 자들은 살아있는 목숨 아닌 것이니 화살을 낭비하지 말거라 병선 맹위에 서서 진두지휘하고 있는 자는 관우라 이날은 대승 역전시킨 관명이라 상류의 흐르는 물 가두었다가 백강, 양강의 둑을 일시에 터뜨렸으니 중구천의 위군 절반 물에 수장되고 병마는 물살에 휩쓸려 온데간데없는 보이지 않는 아수라장이라 저쪽 넘어 보이는 방덕과 부하 장수들 모조리 포위하여 몰살시켜 버리거라 촉군들 명령 내려지자 일사불란 움직임 뗏목을 띄워 포위하며 화살을 빗발치듯 퍼부었으니 일천여 명 적군들 순식간에 죽음을 맞이하더라 꼼짝달싹 도망갈 수 없는 막다른 꽉 막힌 몰림이라 이런 상황에 더 발악은 죽음만 부를 뿐 관우에게 항복할 판단인 데 반하여 방덕은 칼을 뽑아 들며 내뱉는 말 항복하여 살려고 하는 자들은 살 거라 나는 오직 위왕 섬김 신하로서 이 자리에서 탄창이 되어 싸우다 죽음 선택이니 절대로 항복을 모른다 하며 마구 미친놈 날뛰듯 발악하더라 그러나 수많은 병사들이 달려들어 수많은 칼에 맞서 작렬하게 대적하더라 방덕은 다급한 나머지 칼을 땅바닥에 내동댕이치고 바윗덩어리들 번쩍 들어 촉병들이 떼거리로 달려 붙으려 할 때 촉병들을 향하여 내던져 버리니 바윗덩어리에 깔려 몇몇 군사들 피를 토하며 쓰러지니 그때 촉병들 질세라 화살을 있는 대로 쏘아보니 용맹성 무장 방덕도 어쩔 수 없는 나락의 길 드디어 그 거목도 쓰러지고 말았더라

방덕 알고 보니 거목이더라

살아 움직일 땐 무서움에 벌벌 떨던 촉병들 쓰러져 누워 있는 방덕 모습 보고 배에 올라 밟으려 할 때 방덕은 다시 벌떡 일어나 촉병들은 그 주위 모두 도륙을 내 버리고 배를 독점하고 유유히 그곳에서 벗어나려 도망가더라 방덕은 활을 맞았을 때 죽은 척 연기를 한 것이라 유유히 바람처럼 오고 간데없이 탁류 속에 묻혀 사라졌더라 촉병들 놀란 경기 무지막지한 방덕을 보며 어이없다는 듯 점점 멀어져 간 떠나가는 배만 바라볼 뿐이라 그러나 어디선가 나타난 배 한 척이 쏜살같이 뒤쫓아 추격전이라 거의 따라잡아 뱃머리와 맞부딪쳐 뱃머리는 뒤뚱뒤뚱 흔들릴 때 갈고리를 던져 뱃전에 단단하게 고정하고 당겨 나가니 배는 뒤집히며 침몰하더라 멀리서 바라본 촉군들 모두 이구동성으로 놀란 표정 지으며 감탄연발이라 불사조의 호걸 방덕은 물속에 잠겨 버렸던 촉의 장수는 탁류 속에 뛰어들어 풍덩 거센 파도에도 아랑곳하지 않고 방덕과 수중전에 돌입하며 격투하니 물속에서 맥을 못 추는 방덕을 생포하여 제압하니 이 전투는 장막을 내리니 모든 것들 제자리라 용감무쌍한 장수는 촉군에서 물속에 제왕 물개라는 몇 명의 소유자 주창이더라 관우는 먼 발차에서 낱낱이 그 광경 목격하며 무척 자랑스런 부하라며 극찬을 아끼지 않더라 적군들 소탕 작전에 궤멸 적군 수장들을 모두 포로가 되어 끌어 오더라 위의 총사령관 우금도 별수 없이 잡혀 포로가 되어 끌어오며 관우 앞에서 목숨만은 살려달라고 애걸복걸하더라 관우는 가소롭다며 껄껄 웃으며 개잡놈 여기서 목을 베어 본들 별수 없는 짓 그러나 죗값을 치러야 되는 일 형주에서 옥살이 감금이라

방덕은 굽히지 않고 죽음을 선택하더라

말본새 내뱉더라 그다음 서쪽 끌려오는 위인 보아하니 방덕이라 꿋꿋한 굽히지 않는 자세 오만무도하게 뻣뻣이 버티며 너그러이 땅에 조아리지 않고 버텨 내는 자태는 사내대장부라 관우는 너그러움 맘으로 방덕에게 항복 의사 권해보며 유도하며 한중왕을 섬기면 내가 너의 목숨을 오래 삶 영위할 터이니 이젠 수그러지는 것이 어떻겠는가 방덕은 껄끄럽다는 듯 비웃는 뜸 들이더냐 내뱉는 말본새라 나는 오직 위왕을 섬기는 신하일 뿐 내가 위세가 꺾였다고 주인을 배반한다는 것 불충한 짓인 것을 너희들 아무리 설득해 본들 소용없는 짓거리라 역지사지 너라면 나 같은 상황에 직면하면 현덕을 배반할 것이더냐 그 말들은 관우는 분노 폭발하며 네 원대로 해줄 터 저쪽에 준비하여둔 관짝에 넣어 주겠노라 방덕은 고맙다며 목숨을 앞으로 내밀며 먹먹한 표정 지으며 고향에 계신 부모님 생각할 때 목은 순식간 땡강 잘리고 참혹하게 형장의 이슬로 사라지더라 더욱더 앞으로 밀고 나갈 기운 없는 이상하게도 번성을 함락시킬 움직임 없는 것이라 분위기는 냉랭한 차가운 기류라 관우 군들 번성을 코앞에 두고 미동 없는 나락이라 관우는 묵직한 어려운 봉착에 관망하고 있는 이런 사실들은 관평 이외에 수장들만 알고 있을 뿐 다름 아닌 방덕에게 맞은 화살에 상처가 깊은지 관우는 병상에서 누워 꼼짝을 못하고 있으니 공격을 못 하고 잠시 멈춤이라 관우 상처는 점점 깊게 파고드는 살갗이 검붉게 염증이 깊어 적을 코앞에 두고도 첩첩난관이라 사방팔방 수소문하여 명의를 찾아 헤매다 오나라에서 귀하게 모시고 온 초군 명가 화타라는 명의였더라

관우는 독화살 한쪽 팔에 박혀도 태연하더라

반갑게 그를 맞이하는 관평은 무척이나 기쁨을 감추지 못하고 아버님 병환을 치료할 수 있다는 것에 안도의 한숨을 내쉬더라 장군께서는 누워 계시다는 소식을 접하고 단숨에 날아왔던 것이라 서로 간 국경은 다를지언정 의술 치료는 국경 없는 장벽 뚫림 아니겠소 그 말에 관평은 감동 물결이라 진찰을 보려 부친께 가보았으나 관우는 마량과 그 와중에도 바둑에 빠져 한수 두수 읽기 하며 관망하더라 관우에게 의원을 소개하고 나서 치료 시술에 살갖을 찢으며 파고 들어간 염증을 후벼 파며 치료 중에도 엄청난 고통에도 신음 내색 없이 바둑에만 몰두하더라 상처는 퉁퉁 부어올라 온 풍선이라 주위에 근신들 눈을 휘둥그레 하며 놀라움에 정신들 혼절이라 상처 부위 자세히 보니 화살에 박혀 꺾인 잔촉에 독약이 묻혀 있는 것이라 독기는 이미 뼛속 깊이 스며든 만약 더 지체하였으면 한쪽 팔을 잃은 외팔이 신세라 관우는 한마디 내뱉으며 지금 치료 끝나 완치되는 것이요 의원에게 묻더라 다행인 것은 시기를 놓치지 않았으니 늦지 않는 시점 완치는 가능한 일이옵니다 화타는 치료에 자신 있다는 듯 표정 밝으니 관우는 대수롭지 않다며 알아서 치료해주시오 무덤덤한 다시 바둑에 푹 빠진 수읽기 골몰 중이라 화타는 약봉지에서 철환을 후벼 움푹 팬 곳에 집어 밀어 넣더라 스며들 때 뼈가 보이도록 확장하여 독이 퍼진 뼈를 꺼내기 위함에 살을 째어 뼛속에 독약 시커멓게 변색 된 곳을 깨끗이 긁어 정화시킴이라 이런 수술을 할 때 어떤 환자 모두 혼절하여 버틴 이는 없지만 관우만은 말을 내뱉으며 원하는 대로 알아서 치료만 해 주시오

뼈를 깎는 고통에도 아랑곳없는 무반응

나는 신경 쓰지 마시고 화타는 다시 수술에 집중하며 뼈를 예리한 칼로 긁어내는 피로 물든 붉은 홍조라 대야에 뚝뚝 흐리는 피바다라 정신만 비몽사몽 간이라 그래도 관우는 아랑곳하지 않고 바둑에 몰두 중이라 옆에서 지켜본 근신들 모두 얼굴빛이 시퍼렇게 질려 차마 눈 뜨고는 볼 수 없는 광경이라 이제야 수술은 마치자 국부를 소독하고 실로 촘촘하게 꿰매더라 화타는 수술 내내 진땀이 온몸에 흥건하게 적시며 오나라에선 고민에 빠져 골몰하더라 형주와 서주를 놓고 어느 곳을 공격할 것인지 주판만 튕기며 서로 간 의견을 못 본 상황이라 이런 중대한 상황에 여몽이 귀국하여 선 듯 오감이 쫑긋한 기발한 계책을 올리더라 손권은 어떤 작전이던가 말해 보거라 오나라에는 장강을 이용하여 그곳에 국경지로 선을 그어 놓으면 그만입니다 장강을 이용한 고육지책 상류에는 험준함이 이를 때 없으니 국경지에 정병강마를 보강해 일시에 서주를 공격하면 쉽게 얻는 서주 탈환책입니다 여몽 회의 주도 아래 모든 작전 지략 뛰어난 오나라에선 가장 으뜸인 자라 수비대의 사령관 중책 인물 거물이라 위, 촉, 오 삼국의 중요한 지리를 훤하게 꿰뚫어 보는 인물이며 모든 회의는 더 이상 묻지 않는 종료라 이 작전은 여몽 사령관 총 주도하에 이루도록 하거라 손권은 모든 실권을 작전 속 위임이라 하며 권한의 힘을 실어 주더라 여몽은 쾌선을 타고 육구를 염탐하려 시찰 동행하며 동태를 낱낱이 유심히 보았으나 수비 태세가 탄탄함을 알 수 있더라 강가를 낀 요소요소 마다 봉화대로 겹겹이 설치하여 급변 돌발 상황에 대처하기 위함에 신호를 형주 본성 알림이니 방어망 철저하더라

여몽 잔꾀 발동이라

틈새 없는 방어망에 다시 한번 놀라움을 금치 못하더라 이런 훌륭한 작전 수비 태세는 분명 관우의 주도면밀함에 다시 한번 혀를 차더라 여몽은 이대로는 절대로 방어막을 뚫을 수 없다는 계산이 없다는 것에 고민하며 다시 작전을 바꿔보기로 하여 병마에 시달린다고 아군에 속속들이 퍼지도록 일파만파 소문내어 여몽은 중병에 걸려서 병상에서 죽을 날만 기다리는 시한부 선고라 퍼뜨려보니 심지어는 손권도 감쪽같이 속아 답답한 마음에 부하 장수를 병문안 보내 사정 내막을 알아보려 하며 소식 들으니 얼굴에는 미소 살짝 띠었더라 이런 사실들 관우는 여몽이 몸소 누워 죽음에 도달하니 다른 장수로 대치할 것이라고 관우는 마음 놓는 경계 해제하여 수비 병력을 번성으로 이동할 것이니 예측 노림수라 계략을 자세하게 보고하기 위함에 여몽은 손권을 뵙고자 자세한 형주의 내막을 보고하고자 꾀병으로 하여금 적군의 긴장을 풀어 틈새 보일 때 일제히 공격을 펴 괴멸시킨다는 계책을 손권에게 설명하더라 그동안 자세한 상황 알리지 못한 점 송구스럽게 생각하옵니다 그러니 이곳 총지휘 체계를 나 아닌 다른 무명 풋내기로 임명하여 주십시오 제가 이 자리 총지휘 맡고 있는 한 관우는 분명히 방어체계를 더욱 강화할 것이니 헤아려 주십시오 모략 작전을 위해서 직위 해제는 감수해도 작전만 성공한다면 서운하지 않겠는가 직위가 무엇이 중요하겠습니까 육구의 지킴 적임자는 자네 말고 어떤 자를 임명하면 좋을지 고민할 때쯤 여몽은 그동안 육손을 눈여겨보며 지금으로선 오군에서 하찮은 낮은 직위지만

허술함 드러내 보이는 척하더라

재주가 남달리 특출하고 앞의 길 장래가 촉망 있는 자라 그래서 육손을 추천하고자 합니다 밑도 끝도 없이 들이대니 손권은 이 중요한 때에 망설여지는지 어찌 하찮은 낮은 직위에 있는 자를 총지휘 사령관으로 벼락 승진을 한다는 것에 불안감만 엄습해 오더라 사령관 수장 자리에는 인망, 지모, 재덕 모든 것이 갖추어져야 천거하는 자리이거늘 이런 난감하지 않은가 말일세 지금은 알려지지 않는 무명이지만 모든 것 겸비한 자가 바로 육손이 옵니다 육손에게는 지위와 명성과 연령은 부족한 것이 오히려 여러모로 유능한 것입니다 이때 유능한 장수로 임명하면 관우는 긴장의 끈을 놓지 않고 오히려 더욱더 철저하게 방어를 구축할 것이니 우리의 작전은 수포로 돌아가는 처량하게 남게 될 신세이옵니다 손권은 작전 진행 도움에 어쩔 수 없는 허락을 하여 육손은 편장군 총지휘 대도독으로 육구의 임명하달 받아 사자를 관우 진영에 보내 인사차 선물 예물을 보내어 예의를 갖추더라 관우는 껄껄 배꼽 잡으며 웃더라 여몽의 지는 일몰에 그렇게 인재가 없더냐 어디서 듣지도 보지도 못한 놈이 나타나 관우를 상대하겠다고 애송이를 대신 내세워 수비한다고 이젠 형주의 방비 태세는 걱정 없는 것이로다 관우는 기쁜 소식에 웃음만 짓더라 사자는 그 사실을 낱낱이 육손에게 보고하니 작전대로 딱딱 들어 맞춤이라 안도의 한숨을 쉬더라 육손은 근무에 허술하게 신경 안 쓰는 척 위장 전술 숨김이라 관우는 번성을 삼켜 먹으려 적들의 눈에 띄지 않는 곳곳에 육구 방면에 움직임이라 그 상황들 면밀히 주시하며 급한 전갈 보고라

관우는 편대장 육손을 우습게 보더라

손권을 급보 전함을 받고 비상사태 발동 의논하며 이젠 때가 왔으니 육손을 도우며 일사천리 형구 땅을 총공격 모두 출전이라 하며 명령 깃발 올리며 분주하게 움직임이라 5만의 정병을 순식간에 130여 척의 쾌선에 올라 승선하더라 참군의 장수들 각각 부분별로 나누어 각자 맡은 임무 수행이라 위장하기 위함에 상선 15척을 상인인 듯 꾸미고 상품을 가득 싣고 보부상인 양 강을 거슬러 올라가더라 상선은 심양강의 북안에 다다르자 어두컴컴한 야심한 밤에 파도는 출렁출렁 스쳐 지나간 바람에 돛을 내릴 즘에서 잠시 잔잔한 조용한 밤이라 순찰대 주위 안전한지 둘러보는 병졸들 검문 길 여념 없이 살펴볼 때 포착되는 인기척 느낌에 소리 나는 쪽 바라보니 여러 대의 배가 보이며 몇몇 사람이 내려오질 않는가 모두 추포되어 조사받으려고 관우 진영에 끌려갔더라 곳곳 가는 길목마다 봉화대가 연줄 이어지는 밑쪽에서 배 갑판장이라는 자들 외에 몇 명은 각각 문초 받으며 여기에 온 목적 추궁 모두가 그들은 오의 무사들이지만 눈을 감쪽같이 속여 보부상인 척 감추어진 숨김이라 저희는 철 따라 북쪽에서 남쪽으로 연례행사 가는 길목에 선물 예물 부산물 가득 싣고 남쪽에서 무역하고자 하는 보부상입니다 그러나 갑작스런 심한 풍랑에 잠시 여기에서 피해 머물다 바람이 잔잔해지면 다시 이곳을 떠날 채비 하려 합니다 지금은 도저히 움직일 수 없는 상황이니 저희를 제발 살려주십시오 내일 새벽에 일찍 이곳을 떠나겠습니다 애원하며 선심 쓰듯 배에서 먹을 음식과 술을 한 상 거하게 차려 내놓고 진기 명품 물건들은 바로 건네더라 그러니 병사들 어디서도 못 보던 물건들 받으니 입은 딱 벌어진 하마 입이더라

보부상으로 눈 가리고 아옹

좋다 너희들 사정이 딱하니 어두운 야밤에 바람이 심하니 날이 밝거든 이곳을 떠나거라 너희들 이 지역을 잘 모르니 한번 용서해주겠다 이곳은 중요한 접전 요충지 봉화대이기 때문에 함부로 드나들 수 없는 곳이라 반드시 명심하기 바란다 수비병들 배가 출출하던 참에 요깃거리 한 상 차려 올리니 배불리 실컷 마구 흡입하더라 또한 배 안에서는 춤과 노래 선보이니 수비병들 얼씨구나 어깨를 들썩하더라 술에 거나하게 취기가 올라올 때쯤 자세히 귓가 쫑긋 세워 들어보니 사람 움직임이라 소리 나는 쪽으로 뛰쳐나가다 보니 깜짝 소스라치며 적이다 습격 출몰이라 하며 크게 외치더라 말끝 맺기 전에 떼거리 기마병들이 둘레를 에워싸며 점거하려 봉화대로 어느새 별동 부대원들이 벌써 기어 올라가서 점령하고 말았더라 너희들 절대 놀라지 말거라 이미 우리가 이곳 봉화대를 접수하였으니 조용히 순순히 복종하면 너희들 목숨을 건들지 않으리라 오늘부터 우리 말만 잘 따라준다면 공로상 매김자리 앞으로의 출셋길 확 트인 길로 활짝 열어주리라 여몽은 형주에서 포로들을 품으로 포근하게 감싸주며 금품까지 안겨주니 놀라면서 바로 무기를 내려놓으며 항복하더라 여몽은 포로 중에서 약삭빠른 자에게 다음 봉화대 수비장을 무슨 수를 써서라도 설복시키면 공을 드높임 너는 출셋길 양탄자 깐 꽃길이라 그러니 임무 수행 가거라 금은보화 잔뜩 준다고 여몽은 계책 척척 들어맞는 낚싯밥 쳐놓으니 걸려드는 치밀함이라 여러 곳곳의 봉화대를 접수 흡입하며 결국 목적 달성하는 형주에 다다름이라 여몽 군사들 형주성 코앞까지 당도하며 물밀듯 강력하게 밀고 들어왔더라

낚싯밥 잘 물더라

여몽은 약속대로 봉화대 설복시킨 임무 수행 완수자에게 금은보화 듬뿍 주니 항복자들 좋아라고 할 때 그들을 한층 더 이용 강도 높이기 위함에 형주 성안에 들여 보내놓고 간자 역질시켜 유언비어 일파만파 퍼트리며 성안을 혼비백산 교란 작전을 치밀하게 펴 놓은 받침돌이라 항복한 자들을 이용하여 형주 성문은 열도록 이구동성으로 문 열어라 제창하며 지금 적의 기습받아 다급하다고 하며 연거푸 허풍 유발 겁을 주며 외치게 하니 고함 듣고 성중의 병사들은 아군으로 알고 성문을 황급히 활짝 열었더라 이때다 하며 사방팔방 숨어 있던 오나라 군졸들 벌떼같이 성안으로 밀고 들어가 인정사정 볼 것 없이 마구 때려 부숴버리며 일대에 일부만 불을 질러 성중에는 혼비백산 아수라장이 따로 없더라 형주의 성은 칼침 한번 들어 못 보고 그만 주저앉은 큰 낭패는 패배라 결국 여몽에게 삼켜 먹히고 말았더라 여몽은 형주성을 일부 점령하자마자 법규령을 선포하더라 우리가 여기 온 목적은 형주성 만민들 해를 입히려고 온 것이 아니라 여러분들은 아무 걱정 마시고 본연의 가업 본업에 충실하게 임하시오 평화와 자유 그리고 안정을 보장하겠소 살인을 한 자 남의 재산을 강탈한 자 일파만파 거짓 소문 퍼뜨리는 자 범법자로 낙인이니 바로 처참하게 처형하리라 방을 알림에 곳곳에 붙여 백성을 잘 헤아리는 아량을 보였기에 형주의 만민들 모두 여몽에게 진심으로 수긍하며 잘 받들었던 것이라 이는 벌써 손권이 형주에 당도하기 전에 교통정리를 일사천리로 진행했던 것이라

여몽 훌륭한 자라 칭송하더라

형주성에 관우 일가족은 안전하게 잘 보호 아래 정중히 어떠한 불안 없이 자유로이 보호해주어 이런 모습 본보기로 만민들 보고 진정한 여몽은 훌륭한 자라 여몽 칭찬이 자자함이라 여몽은 어느 날 잔잔히 비가 내릴 때 민정을 살피고자 부하들 십여 명 데리고 시찰하다가 싹 수없는 일을 목격하더라 농부가 삿갓을 쓰고 밭일을 열심히 하고 있는데 한 병사가 삿갓을 강탈하는 모습을 먼발치에서 목격했다네 가로채며 발로 걷어차고 가는 것을 보고 여몽은 기가 찬지 마음속에서 치밀어 올라 당장에 저놈을 잡아 오거라 부하들에게 명령 내리니 그 병사를 끌고 무릎을 꿇어 앉아보니 그 병사는 아는 고향 후배더라 친분이 있다고 하여 봐 주는 일 없다 이것은 법령 중에 법 조항 항목을 위법하였으니 너는 참수할 것이라 그 말에 장군님 저는 농부에게 훔친 것이 아니고 삿갓 저에게 주면 어떻겠냐고 묻고 주었길래 받았을 뿐이옵니다 애걸복걸 살려달라고 애원하더라 여몽은 고개를 갸우뚱 하며 너는 나를 속이고 있구나 농부를 발로 차는 것은 어떻게 설명할 것이냐 농부가 땀을 흘리며 일하고 있을 때 비가 왔다 너는 길 가다가 비를 피하고자 삿갓을 갈취한 것이지 너 말대로 하면 모든 게 변명뿐이라 법은 준엄해야 질서가 잡히는 것이라 그것만이 대업을 이루는데 주춧돌이고 올바른 공평한 잣대 기준이라 나라 규범이 세워져야 만민들 안정이로다 그날로 바로 그 병사 수급을 베어 성문 밖에 걸렸더라 여몽 치밀하기 그지없더라 이런 법 조항 내세워 질서가 공평함을 유지 시키니 모든 만민들 여몽을 받드는 우러러보는 존경의 눈빛들이라

부사인은 망설이지 않고 동행 길이라

이런 분위기 각본 짠 틀 만들어 놓으니 손권이 장수들과 입성할 때 속속들이 정국 안정 풀리는 손권의 크나큰 과업을 순조롭게 이루어졌더라 아직 형주를 완전 정복한 것이 아니라 몇몇 곳 일부는 남아 있는더 나아가 형주를 통째로 정복하려는 의지를 세우기 위함에 계책 골몰하더라 의논을 열렬하게 머리 맞대고 짜놓는 잔꾀라 분출하더라 회계사람 우번이란 자가 필요 없는 상대를 잘 구슬려 삶아 설복시켜 아무런 희생 없이 항복은 받아내 올 테니 저를 보내 주십시오 주군 손권은 우번에게 7백 기를 내주어 공안을 향한 든든한 발걸음 세워주니 자신만만이로세 친구 우번이 7백여 기 이끌고 왔다는 소식을 듣자니 더욱더 두려움에 덜덜 떨며 성문을 꽉 닫은 채 잠잠한 적막이라 우번이 기다림에 지쳐 답답한지 화살 편지를 성중 안으로 쏘았더라 부사인은 골몰하며 혹시나 무슨 내용인지 무척이나 궁금증이 유발하여 편지를 읽어보고 또한 몇 번을 읽고 나서 그 편지 의심 없는 진실된 내용이라 맞는 말이로다 내가 이곳 성을 지킨다 한들 관우가 돌아올 경우 나에 대한 죄를 추궁 문초할 것이 자명한 일이니 우번의 뜻 동행 길은 나에게 이로운 길이라 지금 상황은 벌써 형주성 다 정벌 당한 이 마당에 무슨 선택할 필요 있더냐 망설이지 않고 동행 길이라 부사인은 결단 내려 다급하게 성문을 활짝 열어 우번을 반갑게 맞이하더라 성중에 관한 모든 일들은 우번에게 위임하였더라 우번은 기쁨 가득 웃는 미소 띠며 순조롭게 설복시켰다는 것에 알리고자 부사인을 데리고 형주로 돌아왔다네 손권은 설복시켜 공안성을 차지하니 기쁨을 감추지 못함에 척척 잘 풀리는 군사들 희생 없는 얻은 지략에 흐뭇하더라

남군을 아무런 희생 없이 설복시키려 하더라

즉각적인 큰상을 주기 위함에 우번에게 크나큰 상을 내리고 연회를 베풀었더라 그리고 부사인에게 항복한 것에 대한 대우를 깍듯이 극찬하고 오나라를 위하여 충성을 다짐받았더라 부사인에게도 높은 벼슬 공안 태수 자리에 봉하였더라 그리고 지금 한곳 남아 있는 남군의 성주 미방과 친분이 두터운 절친한 벗이옵니다 그렇다면 오나라를 위하여 한번 충성도를 보여주는 시점이니 지금 가서 그자를 설복시켜 잘 성사시키면 너에게도 크나큰 상이요 미방을 다시 등용시킬 것이라 네 명령대로 하사 본질 받아 바로 이행길 진행하겠습니다 손권은 여몽과 눈빛 교환하며 방긋 웃더라 부사인은 20여 기를 이끌고 남군을 향한 발길이라 미방은 성 밖까지 나와서 반가이 맞이하더라 형주성 거의 함락 되었다는 말에 슬픔을 감추지 못하고 비통한 눈물을 뚝뚝 흘리더라 친구야 형주 함락에 대한 의논하러 온것일세 형주 함락에 관우 소식은 없고 우리 보고 어쩌란 말인가 나중 문책만 우리에게 돌아올 뿐이라 대세는 기울어졌으니 투항하여 군졸들 희생관은 막아야 위들의 할 도리가 아니겠는가 곰곰이 생각해보니 우리가 살길은 찾아봄이 어떤가 지금 항복하여 나와 같이 동행하겠나 지금 뭐라고 하였는가 항복 그렇다네 나도 항복하고 자네를 설복시키려 왔지만 손권은 덕망이 있는 명군임에 인각했소 미방은 격분하며 이런 배신자 한중왕 은혜를 저버린단 말인가 이때 어디선가 전보 띄워 보내듯 소식을 안고 전하는 말이라 장마로 인한 군량의 고갈이니 남군 지방에서 군량 13만 석을 조속히 협조하여 수송해 달라는 부탁이라고 전하더라

미방은 아무것도 모르고 친구 따라 가더라

미방과 부사인은 멍하니 하늘 바라보며 이것이 웬 날벼락인가 가능성이 없는 무리한 지금 상황은 형주가 적에게 함락된 시점에 그런 사정도 모르고 바로 들이대니 난감함이라 미방은 고민에 잠겨 있다가 갑작스런 돌발 상황에 기합 소리와 함께 획획 칼 휘두르는 소리라 관우 연락병의 목이 땡강 떨어져 나가 피를 뿜어내더라 미방은 깜짝 놀란 경기라 부사인이 칼을 빼 들어 사자의 목을 베었던 것이라 이젠 칼끝을 미방에게 들이대며 재촉함은 우리의 목숨을 지키기 위함에 지금 상황을 관우가 우리에게 이런 말도 안 되는 전갈을 보내 형주 빼앗긴 원인은 모두 우리에게 덮어씌워 나중에 문책을 하며 개죽음을 하려 하는 수작 아니던가 관우의 연락병이라는 것도 거짓 꾸밈에 음모에 속임수라 미방은 아무것도 모르고 망설여짐에 그래도 무엇인가 의심이 숨어 있는 듯 직감했지만 이때 밖에서는 오의 대군이 성을 에워싸고 있을 때 부사인은 멍하고 있는 미방을 끌고 성을 나섰더라 형주는 빼앗긴 함락이라 소식을 접하고 자지러지는 축 처짐 밑동 쪽 빠지는 머릿속은 온통 텅 빈 싸늘한 감정이라 유언비어 일파만파 퍼져 아군의 전의 상실 끝자락에 파묻혀 기세가 꺾어 처지는 먼 산만 바라볼 뿐이라 지금 상황 나서기가 두려움이요 어떻게 어찌 된 내막도 모르고 한심하리오 수비만 관망하며 적의 동태를 눈여겨보고 있더라 형주에서 패배하고 복귀한 부장들 관우 앞에서 눈시울 적시며 후회의 눈물만 흘리더라 관우는 너그러움 맘으로 부하들을 감싸 안으며 아직도 상황 파악 안 되는 유언비어라며 믿기지 않는 그리 쉽사리 형주의 수비는 태산 같은 확고부동인데 어찌하여 형주가 함락이 되었단 말인가

격돌 없이 쉽사리 성을 내주었다는 것에 격분하더라

자세한 소식을 전해 듣고서야 관우는 이제야 인지하더라 오장 여몽이 중한 병환이라는 핑계로 우릴 속이고 우리가 방심하는 틈 사이에 주도면밀하게 모든 것을 주도하여 형주를 함락시켰고 관우의 일신 가족들도 안전하게 보호하고 있다고 전해 들었더라 일신 가족 보호는 관우를 꼼짝달싹 못하게 잡아 놓기 위한 술책이라 비로소 관우는 비통함에 젖어 하늘을 바라보니 노랗더라 관우는 정신을 가다듬고 수습하기 위함이라 공안성을 도착하기 위하여 출발하는 길에 뜻하지 않는 소식을 접했더라 가슴이 덜컹 내려앉는 공안 성주가 적과 격돌 없이 오나라에 성을 이양하고 심지어 그것도 모자라서 남군의 성 미방을 꼬드기어 손권에게 일시에 항복했다는 사실에 관우는 너무나 어이없는 억울함에 땅바닥을 치며 통곡하더라 이 어찌 청천 벽력같은 일을 뒤집어썼는가 관우는 하늘을 못마땅한지 흘겨보며 울화통 속내 터지는 고함 소리 부르짖으면 원망하더라 팔의 상처는 더욱 악화하여 살갗 터져 핏물이 흘러 고여 흥건하더라 부하들의 봉화대 자세한 어떻게 패배했던 과정 들어보니 하늘이 무너지는 자산을 자각하며 모든 것이 나의 부덕한 탓이라 내 어찌 형님을 무슨 낯으로 뵈오리까 하늘을 우러러보며 통곡 소리 우렁차게 터지는 울음바다라 넓은 드높은 평야에선 칼바람만 무심코 냉기만 스쳐 지나가더라 전진 앞으로 나아가 보면 오군이 버티고 퇴각하는 모습 뒤로 물러서며 양양의 위나라 대군이 있으니 곤경에 빠진 진퇴양난 관우 명장도 어쩔 수 없는 현실을 인지 극복하기 위해서 편지 한 통을 사자로 하여금 형주로 보냈더라

관우 발악하며 몸부림치더라

여몽에게 사자는 서한을 건넸더라 편지를 읽고 나서 관우 장군 입장을 잘 헤아렸지만 이것은 어디까지나 개인의 일이 아닌 오나라의 명령에 진행된 일이니 딱한 일이지만 돌아가서 안부나 잘 전해주시오 여몽은 정중하게 사자를 극진한 대우에 금은보화를 한 주머니 챙겨주며 성 밖까지 정중하게 배웅해 주더라 넓고 넓은 들판에는 잡풀들이 무성하니 축 처진 패잔군의 고개 푹 숙인 모습에 패잔군의 진영에 당도한 사자는 관우에게 안부를 자세하게 보고 듣고 관우는 여몽의 원망보단 한편으로 그의 현명한 지략과 너그러운 아량 인품에 사모하더라 여몽이란 인물은 대단한 용병술이요 형주 백성들의 마음까지도 사로잡은 존경의 눈빛으로 바라보는 여몽의 계책은 심오하리오 여몽아란 자 가벼이 볼 수 없는 인물이라 관우는 하염없이 서러움의 눈물만 주르륵 흘리더라 이젠 더 이상 물러설 수 없는 일전이라 이래저래 죽나 각오 단단히 다짐하며 형주로 돌진하여 깨끗이 깨어진 조각들 가루가 된들 명예롭게 충절을 남기고 흰 종잇장에 하얀 명예로운 맘 죽음 선택일 뿐 해가 환한 이른 아침이 오면 일제히 총돌격 본산 모든 부하 장들과 결의를 다짐한 죽을 각오로 모든 전투준비를 깔끔하게 분주하게 움직이고 아침이 오기를 기다릴 뿐이라 그렇지만 이런 김빠지는 일이 생겼으니 날이 밝아오자 벌써 군사 절반 이상이 병기를 내동댕이치고 사라져 버렸더라 이런 크나큰 낭패라 실수를 저질렀던 것 형주에서 여몽이 건넨 편지 때문에 모든 일들이 그르쳐지니 사자로 갔다 온 장수는 후회하였지만 이미 때는 늦은 기로 지금 남아 있는 군사들도 사지로 저 땅바닥 밑으로 떨어지더라

관우는 작전도 없는 무작정 형주로 향하더라

더더욱 힘든 고락이라 관우는 군사들에게 큰소리로 너희들에게 기회를 주겠다 지금 떠날 놈들은 자유로이 보내줄 터이니 다 떠나가거라 나 혼자 서라도 형주로 들어갈 것이라 관우는 막무가내 결심은 큰 심지 절대로 고집을 꺾을 리 만무 오직 전진뿐이라 앞뒤 분간 없는 작전 세울 길 없는 무작정인 형주에 다다를 때쯤 벌써 오나라의 장흠과 주태 장수들이 관우를 기다리고 있던 것이라 격전하려 눈빛 교환 갑작스런 오나라의 여러 장수들 합세하며 밤을 세워가며 싸웠건만 끝나지 않는 맹렬하게 공격해 와도 관우는 눈빛은 살아있는 야생의 독수리 발톱을 들어내 보이며 침착하게 대처하는 적병들이 달려드는데도 단숨에 쓰러뜨려 목숨을 삼켜 먹더라 그러나 관우의 용맹무쌍함은 잠시 멈출 뿐 달덩이 환한 빛도 희미하게 내려앉은 가운데 어디선가 아버지 부르는 소리라 애처롭게 들려오는 것이 아닌가 아버지 제발 돌아오세요 서로 간 눈빛을 교감하며 속절없이 부르는 울부짖음이라 이곳저곳에서는 뿔뿔이 흩어져 형주로 도망가는 관우 군졸들이라 관우는 이제야 일깨우며 지금 이런 상황 모든 것 여몽의 계략의 일부였구나 관우는 시름에 빠지며 저 희미한 달덩이 아래서 처절함은 표정 지으며 지금 이런 상황은 더 이상 싸울 수 없는 남아 있는 군졸들도 이젠 지친 관우는 멍하니 잠시 미동도 없는 먼 산만 바라볼 뿐이라 이때 관평과 부하 장수들은 퇴로를 한쪽을 뚫어 간신히 포문을 열었더라 관평은 관우를 호위하면서 맥성으로 향하였더라 손권 지위 본부에서는 회의를 의논하면서 관우는 죽일 수 없는 결론이 나왔더라

여명 벌써 여포의 생각을 꿰뚫어 읽고 있더라

관우는 잘 구슬리기 위함에 사자를 보내어 항복을 권유하는 서신을 보낸 것이라 사자는 진영으로 돌아와 보고한 답변은 못 들은 척 없는 아무런 대답이 없더라 손권은 무슨 구를 쓰든 덫을 쳐 관우를 생포하여 자기 사람으로 삼으려고 애쓰는 별 요상한 짓거리 다 하더라 여범을 시켜 점괘를 쳐보며 패를 보니 멀리 도망간다는 것이라 그때 여몽과 손권이 바둑을 두면서 점괘를 듣자 여몽 하는 말 제 생각이 조금도 벗어나지 않는 정확하지요 관우는 줄행랑치지만 분명한 것은 큰길을 선택 낙담이요 험준한 산길 좁은 굽이굽이 난산 그것도 야밤에 움직일 계획을 예측하더라 미리 관우의 일거수일투족 훤하게 꿰뚫어 보듯 하며 바둑을 두다가 잠시 멈추며 손권은 지금 바로 험준한 성북 가는 길목마다 군사들을 매복시켜서 관우를 생포하는 자에게는 상급을 두둑하게 금은보화 가득 준다고 고시하거라 그러나 여몽은 웃음 띤 여유 있는 손권의 생각을 만류하더라 급하게 하실 것 없는 차분하게 지켜보며 관망하자며 두던 바둑이나 두세요 그러나 손권은 화를 버럭 내며 지금 바둑이 무슨 대수인가 여몽을 쳐다보며 말을 내뱉더라 여유 있는 미소 띤 표정 잠시 후 주공이시여 아무런 근심 걱정 안 하셔도 되옵니다 관우는 뾰족한 수 없는 땅을 밟고 있는 현시점 아무리 발버둥 설레발쳐도 줄행랑을 꿈도 못 꾸는 꽉 막힌 벽이 오니 혹시나 그가 날개를 달아서 날아가면 모를까 절대로 갈 수가 없는 길이 오니 아무런 걱정하지 마소서 주군 이미 가상현실 작전을 몇천 번을 여러 방향각도 다 틀어 계산하여 이미 끝난 상황 이옵니다 벌써 맥성 곳곳마다 복병들 다 매복을 단단히 시켰단 말인가

장군님 왕보를 밟고 우뚝 솟아오르소서

물론이옵니다 두었던 바둑이나 두시지요 손권은 그제야 안심이 되었는지 바둑에만 몰두하더라 관우 맹장이라도 이런 상황 겪어보니 별수 없는 어쩔 도리 없는 내려앉은 나락의 길이라 관우는 용맹하나 이젠 희망도 돌아오지 않는 것인 힘은 내려앉은 눈물만 주르륵 흘리더라 이곳에서 나아갈 길은 북문 쪽의 허술한 면이 있사오니 그곳을 뚫고 나가면 북쪽 신중 능선 타고 가다 보면 촉나라로 진로 갈 수 있습니다 지금 이 시점 낙심하지 마십시오 후일 날엔 이 아픔을 갚아주면 되는 것이니 힘을 내십시오 장군님 여기서 가만히 죽는 것보단 밖에 나가서 열렬하게 싸우다 죽고 싶습니다 그 사이 틈 보이면 장군님께서는 탈출을 하십시오 훗날에 꼭 왕보를 기억하여 주십시오 이젠 헤어지는 서로 간 마지막일지 모르는 어찌 운명의 장난질로 쳐지니 사나이 눈물만 주르륵 흐를 때는 서로 헤어지는 순간 성중에 백여 명의 군졸들 남아서 꿋꿋하게 지키며 작렬하게 싸우다가 전사할 각오라 관우는 3백여 기를 이끌고 어두컴컴한 밤 달덩이는 시커먼 먹구름에 가려 숨어버리는 앞길로 보이질 않는 야밤이라 북문으로 총공격 돌진이라 퇴로 뚫으며 오군들 보이는 족족 사멸 짓고 오직 북쪽 방향 끊임없는 험준한 산길 쪽으로 달려가더라 맥성의 험준한 산봉우리 능선을 타고 넘나들며 이 길로만 간다면 촉군으로 통하는 관문이라 길은 멀고도 먼 사상 초유의 고난의 길이라 눈앞에 보이는 마지막 넘어야 할 산봉우리 이곳만 무사하게 지난다면 적의 손아귀에서 깔끔하게 포위망을 벗어날 수 있는 길이 아니던가 넘고 넘는 사이 연못이 길게 쭉 뻗은 물은 휘감듯 분산하는 소용돌이 돌개물이라

점점 촉박해가는 압박이라

그런데 자세히 연못가로 눈여겨 살펴보니 불빛이 초롱초롱 움직임이라 옆쪽에 비스듬히 산 위 능선 끼며 모퉁이에는 횃불 촘촘히 줄지어 행렬로 움직임 포착이라 온통 주변이 횃불 옹기종기 모여지는 집결체라 오군이다 소리를 고래고래 내지르자마자 화살이 춤을 추듯 쏟아져 날아오는 관우는 언월도를 움켜잡고 아들아 시간을 벌 동안 퇴로를 뚫어라 명령을 내렸다네 적의 대로 허리 부분을 뚫린 길을 따라가기만 하더라 갑자기 뒤에서 관우를 부르는 소리라 목청 높이 부르는 이는 오나라의 주연이라 관우는 오직 앞만 향할 뿐이라 그래도 주연은 끈질기게 뒤를 따라오더라 관우 장군이시여 제가 들었던 풍문에 적에게 뒷모습을 보인 적이 없다고 들었는데 오늘 밤은 축 처진 어깨에 매가리가 없는 쓸쓸한 모습이오 말을 이으며 창을 관우를 향해 던졌더라 너는 목숨이 몇 개더냐 어디 겁대가리 없이 목숨 잃기를 재촉하더냐 기어이 혼나고 싶다는 짓이더냐 그제야 관우는 말머리를 획 돌리며 언월도를 휘둘러 주연을 향해 휘둘러보니 주연은 말 잔등에 납작 엎드려 간신히 피하여 반사 신경으로 다시 뛰어오르는 탄력을 받는 역반응 일으켜 관우에게 대들었다네 주연은 관우의 상대가 될 수 없다는 것 이제야 깨우쳤는지 겁에 질려 뒤도 돌아보지 않고 줄행랑을 치더라 관우는 앞만 보고 계속 뛰어나가듯 흙먼지 날리며 나갈 때 점점 좁아지는 산골짜기 길목에 이르렀더라 그때 어디선가 큰 바위가 굴러오는 지진 나는 소리가 관우 주변에 있던 십여 명의 군졸들이 큰 바윗덩어리에 깔리고 즉사했더라

관우 올가미에 잡혀 꼼짝달싹 못 하는 신세라

이곳 무서운 생불 지옥이 따로 없다며 관우는 혼잣말로 궁시렁 내뱉으며 급하게 말의 엉덩이 채찍질 가하며 그곳을 유유히 빠져나오면서 가는 길목마다 또다시 횃불이 빽빽하게 전후좌우에서 관우를 막는 것이 아니던가 지금까지 관우를 뒤따라온 병사들은 모두 전멸하여 이젠 혼자라는 것에 낙담하더라 매복하던 군사들 일제히 관우를 에워싸며 공격을 하더라 이때 어디선가 아버님 애타게 불러보는 어디선가 들려오는 위급함은 구원의 소리 들려오는 관우의 마음은 찢어지는 마음이라 관우 장군 이젠 혼자서 애써봐야 힘만 빠지는 밑동이니 이젠 오나라를 위하여 항복하여 살신성인하시오 관우 앞에 혼연히 나타난 우렁차게 외치는 자는 반장이더라 너 같은 보잘것없는 무지렁이가 어찌 정의 무사 정신을 알 수가 있겠는가 관우는 언월도를 획획 두 번 가르니 바람 소리 냉기가 흐르더라 관우 하는 말 나는 지금 떠남이니 내 뒤를 절대로 쫓지 말거라 제발 부탁이다 나도 너의 목숨을 어느 시점에서 돌변하여 앗아 갈지 모르니 내 말을 들어 주게나 하며 또다시 줄행랑쳐 보았지만 반장은 들은 척도 안 하고 추격만 하더라 울창한 수풀 우거진 곳에 이르자 좁은 길로 지날 때 마구 날아오는 갈고리와 올가미 그때 관우는 무엇인가 걸린 듯 말머리가 올가미에 걸려 앞으로 관우는 말과 같이 곤두박질 나뒹굴러 갈 때 관우의 몸은 짓눌러 힘을 빼는 꾹꾹 찌르며 다시 올가미를 다리를 씌워 짓누르며 잡아당기니 그때 반장의 부하들 중에 마충이란 자가 관우의 수족을 꽁꽁 칭칭 감아 멧돼지 잡듯 촘촘하게 결박을 당했더라

부자지간 죽음만 기다릴 뿐이라

관평은 하염없이 아버님 찾는 미로 속 걱정되는 맘 안고 헤매다가 주연의 군졸들에게 사로잡혀 끌고 와 여기서 아버님을 뵈었지만 이젠 꼼짝없는 신세라 아버님 이 불효자 보필 못 지켜드려 이런 험한 봉변을 당하시니 어찌 자식의 도리를 다할 수 있다 하겠사옵니까 불초자는 죽음으로 나라 위하여 부르짖고 깨끗이 목 받치겠사옵니다 아버님 하며 눈물을 주르륵 관우는 저놈들 잔꾀에 넘어가 자식 앞날 창창한 펴보지도 못한 꽉 막힌 이젠 떠날 세상인 것을 하며 눈물만 하염없이 흐르기만 하더라 이때 손권은 외마디 툭 던진 말을 잇는 관우를 바라보며 나는 그 전부터 장군을 존경해 왔소 그래서 장군의 따님과 혼사 맺으려 하였으나 장군은 단호하게 거절하였소 장군은 천하 호걸 영웅이오 그런데 우리 조무래기들한테 결박당하여 여기까지 잡혀 왔소 이것은 분명한 하늘의 뜻이니 오나라를 위하여 충신이 되어 반석 위에 올려 주시오 건방 떨지 말거라 어디 주제넘게 주둥이를 함부로 놀리더냐 너 같은 도적놈들이 어찌 무사의 깊은 뜻을 알 리가 만무요 내가 유황숙을 배반하여 천하의 도적놈들과 어우러져 억조창생에 허덕이는 허망한 풍진세상 진흙탕 속에서 허우적대는 만민들을 어찌 저버린단 말인가 내 마음 찢어지는 만민들 구하지 못한 밝은 세상을 지키지 못한 것이 한탄스럽구나 이젠 나의 운명은 다 한 것 같구나 죽어서도 혼령은 구천을 떠돌아다니며 너희 도적놈들 응징하여 멸문지화 당할 것이라 어서 목을 베거라 한참을 듣고 있던 손권 입은 묵직 묵묵부답 곰곰이 생각에 잠겨 결정을 내렸는지 손권은 한숨 내쉬며 역시 천하의 영웅 진정 의를 지킴 가상하도다

곁을 떠나는 말끔한 죽음이라

아직도 살려줄 용의가 있다 기회를 줄 터이니 선택만 하거라 주공이시여 저자는 깨끗이 잊으시옵소서 의견을 말하는 자는 주보 좌함이라는 자라 예전에 조조도 극진한 대우 관대함으로 대주연을 일주일 내내 베풀고 영예의 수정후라는 벼슬까지 안겨주었지만 관대함을 원수로 갚는 오관의 대장의 수급을 베어 버리고 떠나간 자이옵니다 그 때나 지금도 별수 없는 절대로 굴하지 않는 자이나 지금에 와서는 큰 화를 당할 요주 인물이니 오나라의 앞날에 큰 걸림돌이니 지금 바로 수급을 베어버리는 것이 오나라의 앞날에 광명이옵니다 손권은 그래도 아까운 인물인지 거친 숨만 헐떡헐떡 몰아쉬며 고민만 하더라 자리에서 벌떡 일어나서는 고함 내지르며 지금 당장에 관우의 목을 베어라 그러자 여러 무사들이 관우를 에워싸며 양아들 관평과 함께 수급을 베어버렸더라 이때는 건안 24년 가을에 붉게 물든 단풍 피로 물들 듯 하늘은 시커먼 구름 북로 뒤덮고 슬픔에 적시는 이슬 차가운 냉기를 내뿜더라 관우를 사로잡은 마충에게 큰상으로 적토마를 내주고 반장에게는 관우의 청룡언월도를 부상으로 내주었더라 마충은 어느 날 이상하다면서 상으로 받은 적토마는 움직임 없는 주저앉은 풀을 뜯어주어도 절대로 식음 단절이요 꼼짝달싹 없더라 적토마는 주인을 잃은 충격에서 벗어나지 못하고 높은 하늘 우러러보며 슬픈 울음소리만 요란하더라 손권은 형주 함락에 큰 잔치를 열어 축하연 베풀었으나 형주의 함락에 큰 공을 세운 주인공 여몽이 나타나자 주인공 공이 올 때까지 술잔의 축배를 잠시 멈추었지만 진정 공이 자리에 참석하니 기쁨은 한량이 없소이다

여몽 괴롭힘당한 갈기 찢긴 몰골이라

여몽은 과분한 말 한마디에 감격을 하여 술잔을 들며 모두 건배 형주는 오나라의 주인 자리매김이라 형주를 얻는 아무도 이루지 못한 이곳은 손쉽게 피 한 방울 흘리지 않고 얻은 것은 여몽의 지략으로 세운 공로라 오늘날같이 유쾌 통쾌한 일은 어디 있었던가 여몽은 자리에서 벌떡 일어나 느닷없는 상을 엎어 버리며 손권에게 대들면서 너 같은 놈이 어찌 무사의 깊은 뜻을 알겠느냐 손권 이놈 건방 떨지 말거라 큰소리 내뱉으며 손권에게 욕지거리 퍼부으며 대들더라 무사들이 여몽을 자리에서 끌어내려 할 때 괴력은 힘으로 모두 주먹다짐으로 짓밟고 상좌에 앉은자리 손권을 밀치며 자리를 빼앗아 전쟁터에서 잔뼈가 굵은 삶 종횡무진 했으나 너희 놈들 잔꾀에 당하며 내 목숨 죽을지언정 혼령이 되어 촉을 도와서 오나라를 괴멸시킬 것이라 기필코 관우는 절대로 잊지 않는 너희들 모두를 패망의 길 인도하리라 부르짖는 것이라 손권은 깜짝 놀라며 주위에 모든 이들 겁을 집어먹고 모두 자리에서 줄행랑 어두컴컴한 방안에 틀어박혀 여몽은 나오질 않으니 답답한 마음에 불을 밝혀 방 안에 들어가 보니 온몸은 다 뜯겨진 괴로움 오만가지 인상 찡그린 모습 그대로 여몽은 그만 냉기가 흐르는 차디찬 시신이더라 모두 깜짝 놀란 경기 나듯 모두 여몽의 죽음에 의아하며 시신을 바라보며 통곡 소리로 눈물로 밤을 지새웠더라 죽은 여몽에게 높은 벼슬을 내려주며 성대하게 장사를 지내주고 여몽 아들 여패를 여몽의 벼슬에 자리매김해 가족들을 위쪽으로 하였더라 이때 관우의 시체를 보며 고민하더라 목을 베었지만 소금 뿌려서 절여 놨더라

촉에서 모두 죽기 살기 공격해오면 걱정거리라

이런 문제 심각하니 고민하는 기색이 역력히 보이더라 촉에서는 이런 사실 관우를 죽였다고 전해지면 촉나라 온통 모든 국력을 모아서 보복할 것이 틀림없는 사실이옵니다 촉에는 공명이라는 지혜가 출중한 자와 장비의 용장 그 아래 견줄 탄탄한 장수들이 포진한 마초, 조운, 황충 천하제일 영웅호걸들이 모두 죽기 살기로 공격할 텐데 걱정은 산 높이만큼 씁쓸한 마음 손권의 얼굴빛 걱정 한 아름 짐 덩어리 어깨를 짓눌리는 무게감이라 앞날을 꿰뚫어 예언한 미리 듣고 나니 섬찟한 마음 그지없더라 다시 한번 여러 번 생각해 보아도 관우 시체에 대한 예우가 아니니 지금 이대로 무마하면 촉에서 이 사실 알면 더더욱 분노가 치밀어 올라오니 신중을 기하여야 한다는 생각이 들더라 관우의 죽음에 관한 오리발 내밀고 조조에게 덮어씌우기 작전 돌입이라 모든 것 조조가 한 짓거리 위나라에 책임 떠안으면 그뿐이라 오에서 하여야 할 일은 관우의 죽음을 안타까워하며 공덕을 화살 방향은 칼끝이 향할 것이다 의논할 결과 매듭짓고 손권은 사자를 관우의 뜻밖에 오의 사자가 관우의 머리를 보여주니 조조는 그 옛날 풍상이 주마등처럼 가물가물 스치고 지나가더라 오나라에서 이런 선물은 큰 공에 대한 예의를 받으니 무한 기쁨만은 감추지 못하더라 여러 측근들도 관우의 머리를 유심히 뒤척이며 검열을 마치고 대왕이시여 너무 기뻐하지 마소서 오에서 보낸 것 큰 화를 받는 함정이오니 다시 돌려보내소서 큰 목소리로 목청껏 외치더라 이 사실을 오나라에서 관우를 죽인 것에 대한 보복이 두려우니 우리에게 책임을 전가하는 것은 악순환의 연속이니 이것은 어찌 보면 무서운 폭풍우가 우리 쪽으로 강타할지도 모릅니다

관우의 죽음 책임을 전가하더라

결국 촉과 위나라와 격전 치르면 오에서는 두 나라의 전쟁 승패와 관계없이 모두 지친 상황 틈타 어디든 치려는 속셈이 깔린 계책이옵니다 굽어살펴 헤아려 주시옵소서 절대로 받아들여선 진퇴양난 속이니 겉 음절 절절하게 간언을 청한 자는 한자는 중달 사마라 걱정 잔뜩 표정 표출하더라 조조는 말 듣고 보니 깊은 상념 잠겨 있는 갑자기 소름이 쭉 돋아 오싹 목이 죄어지는 느낌표라 바로 슬픔은 애도하기 위하여 삼가 고인의 명복을 빌기 위하여 100일 동안 낙양에서 죽은 혼령의 넋을 위로하기 위하여 성대하게 관우의 죽음에 대한 예우를 갖추는 절차를 세심하게 관짝도 제일 갑절로 향나무로 엄선된 호화찬란한 웅장함으로 제작하여 향나무 맞춤까지 배려하여 관우의 몸뚱이와 수급을 남문 밖 양지바른 풍수지리 제일 풍요한 읊은 그리움 곡조 묘비까지 세워 임금 못지않은 장례를 성대하게 국장으로 치렀더라 장례식은 책임 진두지휘 맡은 사마의 중달이 오해의 소리가 없게 깔끔하게 장례식을 마무리 지었더라 이때 촉에서 현덕 이런 상황 아무것도 모르고 성도를 도읍하려 여러 일을 분주하게 착석 진행 중에 잠깐 짬이 나서 조용한 곳에서 독서를 하려 할 때 밖에서 누군가가 인기척 소리가 나서 밖을 내다보니 관우의 모습 어렴풋이 보며 깜짝 놀랐더라 관우가 여기 지금 있을 리 만무하거늘 형주 성을 어쩌고 여기 왔단 말인가 무슨 변고라도 생겼단 말인가 분명코 관우 모습이거늘 고개만 푹 숙이고 눈물만 주르륵 흘리더라 도원의 결의결성 나아 갈진은 허무 허공 속 허우적 그림자에 갇힌 족쇄일 뿐 형님이시여 아우의 원한을 잊지 마소서

한풀이라 꿈에서 알림이요

구천에서 떠돌아 맴돌고 있으니 병마를 총출동하시어 한풀이하여 주시옵소서 유유히 소리 없이 밖으로 사라지더라 아우 이보게 관우 어딜 급히 간단 말인가 현덕은 꿈속에서 헤매다가 벌떡 일어나 깨어보니 너무 생생한 꿈이 또렷한 현실과 밀접한 연관에 어리둥절하더라 이상한 일이라며 아우 걱정에 안부 궁금하니 의논할 겸 공명에게 꿈에 관한 풀이 전해 들으려 전했지만 공명은 대수롭지 않다며 주군께서는 멀리 있는 아우가 그리워 불철주야 염려하시는 마음에 꿈속에까지 나타난 것이옵니다 환상이오니 너무 걱정 마소서 공명은 억지로 미소 지으며 잠시 물러나 중문에 거닐고 있을 때 저쪽 먼발치에서 다급하게 허겁지겁 허정이 오고 있질 않은가 허정은 공명에게 황급히 헉헉 숨소리 줄이며 급보이옵니다 형주가 함락되었다는 전갈이옵니다 공명은 확인차 하늘의 기류 천문을 보며 다시 한번 확인해보니 흉운이 끼어 있더라 이런 사실은 한중왕께는 절대로 알리지 말게 놀라서 기겁하신다면 옥체가 상 할까 염려되니 발설해서는 아니 되네 저쪽에서 살며시 걸어오고 있는 현덕이라 군사 염려 붙들어 매시오 짐은 굳건하니 형주가 함락되어서 관우는 고립되었다는 소식을 이미 듣고 모든 것은 알았소 이미 마량과 이적이 비보를 전한 것이요 갑자기 혈색이 노랗게 걸리며 분노가 폭발하며 삼군에 총공격 명령 내가 총 진두지휘하며 다급하게 돌아가는 전황이라 공명 또한 슬픔에 적시며 노여움이 극도로 달아올라 오더라 진정하옵소서 신이 일군을 이끌고 오고 가지도 못한 고립에 관우를 구출하러 출정하겠습니다

아우 죽음에 기절초풍 직전이라

나라가 어수선 시끌벅적하며 확실한 소식을 들으며 관우가 이 세상을 하직하였다는 말 듣는 현덕도 졸도를 몇 번 하며 땅을 치며 통곡을 하다가 기절하고 시름시름 앓더니 마침내 몸져눕고 식음도 전폐하였다 그러면서 발광을 하더라 누구도 만나지 않고 자리에 누워 꼼짝도 않더라 공명은 간하며 생명의 존귀함 억울함에 한이 서려 있는 천하 부귀는 하늘에 있으니 도원의 결의 맹세 인간 현세 혈맹이지만 죽음으로 헤어진 인연 잠시뿐이오 쉬어가는 세상사인 것을 너무 상념 마시옵고 옥체라도 상하시면 나라의 존폐가 위태로운 도탄에 빠지오니 굳건하게 지키시옵소서 아우의 죽음에 나도 어찌할 수 없는지라 가슴만 매여지는구려 한중왕의 명령으로 촉나라에는 비상 경계령이 내려져 관우의 위령제를 지내 온 백성이 슬픔 애도의 물결이라 맹추위 겨울밤에는 하얀 눈이 슬프다고 펑펑 내리며 찬바람까지 휭하니 부니 살갗을 파고드는 맹추위더라 위나라는 슬픔의 도가니에 걸렸는지 조조는 병마에 시달리다가 그만 세상과 이별을 하였더라 낙양의 밤하늘은 어두컴컴한 냉한 쓸쓸한 맘이라 인간은 죽음을 피할 수 없는 운명 어느 사람도 부인할 수 없는 인정이라 죽음 위에 조조는 그 업적 길이 보존되는 위대한 인물로 명성이 드높더라 천년에 나올지 고귀한 위대한 인물이 아니던가 그가 세상에 우뚝 존경받는 인물이라 단점과 장점이 한데 어우러지며 상호 관계가 이어지는 만남이라 위나라에서는 세대교체 다급한 실정이라 낙양에선 성대히 즐비하게 장례행렬 모든 만민들 슬픔이 통곡 소리 들리는가

조조 죽음 업적 길이 보존되리라

장례행렬 지날 때면 큰절 올리며 통곡 소리 연상연발 조비는 부친의 죽음에 통탄함에 넋을 잃고 비탄에 주저앉은 매김이라 위대한 영웅 모든 유산 위나라를 통째로 상속받기 때문이라 신하들이 이구동성으로 한사코 말하기를 태자께서는 한시 빨리 즉위하심이 만민들 위해 우뚝 서시여 민심을 수습하여 나라를 평온하게 하옵소서 내가 지금 당장 즉위식을 미룬 이유는 천자의 조칙이 내려져야 등위를 하던 할 것 아니오 무슨 그런 한가한 말을 하시오 과감하게 주위 교통정리 나서는 자는 진교라 말을 내뱉으며 거친 숨소리 내며 헉헉 나라의 주인이 없이 순탄하게 돌아감은 막힘이니 순조롭게 즉위 거행 오름은 위왕 서거한 자리매김 하여 나라 평정을 하거늘 옆에 태자가 있으니 칙명이 없어도 어느 누가 이 문제에 대한 이의 제기 거론한단 말인가 이에 불복종하는 자는 모조리 앞에서 위왕의 명받은 칼로 단호하게 단칼에 베어 버리리라 그러면서 주위를 두 리본 훑어보더라 모든 중신들 무서움에 덜덜 떨면서 한마디 말도 못 꺼내더라 저 먼발치에서 먼지구름 뿌옇게 휘날리며 다급하게 달려오는 자는 조조의 고굉지신인 화흠이라 허창에서 답답한 마음에 황급히 달려왔더라 모든 신하들이 깜짝 놀라며 무슨 큰일이라도 생겼나 동네 불구경 궁금함에 목이 빠지도록 화흠을 주시하며 귀를 쫑긋 세우더라 화흠은 조조에게 삼가 조의를 표하며 절을 올리고 옆에 있는 조비에게 재배한 다음 여러 중신들을 향하여 꾸짖으며 당신들은 나라에 녹을 먹고 어지러운 정국에 추태를 부리던가 나라의 위왕께서 승화하신 뒤 나라가 혼란스러움에 봉착함은 그대로 방관하고 있으니 답답한 맘 급히 온 것이오

위왕의 빈자리 채워 나라 혼란 안정세 이루자

이러한 중요 쟁점이 된 부분을 빨리 수습하여 태자로 신정의 선포하여 만민들 혼란스러움 진정시키고 안위를 평정함은 만천하에 위나라가 우뚝 건장하다는 것 보여 줘야 하는 것 아니겠소 화흠은 자신 있는 미소 지으며 큰소리 질러보며 너희들 부르짖던 천자의 칙조를 풀어 보이며 내용 훑어 읽어보니 조조의 크나큰 공을 칭송하며 세자 조비를 왕위를 계승한다는 내용을 펼쳐 낱알 뿌려 보이니 모든 중심 신하들도 수심 가득함은 저 멀리 잊고 환한 미소 표정을 지으며 이러한 전체의 분위기를 확 바꾸어 놓은 화흠은 뿌듯함이라 칙조를 얻기 위해서 천자를 윽박지르며 칙조를 강제로 우격다짐으로 받아내어 조비를 왕위 계승에 올려놓은 일등 공신이라 백관의 하례 받으며 등위 계승을 만천하에 공표하였다네 바로 이때를 틈탄 밖에선 영릉후 조항이 대군 10만을 이끌고 장안으로 물밀 듯이 들어오고 있다는 소식을 접한 조비는 무척 놀란 모습에 아우 조창이 왕위를 노리고자 혹시나 조창이 무슨 꿍꿍이속인지 밖에 사정을 알아보려 간의 태부 가후가 눈치 빠르게 다녀오겠다며 밖에 나가 주시하며 조창과 마주치며 서로 잘 아는 처지 평안함 이야기를 나누듯 보자마자 옥새 인수는 어느 곳에 머물러있는 가후는 말을 이으며 정해진 자리인 것을 공께선 무엇을 따진단 말이오 공께서는 지금 상황 파악이 아직도 안 되는지요 가후는 쐐기 박듯 이곳에 부친의 별세 소식 듣고 오신 것이요 아니면 군사 이끌고 대역 반란 일으켜보러 온 것이요 절대 그런 게 아니니 오해는 그만 접어 두시오 부친의 상 치르러 온 것이요 그럼 오해의 소지 없게 대군을 해산시키시오

조창의 반란 조짐 미리 급한 불부터 끄는 가후라

궁으로 홀로 단신으로 들어가셔서 알현하시오 조창은 궁문으로 들어가 형과 오해 없이 말끔하게 씻겨 내려간 자리매김하며 부친의 죽음을 한없이 슬퍼하더라 건안 25년은 연강 원년이라 화흠은 정세 안정시킴에 크나큰 공로 인정하여 재상이 되었더라 가후는 약삭빠른 행동으로 반란 조짐 잠재워 아무 일도 없듯 잔잔한 평온함을 유지시켜서 태위에 자리매김이라 조조의 장례는 성대하게 진행하여 장례식을 잘 마무리하였더라 조창은 무사히 되돌아가 모든 게 평탄한 아무 탈 없이 재위 오름에 걸림돌 없는 순조롭게 잘 진행마무리 짓더라 나머지 두 동생에게 죄를 물었으나 병상에 시름시름 앓고 있던 능군은 죄를 묻자 그 자리에서 칼로 배를 가르며 자결하여 저세상 머나먼 곳으로 하직하고 말았더라 조비는 동생 죽음 무척이나 슬퍼하며 회심의 눈물을 하염없이 주르륵 흐르며 지나간 일들을 다시 되돌릴 수 없으니 지나감이라 동생 죽음에 장례식을 지내주었다네 무엇인가 꾸미려는 흉계 발치 음모가 보이는 화흠 행동계시라 즉시 시발점 내려 조식을 불러내 문초하려는 듯 조식은 상당히 초조한 시선으로 자신을 바라보는 조비는 시샘이라도 하려는 듯 냉랭한 기류 분위기 질문 하더라 선왕께서 너의 시를 무척이나 칭찬하셔서 모든 자식 사랑의 넋두리 째라 풍문 듣기로는 너의 시가 아닌 남의 것을 베껴 썼다는 가짜임을 짐작한다 그러니 네 능력을 한번 시험해보겠다 너의 재주를 한번 마음껏 이 자리서 펼쳐 보거라 저쪽에 두 마리 소가 격전 모습인데 그곳에 씌어있는 시문을 무시하고 글을 이미 대로 작시해 보거라

꼬투리를 잡으려 안간힘 쓰더라

명령 내려지니 그림 속 한번 인각 하더라 화폭 속에서 시 구절이 폭풍우 치듯 쏟아지더라 그림 연작 흐름 보니 한 마리 소가 격전 치르다 그만 우물 속에 풍덩 나올 수 없는 꽉 막힌 갇힌 죽임이라 조식은 자신 있다는 표정 지으며 붓과 종이를 받아 즉석에서 시 한 수를 읊조리니 자연스런 풍광 빛 발산이라 주위 공기를 정화하더라 쓱쓱 써 내려간 마침표라 조식의 읊조린 글귀 내용은 모든 중신들 감탄의 소리가 절로 흘러나오더라 화음은 내용을 본즉 깜짝 소스라치더라 조비는 건네받고 놀라며 또 다른 시제를 제시하더라 일어서서 일곱 발자국까지 걷는 동안 시 한 수를 맺지 못하면 네 목은 땡강이라 조식은 서서히 걷는 와중에도 슬피 우는 시를 읊조리며 가지치기 연상하니 속맘 울분을 토로하며 눈물바다 뻗은 줄기 내 핏줄인 것을 서로 엉키며 실오라기 비비 꼬이니 뿌리 맘 갈기갈기 찢어지더라 시제 마무리 짓니 무사안일하더라 조식은 자유로움 훨훨 날 듯 유유히 그곳을 벗어날 수 있더라 모든 신하들 읊조린 시 한 수에 그만 목 놓아 슬피 울더라 조비도 울음바다를 이루며 왕위 계승에 눈이 부신 호화찬란 장식들 정국 군대 다 모이듯 집결 팔 반의 대례의식들 받기 위해 모든 이들 보는 앞에서 거행되더라 황제는 떨리는 목소리로 선양한다는 책문은 낭독하며 조비는 대위의 선상에서 옥새를 거머쥔 조비는 국명 대위라 선포하며 위제는 땅에 떨어져 내린 나락의 길이라 귀향길에 무도한 통지 아뢰었더라 이젠 온몸이 다 벗겨져 내린 남은 것 없는 산양공으로 봉하니 어쩔 수 없는 길이라 혹독한 겨울 맹추위에 산골 굽잇길 따라 내려가서 조신하며 세월을 보내더라

조비가 대위 황제 자리 찬탈하여 거머쥐다

조비가 헌제를 짓밟고 대위 황제의 자리 강탈하듯 하니 성도에서 현덕은 세상이 이젠 저 나락 속으로 주저앉은 멈춤이라 망할 징조 보이니 예시하며 울분을 토로하더라 쫓겨난 헌제는 산골 골짜기 허름한 다 쓰러져가는 곳에서 유명을 달리하셨다는 소식을 접한 현덕은 몹시 슬퍼하며 제사를 모시고 지내며 효민 황제라고 봉하며 눈물로 밤을 지새우며 몇 날 며칠 아픈 마음에 모든 정사를 뒤로 한 채 공명에게 맡기고 식음도 거르면서 축 처진 생기를 잃은 괴로움에 시달리며 나날을 보낸지라 3월쯤 야심한 밤에 양강에서 어느 어부가 그물을 던져 끌어 올릴 때 무엇인가 달빛 아래에서 빛을 반사시키며 번쩍번쩍 눈이 부시니 자세히 보니 황금으로 만든 인장이 아니던가 어딘가 모르게 이상하여 공명에게 바쳤더라 황금색 찬란하여 인면을 확인해 보니 여덟 자의 전문이 인각이라 공명은 깜짝 놀라며 이것이야말로 전국 옥새로다 한실에서 반출된 후 오랫동안 망각 속에 잊고 살아온 세월 속에서 이것이 웬 횡재던가 분명코 옥새가 틀림없는 사실에 흥분을 감추지 못하더라 아니 그러면 조비에게 전해진 것은 대용품이 아니던가 다급하게 전문가들은 대동하여 고전 사례를 면밀하게 조사하여 보니 진품 전국 옥새라 한실의 명실상부한 우리 주공에게 전통을 계승 받으라고 천지신명께서 내리신 계시가 분명하리라 시끌벅적 대며 천문학자들도 웅성대며 요 근래 북쪽 하늘을 바라볼 때면 밤마다 밝은 빛이 끌어 오르며 발광하더라며 이구동성 한결같은 풍론 속 삭임 들리는가 이때가 건안 26년 먼지는 뿌옇게 하늘 아래로 뒤덮인 대군들 별처럼 촘촘하게 나열 늘어선 백관들 만세 소리라

조운의 충언에 아랑곳하지 않은 현덕이라

열창하며 만세만세 만만세 현덕은 이어온 한실의 전국 옥새를 받아 촉의 황제임을 천하에 공표하노라 개언을 반포하여 국호를 대촉이라 칭하고 하늘에 뜨는 태양은 둘이 없다는 법칙이 한순간 깨어져 버린 조각이라 오나라에선 이런 사실을 듣고 어떠한 뭔가 태도가 나올 법도 한데 이런 시점에서 아직도 현덕은 오나라 볼 때면 한이 서려 결의 형제 관우를 생각할 때마다 원수를 갚아준다는 마음속에서 끓어 오르며 칼을 갈 듯하며 너희들도 지난날들을 아픔을 잊지 말거라 이 말을 듣자마자 상산 조자룡이 자리에서 벌떡 일어나 지금 상황은 불가하옵니다 오나라를 한수 뒤로 접고 위를 공격하면 결국 흐름에 말린 오는 자연히 괴멸되오니 미리 힘을 빼는 것은 국력의 큰 소모이니 괜히 벌집 잘못 건드리면 쌍심지 낀 오와 위가 동맹국이라고 자청하니 저희는 낙공하니 공격하는 과정에서 곤경에 처해집니다 조운 그것이 무슨 말이던가 현덕은 조운을 꾸짖듯 나무라며 그렇지만 그런 사실 모르는 것도 아니라 오와는 철천지원수라 그리고 헌제를 짓밟은 괴수라 이런 문제 제기 더할 나위 없는 싸움에 명분이라 그러니 나라가 그런 일을 보장해주어 디딤돌의 역할을 하여 먼저 공격하고 아우의 원한 풀고 구천에서 떠도는 원혼 넋을 평안히 쉬게 하리라 현덕은 굳은 결의를 하더라 관우 죽음 소식 듣고 나서 장비는 실의에 빠져 넋이 나간 감성을 추스르지 못하고 술로 모든 괴로움을 잊고자 취기가 돌면서 허송세월에 묻혀 오직 원수를 갚고자 칼날을 세우며 매번 반복되는 미쳐 날뛰는 칼을 높이 쳐들며 발악하듯 하늘을 바라보며 허공을 휘두르며 기어코 원수를 갚게 다며 원성의 울부짖는 메아리라

장비는 형님의 원한 꼭 갚고자 칼날만 갈더라

장비는 황제를 알현하려 옥좌 앞에 엎드려 울음을 터뜨려 통곡을 하며 관우 형님이 저세상으로 떠남은 도원의 맺은 의형제 결의 그 옛날 감회로 상념하며 서로 손을 잡으며 눈물로 밤을 지새웠더라 그때 장비는 갑자기 벌떡 일어나 옛정 도원결의 잊으시지 않으리라 믿사오며 불초 신은 형님의 원수를 기필코 갚기 전까지는 살아있는 목숨 줄 아니옵니다 하며 두 주먹을 불끈 쥐며 원성을 울부짖더라 현덕은 흘린 눈물을 주체 없이 주르륵 흘려내려 다시 한번 아우의 생각 그리움에 흠뻑 적시는 옛정을 생각하더라 짐의 마음은 한시도 잊은 적 없는 나라의 운명을 걸어서라도 총공격하여 괴멸시켜 관우의 원혼을 달래어 넋을 위로하리라 그 말을 들은 장비는 뛸 듯이 기뻐하며 그날을 오기만 손꼽아 기다리며 칼을 갈더라 장비는 출정 준비에 기쁨 감추지 못하고 분주하게 움직임 부하 장수들 소통 없이 일방적인 명령 강요 무엇이 급한지 현실 정 아랑곳하지 않고 닦달하며 압박 수위만 높여지니 부하들 불만 목소리 하늘을 찌르는 속에서 꾹꾹 참고만 있던 것이 서서히 속출하니 나아갈 길 진전 있기를 바랄 뿐 장비는 앞뒤 구분 분간 못 하고 몰아세우며 빠른 시일 내에 출정하라고 하니 부하 장수가 답답함에 장군님 대군 이끌고 출정 떠남은 일주일 걸린다고 말씀 올렸더니 느닷없이 부하 장수 범강과 장달을 포박하여 부하들 보니 앞에서 개망신시키고 몽둥이로 모진 매를 갈겨대니 뜻도 모르고 맞기만 하더라 전쟁 준비란 차근차근 진행 흐름을 고인 도랑에만 밀어붙이니 썩은 내가 진동하는 격이라 장비가 밤새 고단한지 술을 마구 퍼마시고 잠자리에 들어 코를 드르렁대며 곤히 잠속에 빠졌더라

장비는 부하들에게 죽음을 당하더라

범강과 장달이 살금살금 조심스럽게 들어가 보니 벌써 곯아떨어진 모습 확인하고 날카로운 칼을 빼 들고 그만 으악 소리 비명 외마디에 저세상으로 운명한지라 장비의 목을 베어 보따리에 싸매고 유유히 두 사람은 컴컴한 야밤중에 강가에서 배를 움직여 오나라로 도주를 하였더라 장비의 죽음 슬픈 비애 마음 위로라 이 와중에 관우 아들 관흥 군마를 이끌고 선친 뼈아픈 갑마 입고 잃음 갚고자 전쟁 몰아치듯 현덕에게 고하며 아버님 원수 갚고자 출정하여 꼭 이 괴로움 떨치고자 맘 심지 품고 꼭 복수할 것이옵니다 그런 깊은 생각에 현덕은 눈물 주르륵 흘리면서 지원군 대대적으로 지원이라 관흥은 거대 군사 이끌고 떳떳한 기세등등 위세 깃 세우며 활시위 하늘 향하여 쏘아 보니 기러기가 날자 화살 맞고 땅에 곤두박질치니 대단한 훌륭한 활솜씨에 정신마저 혼미라 때는 바야흐로 현덕 이젠 병상에서 시름시름 헤어나지 못한 나날이 악화된 모진 병 겪는 현덕의 위독한 다 쓰러져가는 나락이라 현덕의 신음 괴로운 가시밭길 숨은 헐떡헐떡 넘어가려나 유언 말 내뱉으며 자식들 건사 지킴 세우라며 말 한마디 남기고 수령 63세 대촉 장무 3년 4월 24일 현덕 저세상 멀리멀리 떠나가는 인생무상 제행무상이라 얻은 것 무엇 있으리오 땅따먹기 급구함에 만민들 전쟁 치러 고행길 헐벗은 삶이라 무엇을 얻은 쓸쓸한 인생 고초 그대로 자리매김 만민들 다 쓰러진 닷 푼 아니 금 한 냥 빠진 자체적 없는 밑 빠진 독에 물 붓기라 얼마나 진전없는 모두 잔잔함에 평화로움 바랄 뿐 무엇을 얻고자 이런 부담만 안을 것인지 모든 허망은 욕심에서 비롯 넘어온 가슴 찢어지는 아픔이라